Frei Betto · Nachtgespräche mit Fidel

Frei Betto

Nachtgespräche mit Fidel

Autobiographisches – Kuba – Sozialismus –
Christentum – Theologie der Befreiung

Mit einem Vorwort
von Bischof
Pedro Casaldáliga

EDITION EXODUS
Freiburg / Schweiz 1986

Übersetzt aus dem Portugiesischen unter Berücksichtigung
der kubanischen Ausgabe: Sabine Petermann

Alle Rechte vorbehalten
© Frei Betto, 1985

Für die deutsche Ausgabe:
© Genossenschaft Edition Exodus, Freiburg (Schweiz) 1986

Titelbild:
nach einem Plakat von Niko, 1970

Umschlag: Bernard Schlup (Gestaltung) / Widerdruck, Bern (Satz)
Satz und Druck: Fuldaer Verlagsanstalt, Fulda

ISBN 3-905575-20-5

Für Leonardo Boff:
Priester, Theologe und – vor allem – Prophet

Zum Gedächtnis an Frei Mateus Rocha,
der mich die befreiende Dimension
des christlichen Glaubens lehrte
und der mich als Provinzial der brasilianischen Dominikaner
zu diesem Vorhaben ermutigte

Für alle lateinamerikanischen Christen,
die angesichts von Unverständnis
und im beglückenden Verlangen nach Gerechtigkeit
wie Johannes der Täufer die Wege des Herrn
im Sozialismus vorbereiten

Vorwort zur deutschen Ausgabe

Intelligenz und Arbeitsfähigkeit werden dem Kommandanten Fidel Castro von Freunden wie von Gegnern bescheinigt. Der frühere Guerillero und Revolutionsführer gilt heute innerhalb des amerikanischen Kontinents als herausragender Staatsmann. Was Fidel sagt, ist von Belang und Interesse. Er formuliert bewußt, und sein Wort nimmt – gegen die Verleumdungen des Imperialismus – seinen Weg durch die Dritte Welt.

I.

Aber lassen wir solche Urteile einmal beiseite. Es ist nicht an mir, Fidel zu beurteilen oder gar zu richten. Ich weiß um seine Fehler und Irrtümer, und ich weiß um die Unzulänglichkeiten der Kubanischen Revolution (so wie ich auch um meine Fehler und um die Unzulänglichkeiten der Kirche weiß). Ich halte Kuba nicht für das Paradies – aber sind denn etwa die USA, die Bundesrepublik Deutschland oder Brasilien das Paradies? Ich weiß schließlich sehr wohl, wie widersprüchlich die Urteile über die Insel und ihren Kommandanten ausfallen. Ein Beispiel: vor mir auf dem Tisch liegen zwei Texte, die in einer spanischen Zeitung – auf derselben Seite – einander gegenübergestellt wurden. Die positive Stellungnahme stammt von Adolfo Perez Esquivel, dem Friedensnobelpreisträger, die negative Replik wurde verfaßt vom kubanischen Dichter Armando Valladares, einem ehemaligen Gefangenen auf der Insel.
Ich bin ganz entschieden der Auffassung, daß weder die Reagan-Administration noch die transnationalen Konzerne der Ersten Welt noch die lateinamerikanischen Oligarchien das Recht besitzen, Fidel zu beurteilen. Aus zwei Gründen steht ihnen dieses Recht nicht zu. Zum einen ist die Kubanische Revolution unvereinbar mit den Interessen dieser Herren des Kapitals und der Privilegien. Zum anderen haben sie sich moralisch disqualifiziert: Wer selbst der Verbrechen gegen die Menschheit angeklagt wird, ist doch wohl nicht der geeignetste Richter – er muß selbst gerichtet werden.
«Die Geschichte wird mich freisprechen», antwortete Fidel vor langer Zeit all jenen, die ihn angegriffen oder ihm mißtraut haben. Vielleicht antwortet er so auch auf jene Fragen, die er sich selbst in seinem Inneren stellt. Mir scheint, Fidel ist in eine Phase eingetreten, in der er uns eine Botschaft

des Vermächtnisses zu vermitteln hat. Sein Blick ist zwar immer noch in die Zukunft gerichtet, jetzt allerdings mit einer neuen Scharfsichtigkeit, wie sie ihn die entscheidenden Stunden eines Lebens und eines Volkes haben lehren können. Es geht um die Zukunft Kubas, Lateinamerikas und der gesamten Dritten Welt. Fidel verweist auf die Geschichte – auf eine Geschichte, die bereits angebrochen ist.

II.

Bei der Lektüre des Buches «Nachtgespräche mit Fidel» fragte ich mich, in welchem Maße wohl die Kirche Fidel freisprechen und inwieweit Fidel der Kirche einen Freispruch erteilen würde. Eine gegenseitige Absolution? Und noch grundsätzlicher könnte ich fragen, in welchem Ausmaß sich Fidel und die Religion freisprechen werden. Zum ersten Mal wird in einem Buch derart konkret und gleichzeitig grundsätzlich nach der Beziehung zwischen Fidel und der Kirche, nach dem Verhältnis von Kubanischer Revolution und christlichem Glauben, nach den Ursachen für die bestehenden Spannungen und Mißverständnisse sowie nach neuen Perspektiven gefragt.
Das Buch wirft aber auch noch eine andere herausfordernde Frage auf: Welche Kirche ist in der Lage, Fidel freizusprechen? Welche Religion kann sich der Kubanischen Revolution oder irgendeiner anderen gesellschaftlichen Revolution ernsthaft aussetzen? Anders gefragt: was hat die Religion mit der gesellschaftlichen Revolution zu tun? Oder: kann der christliche Glaube anders denn revolutionär sein?
Ich meine damit jenen guten, ursprünglichen Sinn des Schlagwortes «Revolution». Es ist sehr wohl möglich, daß man in (meinem) Europa oder in der sogenannten Ersten Welt – die es um der einen menschlichen Welt von freiem, solidarischem Subjektsein willen gar nicht geben dürfte – das Wort «Revolution» nur noch Schrecken und Enttäuschung auslöst. So viele Revolutionen haben sich tragischerweise auf die Seite des Todes geschlagen und damit ihre Ideen und die Opfer verraten. Nach dieser Präzisierung wage ich zu behaupten – wenn mir die europäischen Patrizier diese christliche Einfalt noch gestatten: Die Revolution, die ich meine und von der auch Frei Betto und Fidel von ihrem jeweiligen Glauben her sprechen, bezeichnet die Umkehr der Gesellschaft, die radikale Veränderung jener Strukturen, die unterdrücken und unterjochen, statt zu Menschlichkeit und Geschwisterlichkeit zu befreien. Die Revolution bezeichnet keinen Mythos und kein Hirngespinst, wenigstens nicht für uns, die Söhne und Töchter Amerindiens. Sie ist nicht das Böse schlechthin. Die Fahnen der

Revolution, die wir verteidigen – unbefangen, utopisch, evangelisch! – wehen auf der Seite des Lebens und der Hoffnung der Armen, also auf der Seite der «Verdammten dieser Erde», den «Bevorzugten des Vaters».

III.

Es ist heute möglich geworden, Fidel und die Religion unter einem positiven Vorzeichen in Beziehung zu setzen, weil es sich um eine «andere» Religion handelt. Es geht dabei aber ebenfalls um einen «anderen» Fidel, auch wenn dieser noch so konsequent mit sich selbst ist. Fidel und die Religion haben sich entwickelt. Frei Betto verdeutlicht den neuartigen Dialog anhand persönlicher Aussagen des Kommandanten – Material aus erster Hand, Worte des Herzens, historische Bekenntnisse – und mit der moralischen Autorität desjenigen, der sich um ein solches Gespräch verdient gemacht hat.

Anläßlich eines kurzen dreitägigen Aufenthaltes in Kuba traf ich dort auch Frei Betto, der gerade das Interviewprojekt mit Fidel abschloß und in Bälde veröffentlichen wollte. Frei Betto – seine Freunde nennen ihn Betto – ist ein brasilianischer Dominikaner, ein einfacher Bruder, der durch Veröffentlichungen über seine Jahre im Gefängnis während der Zeit der Militärdiktatur weltweit bekannt wurde. Im vergangenen Juni wurde er vom Brasilianischen Schriftstellerverband mit dem Titel des «Intellektuellen des Jahres» ausgezeichnet. Frei Betto ist ein ausgewiesener Theologe, der als pastoraler Berater in der Volksbewegung arbeitet. Er ist auch Revolutionär, er kennt die marxistische Diskussion und kann als Journalist Gespräche führen und diskutieren. Schließlich ist er imstande, zu provozieren und Antworten zu erfragen, die von Bedeutung sind – so etwa von Fidel, höchstpersönlich.

Bettos Anwesenheit auf der kubanischen Insel hat segensreiche Folgen gezeitigt und ist zu einer Brücke für den notwendigen Dialog zwischen Kirche und Revolution geworden. Hohe Hierarchen der kubanischen Kirche wissen um seine Bedeutung in dieser Hinsicht, ebenso Fidel und die anderen Revolutionsführer.

IV.

Im Anschluß an einen Vortrag in Havanna kommentierte Betto die Situation der kubanischen Kirche folgendermaßen: «Die Blockade, welche die USA gegen Kuba errichtete, hat auf gewisse Weise auch die Christen der Insel isoliert. Viele blieben auf der Seite des Imperialismus und waren

gegen den Sozialismus und den Kommunismus, die sich etablierten und zum Atheismus bekannten. Allerdings weht seit einigen Jahren in der kubanischen Kirche ein neuer Wind...»
Fidel Castro hat zu wiederholten Malen betont, es sei im Leben nicht so entscheidend, ob einer Kommunist oder Christ sei. Es käme vielmehr darauf an, Revolutionär zu sein. Eine christlich-religiöse Übersetzung dieser Feststellung des Kommandanten würde lauten: Es ist entscheidend, daß wir für das Reich Gottes arbeiten. Schließlich werden wir nicht nach unserer Ideologie oder nach unserem bloßen Glauben beurteilt. Nach Jesus erkennt man uns an unseren Früchten, und danach werden wir gerichtet werden. – «Eure Theologie», sagte Fidel im September 1985 anläßlich eines Treffens, an dem auch Leonardo und Clodovis Boff teilnahmen, «unterstützt die Veränderung Lateinamerikas mehr als Millionen von Büchern über den Marxismus!»
Pedro A. Ribeiro de Oliveira, Soziologe, militanter Christ und seit vielen Jahren Leiter des «Instituts für Studien über Religion» in Rio de Janeiro, schrieb mir nach seiner Rückkehr aus Kuba am 11. Dezember des vergangenen Jahres: «... Der Aufenthalt auf der Insel war sehr gut. Ich glaube, ich konnte einem historischen Moment beiwohnen: Betto verkündete die Frohe Botschaft vor einem Auditorium von lateinamerikanischen Intellektuellen, Staatsministern und Mitgliedern des Zentralkomitees der kubanischen KP, Angehörigen des diplomatischen Korps, Bischöfen, Journalisten und zahlreichen geladenen Gästen. Dies erinnerte mich an Paulus, der in Athen vom unbekannten Gott sprach (nur daß Betto in einer Sprache redete, die auch die Athener hätten verstehen können)... Es war der Beginn einer wirklichen kulturellen Revolution, einer Revolution in der Revolution. Ich habe viel über diese Ereignisse und ihren Bezug zu Fidel nachgedacht. Vielleicht ist das Ganze deshalb so bedeutsam, weil der Religion ein Raum eröffnet wird – und wer der Religion Raum gibt, öffnet Raum für das Leben, die Freiheit, den Geist. Es mag sich um Fidels revolutionäres Vermächtnis handeln. Und vielleicht lassen die Reaktionen der ‹Harten› nicht auf sich warten, denn der Erfolg des Buches in Kuba sucht seinesgleichen. (Nicht einmal das Tagebuch von Che wurde so oft verkauft!) Die christlichen und kommunistischen Sektoren geraten ganz allgemein in Bewegung. Ich habe Kuba mit der Überzeugung verlassen, daß wir die Kirche auf das 21. Jahrhundert vorbereiten.»

V.

Fidel besitzt den Ruf, gerne und lange zu reden, und er hat diesen Ruf verdient. Auch dieses Mal hat er viel gesprochen – 23 intensive Stunden. Aber er hat sich meiner Meinung nach sehr konkret über Religion und Revolution geäußert: offen, ernsthaft, kritisch und selbstkritisch. So soll auch dieses Buch, das für alle von Bedeutung ist, gelesen werden: offen, ernsthaft, kritisch, aber auch selbstkritisch. Die Kirche und die Revolution, die Christen und die Atheisten, die Menschen in der Ersten, Zweiten und Dritten Welt können sich durch die Lektüre des vorliegenden Buches neue Einsichten zugunsten des gegenseitigen Dialoges aneignen. Die «Nachtgespräche mit Fidel» stellen gewiß keine erschöpfenden Antworten dar, sie eröffnen jedoch neue Pespektiven und Herausforderungen und rufen zu einem entschiedenen – christlichen und revolutionären – Engagement ohne Ausflüchte und Halbheiten auf.

Wie viele von uns bekennen sich zur Nachfolge Jesu und wollen gleichzeitig diese Welt verändern, so wie Gott sie will, denn unser Gott ist ein befreiender Gott! Der Dialog des Kommunisten Fidel mit dem Dominikaner Betto, die Begegnung zwischen Revolution und Kirche sollte deshalb Anlaß zur Dankbarkeit von seiten der Gläubigen sein.

São Félix, im Mai 1986   Pedro Casaldáliga
                              Bischof von
                              São Félix de Araguaia (Brasilien)

Inhalt

Vorwort zur deutschen Ausgabe 7
(Bischof Pedro Casaldáliga)

Wege zu einer Begegnung 15

Chronik eines Besuches 25

Das Gespräch: 23.–26. Mai 1985 67

Erster Teil: 23. Mai
Die Eltern Fidel Castros 68
Das Elternhaus 70
Die Taufe 78
Kindheit in Santiago de Cuba 84
Das alte Wahlsystem 86
Die Drei-Königs-Feste 90
Die Grundschule 91
Die Ferien und die Feste 95
Bei den Jesuiten in der Schule 98
Religiöse Erziehung 103
Das Schulsystem 106
Das Gymnasium 110
Exerzitien 116
Engagement für die Armen 120
Marx und Martí 123
Politische Vorbereitung der Revolution 128

Zweiter Teil: 24. Mai
Angriff auf die Moncada-Kaserne 137
Das Gefängnis 144
Pater Sardiñas 149
Die ersten Revolutionsgesetze 152
Die Rassendiskriminierung 155
Fidel tritt zurück 159

Konflikte mit der Kirche 162
Die Volksreligiosität 165
Die Kirche und die Revolutionsprozesse 170
Der sozialistische Charakter der Revolution 177
Kampf gegen Sektierertum 182
Die Invasion in der Schweinebucht 188
Die Christen und die Kommunistische Partei.......................... 191
Die Diskriminierung der Christen 194

Dritter Teil: 25. Mai
Begegnung mit christlichen Studenten 197
Der Besuch der nordamerikanischen Bischöfe in Kuba............ 199
Missionare oder Internationalisten 204
Die kubanischen Ordensfrauen... 208
Die konterrevolutionären Gefangenen 211
Christen in Lateinamerika.. 213
Das Verhältnis zwischen Kirche und Staat 217
Die Christen und die Linke in Lateinamerika 221
Religion als Herrschaft... 223
Die Theologie der Befreiung 228
Papst Johannes XXIII... 229
Zum Verhältnis zwischen Christentum und Marxismus 232
Kirche und Geburtenkontrolle... 239

Vierter Teil: 26. Mai
Der Besuch des Papstes 245
Die Gestalt Jesu... 251
Christliche und kommunistische Märtyrer 255
Ist die Religion Opium des Volkes? 258
Die Liebe als revolutionäre Forderung 260
Klassenhaß 263
Die kubanische Demokratie.. 269
Wahlen in Kuba 273
Exportiert Kuba die Revolution? 276
Die Auslandsverschuldung 278
Die Beziehungen zu Brasilien 285
Ernesto Che Guevara 289
Camilo Cienfuegos... 292

Wege zu einer Begegnung

Das Projekt des vorliegenden Buches entstand 1979. Ich hatte meinem Mitbruder und Verleger Enio Silveira die Idee zu einem Buch vorgeschlagen, das den Titel tragen sollte «Der Glaube im Sozialismus». Die Verwirklichung dieses Projektes hätte es erfordert, in die sozialistischen Länder zu reisen und mit den christlichen Gemeinden unter einer als materialistisch und atheistisch bezeichneten Regierung Kontakt aufzunehmen. Vielfältige Aufgaben hatten zur Folge, daß ich die Idee fallen ließ. Hinzu kam, daß ihre Umsetzung übermäßig teuer gewesen wäre.
Direkt nach dem Sieg der Sandinistischen Revolution erhielt ich von den Pastoralzentren in Nicaragua eine Einladung, Treffen und Schulungen vor allem mit den Bauern zu beraten. Zwei- oder dreimal pro Jahr bin ich in dieses Land gereist, um Exerzitien zu begleiten, biblische Einführungskurse zu geben und den christlichen Gemeinden bei der Erörterung von Glaubensleben und politischem Engagement zu helfen. Mit Unterstützung des CEPA (Zentrum für landwirtschaftliche Ausbildung und Förderung) absolvierte ich ein Programm von sieben Pastoraltreffen mit Bauern in den Bergen von Diriamba in El Crucero. Diese Reisen brachten mich den Priestern näher, die der Volksregierung von Nicaragua dienen. Am 19. Juli 1980 nahm ich als offizieller Gast an den Gedenkfeiern zum ersten Jahrestag der Revolution teil. Am Abend dieses Tages brachte mich Pater Miguel D'Escoto, der Außenminister, zum Haus von Sergio Ramírez, dem jetzigen Vizepräsidenten der Republik. Dort sprach ich zum ersten Mal mit Fidel Castro, der an jenem Morgen vor einer Volksmenge eine Rede gehalten hatte.

Bei den Christen in Chile

Ich erinnerte Fidel daran, welche Wirkung die Lektüre einer Erklärung damals auf mich gehabt hatte, die er anläßlich eines Besuches in Chile im November 1971 vor Priestern abgegeben hatte. Ich las diese Erklärung damals in einem politischen Gefängnis in São Paulo, wo ich eine vierjährige Strafe «aus Gründen nationaler Sicherheit» absitzen mußte. Fidel sagte damals: «In einer Revolution gibt es eine Reihe von moralischen Faktoren, die entscheidend sind. Unsere Länder sind zu arm, als daß sie dem Menschen materielle Reichtümer bieten könnten, sie sind jedoch nicht zu arm, um ihm ein Gefühl von Gleichheit zu vermitteln und ein Gefühl von Menschenwürde.» Ich erzählte ihm, daß er beim Protokollbesuch bei Kardinal Silva Henríquez in Santiago de Chile gesprochen hatte «von den Bedürfnissen der Befreiung, die unsere Völker objektiv haben, sowie von der Notwendigkeit, zu dieser Absicht Christen und Revolutionäre zu vereinen. Das war kein spezielles Interesse von Kuba, denn wir hatten keine Probleme dieser Art in unserem Land, aber in Anbetracht des lateinamerikanischen Kontextes ist es die Pflicht und das Interesse von Revolutionären und Christen, viele von ihnen einfache Männer und Frauen des Volkes, die Reihen zu schließen in einem Prozeß der Befreiung, der unvermeidlich ist.»

Der Kardinal schenkte dem kubanischen Führer eine Ausgabe der Bibel und sagte: «Wenn Sie nichts dagegen haben.» «Warum sollte ich etwas dagegen haben?» antwortete Fidel. «Wenn es das große Buch ist, das ich als Kind gelesen und studiert habe, dann kann ich jetzt viele Dinge auffrischen, die mich interessieren.» Einer der Priester fragte ihn, was er von der Anwesenheit von Priestern in der Politik halte. «Kein geistlicher Führer einer menschlichen Gemeinschaft», antwortete er, «kann seine materiellen, seine menschlichen und seine lebenswichtigen Probleme ignorieren. Sind denn diese materiellen, menschlichen Probleme völlig unabhängig vom historischen Prozeß? Sind sie unabhängig von sozialen Phänomenen? Wir haben das alles schon erlebt. Ich erinnere mich dabei immer an die Epoche der frühen Sklaverei. Das Christentum ist sogar in dieser Epoche entstanden.» Er hatte beobachtet, daß die Christen «von einer Phase, in der sie die Verfolgten waren, zu anderen Phasen übergingen, in denen sie zu den Verfolgern wurden, und daß die Inquisition eine Phase des Obskurantismus war, in der sogar Menschen verbrannt wurden». Das Christentum könne jetzt «eine nichtillusorische und statt dessen reale Lehre sein, kein spiritualistischer Trost für Menschen, die leiden. Die Aufhebung der Klassen und das Entstehen einer kommunistischen Gesellschaft können erreicht werden. Wo liegt da der Widerspruch zum Christentum? Das Gegenteil ist der Fall, wenn dem christlichen Glauben die Wiederbegegnung mit dem Christentum des Anfangs in seinen gerechtesten, menschlichsten und moralischsten Aspekten gelingt.»

Vor dem chilenischen Klerus erinnerte Fidel an die Zeiten als Schüler katholischer Internate: «Was geschah da mit der katholischen Religion? Eine große Schlaffheit hatte sich breitgemacht. Sie war formalistisch und hatte überhaupt keinen Inhalt. Und fast die gesamte Erziehung war davon durchsetzt. Ich bin bei Jesuiten zur Schule gegangen. Es waren gerade, disziplinierte, strenge und intelligente Menschen mit Charakter. Das sage ich immer wieder. Ich habe jedoch auch die Irrationalität dieser Erziehung kennengelernt. Aber ich sage euch hier, daß es einen großen Berührungspunkt gibt zwischen den Zielen, für die das Christentum eintritt, und den Zielen, die wir Kommunisten verfolgen; zwischen der christlichen Predigt der Demut, der Bescheidenheit, des Opfergeistes, der Nächstenliebe und all dem, was man als Lebensinhalt und Verhalten eines Revolutionärs bezeichnen könnte. Denn was sonst predigen wir dem Volk? Daß es töten soll? Daß es stehlen soll? Daß es egoistisch sein soll? Daß es die anderen ausbeuten soll? Genau das Gegenteil ist der Fall. Wenn auch aus unterschiedlichen Motiven, so sind doch das Verhalten und die Haltungen, die wir dem Leben gegenüber verteidigen, sehr ähnlich. Wir leben in einer Zeit, in der die Politik hinsichtlich des Verhältnisses zum Menschen und seinem Verhalten auf ein beinahe religiöses Feld vorgestoßen ist. Ich glaube, daß andererseits der Mensch vermutlich eine Epoche erreicht hat, in der die Religion das politische Feld betreten kann in bezug auf den Menschen und seine materiellen Bedürfnisse. Wir könnten fast alle Gebote des Katechismus unterschreiben: Du sollst nicht töten, du sollst nicht stehlen...»

Nach einer Kritik am Kapitalismus bekräftigte Fidel, daß es «zehntausendmal mehr Übereinstimmungen des Christentums mit dem Kommunismus gibt, als es mit dem Kapitalismus geben kann... Wir werden keine Spaltungen unter den Menschen erzeugen. Wir werden die Überzeugungen, den Glauben, die Weltanschauungen respektieren, ebenso jeden, der seine Position, seinen Glauben hat. Auf dem Gebiet dieser menschlichen Probleme, die alle angehen und Pflicht aller sind, gerade hier müssen wir noch arbeiten.» Als er die kubanischen Ordensfrauen erwähnte, die in Krankenhäusern arbeiten, betonte er, daß die Dinge, die sie tun, genau die Dinge sind, die man von einem Kommunisten erwartet: «Wenn sie die Leprakranken, die Tuberkulosekranken und Menschen mit anderen ansteckenden Krankheiten pflegen, dann tun sie das, was wir von einem Kommunisten erwarten. Ein Mensch, der sich einer Idee oder einer Arbeit hingibt, der in der Lage ist, sich für die anderen aufzuopfern, der tut genau das, was wir von einem Kommunisten erwarten. Das gebe ich freimütig zu.»

Das Christentum in Kuba

In der Bibliothek von Sergio Ramírez war mir dieses Gespräch zwischen dem Revolutionär der Sierra Maestra und den chilenischen Priestern gegenwärtig. Ich wollte es zu Rate ziehen und als Basis für unseren Ideenaustausch über die Frage der Religion in Kuba und in Lateinamerika benutzen. Damals in Chile hatte ihn einer der Anwesenden gefragt, ob er seine Glaubenskrise vor oder während der Revolution gehabt hätte. Fidel hatte geantwortet, daß sie ihn niemals zum Glauben hatten bekehren können: «Ich könnte sagen, daß ich niemals geglaubt habe. Das war alles mechanisch, aber nicht verstandesmäßig.» Und er vergegenwärtigte sich seine Erfahrung in der Guerilla und erläuterte, daß in den Bergen «niemals eine Kirche gebaut wurde. Aber es kamen ein Missionar der Presbyterianer und andere von einigen sogenannten Sekten, die dort Anhänger gewannen. Diese Leute sagten zu ihnen: Ihr dürft kein tierisches Fett essen. Hört auf mich, eßt kein Fett! Und da es kein pflanzliches Öl gab, hatten sie den ganzen Monat lang kein Schweineschmalz gegessen. Das war sein Gebot, und sie haben es befolgt. Alle diese kleinen Gruppen waren sehr viel konsequenter. Ich denke, daß sogar der katholische Amerikaner etwas praktischer ist im Umgang mit Religion. – Gesellschaftlich gesehen sicher nicht. Denn wenn sie es fertigbringen, die Invasion der Schweinebucht oder den Krieg in Vietnam oder ähnliche Dinge zu organisieren, dann können sie nicht konsequent sein. Ich möchte sagen, die reichen Klassen haben die Religion mystifiziert und in ihren Dienst gestellt. Was ist denn ein Priester? Ist er vielleicht ein Großgrundbesitzer? Oder vielleicht ein Industrieller? Ich habe diese Streitereien zwischen Don Camillo und dem italienischen Kommunisten immer gerne gelesen. Das war vielleicht einer der ersten Schritte beim Durchbruch des eisigen Klimas...» Mit Blick auf Kuba hatte ihn ein Priester gefragt, in welchem Maß die Christen Motor oder Bremse der Revolution seien. «Niemand kann sagen, daß die Christen Bremsen waren!» sagte er. «Die Christen haben sich am Kampf beteiligt, am Ende auch als Christen; dabei hat es sogar einige Märtyrer gegeben. Aus dem Kolleg Belén wurden im Norden von Pinar del Río drei oder vier Jungen ermordet. Es gab Priester, die sich uns aus eigener Initiative anschlossen, wie das bei Pater Sardiñas der Fall war. Als Bremse entwickelte sich in der ersten Zeit das Klassenproblem. Das hatte nichts mit Religion zu tun. Es war die Religion der Großgrundbesitzer und der Reichen. Und als der sozio-ökonomische Konflikt eintrat, versuchten sie, die Religion gegen die Revolution zu benutzen. Es war eine Tatsache, mit der wir uns auseinanderzusetzen hatten. Eine Ursache der Konflikte bestand auch darin, daß sich der Klerus aus ziemlich reaktionären Spaniern zusammensetzte.» Im Verlauf der langen Unterhaltung mit den chilenischen Priestern unterstrich Fidel Castro, daß ein Bündnis zwischen Christen und Marxisten keine rein taktische Sache war. «Wir wären gerne strategische Verbündete, also langfristig Verbündete mit einem gemeinsamen Ziel.»[1]

Bei den Christen in Jamaica

Fast sechs Jahre nach seiner Reise in das Chile zur Zeit Allendes griff der Generalsekretär der Kommunistischen Partei Kubas das Thema der Religion wieder auf, diesmal im Verlauf seines Besuches in Jamaica vom Oktober 1977. Der Unterschied bestand darin, daß er diesmal vor einer mehrheitlich protestantischen Zuhörerschaft sprach. Er versicherte, daß «die Kubanische Revolution niemals von antireligiösen Gefühlen bestimmt war. Wir gingen von der tiefen Überzeugung aus, daß es keine Widersprüche zu geben braucht zwischen der gesellschaftlichen Revolution und den religiösen Vorstellungen der Bevölkerung. Während unseres Kampfes hat es sogar ein breites Engagement des ganzen Volkes gegeben, an dem sich auch Christen beteiligten.»[2] Fidel erläuterte, daß die Revolution insbesondere darauf geachtet hatte, weder vor dem eigenen Volk noch vor der Welt als ein Feind der Religion zu erscheinen. «Denn wenn das geschehen wäre», fügte er hinzu, «dann hätten wir tatsächlich den Reaktionären, den Ausbeutern einen Gefallen getan, nicht nur in Kuba, sondern in ganz Lateinamerika.» Er sagte damals, daß er sich oft gefragt hätte, «warum die Vorstellungen von sozialer Gerechtigkeit mit dem religiösen Glauben im Streit liegen müssen. Ich kenne durchaus etwas von christlichen Grundsätzen und der Lehre Christi. Ich bin der Überzeugung, daß Christus ein großer Revolutionär war. Das ist meine Überzeugung! Er war ein Mann, dessen Lehre ganz den Armen galt und darauf abzielte, Mißbrauch, Ungerechtigkeit und Erniedrigung des Menschen zu besiegen. Ich behaupte, es gibt eine Menge Gemeinsames zwischen dem Geist und dem Wesen seiner Lehre und dem Sozialismus.» Und als er dann wiederum auf das Thema des Bündnisses zwischen Christen und Revolutionären zu sprechen kam, erklärte er, daß «es keine Widersprüche gibt zwischen den Zielen der Religion und den Zielen des Sozialismus. Die gibt es nicht! Ich sagte den Chilenen, daß wir ein Bündnis schließen sollten, aber nicht nur ein taktisches

---

[1] Fidel Castro spielt hier auf die zur Zeit der «Unidad Popular» (1970–1973) in Chile geführte Diskussion über eine strategische Allianz zwischen Christen und Marxisten an, die den gemeinsamen Aufbau einer neuen Gesellschaft zum Ziel hat, im Unterschied zu einem taktischen Bündnis, bei dem man sich auf eine Unterstützung in einzelnen tagespolitischen Auseinandersetzungen einigt.

[2] Der vollständige Text der Rede in Jamaica und der folgenden Aussprache findet sich in: Junge Kirche 39 (1978) 363–376.

Bündnis.» In Erinnerung an die Reise nach Chile, bestätigte er diese Aussage noch einmal: «Sie fragten mich, ob das ein taktisches oder ein strategisches Bündnis sein sollte. Und ich sagte: ein strategisches Bündnis zwischen Religion und Sozialismus, zwischen Religion und Revolution.»
Mit diesen Äußerungen als Grundlage im Gedächtnis erzählte ich Fidel von der Entwicklung der kirchlichen Basisgemeinden und davon, wie das leidende und gläubige Volk jetzt in seinem eigenen Glauben, im Nachdenken über das Wort Gottes und in der Teilnahme an den Sakramenten die notwendige Energie findet für seinen Kampf um ein besseres Leben. Aus meiner Sicht ist Lateinamerika nicht gespalten in Christen und Marxisten, sondern in Revolutionäre und Verbündete der Kräfte der Unterdrückung. Viele kommunistische Parteien haben versagt, weil sie einen akademischen Atheismus verkündigten, der sie von den Armen entfernte, die vom Glauben durchdrungen waren. Kein Bündnis ist jemals geschlossen worden auf der Grundlage von theoretischen Prinzipien oder von Diskussionen über Buchweisheiten. Die befreiende Praxis ist das Feld, auf dem die Begegnung zwischen engagierten Christen und engagierten Marxisten stattfinden wird oder nicht, denn so, wie es unter den Christen viele gibt, die die Interessen des Kapitals verteidigen, so gibt es auch unter denen, die sich Kommunisten nennen, viele, die sich niemals von der Bourgeoisie trennen werden. Andererseits war ich als Mitglied der Kirche besonders interessiert an der katholischen Kirche in Kuba. Was wir im einzelnen dazu gesagt haben, ist in dem Interview wiederholt, das hier wiedergegeben wird.

Bei den Christen in Nicaragua

Viele Themenbereiche des Gespräches in Managua werden im Interview wieder aufgenommen. Ich hatte mittlerweile den Eindruck gewonnen, daß der Mensch Fidel ein offener, sensibler Mann ist, mit dem man Fragen jeder Art erörtern kann. Auch wenn er versichert, daß er niemals wirklich einen religiösen Glauben gehabt hat, so ist er doch nicht ganz immun geblieben gegen die Ausbildung in katholischen Privatschulen und gegen seine Herkunft aus einer christlichen Familie. Fünf Tage nach unserem Gespräch im Haus von Sergio Ramírez wiederholte er bei einer Begegnung mit verschiedenen Priestern und Ordensschwestern Nicaraguas, an dem ich auch teilnahm, die Grundideen, die er in Chile vertreten und in Jamaica noch einmal unterstrichen hatte. Diese Gruppe von Christen machte dann einen Fortschritt deutlich, den Fidel selbst wohl nicht vorhergesehen hatte. Die Sandinistische Revolution war das Werk eines traditio-

nell religiösen Volkes und hatte auf den Segen des Episkopates zählen können. Es war das erste Mal in der Geschichte, daß die Christen aktiv an einem Erhebungsprozeß beteiligt waren, motiviert durch ihren Glauben und unterstützt von ihren Hirten. Dabei hatte es sich nicht nur um ein strategisches *Bündnis* gehandelt, wie die nicaraguanischen Ordensleute hervorhoben. Es bestand eine *Einheit* zwischen Christen und Marxisten, unter dem ganzen Volk. Der Kommandant der Kubanischen Revolution bekannte seinerseits, er habe «den Eindruck, daß der Inhalt der Bibel höchst revolutionär ist. Ich glaube, die Lehren Jesu sind in hohem Maße revolutionär und stimmen vollständig mit dem Ziel eines Sozialisten, eines Marxisten-Leninisten überein.» In selbstkritischer Haltung anerkannte er: «Es gibt viele Marxisten, die doktrinär sind. Und ich denke, daß ein doktrinäres Verhalten in dieser Frage das Problem erschwert. Ich glaube, wir müssen an das Reich in dieser Welt denken und genau die Konflikte vermeiden, die bei Fragen entstehen, die sich auf das Reich in der anderen Welt beziehen. Ich sehe, daß es diese doktrinären Leute noch gibt, und das ist nicht einfach für uns. Unsere Beziehungen zur Kirche sind jedoch auf dem Weg der fortschreitenden Verbesserung, trotz so vieler Faktoren. Wir befinden uns im Übergang von einer antagonistischen Situation zu ganz normalen Beziehungen. In Kuba gibt es nicht eine einzige Kirche, die geschlossen wurde. Wir haben sogar in Kuba die Idee einer materiellen, finanziellen und bautechnischen Zusammenarbeit in den Raum gestellt. Dies bedeutet eine finanzielle Hilfe für die Kirchen, wie sie bei anderen sozialen Einrichtungen bereits üblich ist. Aber wir sind nicht das Land, das sich hier in einen Modellfall verwandeln will, auch wenn ich solche Vorschläge gemacht habe. Ich glaube aber, daß sich der momentane Zustand weiterentwickelt. Allerdings entwickelt sich diese Situation noch mehr in Nicaragua und noch besser in El Salvador, so daß die Dinge, die wir einbringen, sich in der Praxis des Lebens und der Geschichte bereits zu verwirklichen beginnen. Ich glaube, in diesen Ländern werden die Kirchen sehr viel mehr Einfluß haben als sie in Kuba gehabt haben, denn die Kirchen sind sehr bedeutsame Faktoren geworden im Kampf für die Befreiung des Volkes, für die Unabhängigkeit der Nation und die soziale Gerechtigkeit.»
Bevor wir uns verabschiedeten, lud mich der kubanische Regierungschef noch ein, sein Land zu besuchen. Zum ersten Mal reiste ich im September 1981 als Mitglied einer großen brasilianischen Delegation zum «Ersten Treffen der Intellektuellen für die Souveränität der Völker unseres Amerikas». Am Rand des Treffens luden mich das «Zentrum für Studien über Lateinamerika» (CEA) und die jetzige «Geschäftsstelle für Religiöse An-

gelegenheiten» unter der Leitung von Dr. Carneado zu einer Reihe von Gesprächen zum Thema von Religion und Kirche in Lateinamerika ein. Bevor ich Kuba verließ, schlugen sie mir vor, bei nächster Gelegenheit zurückzukehren, um den begonnenen Dialog fortzuführen. Das hinterließ bei mir den Eindruck, daß in theologischen und in pastoralen Fragen sowohl die katholische Kirche wie auch die Kommunistische Partei Kubas immer noch den Konflikten Tribut zollten, die zu Beginn der Revolution zwischen ihnen entstanden waren. Das erschwerte eine offenere Sichtweise, die in Übereinstimmung stehen würde mit den bedeutenden Fortschritten, die es seit dem Zweiten Vatikanum (1963–1965) in der lateinamerikanischen Kirche gegeben hatte. Ich knüpfte die Bedingung an die Einladung, daß ich auch der katholischen Gemeinde Kubas zur Verfügung stehen könnte. Es gab keinen Widerstand, und im Februar 1983 kam ich als spezieller Gast zur Zusammenkunft der Kubanischen Bischofskonferenz in El Cobre, dem Heiligtum der Madonna der Nächstenliebe, der Schutzpatronin Kubas. Die Bischöfe unterstützten also meine pastorale Aktivitäten in diesem Land.

Seit ich dem Verleger Caio Graco Prado das Manuskript meines Buches «Was sind kirchliche Basisgemeinden?» übergeben hatte, das im Verlag «Primeiros Passos» erschienen ist, und ihm von den Reisen nach Kuba erzählte, faßte er die Idee eines Interviews mit dem Kommandanten Fidel Castro über religiöse Fragen ins Auge. Vom September 1981 bis zum Zeitpunkt dieses Interviews bin ich zwölfmal auf die Insel zurückgekehrt, dank der Unterstützung der Katholiken in Kanada und in Deutschland, die mir die Reisen finanziert haben, außer wenn es um kulturelle Angelegenheiten ging, deren Finanzierung von der kubanischen Regierung übernommen wurde. Bei einer der Reisen leitete ich dieses Interviewprojekt und die Idee eines Buches schriftlich in die Wege, ohne daß ich allerdings eine Antwort darauf erhalten hätte.

Im Februar 1985 kehrte ich zurück als Jurymitglied des Literaturpreises, der von «Casa de las Américas» verliehen wird. Ich war zu einer Privataudienz mit Fidel Castro eingeladen. Es war das erste Mal, daß wir in Kuba miteinander sprachen. Wir nahmen das Thema wieder auf, das wir in Managua angeschnitten hatten, diesmal erweitert um das Problem der Angriffe gegen die Theologie der Befreiung. Das Interesse, das beim kubanischen Führer erwachte, erlaubte es, den Dialog in den folgenden Tagen fortzusetzen. Das Gespräch dauerte neun Stunden und war der religiösen Frage in Kuba und Lateinamerika gewidmet. Ich nahm das Projekt eines Interviews wieder auf, das er für einen späteren Zeitpunkt annahm. Der Verleger scheute keine Anstrengungen und Kosten bei der Durchführung.

Im Mai kehrte ich auf die Insel zurück. Über das Thema der Religion haben wir, der Autor dieses Buches und der Kommandant Fidel Castro, ein Gespräch von 23 Stunden geführt, dessen Abschrift wir hiermit den Lesern vorlegen. Ganz speziell möchte ich mich für die wertvolle Mitarbeit von Chomy Miyar bedanken, der sich um die Aufnahme und die Abschrift der Kassetten kümmerte, und beim Kulturminister Armando Hart, der den Dialog anregte.

Frei Betto
Havanna, den 29. Mai 1985

Chronik eines Besuches

I.

Freitag, 10. Mai 1985. Der Präsident von Algerien, Chadli Bendjedid, stattet Kuba einen Besuch ab. Fidel Castro gibt ihm am selben Abend einen Empfang im Palast der Revolution. Unter den Gästen befindet sich auch eine kleine brasilianische Delegation, die am Tag zuvor in Kuba angekommen ist: der Journalist Joelmir Beting, Antônio Carlos Vieira Christo, mein Vater, Maria Stella Libanio Christo, meine Mutter, und ich. Die drei betreten zum ersten Mal kubanischen Boden; und ich, der ich schon einige Male hier gewesen war, im Dienst der Kirche oder als Teilnehmer kultureller Veranstaltungen, war jetzt mit einem einzigen Vorhaben zurückgekehrt: Fidel zu interviewen.
Unser Gastgeber, Sergio Cervantes, ein Schwarzer mit der Art eines Brasilianers, machte uns darauf aufmerksam, daß beim Empfang Krawatten Vorschrift sind. Seit siebzehn Jahren hatte ich mir keine Krawatte mehr umgehängt. Ich besitze nicht einmal einen Anzug. Bei einem Besuch von Mafalda und Erico Veríssimo in Porto Alegre erzählte mir der Autor von «O Tempo e o Vento», daß er schon vor Jahren alle seine Krawatten verbrannt hatte. Im Geiste hatte ich dann dasselbe getan. Und jetzt plötzlich in Havanna zögere ich! Muß ich das Protokoll brechen und in einer der beiden Jeanshosen erscheinen, die ich mitgebracht habe? Muß ich die Einladung absagen aus Protest gegen sozialistische Formalitäten? Was für eine unmögliche Sitte ist dies, da sowohl im Palast der Revolution in Kuba wie auch im Nationalkongreß in Brasilia ein Fetzen bedruckter Stoff, einmal um den Hals gewickelt, als ein Zeichen guter Kleidung gilt! Trotz meiner Gedankengänge und innerer Proteste, die mir ständig durch den Kopf gehen, schwanke ich und akzeptiere Krawatte und Anzug, die ich von Jorge Ferreira, einem kubanischen Freund, geliehen habe. Sie passen mir wie angegossen. Völlig eingepackt gehe ich also, unter dem Grinsen von Joelmir, zum Empfang.
Der Revolutionspalast liegt an einem Platz mit demselben Namen, hinter dem Denkmal von José Martí. Es ist ein beeindruckendes Bauwerk aus der Ära Batista, das an die faschistische Architektur der ersten Regierung von

Vargas in Brasilien erinnert. Die endlose Freitreppe erinnert an die Stadionbänke von Maracanã. An der Eingangstür, die von Ehrenwachen geschützt wird, zeigen wir unsere Einladungen. Direkt nach Betreten des Saales bleiben wir stehen und warten erst einmal die Nationalhymnen Kubas und Algeriens ab. In dem riesigen Saal aus Marmor und Stein, der mit natürlichen Pflanzen geschmückt ist, mit bunten Fenstern und abstrakten Wandgemälden, lauschen die Anwesenden den spanischen und arabischen Reden, die dem Augenblick vorausgehen, in dem Fidel Chadli Bendjedid mit der Medaille «José Martí» auszeichnen wird, der bedeutendsten Auszeichnung des Landes. Außer der Besucherdelegation sind das diplomatische Korps und führende Persönlichkeiten Kubas anwesend – Mitglieder des Politbüros, des Zentralkomitees sowie Minister. Nachdem die Ehrungsformalitäten abgeschlossen sind, kreisen in den kleinen Gesprächsgruppen Tabletts mit Cocktails und Säften. Ich nähere mich Armando Hart, dem Kulturminister, ein Mann, der Überlegung und Emotion nicht voneinander trennen kann, eine seltene Eigenschaft. Wir beklagen den Tod von Alí Gómez García, 33 Jahre alt, ein Venezolaner, der am Tag zuvor in der Schlacht gefallen ist, als er Nicaragua gegen die Söldner Reagans verteidigen wollte. Im vergangenen Februar war ich Mitglied der Jury, die als besten Beitrag in spanischer Sprache einen Text auszeichnete, den Alí zum Literaturwettbewerb der «Casa de las Américas» eingereicht hatte: «Falsas, Maliciosas y Escandalosas de un Ñangara». Raúl Castro, der jüngste Bruder Fidels und Verteidigungsminister, kommt auf uns zu, und Hart stellt uns vor. Als er hört, daß ich ein Ordensmann bin, bemerkt er:
«Ich habe so viele Jahre in Privatschulen verbracht, daß ich für den Rest des Lebens an genügend Messen teilgenommen habe. Ich bin ein Schüler der Brüder von Lasalle und der Jesuiten gewesen. Stellen Sie sich vor, ich war in Santiago de Cuba zur Schule gegangen, und bei der Teilnahme am Angriff auf die Kaserne Moncada 1953 wurde mir klar, daß ich nicht einmal die Stadt kannte... Ich bin zwar nicht in der Kirche geblieben, aber bei den Grundsätzen Christi. Diese Grundsätze gebe ich nicht auf. Sie geben mir die Hoffnung auf Erlösung, denn die Revolution verwirklicht die Grundsätze Christi in dem Maße, wie sie die Reichen mit leeren Händen entläßt und den Hungernden Brot gibt. Hier können alle gerettet werden, denn es gibt keine Reichen, und Christus hat gesagt: Leichter ist es für ein Kamel durchs Nadelöhr zu gehen...»
Raúl sagte das mit viel Humor. Er ist ein sehr freundlicher Mensch; außerhalb Kubas hat er allerdings den Ruf, ein Dickkopf zu sein. Launen des Imperialismus. Über seine mächtigen Kommunikationsmittel entwirft er in

unseren Köpfen die Karikatur seiner Feinde. Er zeichnet Raúl als Sektierer und John Kennedy als guten Jungen. Wer aber die Invasion der Schweinebucht 1961 geplant, organisiert, unterstützt und finanziert hat, in offenkundiger Mißachtung der Souveränität des kubanischen Volkes, war der jugendliche, lächelnde, demokratische und katholische Gatte von Jacqueline. Im persönlichen Kontakt ist Raúl Castro gelöst und kann beim Sprechen lächeln, was bei kapitalistischen Politikern schon selten ist, denn sie sind immer ernst. Und wie kann der compañero einer so sanften Frau wie Vilma Espín denn hart sein?[1]

Ich denke, es ist unmöglich, Fidel zu begrüßen, so umringt ist er von Gästen, Kameraleuten und Fotografen. Wir werden in einen kleineren, familiäreren Raum gebeten. Als wir noch am Eingang stehen, geht der Kommandant in Galauniform mit Chadli Bendjedid an uns vorbei. Als er uns sieht, kommt er auf uns zu. Man merkt ihm die Schüchternheit an. Ein Mann von seinem Format, der den Teufel in den Bärten des Onkel Sam schilt und vierstündige Reden hält, bittet fast um Erlaubnis, der zu sein, der er ist. Ich stelle ihm Joelmir Beting und meine Eltern vor.

«Sie haben zwei Revolutionen vollbracht. Die erste war die Kubanische Revolution und die zweite, daß Sie es geschafft haben, daß mein Vater zum ersten Mal Brasilien verlassen hat, und dazu noch per Flugzeug!»

«Machen Sie sich keine Sorgen, ich werde veranlassen, daß sie per Zug zurückfahren», sagt Fidel.

Im Februar war ich mit ihm im Haus von Chomi Miyar, seinem Privatsekretär, Arzt und Fotografen. Ich gab ihm mein Rezept für den «Bobó de Camarão».[2]

In Kuba fehlt jedoch das Dendê-Öl, in dem die Gewürze gekocht werden müssen. Ich fand erst im März einen Boten, der ihm das Palmöl überbringen konnte.

«Ich habe Ihr Krabbenrezept ausprobiert», sagte er. «Sie waren gut, ich sage nicht hervorragend, denn es fehlte das Dendê-Öl. Dann bekam ich das berühmte Öl, und ich habe das Rezept noch etwas verändert. Diese Veränderungen will ich noch mit Ihnen diskutieren.»

Doña Stella benutzt die Situation, um anzumerken, daß es bezüglich des «Bobó de Camarão» Meinungsverschiedenheiten zwischen ihr und mir

---

[1] Der Ausdruck «compañero» bezeichnet hier, über die Bedeutung, politischer Weggenosse zu sein, hinaus besonders die persönliche Verbundenheit im Sinne des gemeinsamen Lebensweges.

[2] «Bobó de Camarão» ist ein brasilianisches Gericht aus geschmorten Krabben, Kokosmilch, Dendê-Öl – ein ganz spezielles Palmöl, das aus Bahia stammt – und einer Maniokpaste.

gibt. Obwohl ich sie uneingeschränktermaßen für die beste Köchin der Welt halte, dank derer ich noch lebe und bei guter Gesundheit bin, stimmt doch ihr Rezept des Bobó in «Quentes e Frios» nicht mit dem überein, das ich in Vitória kennengelernt habe.[3] Das Geheimnis der «Capixabas» besteht darin, daß sie den gekochten Maniok mit dem Wasser verrühren, in dem sie die Krabben gekocht haben. Das vermindert den Maniokgeschmack zugunsten des Krabbengeschmacks.[4]
Wir sind schon mitten im kulinarischen Streitgespräch, als Fidel höflich um Erlaubnis bittet, den Präsidenten von Algerien begleiten zu dürfen, der auf ihn wartet. Wir bleiben in der einen Ecke. Sobald es sich der algerische Staatspräsident bequem gemacht hat, kommt der Kommandant wieder auf uns zu. Er will wissen, wie lange wir in Kuba bleiben werden. Dann bedauert er, daß Joelmir schon am folgenden Mittwoch wieder abreisen muß, am Donnerstag in Brasilien ankommt und bereits am Freitag nach Deutschland weiterfliegt. Fidel würde bis Montag mit Chadli Bendjedid beschäftigt sein, und am Dienstag an den Feierlichkeiten zum 40. Jahrestag des Sieges der Alliierten im Zweiten Weltkrieg teilnehmen. Nachdenklich hält er eine kleine Zigarre zwischen den Fingern, der rechte Daumen streicht über die Lippen, die unter den grauen Barthaaren fast verschwinden. Der Kopf schwingt hin und her, wie bei jemandem, der Nein sagt, und dann entscheidet er sofort: «Irgendwie wird es gehen. Schließlich will nicht Joelmir mit mir sprechen, sondern ich will mit ihm sprechen. Wir können uns Montagabend sehen und mit Sicherheit auch noch irgendwann am Dienstag. Ich werde meine Zeit entsprechend einteilen.»
Nachdem er sich für ein Foto aufgestellt hat, eingerahmt von meinen Eltern, fragt er sie: «Was halten Sie von diesem Empfang? Ein Empfang ist immer ein Ort, wo es gutes Essen gibt. Davon probiere ich allerdings nie etwas, damit ich mich um meine Gäste kümmern und später ein bißchen Gymnastik machen kann.»
Er wendet sich Cervantes zu und befragt ihn über das Programm, das für uns vorgesehen ist. Unser Freund gibt ihm einen Überblick: Besuch im Hemingway-Museum, im Krankenhaus Havanna-Mitte, das Stadtviertel von Alamar usw. Fidels Reaktion: «Das sind Dinge für Touristen. Das Krankenhaus ist wichtig, aber Sie müssen dieses Land besser kennenlernen. Sie müssen die ‹Insel der Jugend› (Isla de la Juventud) besuchen

---

[3] «Quentes e Frios» (Warme und kalte Küche), so lautet der Titel eines Kochbuches von Stella Libanio Christo, der Mutter von Frei Betto.
[4] «Capixabas» heißen die Einwohner des Bundesstaates Espirito Santo an der Ostküste Brasiliens.

und sehen, wie dort mehr als 10 000 ausländische Stipendiaten studieren, die aus Afrika und anderen Kontinenten stammen. Sie müssen Cienfuegos besichtigen, den Bau des Atomkraftwerkes. Und eine kleine Comunidad (Landgemeinde) sollten Sie besuchen, um zu sehen, wie sie ausgestattet sind, auch für die militärische Verteidigung. Ich stelle Ihnen mein Flugzeug zur Verfügung. Es ist zwar nicht komfortabel, aber es ist sicher.»
Er ruft seinen Sekretär Chomi und bittet ihn, das Programm, das er vorgeschlagen hat, zu notieren. Wir erzählen, daß wir an jenem Morgen den Zentralen Planungsstab besucht haben, wo wir vom compañero Alfredo Ham empfangen wurden. Er erklärte uns, daß der Planungsstab die Jahrespläne ausarbeitet, die Fünfjahrespläne und die Perspektiven bis zum Jahr 2 000. So gut geplant, gibt es in Kuba bei den Investitionen für soziale und wirtschaftliche Pläne in Zukunft wenig Überraschungen. Das Land produziert im Augenblick über 600 Maschinen pro Jahr für die Zuckerrohrernte, die verantwortlich sind für die Ernte von mehr als 55 % der kubanischen Produktion. Joelmir fragt nach, ob die Planung von oben nach unten erfolgt. Alfredo antwortet, daß so lange nichts endgültig entschieden ist, bis die Genehmigung durch den Ministerrat und die Nationalversammlung der Volksmacht erfolgt ist, die ergänzt wird um die alle fünf Jahre gewählten Abgeordneten. Auf der anderen Seite kann Kuba seinen Entwicklungsprozeß mit einem gewissen Sicherheitsspielraum planen, denn es ist frei von der Spekulation des kapitalistischen Marktes. 85 % seiner Wirtschaftsbeziehungen werden mit den sozialistischen Ländern abgewickelt und geschützt durch Abkommen mit dem «Rat für gegenseitige Wirtschaftshilfe» (COMECON), dem Kuba als Mitglied angehört und in dem es mit denselben Schutzmaßnahmen rechnen kann wie Vietnam oder die Mongolei.
1986 tritt der dritte kubanische Fünfjahresplan in Kraft. In den ersten Jahren der Revolution wurden Zucker, Tabak, Rum und Kaffee exportiert. Jetzt nehmen Zucker, Zitrusfrüchte, Nickel und Fisch die ersten Plätze auf der Exportliste ein. Im Verlauf der letzten zehn Jahre, von 1971 bis 1981, hat es überhaupt keine Veränderung gegeben, weder bei den Preisen der Grundprodukte, die auf dem internen Markt erhältlich sind, noch bei dem Mindestlohn der kubanischen Arbeiter.
Die 1981 durchgeführte Reform setzt das Mindesteinkommen auf 85 Pesos fest; ein kubanischer Peso entspricht 1,13 US-Dollar. Das Durchschnittseinkommen beträgt 185 Pesos. Der höchste Lohn liegt bei 600 Pesos, niemand erhält also auch nur annähernd zehn Mindestlöhne. Die Wohnungsmiete – sie wird an den Staat bezahlt – macht nicht einmal 10 % des Mindestlohnes aus, unabhängig von der Art des Gebäudes. Die Versorgung

mit Grundnahrungsmitteln wird durch die «libreta» geregelt, ein Zuteilungs- oder Rationierungsheft, so daß die 10 Millionen Einwohner Kubas nicht mehr jene Tragödie kennen, die die Mehrheit der Weltbevölkerung und der Lateinamerikaner heimsucht: den Hunger. Der Überschuß der Produktion wird zu einem höheren Preis auf einem offiziellen Parallelmarkt verkauft. Mit der «libreta» kostet ein Kilo Rindfleisch 1 Peso und 35 Centavos, ein Liter Milch 25 Centavos.
1981, im Jahr der letzten Volkszählung, waren 52 % der Bevölkerung unter 30 Jahren. In den ersten Jahren der Revolution lag die Rate des Bevölkerungswachstums bei 2 % im Jahr und wurde als sehr hoch angesehen. Heute liegt sie bei 0,9 %. Im Jahr 1959 schlossen weniger als 2 000 Studenten die Universität ab, 1984 waren es 28 000 Studenten. Kuba verfügt im Moment über 20 500 Ärzte, das bedeutet einen Arzt für 488 Kubaner! Die ständige Abnahme von Krankheiten erlaubt es dem Land, 28 anderen Ländern medizinische Hilfe zu leisten.
Alfredo Ham sagte weiter, daß das jährliche Wachstum an Konsum und Dienstleistungen pro Kopf der Bevölkerung bei 2,5−3 % liegt. Die Inflation − die nicht mit kapitalistischen Kriterien gemessen werden kann, weil es keine Finanzspekulation, sondern eine Regelung durch den Staat gibt, so daß der Realwert des Lohnes der Arbeiter nicht gedrückt wird − liegt bei 3 % im Jahr. Das Land ist in der Lage, alle Arbeitskräfte zu beschäftigen; der Grund für die bestehende, allerdings geringe Arbeitslosenrate − sie macht 6 % der wirtschaftlich aktiven Bevölkerung aus −, ist die Tatsache, daß das relativ hohe Einkommen in den Familien bestimmten Personen erlaubt, für eine bestimmte Zeit arbeitslos zu bleiben, solange sie keine Arbeit finden, die ihnen gefällt. Das ist etwa der Fall bei jungen Dozenten oder mittleren qualifizierten Technikern, die es vorziehen, eine Arbeit zu suchen, die ihnen zusagt, und die keine andere Arbeit (auch wenn sie dort denselben Mindestlohn wie ein Ingenieur erhielten) akzeptieren. − Der mittlere Kalorienverbrauch pro Tag liegt bei 3 000 bis 3 500 Kalorien, das ist wesentlich höher als die Mindestquote von 2 240 Kalorien, wie sie die FAO festgesetzt hat. Das Bruttosozialprodukt beträgt über 24 Milliarden Dollar. Die Industrie ist daran mit 50 % beteiligt.

II.

Am Montagabend, 13. Mai 1985, wird die kleine brasilianische Abordnung von Fidel Castro in seinem Arbeitszimmer im Palast der Revolution empfangen. Um den Schreibtisch herum überfüllte Bücherregale, Kassetten und ein Transistorgerät. Auf dem Tisch Papiere, ein Glas voller Bonbons, ein runder Kasten mit kurzen Zigarren, die der Kommandant bevorzugt. Unter einem riesigen Gemälde mit dem Kopf von Camilo Cienfuegos – mit zarten Strichen gemalt –, Ledersessel und ein Marmortisch von der Insel der Jugend. Weiter hinten ein langer Versammlungstisch mit vier Stühlen an jeder Seite und zwei an den Enden. Ein weiteres riesiges Ölgemälde, das den Arbeitseinsatz junger Studenten auf dem Land darstellt. Das Arbeitszimmer ist groß, komfortabel, kühl, ohne Luxus. Fidel empfängt uns in seiner oliv-grünen Uniform und bittet uns, am langen Tisch Platz zu nehmen. Er ist daran interessiert, sich vor allem mit Joelmir Beting zu unterhalten, der schon früher nach Brasilien zurückkehren muß. Er erkundigt sich nach der Arbeit von Joelmir, wie er seinen Tag einteilt, wieviel Zeit ihm zum Studieren zur Verfügung steht und was er tut, um in seinem Kopf so viele Wirtschaftsinformationen speichern zu können. Er fragt auch nach der Reise, die wir auf die Insel der Jugend und nach Cienfuegos unternommen haben, und kommentiert: «Das Atomkraftwerk von Cienfuegos wird gebaut unter Berücksichtigung strengster Sicherheitsvorschriften, damit es Meerbeben, Erdbeben und sogar dem Absturz eines Passagierflugzeugs widerstehen kann.»
Meine Mutter rühmt die kubanische Küche, vor allem die Meeresfrüchte. Der Koch in Fidel horcht auf: «Das beste ist, Krabben und Langusten nicht zu kochen, denn das Sprudeln des Wassers reduziert die Substanz und den Geschmack, und das Fleisch wird leicht hart. Für die Krabben reichen fünf Minuten am Spieß. Die Languste braucht elf Minuten im Backofen oder sechs am Spieß über Holzkohlenfeuer. An Gewürzen nur Butter, Knoblauch und Zitrone. Ein gutes Essen muß einfach sein. Ich halte die internationalen Köche für Verschwender an Rohstoffen. Eine Bouillon vergeudet den größten Teil der benötigten Zutaten bis zur Eierschale; man darf nur das Eiweiß verwenden, und danach muß man das übriggebliebene Fleisch und das Gemüse zu einer Pastete oder zu anderen Dingen verarbeiten. Einer der berühmtesten Köche ist Kubaner. Eines Tages hatte er aus Anlaß eines Delegationsbesuches Fisch in Rum und anderen Zutaten zubereitet. Ich habe nur die Schildkrötenbouillon genossen, allerdings mit den ausgezeichneten Abfällen.»

Er wendet sich Joelmir Beting zu: «Wie sieht Ihr täglicher Arbeitsrhythmus aus?»
«Ich höre jeden Morgen eineinhalb Stunden Radio, abends folgt eine halbe Stunde Fernsehen. Und ich verfasse einen Wirtschaftskommentar von einer Spalte, der täglich in 28 brasilianischen Zeitungen erscheint.»
Fidel fragt noch einmal nach: «Und wie finden Sie dabei noch Zeit, zu lesen und sich zu informieren? Jeden Tag widme ich eineinhalb Stunden der Lektüre internationaler Fernschreiben fast aller Agenturen. Ich erhalte sie abgetippt in einer Mappe mit einem Inhaltsverzeichnis. Die Fernschreiben sind thematisch sortiert: alles, was Kuba betrifft, dann die Zuckerfrage, die für unseren Export entscheidend ist, nordamerikanische Politik usw. Wenn ich lese, daß in irgendeinem Land ein neues Medikament entdeckt wurde oder eine ganz neue medizinische Ausrüstung, die sehr nützlich sein könnte, dann erbitte ich schnelle Informationen darüber. Ich verfolge nicht die medizinischen Fachzeitschriften, bei denen es zwischen einem halben und einem ganzen Jahr dauert, bis sie mit den betreffenden Informationen herauskommen. Diese Woche habe ich davon erfahren, daß in Frankreich ein neues Gerät entwickelt wurde, um Nierensteine per Ultraschall zu zertrümmern, und es ist sehr viel wirtschaftlicher als das in Westdeutschland produzierte. Zwei Tage später war ein compañero auf dem Weg nach Paris, um Informationen einzuholen. Wir haben auch um Informationen über ein neues Medikament zur Behandlung des Infarkts gebeten. Die öffentliche Gesundheit ist einer der Bereiche, die ich mit großem Interesse verfolge, ebenso die wissenschaftlichen Untersuchungen innerhalb und außerhalb Kubas und die nationalen und internationalen wirtschaftlichen Probleme. Leider habe ich keine Zeit, alle interessanten Informationen aufzunehmen und zu analysieren. Ich wollte mich besser auf den neusten Stand bringen für dieses Gespräch mit Ihnen und ließ alle wichtigen internationalen Wirtschaftsnachrichten der letzten beiden Monate zusammentragen. Ich erhielt vier Bände mit je 200 Seiten! Es ist nicht einfach, mit dem Rhythmus der Ereignisse Schritt zu halten, mit den Schwankungen des Dollars und den entsprechenden Konsequenzen, mit der Weltwirtschaft und der unheilvollen Wirtschaftspolitik der USA.»
Joelmir Beting reagiert: «Der Dollar ist heute eine Interventionswährung und keine Leitwährung. Er ist eine Art der bewaffneten Intervention in unseren Ländern. Der Anstieg des Dollars spiegelt den desolaten Zustand der Wirtschaft der USA. Auf gewisse Weise ist diese Währung, die heute die Welt kauft, eine falsche Währung. Die außerhalb der USA kursierende Dollarmenge ist ein Geheimnis.»
Fidel blättert in der Mappe mit der Abschrift der internationalen Fern-

schreiben vom Montag. Er bemerkt, daß die Mappe dünner sei, weil Politiker und Journalisten an Wochenenden nicht arbeiten.
«Niemand kennt den Computer, den der Mensch im Kopf hat», sagt er. – «Ich frage mich oft, weshalb sich so viele Menschen der Politik widmen. Das ist ein hartes Geschäft. Es lohnt sich nur dann, wenn es dabei um etwas Nützliches geht, wenn man irgendein Problem tatsächlich lösen kann. In Gesprächen mit Besuchern wie diesem versuche ich zu lernen. Ich versuche mitzubekommen, was in der Welt und vor allem in Lateinamerika passiert.»
«Sie als Chefkommandant sind verantwortlich für die Administration Kubas und die internationalen Beziehungen», bemerkt Joelmir Beting. «Sind dafür nicht zwei Kommandanten notwendig?»
«Hier ist alles dezentralisiert und unterliegt gut ausgearbeiteten Plänen. Es gibt eine Hauptgruppe, die die Administration unterstützt. Früher war das eher wie Freistilringen, jeder Organismus, jedes Ministerium lag im Streit mit dem Planungsstab bei dem Disput über die Haushaltsmittel. Jetzt unterliegt alles der Verantwortung aller. Der Erziehungsminister nimmt an Grundsatzentscheidungen über die Planung teil, ebenso der Gesundheitsminister und die anderen Dienstorgane, auch die wirtschaftlichen. Die Entscheidungen werden schnell und unbürokratisch getroffen. Sie brauchen dafür nicht mit mir zu sprechen, es sei denn, es handelt sich um etwas sehr Bedeutendes oder um ein Gebiet, das ich persönlich betreue, wie die öffentliche Gesundheit.»
«Oder um ein aufsehenerregendes Projekt wie das Atomkraftwerk?» fragt der brasilianische Journalist nach.
«Ich habe bemerkt, daß sich dieses Werk verzögerte. Eine Frage der Kontrollmethode. Das verantwortliche Team hatte vierteljährliche Auswertungstreffen. Ich erfuhr beispielsweise, daß die Ernährung, der Transport und andere Lebensbedingungen der Arbeiter zu wünschen übrigließen. Also stattete ich ihnen einen Besuch ab, in Begleitung einer Gruppe von Mitarbeitern. Und ich fragte sie nach den Arbeitsbedingungen, nach der Qualität der Arbeitskleidung und dem Schuhwerk, nach dem Transport, der sie zu ihren Familien brachte, nach den Materiallieferungen zum Werk, und ich fragte sie, was den Arbeitstrupps fehlte usw. Was mich interessiert, ist das Wohlergehen des Menschen. Ein Arbeiter empfindet mehr Liebe zu seinem Werk, wenn er über angemessene Bedingungen verfügt, wenn er unsere Wertschätzung für seine Arbeit spürt und unsere ständige Sorge für seine materiellen und menschlichen Probleme. Ich sah, daß sie in Lastwagen in ihre Heimatgebiete transportiert wurden, und fragte: Wie viele Omnibusse braucht ihr? Dreißig? Wir werden uns Mühe geben, sie zu be-

kommen. Die ganze Reserve werden wir dafür aufbrauchen. Ich machte Vorschläge und hatte sogar die Idee, ein Zeltlager aufzubauen, so daß die Familien zu Besuch kommen und mit ihnen in der Nähe des Arbeitsplatzes ausruhen konnten. Die Organe, die dieses Werk betreuten, brauchten Geldmittel und direktere Unterstützung und erhielten sie.»

Fidel zündet sich mit einem versilberten Gasfeuerzeug seine kleine Zigarre an. Er fährt mit seinen feinen Fingern durch die grauen Barthaare und fährt fort: «Ich arbeite direkt mit einer Gruppe von zwanzig compañeros zusammen, zehn von ihnen sind Frauen. Sie bilden eine Koordinationsgruppe, die in besonders schwierigen Fällen Hilfestellung leisten soll. Jeder von ihnen versucht, sich auf dem laufenden zu halten, was in den hauptsächlichen Arbeits- und Dienstleistungsbereichen des Landes passiert. Ohne Zusammenstöße mit den Ministerien erleichtert diese Gruppe die Beweglichkeit von Entscheidungen. Es sind Menschen und keine Dienststellen. Als ich von den vierteljährlichen Versammlungen hörte, betonte ich, daß der Fortgang des Werkes nicht einmal einen Monat warten könnte, geschweige denn drei! Die Versammlungen waren eine Bestandsaufnahme der Schwierigkeiten, die schnellstens gelöst werden mußten. Jetzt muß das Werk täglich über den Fortgang der Arbeiten im Büro dieses Teams berichten, welche Probleme noch bestehen usw. Systematisch erfolgen Besuche durch ein Mitglied des Teams, das auf diesen Bereich spezialisiert ist. So verfahren wir mit anderen wichtigen und entscheidenden Werken ebenfalls.»

«Ich habe in Cienfuegos gespürt, daß es für die Arbeiter eine große Motivation bedeutet zu wissen, daß der Kommandant jeden Schritt verfolgt», wirft Joelmir Beting ein.

«Es gibt kein Büro auf der Welt, das mit weniger Leuten arbeitet als ich. Mit wie vielen Angestellten arbeitest du?» fragt Fidel Chomy, Sekretär des Staatsrates und sein direkter Mitarbeiter.

«Mit sechs Leuten», antwortet der ehemalige Direktor der Universität von Havanna.

Der brasilianische Journalist fragt weiter: «Wer ist die Entscheidungsmacht in dem Streit um die Geldmittel?»

«Früher war es der Planungsstab. Jetzt ist das stärker dezentralisiert. Die Volksmacht etwa verwaltet Schulen, Krankenhäuser, Transport und Handel, praktisch alle lokalen Dienstleistungen. Die Volksmacht einer Provinz wie Santiago de Cuba beispielsweise wählt den Direktor eines Krankenhauses. Natürlich ziehen sie das Gesundheitsministerium zu Rate, das ihnen professionelle Kader und Arbeitsmethodologien liefert.»[5]

«Ist diese Dezentralisierung etwas Neues?»

«Nein, wir haben hier immer schon Funktionen und Befugnisse aufgeteilt.»
«Ist dies das kubanische Modell?»
«In diesem Modell ist viel Kubanisches. Das Wahlsystem zum Beispiel ist etwas ganz Kubanisches. Jeder Wahlbezirk mit rund 1 500 Einwohnern wählt seinen Delegierten für die Volksmacht. Die Nachbarn benennen und stimmen für Kandidaten, ohne Eingriff der Partei. Sie selbst schlagen die Kandidaten vor, höchstens acht und mindestens zwei. Die Partei mischt sich da nicht ein, sie sichert höchstens die Einhaltung der Regeln und der Verfahren. Am Wahltag alle zweieinhalb Jahre ist jener Kandidat gewählt, der mehr als 50 % der Stimmen erhält; andernfalls werden die Wahlen wiederholt. Die gewählten Delegierten bilden die Gemeindeversammlung und wählen das Exekutivkomitee der Gemeinde. Dann nehmen diese Gemeindedelegierten gemeinsam mit der Partei und den Massenorganisationen an der Wahl der Delegierten zur Provinzversammlung und der Abgeordneten für die Nationalversammlung teil, die durch 500 Parlamentarier ergänzt wird. Aber die Hälfte der Abgeordneten der Nationalversammlung kommt aus der Volksmacht, von der Basis. Und je nach Wahlkreis gibt es regelmäßige Versammlungen, wo die Nachbarn bei Anwesenheit der Delegierten, denen sie ihre Stimme gegeben haben, diskutieren, ob deren Arbeit effektiv ist. Wenn nicht, können sie die Delegierten sogar absetzen.

«Beim Besuch eines Krankenhauses habe ich bemerkt, daß die Mütter bei ihren kranken Kindern bleiben können», sagte Joelmir Beting.
«Für ein krankes Kind ist die beste Krankenschwester der Welt seine eigene Mutter», erklärt Fidel Castro. «Früher durften sie nicht hinein, sie blieben an der Tür des Krankenhauses und warteten ängstlich auf Nachrichten von ihren Kindern. Man vermutete, die Mütter würden mit ihren mangelnden Fachkenntnissen die medizinische Behandlung erschweren. Seit Jahren wenden wir jetzt das andere System an, mit Erfolg. In jedem Kinderkrankenhaus hat die Mutter das Recht, das kranke Kind zu begleiten, sie erhält die entsprechende Kleidung für das Krankenhaus und das Essen umsonst. Auf dem letzten Kongreß der kubanischen Frauen im März dieses Jahres forderten die Frauen, daß den Vätern das gleiche Recht zugestanden werden sollte. Oft kann eine Mutter, die noch andere Kinder hat, nicht

---

[5] «Volksmacht» (Poder popular) ist der Ausdruck für die kubanische Selbstverwaltung. Sie verkörpert den Zusammenschluß der direkt vom Volk berufenen und gewählten Vertreter und ist ein selbständiges Organ neben der Partei. Die örtlichen Organe der Volksmacht (Wohngebiete, Stadtebene) wählen in zwei Wahlgängen die Vertreter auf Provinzebene, die wiederum die 455 Delegierten für die Nationalversammlung bestimmen. Zur weiteren Information vgl. M. Franzbach, Kuba. Materialien zur Landeskunde, Frankfurt ²1986, 67 ff.

außer Haus bleiben, um das kranke Kind zu begleiten. Dieses Gesuch wird bereits geprüft. Wir prüfen ebenfalls ein anderes Gesuch der Frauen, die Möglichkeit nämlich, daß Kinder, Geschwister oder Eltern einen Familienangehörigen ins Krankenhaus begleiten dürfen. Bisher galt das nur für Frauen. Sie argumentierten, daß bei dieser Praxis fast die gesamte Hausarbeit auf sie zurückfiele und ihre Möglichkeiten bei der Erledigung ihrer Arbeitsaufgaben begrenzt und ihre gesellschaftliche Förderung erschwert würden. Augenblicklich stellen die Frauen 53 % der qualifizierten Arbeitskräfte des Landes.»
«Bringt der neue Fünfjahresplan 1986–1990 Innovationen in seinem Vorgehen?»
«Ja, er ist durchdachter. Er räumt dem wirtschaftlichen Bereich Vorrang ein, vor allem den Exportprodukten. Es kann zwar sein, daß eine Provinz ein neues Sportstadion oder ein Theater bauen will. Dennoch hat der Bau einer Fabrik Vorrang, die dazu beitragen kann, die Exporte zu vergrößern. Das Stadion und das Theater werden gebaut, sobald es möglich ist, niemals aber zum Nachteil eines wirtschaftlich vorrangigen Vorhabens. Kein Aspekt dieses Planes ist aber das Ergebnis einer Meinungsverschiedenheit zwischen den Staatsbehörden. Es wird eine globale, durchdachte und von allen Organen getragene Politik verfolgt. Man vermeidet den Streit zwischen dem Erziehungsministerium beispielsweise und dem Planungsstab. Der Plan hält diese Planung fest, räumt bestimmten Sektoren Vorrang ein und organisiert so die Verteilung der Mittel. Wir haben in diesen 26 Jahren praktisch alle gesellschaftlich notwendigen Einrichtungen auf den Gebieten von Erziehung, Gesundheit, Kultur und Sport gebaut. Das erlaubt es uns, jetzt stärker in wirtschaftliche Projekte zu investieren, ohne der gesellschaftlichen Entwicklung neue Opfer abzuverlangen. Wachstum im Bereich der gesellschaftlichen Dienstleistungen wird vor allem in der Qualität deutlich werden, nicht mehr so stark im Bau neuer Einrichtungen, auch wenn wir noch eine gewisse Anzahl bauen werden.»
Mit ruhiger, deutlicher Stimme forscht Joelmir Beting nach: «Ist das gesellschaftliche Projekt in Kuba realisiert?»
«Ja, im wesentlichen», antwortet der Präsident des Ministerrates.
«Gibt es ungenutzte Kapazitäten im Bereich der Gesundheit?»
«Wie ich gezeigt habe, investieren wir in die Qualitätsverbesserung, so etwa in den Bau von Kinderkrankenhäusern. Wir haben den Hausarzt geschaffen, der eine Gruppe von Familien in einem Wohnbezirk direkt begleitet. Er ist kein Arzt, der Krankheiten heilt, sondern ein Arzt, der sich um die Gesundheit kümmert, denn er klärt die Familien über Präventivmaßnahmen auf. Auf der Isla de la Juventud, die Ihr besucht habt, gibt es

Gymnasien, die Studenten aus 22 verschiedenen Nationen beherbergen. Anfangs hatten wir Angst, sie könnten Krankheiten einschleppen, die hier schon ausgerottet worden sind, oder auch unbekannte Krankheiten. Wir waren sehr erfolgreich, und das zeigte, daß jede der Krankheiten, die in Afrika oder auf anderen Kontinenten für chronisch gehalten werden, durch medizinische Wissenschaft und moderne Medikamente vollständig unter Kontrolle gebracht werden können. Trotz der vorgeschriebenen medizinischen Untersuchungen vor der Einreise wurde kein Student, der krank hier ankam, in sein Heimatland zurückgeschickt. Er wurde in Kuba behandelt und geheilt. Glücklicherweise gibt es in unserem Land keine Symptome für den größten Teil dieser Krankheiten. Unser Tropenmedizinisches Institut hat auf diesem Gebiet große Fortschritte gemacht, was natürlich auch dabei hilft, die Kubaner zu schützen, die in der Dritten Welt arbeiten. Auf der Isla de la Juventud sind die Ernährungswerte höher als der Durchschnitt in den übrigen Schulen des Landes. Dank dieser Maßnahmen brauchten wir niemals einen Studenten aus Gesundheitsproblemen in seine Heimat zurückzuschicken. Sie erfreuen sich prächtiger Gesundheit und sind sehr kräftig.»
«Nachdem die Quantität erreicht ist, investieren Sie in die Qualität?»
«Die Revolution hat die materielle Grundlage geschaffen. Es gibt noch unzureichende, bedürftige Sektoren, die noch große Investitionen verlangen, wie es bei den Wohnungen der Fall ist, auch wenn es dort schon leichte Besserungen gibt. Pro Jahr werden momentan mehr als 70 000 Wohnungen gebaut.»
«Wie steht es mit den Transportmitteln?»
«In den ersten zehn Jahren der Revolution haben wir keine Autos importiert. Die Wirtschafts- und Handelsblockade, der wir unterworfen waren, und unsere eigenen Prioritäten lenkten die zur Verfügung stehenden Mittel auf andere Gebiete, wie die Gesundheit und die Erziehung. Wenn wir hier Autos importieren, darf das nicht zum Nachteil sein für andere gesellschaftliche Bedürfnisse. Momentan importieren wir rund 10 000 Autos pro Jahr, und das vorrangige Kaufrecht haben vor allem Spezialisten, Techniker und Arbeiter, die sich ausgezeichnet haben.»
«Und die öffentlichen Transportmittel?»
«Wir importieren die Motoren, den einen oder anderen Teil, und bauen hier dann den Rest der Busse. Wir sind dabei, die Produktion von Motoren zu verbessern. Von je drei Autos, die hier ankommen, sind zwei reserviert und werden an Arbeiter verkauft, die direkt in der Produktion oder in den Dienstleistungen beschäftigt sind. Sie bezahlen den Selbstkostenpreis, bei einer Laufzeit von bis zu sieben Jahren mit niedrigen Zinsen. Die Ver-

sammlung der Arbeiter jedes Betriebes entscheidet, wer sie verdient. Ein Teil der importierten Wagen ist für die Verleihdienste bestimmt und für die Verwaltung des Staates.»
«Gibt es auf dem Land Privateigentum?»
«Ja, wir haben noch fast 100 000 unabhängige Bauern. Sie pflanzen Kaffee, Kartoffeln, Tabak, Gemüse, etwas Zuckerrohr und andere Produkte. Augenblicklich ist schon mehr als die Hälfte der unabhängigen Produzenten – es waren einmal 200 000 – in Produktionskooperativen organisiert, mit ausgezeichneten Ergebnissen. Ihre Gewinne sind hoch. Ihre Eingliederung in die Kooperativen ist absolut freiwillig. Diese Bewegung vollzieht sich auf sehr festen Grundlagen. So wird vermieden, daß der Staat in den Erntezeiten Arbeitskräfte mobilisieren muß, wie es früher gewesen ist. Auf der anderen Seite führt die Kooperative zu Verbesserungen in der Lebensqualität der Bauern. Sie erleichtert den Bau von Schulen, von neuen Unterkünften mit fließendem Wasser, elektrischem Strom usw. Mehr als 85 % der Wohnungen des Landes sind an das Stromnetz angeschlossen. Kredite und Preise werden von der Regierung zu solchen Sätzen festgesetzt, daß es sich für die Produzenten lohnt. Der Produktionsüberschuß erzielt einen noch höheren Preis und ist für den freien Markt bestimmt. Wir fordern keine Steuern von den Bauern, und ihre Familien haben – wie jeder Kubaner – das Recht auf kostenlose Gesundheit und Erziehung. Die Kooperativen machen jährliche Gewinne von umgerechnet 3 000 bis 6 000 Dollar; sie liegen damit über den Einzelproduzenten, deren Produktionskosten auf den einzelnen Parzellen höher sind und deren produktive Aktivitäten sich schlecht mechanisieren lassen. Seit dem Anfang der Revolution haben wir hier Kredit- und Dienstleistungsgenossenschaften aufgebaut. Dienstleistung bedeutet alles, was sich auf Arbeitsgeräte wie Traktoren, Silos, Lastwagen, Erntemaschinen usw. bezieht. Aber die Produktionskooperativen sind Eigentümer dieser Ausrüstung.» «Kann ein Bauer ganz normal Arbeitskräfte anstellen?»
«Bei Beachtung der Gesetze des Staates, die die Arbeiter schützen, kann er es. Um mehr als 70 Millionen Tonnen Zuckerrohr pro Jahr zu ernten, brauchen wir dank der fortschreitenden Mechanisierung nur noch 70 000 Zuckerrohrschneider. Vor 15 Jahren waren es noch 350 000. Der größte Teil dieser Arbeitskräfte wird von den Landarbeitern selbst gestellt. Es besteht kaum die Notwendigkeit, Freiwillige zu mobilisieren, und seit Jahren brauchen wir keine Soldaten oder Studenten mehr für diese Aufgaben zu organisieren. – Unser Problem in Kuba ist nicht die Arbeitslosigkeit. Im Gegenteil, in der Mehrheit der Provinzen besteht ein Mangel an Arbeitskräften.»

«Die Studenten werden nicht mehr in die Produktion eingespannt?» frage ich nach.
«In den Schulen auf dem Land wohl. Wir haben rund 600 Schulen dieser Art mit mehr als 300 000 Schülern. Sie sind ein außerordentlicher Erfolg. In den Städten können die Schüler ab der Mittelstufe freiwillig jedes Jahr dreißig Tage aufs Land gehen. Mehr als 95 % tun das. Sie helfen bei der Ernte von Gemüse, Zitrusfrüchten, Tabak und ähnlichen Produkten. Wenn eine Gesellschaft das Recht auf Lernen verallgemeinert, dann muß sie auch das Recht auf Arbeit verallgemeinern, ansonsten würde sie ein völlig intellektualisiertes Volk heranbilden, dem körperliche Arbeit und materielle Produktion völlig fremd sind. Ein Beispiel dieser Verbindung von Lehre und Arbeit sind die Schulen auf der Isla de la Juventud. Vieles von dem, was dort verwirklicht wurde, basiert auf meiner eigenen Erfahrung. Ich habe zwölf Jahre in einem privaten Internat verbracht. Nur alle drei Monate konnte ich nach Hause fahren. Wir durften das Internat nicht verlassen, nicht einmal an den Sonntagen. Es gab keine gemischte Erziehung. Auf der Isla de la Juventud sind Jungen und Mädchen in der Schule jetzt gemischt. Der Raum ist offen, es gibt keine Mauern, sie können täglich hinaus und ihren produktiven, sportlichen oder kulturellen Aktivitäten nachgehen. Sie widmen sich nicht nur ihren Studien wie zu meiner Zeit, was eine manchmal unerträgliche Langeweile hervorgerufen hatte und eine geringere akademische Leistung. Das Hauptziel jedoch der Beschäftigung dieser Studenten ist ein pädagogisches und kein produktives. In den Gymnasien haben wir zur Zeit eine Million Schüler. 92 % der Jugendlichen zwischen 6 und 16 Jahren gehen zur Schule. Der Besuch der weiterführenden Schule entspricht schon fast dem der Grundschule, die praktisch 100 % der Kinder zwischen 6 und 12 Jahren besuchen.»
Ich schalte mich kurz ein: «Der Sozialismus hebt mit der Überwindung der wirtschaftlichen Antagonismen die verschiedenen gesellschaftlichen Klassen auf, das ist ein objektives Phänomen. Aber er verringert damit nicht notwendigerweise die gesellschaftlichen Unterschiede, aus einem subjektiven Blickwinkel betrachtet. Wer sich nur der intellektuellen Arbeit widmet, kann sich den eigentlichen Arbeitern in der Produktion überlegen fühlen.»
Fidel ergreift wieder das Wort: «Ja, gerade deshalb ist es wichtig, daß die Handarbeit auch Aufgabe aller ist. Neben dem Denken müssen die Menschen wissen, wie man Dinge macht. ‹Die beste Weise, etwas zu sagen, ist, es zu tun!› behauptete Martí. Deshalb gehen die Schüler aus den Städten für dreißig Tage aufs Land. Früher waren es 42 Tage, jetzt sind es zu viele Studenten, als daß wir wüßten, wohin wir sie schicken könnten. Dieje-

nigen, die gehen, tun das freiwillig. Trotzdem liegt die Rate bei 95 %. Die Erziehungs- und Gesundheitsdienste beschäftigen momentan mehr als 600 000 Arbeiter, bei einer Bevölkerung von 10 Millionen Einwohnern. Das entspräche in Brasilien ungefähr 8 Millionen Menschen in diesen Bereichen. Die Mehrheit wird von Frauen gestellt. Von je 100 Bürgern beschäftigen sich also 6 Personen mit Erziehung und Gesundheit.»
«Gibt es ein Überangebot an Ärzten in Kuba?» will Joelmir Beting wissen.
«Bevor ich darauf antworte, will ich noch hinzufügen, daß wir insgesamt 3 Millionen Arbeiter im ganzen Land haben, außerdem einen Lehrer für je 12 Schüler und 30 000 Schüler in den Schulen, die ausschließlich Hauptschullehrer ausbilden. Vor 15 Jahren waren 70 % der Hauptschullehrer nicht ausgebildet. Heute haben alle ein Diplom. Wir haben inzwischen eine Reserve an Hauptschullehrern geschaffen. 10 000 von ihnen geben keinen Unterricht, sie erhalten ihre Löhne, damit sie sich in Universitätskursen weiterbilden. Ein Hauptschullehrer hat neun Jahre in der Hauptschule verbracht, vier Jahre in der weiterführenden Schule, und er hat die Gelegenheit, noch sechs Jahre an der Universität zu studieren, wenn er in der Schule zu arbeiten beginnt, in teilzeitlichen oder hauptberuflichen Kursen. Zwei Jahre lang erhält er dafür sogar seinen Lohn als Lehrer, bis er das Lizentiat eines Hauptschullehrers erworben hat. Wir verfolgen die Idee, in Zukunft alle Hauptschullehrer an der Universität auszubilden. Schließlich haben wir 20 500 Ärzte, und weitere 50 000 werden in den nächsten 15 Jahren ihr Studium abschließen. Wir wissen jetzt schon, wo jeder einzelne von ihnen einmal arbeiten wird. Wir haben auch daran gedacht, ein Sabbatjahr für die Ärzte einzuführen: alle sieben Jahre ein Studienjahr. Es wird nie zu viele Ärzte geben, wenn man ein ehrgeiziges Gesundheitsprogramm verfolgt und ein entsprechendes Programm für die Dienste und die Ausbildung technischer Kader existiert.»
«Ist die Bürokratie eine angeborene Krankheit des Sozialismus?» fragt der brasilianische Journalist mit einer ironischen Spitze.
«Die Bürokratie ist ein Übel der beiden Systeme, des Sozialismus wie des Kapitalismus. Sobald wir gelernt haben, die menschlichen Ressourcen besser zu benutzen, so glaube ich, werden wir diese Schlacht gewinnen. Aus meiner Sicht ist das Irrationalste des Kapitalismus die Existenz der Arbeitslosigkeit. Der Kapitalismus entwickelt die Technologie und kann die menschlichen Ressourcen nicht gebrauchen. Es kann sein, daß der Sozialismus die menschlichen Möglichkeiten noch nicht voll ausschöpft, auf jeden Fall setzt er den Menschen nicht der Erniedrigung der Arbeitslosigkeit aus, und wir sind dennoch, was Effizienz und Produktivität der Arbeit betrifft, vorangekommen.»

Ein Uhr morgens ist schon vorbei. Fidel erhebt sich und beginnt, im Raum auf und ab zu gehen, während er laut darüber nachdenkt, wie er den nächsten Tag organisieren kann – den letzten von Joelmir Beting in Kuba –, um noch länger mit dem brasilianischen Besucher zu sprechen. Er macht mit ihm eine Zusammenkunft am Nachmittag und eine andere am Abend ab.

III.

Dienstag, 14. Mai 1985. Gegen 16 Uhr werden Joelmir Beting und ich von Fidel Castro in seinem Arbeitszimmer im dritten Stockwerk des Revolutionspalastes empfangen. Durch lange Korridore führt uns der Präsident des Staatsrates in eine Reihe von Räumen, wo sein Koordinations- und Unterstützungsstab arbeitet. Er stellt uns fast der gesamten Gruppe vor und unterstreicht dabei die Verantwortlichkeit jedes einzelnen. Der brasilianische Journalist fragt nach den Erdöleinfuhren, dem wichtigsten Rohstoff für das Energiesystem des Landes.
«Wir produzieren schon einen Teil der elektrischen Energie in der Erntezeit mit der Bagasse des Zuckerrohrs», antwortet Fidel.[6] «Alle Zuckerrohrfabriken werden mit der Bagasse des Zuckerrohrs betrieben. In unserem

---

[6] Kuba unternimmt riesige Anstrengungen zur Modernisierung des Zuckersektors. Das Hauptaugenmerk richtet sich dabei auf die Energieeinsparung. Früher wurden die Zuckerfabriken mit Holz, dann mit Erdöl betrieben. Seit 1984 ist der Zuckersektor energieautark. Strom und Dampf zum Betrieb der Zuckerfabriken werden vollständig durch Verbrennen der faserigen Bestandteile des Zuckerrohrs («Bagasse» genannt), also aus Biomasse, erzeugt. Bei der industriellen Verarbeitung von Zuckerrohr fallen neben dem Zucker (10–15 %) eine Reihe von Nebenprodukten an, die früher umweltverschmutzend weggeworfen wurden. Je nach Zuckersorte, Klima und Verarbeitungsform fallen pro 100 kg Zuckerrohr 28 kg Bagasse, 3 kg Filterschlämme, 13 kg Melasse und 44 kg Wasser an. Heute wird das Wasser wieder in den Produktionsprozeß zurückgeführt, aus der Melasse werden einerseits Alkohol und Rum hergestellt, andererseits wird die Melasse fermentiert und zu Viehfutter verarbeitet. Der Filterschlamm wird als Düngemittel wieder auf die Felder gebracht. Die Nebenprodukte des Zuckerrohrs weisen wesentlich mehr produktive Eigenschaften auf, ihre Ausnutzung ist allerdings immer noch in Entwicklung begriffen. Aus Bagasse können ebenfalls Papier, Spanplatten, Zellulose und Butangas zum Kochen hergestellt werden. Schließlich stehen auch die Verwertungsprozesse von Melasse und den Filterschlämmen noch am Anfang. Vgl. dazu W. Huismann / H. J. Kröger (Hrsg.), Cuba. Ein politisches Reisetagebuch, Hamburg 1985, 188 ff.

Land werden 20 Millionen Tonnen Bagasse produziert, das entspricht mehr als 4 Millionen Tonnen Erdöl. Wir nutzen 100 % der Bagasse. Wir haben fünf Holzfabriken, die mit Bagasse Holz produzieren. In verschiedenen Fabriken wird aus Bagasse Papier gemacht. Wir werden hier keinen Alkohol produzieren, um damit Ausflugswagen zu füttern.[7] Wir verwenden die Melasse als Viehfutter und zur Produktion von Proteinen; darüber hinaus dient der Rohstoff zur Produktion von Rum und Alkohol für den Haus- oder Industriebedarf.»

«Und der Filterschlamm?» forscht der Kommentator des TV-Kanals Bandeirantes.

«Der wird als Viehfutter verwendet. Sie waschen ihn, lassen ihn an der Sonne trocknen und geben ihn dem Vieh. Zehn Fabriken produzieren Viehfutter auf der Basis von Filterschlamm. Durch einen speziellen Gärungsprozeß erhält man bis zu 50 % Proteine. Er dient als Futter für Geflügel, Schweine und Rinder. Wir tauschen eine Tonne dieses Viehfutters gegen eine Tonne Pulvermilch aus der DDR.»

«Aufgrund eines Umweltschutzgesetzes», sagt Joelmir Beting, «wird ab 1986 jedes Auto in den Vereinigten Staaten mit Alkohol aus Maniok als Treibstoff fahren, der 45 cents pro Liter kosten wird. Brasilien wäre in der Lage, den Vereinigten Staaten Alkohol zu 30 cents pro Liter zu liefern, aber die Gesetzgebung verhindert dies, um die einheimische Industrie zu schützen. Brasilien produziert heute 2 500 Liter Alkohol pro Hektar, das entspricht dem Jahresverbrauch eines Autos.»

Fidel ergreift das Wort: «Stellen Sie sich vor, wieviel Hektar man für so viele Autos braucht! Es ist traurig, sich vorzustellen, wieviel Land dazu dient, Autos zu füttern, statt Menschen zu ernähren.»

Mein Reisegefährte erklärt: «Es sind 4 Millionen Hektar Zuckerrohr, die 10 Milliarden Liter Alkohol pro Jahr produzieren, das bringt für die Wirtschaft des Landes 600 Millionen Dollar pro Jahr.»

«Kuba produziert mehr als 8 Millionen Tonnen Zuckerrohr pro Jahr auf einem Gebiet von 1 Million 800 000 Hektar. Wir wollen diese Fläche um noch 200 000 Hektar ausdehnen.»

---

[7] Fidel Castro spielt auf das brasilianische Großprojekt an, die Abhängigkeit von Erdölimporten durch die Gewinnung von Äthanol als Autotreibstoff aus Zuckerrohr zu verringern. Wenn auch die Grundoption der Energiegewinnung auf der Basis von erneuerbaren Rohstoffen richtig ist, hat sich die Entscheidung für das Zuckerrohr als verheerend erwiesen. Kuba lehnt die Produktion von Äthanol als Autotreibstoff aus drei Gründen ab: 1) Der energetische Nettogewinn ist mit 10 % außerordentlich gering. 2) Der anlagetechnische Aufwand und damit der Importbedarf für die Anlagenbauteile sind sehr hoch. 3) Dasselbe gilt für den Wasserbedarf und die Umweltverschmutzung durch die Abfallprodukte.

«Brasilien importiert Weizen», erzählt Joelmir. «Das verschlingt das Doppelte dessen, was mit der Produktion von Alkohol erwirtschaftet wird, d. h. 1 200 Millionen Dollar pro Jahr. Wenn Brasilien 1 Million Hektar Land mit Weizen bebauen würde, könnten wir mehr sparen, als wir mit den 4 Millionen Hektar Zuckerrohr für Alkohol einsparen. Das Pro-Weizen-Projekt, das nicht existiert, wäre lukrativer als das Pro-Alkohol-Projekt. Leider ist die Energie der Maschinen für die brasilianische Regierung wichtiger als die Energie der Menschen.»

«Und in diese menschliche Energie investieren wir in Kuba als erstes. Ich will noch anfügen, daß wir hier gerade 157 neue Einrichtungen auf dem Gesundheitssektor bauen. Wir haben 20 000 Medizinstudenten. Jedes Jahr schlagen mehr als 5 500 Jugendliche diese Laufbahn ein.

Der Chefkommandant lädt uns in einen kleinen Raum neben seinem Arbeitszimmer ein. Ein Ehepaar arbeitet dort, umgeben von IBM-Computern. Hier befindet sich das elektronische Gehirn der kubanischen Regierung. Alle Daten sind vorschriftsmäßig gespeichert, sogar der Name und das Fachgebiet der besten 500 Ärzte des Landes. Auf Bitten von Fidel bedient die compañera, die an den Computern arbeitet, die Tasten mit ihren langen und feinen Fingern. In verschiedenen Farben erscheinen die Daten: Havanna hat heute 1 902 173 Einwohner. Der Hauptstadt Kubas stehen 7 856 Ärzte zur Verfügung, 10 481 Krankenpfleger und 11 136 Gesundheitsfachleute. Pro 242 Einwohner gibt es einen Arzt, pro 182 Einwohner einen Krankenpfleger. Im ganzen Land arbeiten 20 403 Ärzte für eine Bevölkerung von 9 952 699 Einwohner. Es gibt allein 1 880 Kinderärzte, einen pro 1 500 Kinder.

Beim Verlassen des Computerraumes lädt uns Fidel Castro ein, kurz in den Saal einzutreten, wo alle Minister des Wirtschaftssektors versammelt sind. Er stellt uns vor und tauscht einige Informationen bezüglich der Vorbereitung des dritten Fünfjahresplans aus. Es ist fast 18 Uhr, als wir den Revolutionspalast verlassen. Schon in wenigen Minuten muß der Kommandant bei den Gedenkfeiern zum vierzigsten Jahrestag des Sieges der Alliierten im Zweiten Weltkrieg erscheinen, die im neuen Gebäude der Botschaft der Sowjetunion stattfinden.

IV.

Gegen 22.30 Uhr abends werden wir noch einmal im Arbeitszimmer von Fidel Castro empfangen. Joelmir Beting muß Kuba am nächsten Morgen verlassen, und es ist die letzte Gelegenheit auf dieser Reise, daß die beiden miteinander sprechen. Im Arbeitszimmer sind außerdem acht Minister aus dem Wirtschaftsbereich und Carlos Rafael Rodríguez, der Vizepräsident des Staatsrates. Vor der Wand, gegenüber dem rechteckigen Versammlungstisch, hat der Gastgeber dem brasilianischen Journalisten eine Tafel und Kreide bereitgestellt. Zur Vorbereitung auf das Gespräch hat Joelmir Beting die neueren Interviews mit Fidel Castro über das Problem der Auslandsverschuldung der Dritten Welt und besonders Lateinamerikas gelesen, einschließlich des Interviews, das er der mexikanischen Zeitschrift *Excélsior* gegeben hat und in dem der Kommandant zum Schluß kommt, daß die Schulden unbezahlbar sind.

«Die politische Lösung der Auslandsverschuldung», sagt der auf Wirtschaftsfragen spezialisierte Journalist, «verlangt Veränderungen in der Finanzgesetzgebung der USA und Europas, Veränderungen im Block der Gläubiger. Die Beteiligung der Parlamente ist äußerst wichtig. Deshalb muß Fidel seine Vorschläge den Parlamenten mitteilen. Kuba sollte ein Dokument über das Problem der Auslandsverschuldung herausbringen. Das Problem wird nicht gelöst werden, solange es keine Verhandlungen von Regierung zu Regierung, sondern bloß Verhandlungen von Regierung zu Gläubigerbank gibt. Im Moment verläuft die Verständigung nicht zwischen Brasilia und Washington, sondern zwischen Brasilia und der Wall Street. Auf diese Weise wäscht sich die nordamerikanische Regierung die Hände in Unschuld und ist nur über den Internationalen Währungsfonds (IWF) beteiligt, dem Kontrolleur der Banken. Der IWF müßte ein Forum sein, in dem die Regierungen miteinander einen Meinungsaustausch pflegen könnten. Der Dollar ist heute keine Leitwährung mehr, sondern ein Interventionsinstrument in den weltwirtschaftlichen Beziehungen. Eigentlich ist der Dollar eine falsche Währung, weil er in der amerikanischen Wirtschaft keine Grundlage mehr hat. Sein Wert ist nicht mehr durch das Bruttoinlandprodukt der USA gedeckt. Man könnte fast sagen, die USA kauften die Welt mit einer falschen Währung. Das ist ein Phänomen, das noch nicht einmal der Kapitalismus entsprechend registriert hat. Der letzte Widerspruch gegen diesen Ablauf erfolgte von General de Gaulle, und er hatte damit keinen Erfolg.»

Fidel stellt seine Teetasse zurück auf den Unterteller: «Lateinamerika hat

die Dollars zu einem niedrigen Kurs geliehen und muß sie jetzt zu einem hohen Kurs zurückzahlen.»
«Das ist – bescheiden gesagt – Finanzpiraterie», reagiert Joelmir Beting. – «Der Vorschlag für eine neue Wirtschaftsordnung muß sowohl den Handel wie auch die Verschuldung umfassen; das wurde allerdings von den sieben Großen der kapitalistischen Welt nicht zugelassen, die sich jetzt gerade in Bonn versammeln. Die Dritte Welt muß außerdem vor dem Technologiemonopol der reichen Länder geschützt werden. Auf dem Gebiet der Informationstechnik hat Brasilien eine Gesetzgebung verabschiedet, um seinen Markt wirksam zu schützen.»
«Was bedeutet das?» fragt Fidel nach.
«Das bedeutet, daß keine ausländische Industrie eine Fabrik für Mikroprozessoren oder Personalcomputer in Brasilien errichten kann. Das geht nur mit nationalem Kapital.»
«Wann wurde das Gesetz erlassen?»
«Im letzten September.»
«Mit welchem Ziel?»
«Mit dem Ziel, die technologische Entwicklung und den internen Markt für die nationale Industrie zu schützen.»
Der brasilianische Gast schreibt die Zahl 12 auf die Tafel und fährt fort: «Brasilien muß in diesem Jahr, 1985, allein 12 Milliarden Zinsen bezahlen. Die Hälfte der Schuld könnte kapitalisiert werden quasi als ‹neues Geld›, und dann brauchte man nur noch den Rest aufzubringen. Statt alles zu bezahlen, würden diese Zinsen bei Investitionsvorhaben der multinationalen Konzerne in Risikokapital der Multinationalen verwandelt. Ein Beispiel: Die Multis wollen eine Autofabrik in Brasilien eröffnen. Statt direkt Geld zu investieren, würden sie einen Teil der kapitalisierten Zinsen verwenden. Damit wird die Schuld Brasiliens übertragen, sobald diese Konzerne eine Automobilfabrik in Brasilien bauen.»
«Die Zinsen, die Brasilien bezahlen muß, werden also nicht bezahlt. Statt dessen werden sie in Brasilien als Investition der Multinationalen angelegt. Ist es so?» fragt Fidel. «Ja.»
«Haben Sie gehört, was Alfonsín in Chicago gesagt hat? Daß in Argentinien die Zinsen, die diese Nation für die Schulden bezahlen muß, im Land selbst wieder investiert werden müßten. Meint er dasselbe?»
«Ja. Aber es gibt ein Problem dabei: Die USA setzen den Zinssatz fest. Es sind die Banken, die den Zinssatz festlegen, der damit gleichzeitig auch den Satz des Kapitalrückflusses darstellt. Wenn diese Umwandlung in Risikokapital vollzogen ist, dann würde Brasilien die Höhe für die Zahlung von Gewinnen festlegen und nicht die Banken.»

«Wieviel Gewinnrückfluß läßt Brasilien im Augenblick zu?»
«Nehmen wir einmal an, daß die italienischen FIAT-Werke in Brasilien eine Investition von 680 Millionen Dollar getätigt haben, nicht als Direktinvestition, sondern als Darlehen der Muttergesellschaft an die brasilianische Tochter, und zwar über eine Bank. Ein Dreiecksgeschäft. Aufgrund dieser Schulden zahlt die FIAT-Tochter Zinsen an die Muttergesellschaft und zahlt deshalb an Brasilien nur 12,6 % Ertragssteuern.»
«Die Zinszahlungen betragen nur 12,6 %?» fragt der kubanische Regierungschef.
«Ja. Wenn FIAT den Gewinn ohne Zinsverpflichtungen gegenüber der Mutter ermitteln würde, dann hätte FIAT 35,7 % Steuern an Brasilien zu zahlen. Die Steuern auf den Gewinn und das Risikokapital betragen 35 %. Der Zinssatz für die Schulden beträgt nur 12 %. FIAT wird also nur die Konversion der Schulden in Kapital vornehmen, wenn Brasilien seine Steuergesetzgebung zugunsten des Kapitals und nicht der Steuern verändert.»
«Es geht um Steuererleichterungen und darum, so wenig wie möglich zu bezahlen», kommentiert Fidel.
«Sicher. Es wird nur dann eine Kapitalisierung der Zinsen geben, wenn die Steuerlast auf das direkte Kapital verringert wird, denn die Steuereinnahmen bei direkten Investitionen liegen bei 35 % der Gewinne und bei der Rückzahlung von Darlehen bei 12 %.»
«Setzt Brasilien dem zurückfließenden Kapital keine Grenzen, unterliegt es einer Steuer?» «Sicher.»
«Was könnte der Gewinn bei diesen 680 Millionen Dollar sein?»
«Er könnte bei 5 - 8 % im Jahr liegen.»
«Das ist niedrig», beobachtet Fidel Castro. «Das reizt keinen zu Investitionen.»
«Das ist niedrig, weil der finanzielle Aufwand der Filiale für die Muttergesellschaft sehr hoch ist, FIAT muß an die Muttergesellschaft Zinsen zahlen. Und sie verbuchen diese Kosten in Brasilien.»
«Wieviel Gewinn kann man damit unter den heutigen Bedingungen erwirtschaften? Wieviel Rückfluß an die Muttergesellschaft bringt eine Investition von rund 600 Millionen Dollar? Wir nehmen eine Direktinvestition ohne Einfluß der Banken an.»
«Im Fall von FIAT etwa 8 % auf die Gesamtumsätze.»
«Auf die Gesamtumsätze!» reagiert der Gastgeber. «Wieviel wäre das im Verhältnis zu den 680 Millionen Dollar? Weniger als 10 %?»
«Weniger als 10 %. Rund 8 % netto.»
«Welchen Anreiz haben die Multinationalen für Investitionen in Brasilien bei einem so niedrigen Rückfluß des investierten Kapitals?»

«Der Anreiz liegt in der Erschließung des Marktes, jedenfalls in einer ersten Phase. Es gibt noch unausgenutzte Kapazitäten auf der Welt, und in Brasilien liegt ein wichtiger Absatzmarkt Lateinamerikas, der ein Sprungbrett sein kann für den Rest des Kontinentes. Brasilien hat eine sehr liberale Gesetzgebung für ausländisches Kapital. Die Zinsaufwendungen sind ein getarnter, heimlicher Gewinn, denn die Rückkehr des Kapitals erfolgt als Schuldentilgung. Für die Muttergesellschaft ist es das gleiche Kapital, das zurückkehrt. Die Muttergesellschaft ist die Gläubigerin der Tochter. Das ist eine neue Erfindung des internationalen Kapitalismus in Brasilien. Die Tochtergesellschaften der Multinationalen schulden allein in Brasilien ihren Muttergesellschaften über die Banken 18 Milliarden Dollar.»
«Ist das in den Auslandsschulden nicht mitgerechnet?» fragt Fidel, während er sich eine kleine Zigarre anzündet.
«Ja, das macht 1/5 der Schulden aus.»
«Wenn man annimmt, daß dieses Geld geliehen wurde?»
«Ja, von der Mutter an die Tochter, über die Banken.»
«Wieviel würden diese 600 Millionen Dollar in Südkorea einbringen?»
«Dreimal mehr.»
«Warum haben die Multinationalen dort soviel investiert? Warum investierten sie so viel in Taiwan und in Südkorea?»
«Weil diese Länder eine Art Steuerfreizone sind.»
«Sie dürfen dort mehr als 20 % dessen, was sie investiert haben, verdienen?»
«Mehr», bestätigt Joelmir Beting, «nach einem gewissen Zeitraum.»
«Und in Brasilien wesentlich weniger?»
«Viel weniger.»
«Warum haben die Multinationalen dann so viel investiert in den letzten Jahren? Was war ihre Motivation?»
«Die Motivation liegt im Potential des Marktes. Es ist die breite Skala dieses Marktes. Brasilien ist ein *Belindien* – Belgien und Indien: eine Insel der Gegensätze. In Brasilien verfügen 32 Millionen Verbraucher über ein Pro-Kopf-Einkommen, das dem von Belgien entspricht. Das ist ein großer Markt. Es werden 1 Million Autos pro Jahr hergestellt. Dies bedeutet den siebtgrößten Automobilmarkt der Welt.»
«Luxusautos», betone ich.
«Es werden Fernseher und Haushaltsgeräte produziert. Es gibt schließlich 32 Millionen Verbraucher – bei einer Bevölkerung von 133 Millionen.»
«Die Verbraucher machen nicht einmal 25 % der Bevölkerung aus», beobachtet der Kommandant. «Man hat mir gesagt, daß 10 % der Bevölkerung über mehr als 50 % des Nationaleinkommens verfügen. Das heißt: Ein

Viertel der Brasilianer ist am wichtigen Markt für Massengüter beteiligt. Wieviele bleiben außerhalb dieses Marktes?»
«Der Rest.»
«100 Millionen?»
«Ja, 100 Millionen sind buchstäblich ausgeschlossen.»
«Und von diesen 100 Millionen leben wie viele in einer Situation des Elends?»
«30 Millionen leben in einem Stadium absoluter Armut. In relativer Armut leben 40 Millionen. Das ergibt schon 70 Millionen. Die 32 Millionen an der Spitze bilden einen Markt nach internationalem Zuschnitt. Zwischen den 70 Millionen Armen und den 32 Millionen Verbrauchern gibt es eine Arbeiterklasse, die gerade das Notwendige zum Überleben hat. Die 70 Millionen Armen sind 70 Millionen politische Gefangene des Systems. Dieses Stadium absoluter Armut kommt den schlimmsten Seiten Indiens gleich: Hunger, Krankheit, andauernde Arbeitslosigkeit. Es gibt in Brasilien 18 Millionen Kinder ohne Zuhause und ohne Familie. Verlassene Kinder, die wie Straßenhunde leben, über ganz Brasilien verbreitet.»
Ich füge noch eine Zahl hinzu: «64 Millionen Brasilianer sind unter 19 Jahren.»
«Kommen diese verlassenen Kinder auch aus den Familien der 30 Millionen Arbeiter?» fragt Fidel beunruhigt.
«Nein, sie kommen nur aus den Familien der 70 Millionen Armen», erklärt der Wirtschaftsjournalist.
«Und von dort kommen die 18 Millionen verlassenen Kinder?»
«Ja, aus diesem ‹Indien›. Aber in dem ‹Belgien› der 32 Millionen gibt es einen Konsumgütermarkt, der größer ist als der Argentiniens, Uruguays oder Mexikos. Es ist der größte lateinamerikanische Markt.»
«Wo befinden sich die brasilianischen Ärzte und Techniker?»
«Sie sind unter den 32 Millionen.»
«Und die Lehrer?»
«Ebenfalls unter den 32 Millionen.»
«Wieviel verdient ein Grundschullehrer?» «Ungefähr 80 Dollar.»
«Ist es möglich, daß auch Grundschullehrer unter den 40 Millionen sind, die in absoluter Armut leben?» fragt der kubanische Staatsmann nach.
«In den letzten fünf Jahren der großen Krise in der Auslandsverschuldung hat es einen Kaufkraftverlust von 27 % gegeben.»
«Unter den 32 Millionen? – Und unter den 30 Millionen Arbeitern?»
«Einen Verlust von 12 %.»
Ich nenne noch eine Statistik. «Augenblicklich gibt es in Brasilien 12 Millionen Arbeitslose.»

Fidel scheint zu folgern: «Dann kann man nicht sagen, daß es in Brasilien im Augenblick für die Multinationalen starke Investitionsanreize gibt.»
«Ja, aufgrund des Engpasses in der Auslandsverschuldung, des Regierungswechsels und der Möglichkeit großer internationaler Konfusionen.»
«Haben Sie die Zahlen über die Investitionen der Multinationalen in der Welt? Mir scheint, sie liegen so um die 600 Milliarden Dollar.»
«Nein, es sind 930 Milliarden Dollar.»
«Sogar 930 Millarden Dollar?»
«Ja, das ist die Auslandsverschuldung der Dritten Welt.»
Fidel erklärt: «Ah, nein, ich frage nicht nach der Schuld. sondern nach den Direktinvestitionen.»
«1982 erreichten sie 640 Milliarden.»
«75 % davon in den industrialisierten Ländern.»
«Ja», stimmt Joelmir zu.
«Und 150 Milliarden in der Dritten Welt.»
«So ungefähr.»
Es gibt eine Unterbrechung zum Kaffee, und direkt im Anschluß daran gewährt Fidel Castro dem brasilianischen Journalisten ein langes Exklusivinterview über die Analyse und die kubanischen Vorschläge zur Lösung des Problems der Auslandsverschuldung der armen Länder. Ich höre zu, ohne Notizen zu machen. Die Veröffentlichung des Materials bleibt dem Interviewer überlassen, der mir erlaubt hat, hier den ersten Teil seines Gespräches mit dem kubanischen Führer aufzuschreiben.
Es ist halb sechs Uhr morgens. Der Gastgeber erhebt sich: «Jetzt muß ich mich sportlich betätigen und etwas essen. Seit fast 15 Stunden habe ich nichts mehr zu mir genommen.»
Er geht auf eine Tür zu und fordert uns auf, ihm zu folgen. Wir betreten gemeinsam den Privataufzug, der uns in die Garage bringt, in den Keller des Revolutionspalastes. Wir setzen uns in den Mercedes-Benz, der für den Kommandanten bereitsteht, und fahren durch die Straßen von Havanna, die noch dunkel sind um diese Zeit, so kurz vor dem Sommer. Hinter unserem Wagen fährt ein anderer Mercedes mit den Sicherheitsbeamten. Wenig später hält der Wagen direkt an der Tür des Hauses, in dem wir untergebracht sind. Fidel Castro steigt aus, verabschiedet sich sehr herzlich von Joelmir Beting, der innerhalb von zwei Stunden am Flughafen sein muß, und auch ich erhebe meine Hand zum Winken. Unter dem Eindruck dieses langen Treffens nehmen Joelmir und ich in der Küche des Hauses erst einmal einen Schluck Whisky und essen dazu kubanischen Käse. Der Himmel draußen färbt sich langsam rot, die Nacht weicht der diskreten Ankunft des Tages.

V.

Nach der Rückkehr Joelmirs nach Brasilien warte ich auf den Anruf zum Interview des Kommandanten. Ein langes Warten, das sich hinzieht und mich unruhig macht, wie jedes Warten. Meine Eltern und ich füllen die Tage mit Besuchen in Havanna: Wir besuchen die Frauenvereinigung, wo wir von Vilmar Espín liebevoll empfangen werden, den Kindergarten und die nationale Koordinationsstelle der Komitees zur Verteidigung der Revolution (CDR).[8] Wir gingen im Stadtzentrum spazieren und aßen Eis im «Coppelia», dem besten Eiscafé der Welt, wo für das Eis nur natürliche Produkte verwendet werden. Wir kauften in den Geschäften der internationalen Hotels ein, zu denen nur die Touristen Zutritt haben und wo in Dollar bezahlt wird. Beim Besuch des Erzbischofs von Havanna, Jaime Ortega, erhält meine Mutter eine wunderschöne Briefmarke mit dem Bild der «Virgen de la Caridad» (Jungfrau der Nächstenliebe), der Schutzpatronin Kubas. Sie ist schwarz, wie viele lateinamerikanische Marien, und sie ist 1607 – so wie auch «Unsere Frau von Aparecida» – armen Fischern auf dem Wasser erschienen.
Ich schließe die Möglichkeit aus, Fidel Castro am Wochenende zu interviewen. Am Samstagnachmittag fahren meine Eltern zum Strand von Varadero, dem schönsten Strand Kubas. Ich kann sie nicht begleiten, weil ich am Abend im Dominikanerkonvent einen Vortrag halte, der aber für alle offen ist. Thema: Die Spiritualität Jesu. Etwa siebzig Menschen sind anwesend, unter ihnen einige kommunistische Freunde: der Brasilianer Hélio Dutra und seine Gattin Ella; die Chilenin Marta Harnecker, Verfasserin mehrerer Werke über die Grundlagen des Marxismus; Jorge Timossi aus der «Casa de las Américas». Noch zwei liebe Freunde sind anwesend, Fina und Cintio Vitier, einer der besten kubanischen Dichter. Von den anwesenden Geistlichen fällt mir die sympathische Figur von Pater Carlos Manuel de Céspedes auf, Generalvikar von Havanna und Sekretär der kubanischen Bischofskonferenz. Es sind auch Laien, Jugendliche und Erwachsene, Ordensschwestern und Seminaristen anwesend. Ich erläutere das

---

[8] Die «Komitees zur Verteidigung der Revolution» sind die größte kubanische Massenorganisation und wurden 1960 als Antwort auf die Angriffe der Konterrevolution gegründet. Sie zählen rund 4,8 Millionen Mitglieder. Die kleinsten Zellen bilden in den Städten die Häuserblocks (Nachbarschaftsprinzip). Sie berufen beispielsweise die Versammlungen ein, auf denen die Mitglieder eines Stimmbezirkes (nie mehr als 300 bilden einen Bezirk) ihren Direktkandidaten für die «Volksmacht» berufen, sie organisieren das Gesundheitswesen im Viertel, sorgen für Volksbildung usw.

Thema im Konferenzsaal des Konventes, der Erinnerungen weckt an die denkwürdige Präsenz der Dominikaner in Kuba: Bartolomé de las Casas, Verteidiger der Rechte der Indios, und die Dominikaner, die 1728 die Universität von Havanna gegründet haben. Heute gibt es auf der ganzen Insel nur noch 5 Patres, zwei davon im Konvent von Vedado.

Die Spiritualität Jesu

Wenn wir den Begriff «Spiritualität» hören, dann weckt das in uns Vorstellungen von Exerzitien, abgeschiedenen und ruhigen Orten, Bildern von Heiligen mit Sonnenuntergängen am Meer oder an Seen mit spiegelnder Wasseroberfläche. Das spirituelle Leben ist etwas, das im Gegensatz steht zum körperlichen, materiellen Leben und eine Abkehr von der Welt voraussetzt, von der täglichen Routine. Sie scheint ein seltenes Privileg für jene armen Sterblichen zu sein, die nicht die Zurückgezogenheit kontemplativer Klöster für sich nutzen können. Es gibt in der Kirche unzählige verschiedene «Spiritualitäten»: die dominikanische, die franziskanische, die ignatianische, die marianische Spiritualität, die Spiritualität der «Cursillos der Christenheit» usw. Was aber bedeutet, theologisch gesehen, die Annahme einer Spiritualität? Sie bedeutet nichts mehr als eine Form der Nachfolge Jesu. Wir können diesem Jesus folgen auf die Weise eines Franziskus von Assisi oder einer Theresa von Avila, eines Thomas von Kempen oder eines Teilhard de Chardin. Auch wenn sich in Lateinamerika im Volk eine große Breite einheimischer Spiritualitätsformen entwickelt hat, Andachten und Wallfahrten zu schwarzen oder dunkelhäutigen Marien, wie der Madonna der Nächstenliebe und der Maria von Guadalupe oder Aparecida, so waren dennoch auf der Ebene der institutionellen Kirche immer die Spiritualitätsformen dominant, die aus Europa importiert wurden, so wie auch die gesamte Theologie von dort kam. In den Ordensschulen wurde eine europäische, bürgerliche Form der Nachfolge Jesu gelehrt, die nicht nur im Widerspruch steht zu unserer Realität, die unbestreitbar von gesellschaftlichen Widersprüchen gekennzeichnet ist, sondern auch im Widerspruch zu den Forderungen des Evangeliums selbst. Die Schwierigkeiten, die Rom damit hat, die Theologie der Befreiung besser zu verstehen, resultieren genau aus dieser Unfähigkeit zuzulassen, daß es in der Kirche eine andere Theologie gibt als die in Europa erarbeitete.

Kann es in der einen Kirche unterschiedliche theologische Einstellungen geben? Als ich in Vitória auf dem Hügel Santa Maria wohnte, bat mich mein Nachbar, ein Arbeiter, um ein Buch, welches vom Leben Jesu erzählte. Ich gab ihm eine Ausgabe des Neuen Testaments. Als ich ihn wieder traf, fragte ich ihn: «Wie steht es, António, haben Sie das Leben Jesu schon gelesen?» Eines Tages sagte er mir dann: «Betto, ich habe alle Evangelien gelesen und eine Menge dabei gelernt. Aber ich gestehe Ihnen: Ich finde, die Geschichten über Jesus werden ganz schön oft wiederholt.» Das ist ein gutes Beispiel dafür, daß es schon in den Evangelien vier verschiedene Theologien gibt: Matthäus, Markus, Lukas und Johannes. Theologie ist die Reflexion des Glaubens innerhalb einer bestimmten Wirklichkeit. Lukas schreibt seinen evangelischen Bericht und denkt dabei an die Heiden, während sich Matthäus an die Juden wendet. Wer treibt Theologie in der Kirche? Es sind alle Christen; Theologie ist die Frucht einer Reflexion, die eine christliche Gemeinde ausgehend von ihrer Wirklichkeit über ihren Glauben macht. So gesehen betreibt jeder Christ Theologie, so wie jede Hausfrau auf dem Markt Ökonomie betreibt. Aber nicht jede Hausfrau ist Wirtschaftlerin, ebensowenig ist jeder Christ Theologe. Theologen sind diejenigen, die die wissenschaftlichen Grundlagen der Theologie beherrschen und zur gleichen Zeit die Reflexion des Glaubens der Gemeinde aufnehmen und systematisch ausarbeiten.

Nach dem Zweiten Vatikanischen Konzil ist die Kirche Lateinamerikas dazu übergegangen, ihre eigene Theologie zu produzieren. Die Theologie wurde nicht mehr länger aus Europa importiert. Früher mußte jeder Priesteramtskandidat Französisch lernen, um die Theologie der Werke von Congar, de Lubac, Guardini oder Rahner studieren zu können. Unsere Theologie, die in den christlichen Basisgemeinden dieses Kontinents entstand als ein Ergebnis der Anforderungen, die der Befreiungsprozeß der Unterdrückten an den christlichen Glauben stellt, ist von Männern wie Gustavo Gutiérrez und Leonardo Boff systematisch ausgearbeitet worden. Diese Theologie unterscheidet sich schon durch ihre Methodologie von der liberalen Theologie Europas. Wenn die Theologie eine Antwort des Glaubens auf die Herausforderungen der Wirklichkeit ist, dann muß man fragen, welches denn die wichtigsten Ereignisse im Europa dieses Jahrhunderts waren. Zweifellos waren es doch die beiden Weltkriege. In der europäischen Kultur warfen diese Ereignisse die angstvolle Frage nach dem Sein, dem Wert der menschlichen Person und nach dem Sinn des Lebens auf. Die gesamte Philosophie von Husserl und Heidegger, von Sartre und Karl Jaspers, die Literatur von Albert Camus und Thomas Mann, die Filme von Buñuel und Fellini sind ein Versuch, diese Frage zu beantworten. Die Theologie macht da keine Ausnahme. In ihrer Auseinandersetzung mit der europäischen Wirklichkeit sucht sie die Vermittlung der personalistischen Philosophie, deren Dreh- und Angelpunkt die menschliche Person ist.

Was ist demgegenüber die herausragende Situation Lateinamerikas in diesem Jahrhundert? Es ist die kollektive und massenhafte Existenz von Millionen hungernder Menschen. Unser Problem ist der Nicht-Mensch. Um die politischen und strukturellen Gründe einer derart massenhaften Existenz von Nicht-Menschen verstehen zu können, reichen die Theologie und die Vermittlung der Philosophie allein nicht aus. Man muß sich der Sozialwissenschaften, eingeschlossen des Marxismus, bedienen. Diese Verknüpfung ist die Grundlage für die Methodologie der Theologie der Befreiung, die der befreienden, evangelischen Lebensweise des christlichen Glaubens in Lateinamerika angemessen ist. Den Marxismus zu fürchten, das ist dasselbe, als hätte man Angst vor der Mathematik, weil man dem Einfluß des Pythagoras nicht traut ... Niemand kann heute aufrichtig von den gesellschaftlichen Widersprüchen reden, ohne die Begriffe zu berücksichtigen, die Marx systematisch ausgearbeitet hat. Es spielt keine Rolle, ob es marxistische Begriffe sind oder nicht, entscheidend ist, daß sie einen wissenschaftlichen Zugang zur Wirklichkeit vermitteln. Selbst Johannes Paul II. greift in seiner Enzyklika *La-*

borem Exercens über die menschliche Arbeit auf den Beitrag von Marx zurück, wenn er von den Klassenspannungen und den gesellschaftlichen Ungleichheiten spricht. Bevor wir Ängste vor dem Marxismus entwickeln, weil er sich als atheistisch bezeichnet, müssen wir uns fragen, welche Art von «gerechter» Gesellschaft wir in einer Welt errichtet haben, die sich als christlich bekennt.
Die Spiritualität betrifft nicht nur unser spirituelles Leben. Sie betrifft den ganzen Menschen in seiner Einheit von Geist und Körper. Für die Hebräer gab es die Spaltung in Materie und Geist noch nicht. Der heilige Paulus spricht sogar von «geistlichem Körper», was in unseren Ohren wie ein Gegensatz klingt. Spirituelle Erkenntnis in der Bibel ist eine erfahrungsbezogene Erkenntnis. Man kennt nur das wirklich, was man auch erfahren hat. Die Trennung Geist – Körper wurde uns erst durch die griechische Philosophie vermittelt, die die christliche Theologie seit dem vierten Jahrhundert durchdringt. Für die Griechen sind wir um so christlicher, je stärker es uns gelingt, die physische, körperliche, materielle Realität hinter uns zu lassen. Im Evangelium ist es die Ganzheit menschlichen Seins, das als ein Leben im Geist bezeichnet wird. Spiritualität besteht nicht darin, die Gegenwart Gottes zu «fühlen», auch nicht, sie zu «glauben». «Nicht der, der ‹Herr, Herr› sagt, wird das Himmelreich erlangen, sondern der den Willen meines Vaters tut», sagt Jesus. Spiritualität ist also eine Weise zu leben, sie ist ein Leben nach dem Geist. José Martí, der große Nationalheld und Vorläufer der Befreiung Kubas, sagte: «Die beste Weise, etwas zu sagen, ist, es zu tun.» Für einen Christen ist die beste Weise zu glauben, den Glauben zu leben. Ein Glaube ohne Werke zählt nichts, bekräftigt der heilige Jakobus: «Brüder, was nützt es, wenn einer sagt, er habe Glauben, aber es fehlen die Werke? Kann etwa der Glaube ihn retten? Wenn ein Bruder oder eine Schwester ohne Kleidung ist und ohne das tägliche Brot und einer von euch zu ihnen sagt: Geht in Frieden, wärmt und sättigt euch!, ihr gebt ihnen aber nicht, was sie zum Leben brauchen – was nützt das? So ist auch der Glaube für sich allein tot, wenn er nicht Werke vorzuweisen hat.» (Jak 2, 14–17)
Unsere Lebensweise ergibt sich aus dem, was wir glauben. Unsere Weise, Kirche zu sein, ist ein Abbild unserer Vorstellung von Gott. Zum Kennenlernen einer Kirche ist die beste Frage folgende: Was denken die Gläubigen dieser Kirche von Gott? Es ist eine Illusion, sich vorzustellen, daß alle Gläubigen an denselben Gott glauben. Sehr oft frage ich mich, welche Ähnlichkeit besteht zwischen dem Gott, an den ich glaube, und dem Gott, an den Reagan glaubt. Wir vergessen, daß sich die Propheten des Alten Testamentes vorzugsweise mit dem Götzendienst beschäftigt haben, mit den Göttern, welche die Menschen nach ihren Interessen geschaffen haben. Noch heute existiert überall dieser Götzendienst. Im Namen Gottes sind die Spanier und Portugiesen in Lateinamerika eingedrungen und haben Millionen Indios niedergemetzelt. Im Namen Gottes wurden Millionen Sklaven aus Afrika in unsere Länder verschleppt. Im Namen Gottes wurde das Projekt der bourgeoisen Herrschaft auf dem Kontinent errichtet. Ist es möglich, daß dieser Name Gottes, den Eroberer, Sklavenherren und kapitalistische Unterdrücker angerufen haben, der Gott der Armen ist, auf den Jesus sich berufen hat? Ich erinnere an das Drama von Albert Schweitzer, dem Musiker, Arzt und Theologen. Unter dem Einfluß pro-

testantischer Untersuchungen über die Historizität Jesu kam er zu dem Ergebnis, daß der junge Jesus von Nazareth nicht erwartet hätte, so früh sterben zu müssen, und daß er von der Verschwörung gegen seine Person sehr überrascht gewesen sei. Ein Gott täuscht sich niemals. Wenn also Jesus nicht in der Lage gewesen ist, seinen Tod vorherzusehen, dann deswegen, weil er nicht Gott gewesen ist, faßt Schweitzer seine Ergebnisse zusammen. Vor einigen Jahren hat ein evangelischer Pastor, Robinson, ein Buch veröffentlicht, das zum Bestseller geworden ist: «Honest to God», ehrlich zu Gott. Der Autor schreibt darin, daß wir ehrlich sein müssen zu Gott und bekennen sollen, daß wir ihn nicht kennen. Was wir kennen, sind nur Karikaturen – wenn Gott etwa bei offiziellen Anlässen angerufen wird, in schwierigen Augenblicken des Lebens oder in politischen Reden. Wie lernt man einen Menschen kennen? Durch das, was man über ihn denkt, oder durch das, was er selbst über sich offenbart? Wenn die wirkliche Kenntnis aus der Offenbarung herrührt, dann können wir ihn am besten kennenlernen in Jesus Christus, in der geschichtlichen Gegenwart Gottes. Auch wenn die mittelalterliche Theologie Jesus als allwissend, allgegenwärtig und allmächtig beschreibt, so begegnet uns beim Lesen des Evangeliums ein zerbrechliches Wesen, das unter den Armen lebt, über den Tod eines Freundes weint, Hunger spürt, mit den Aposteln diskutiert, den Zorn der Pharisäer erregt, Herodes beschimpft, die Versuchung kennt und in der Angst sogar eine Glaubenskrise durchlebt, als er die Erfahrung macht, vom Vater verlassen zu sein.

Vielleicht hätte Albert Schweitzer den Glauben an die Göttlichkeit Jesu nicht verloren, wenn er erkannt hätte, daß sich die Göttlichkeit Jesu nicht an der Tatsache erweist, ob Jesus in seinem Kopf eine Art Computer besaß, der es ihm ermöglicht hätte, alles vorherzusehen. Im Neuen Testament ist die wichtigste Eigenschaft Gottes die Liebe. In seinem ersten Brief ist Johannes da sehr deutlich: «Brüder, wir wollen einander lieben; denn die Liebe ist aus Gott, und jeder, der liebt, stammt von Gott und erkennt Gott. Wer nicht liebt, hat Gott nicht erkannt; denn Gott ist die Liebe.» (1 Joh 4,7 f) Für die Griechen, die die mittelalterliche Bestimmung Gottes mit beeinflußt haben, kann die Liebe niemals ein Attribut Gottes sein; im Gegenteil, sie ist eher ein Mangel in dem Maße, als sie eine Beziehung zu dem geliebten Objekt voraussetzt. Aber genau in diesem Sinn ist Jesus Gott, weil er so geliebt hat, wie nur Gott liebt, und deshalb war er auch frei von Sünde. Er war ein Mensch, der nicht auf sich selbst fixiert war, sondern der ausgerichtet war auf den Vater und das Volk. Aus diesem Entwurf von Gott – Liebe erwächst eine Kirche auf der Basis von Geschwisterlichkeit, Kollegialität und Kommunikation. Es ist ein Entwurf, der allen Christen erlaubt, die Gegenwart Gottes in allen denjenigen zu entdecken, die – obwohl sie keinen Glauben haben – zu Liebeshandlungen fähig sind. Gott ist zugegen selbst in denen, die keinen Glauben haben. Und er identifiziert sich geschichtlich mit all denen, die unserer Liebe am meisten bedürfen: mit den Unterdrückten: «Ich war hungrig, und ihr habt mir zu essen gegeben, ich war durstig, und ihr habt mir zu trinken gegeben...», sagt Jesus in Kapitel 25 bei Matthäus. Die Liebe ist notwendig befreiend.

Wenn dieser Entwurf von Gott – Liebe deutlich geworden ist, dann können wir jetzt leichter über die Spiritualität Jesu sprechen, angesichts eines Gottes, der Gerechtigkeit will und der die Rechte der Armen verteidigt. Betrachten wir die evangelischen Berichte, dann sehen wir mit großer Klarheit, daß die Spiritualität Jesu keine Spiritualität der Abkehr von der Welt gewesen ist, keine Abwendung vom Alltag meint, nur um Gott besser dienen zu können, oder eine Verleugnung weltlicher Realitäten. In Johannes 17,15 bittet Jesus den Vater darum, seine Jünger vor dem Bösen zu bewahren, ohne sie aus der Welt zu nehmen. Die gesamte Existenz Jesu ist ein Eintauchen in den ideologischen Konflikt, in den Bereich, wo verschiedene Konzeptionen und Optionen zugunsten oder gegen die Unterdrückten streiten.

Die Spiritualität Jesu war auch keine Spiritualität des Moralismus. Das war die Spiritualität der Pharisäer, die aus ihren moralischen Tugenden so etwas wie einen Feldzug der Heiligkeit gemacht haben. Viele Christen sind in dieser Richtung geprägt worden und haben in ihrem Glauben an Kraft verloren, weil es ihnen einfach nicht gelingt, dem pharisäischen Moralismus zu entsprechen, den sie sich zum Vorbild nehmen. Gott scheint auf einem hohen Berg zu wohnen, und die Spiritualität wird vermittelt wie ein Handbuch des Bergsteigens, das vom interessierten Christen benutzt werden kann, um die schwierigen Abgründe zu überwinden. Weil wir aber eine schwache Natur haben, beginnen wir mit der Kletterei immer wieder von vorne. Das gleicht der endlosen Wiederholung der Sisyphus-Sage, wo Sisyphus den Stein immer wieder den Berg hinaufrollt. Eines der besten Beispiele für den Nicht-Moralismus Jesu ist der Bericht über seine Begegnung mit der samaritanischen Frau. Vom Standpunkt der Moral aus handelt es sich bei ihr um eine Frau, die ein Randdasein führt: weil sie eine Frau ist, Samariterin und Konkubine. Und dennoch ist es diese Frau, der Jesus zuerst den messianischen Charakter seiner Sendung offenbart. Zwischen den beiden entwickelt sich folgender aufschlußreicher Dialog:
«Da sagte die Frau zu ihm: ‹Herr, gib mir dieses Wasser, damit ich keinen Durst mehr habe und nicht mehr hierher kommen muß, um Wasser zu schöpfen.› Er sagte zu ihr: ‹Geh, ruf deinen Mann, und komm wieder her!› Die Frau antwortete: ‹Ich habe keinen Mann.› Jesus sagte zu ihr: ‹Du hast richtig gesagt: Ich habe keinen Mann. Denn fünf Männer hast du gehabt, und der, den du jetzt hast, ist nicht dein Mann. Damit hast du die Wahrheit gesagt.› Die Frau sagte zu ihm: ‹Herr, ich sehe, daß du ein Prophet bist. Unsere Väter haben auf diesem Berg Gott angebetet; ihr aber sagt, in Jerusalem sei die Stätte, wo man anbeten muß.› Jesus sprach zu ihr: ‹Glaube mir, Frau, die Stunde kommt, zu der ihr weder auf diesem Berg noch in Jerusalem den Vater anbeten werdet. Aber die Stunde kommt, und sie ist schon da, zu der die wahren Beter den Vater anbeten werden im Geist und in der Wahrheit; denn so will der Vater angebetet werden.›» (Joh 4,15–23)

In keinem Augenblick beschuldigt Jesus die Frau, daß sie sechs Männer in ihrem Leben gehabt hat. Was ihn interessiert, ist die Feststellung, daß sie ehrlich gewesen ist. Sie lügt nicht, nimmt keine pharisäerhafte Haltung ein und ist von daher in der Lage, «im Geist und in der Wahrheit» anzubeten, in ihrer subjektiven Öffnung auf Gott hin und in der objektiven Entscheidung für die Wahrheit.

So macht Jesus deutlich, daß das christliche Leben keine Bewegung des Menschen auf Gott hin ist; noch davor ist es die Liebe Gottes, die sich auf den Menschen richtet. Gott liebt uns unabänderlich. Es bleibt nur übrig herauszufinden, ob wir uns dieser Liebe mehr oder weniger öffnen, denn jede Liebesbeziehung setzt Gegenseitigkeit und unbedingte Freiheit voraus.

Christliche Sittlichkeit ist nicht die Folge unserer pharisäerhaften Absicht, frei von Sünde sein zu wollen. Sie ist die Konsequenz unserer Liebesbeziehung zu Gott. Wie bei einem Ehepaar erfordert die Liebe Treue. Das Gleichnis vom verlorenen Sohn ist ein gutes Beispiel dafür, daß die Liebe des Vaters ein Geschenk, eine Gnade ist. «Der Vater sah ihn schon von weitem kommen, und er hatte Mitleid mit ihm. Er lief dem Sohn entgegen, fiel ihm um den Hals und küßte ihn.» (Lk 15,20) Die Vergebung und die Freude des Vaters werden deutlich in der einfachen Tatsache, daß der Sohn zu ihm zurückkehrt – noch bevor dieser alles erklärt und sich entschuldigt hat. Ebenso ist die Liebe Gottes zu uns.

Die Spiritualität Jesu stellte also ein «Leben im Geist» dar, innerhalb der geschichtlichen Konflikte, in der Gemeinschaft der Liebe zum Vater und zum Volk. Es war eine Spiritualität, die sich ableitete aus seiner Öffnung für das Geschenk des Vaters und aus seinem befreienden Engagement für die Bestrebungen der Unterdrückten nach mehr Leben. Für Jesus ist die Welt nicht aufgeteilt in reine und unreine Menschen, wie es die Pharisäer wollten. Sie teilt sich auf in diejenigen, die auf der Seite der Partei des Lebens stehen, und diejenigen, die die Partei des Todes unterstützen. Alles, was zu mehr Leben verhilft, von einer Geste der Liebe bis hin zur gesellschaftlichen Revolution, liegt auf der Linie dieses Projektes Gottes: der Aufbau seines Reiches. Das Leben ist nämlich das größte Geschenk, das Gott uns gegeben hat. Wer geboren wird, ist schon in Gott geboren, weil er in die Sphäre des Lebens eintritt. Gleichzeitig widerspricht die Spiritualität Jesu der Spiritualität der Pharisäer, die nur aus Riten, Verpflichtungen, Askese und disziplinären Regeln besteht. In der Spiritualität der Pharisäer ist das Zentrum des spirituellen Lebens der Gläubige; in der Spiritualität Jesu ist es der Vater. Die Spiritualität der Pharisäer mißt sich an der Praxis kultureller Normen; die Spiritualität Jesu mißt sich an der Öffnung des Sohnes gegenüber der Liebe und der Barmherzigkeit Gottes. In der Spiritualität der Pharisäer ist Heiligkeit eine menschliche Errungenschaft, in der Spiritualität Jesu ist sie ein Geschenk des Vaters für diejenigen, die sich seiner Gnade öffnen. Diese spirituelle Kraft Jesu ergab sich aus seiner Vertrautheit mit Gott, den er sogar «Abba», Vater, nannte (Mk 14,36). Wie alle Gläubigen, so hatte auch Jesus seinen Glauben. Um diesen Glauben zu nähren, verbrachte er Stunden im Gebet. Lukas registriert diese Augenblicke, in denen sich der Geist Jesu vom Geist des Vaters durchströmen ließ: «Doch er zog sich an einen einsamen Ort zurück, um zu beten.» (5, 16) «Er ging auf einen Berg, um zu beten. Und er verbrachte die ganze Nacht im Gebet zu Gott.» (6, 12) «Jesus war an einen abgelegenen Ort gegangen, um zu beten.» (9, 18) In dieser Gemeinschaft mit dem Vater fand er die Kraft, für das Projekt des Lebens zu kämpfen und sich den Kräften des Todes entgegenzustellen, die besonders von den Pharisäern repräsentiert wurden und gegen die die Evangelien zwei deutliche Manifeste vorlegen (Mt 23 und Lk 11, 37–57). Nach diesem Verständnis sind alle, die für das Leben kämpfen, in das Projekt

Gottes mit eingeschlossen, auch wenn sie noch keinen Glauben haben. So werden die Guten fragen: «Herr, wann haben wir dich hungrig gesehen und dir zu essen gegeben, durstig und dir zu trinken gegeben...?» Darauf wird der König ihnen antworten: «Amen, ich sage euch: Was ihr für einen meiner geringsten Brüder getan habt, das habt ihr mir getan.» (Mt 25, 37–40)
Im Nächsten, vor allem im Nächsten, dem es an Leben mangelt, will Gott geliebt und unterstützt werden. Mit diesen Menschen hat sich Jesus identifiziert. Es gibt also keinen Widerspruch zwischen dem Kampf um Gerechtigkeit und der Verwirklichung des Willens Gottes. Das eine erfordert das andere. Alle, die sich auf dieser Linie des Projektes Gottes für das Leben einsetzen, werden als Brüder Jesu betrachtet (Mk 3, 31–35). Das ist auf eine vortreffliche Weise die Form, Jesus nachzufolgen, vor allem in der heutigen lateinamerikanischen Wirklichkeit. Ich möchte sagen, Jesus besaß eine Spiritualität des Konfliktes, also eine Leidenschaft in seinem Engagement für die Armen und den Vater, die ihm einen großen inneren Frieden verschaffte. Den wirklichen Frieden erreicht man nicht mit Mauern, sondern er kommt aus dem Vertrauen auf Gott. Das Gegenteil von Angst ist nicht Mut, sondern Glaube. Dieser Glaube gab Jesus die notwendige Bereitschaft zur Verwirklichung des Lebensprojektes, auch wenn er sein eigenes Leben dafür opferte, im Gegenüber zu den Kräften des Todes wie Unterdrückung, Ungerechtigkeit und einer in Normen und Riten erstarrten Religion.

Am Ende des Vortrags werden nur wenige Fragen gestellt. Die Zuhörer wirken gehemmt. Es ist schon spät am Abend, und ich gehe mit Jorge Timossi und Mercela ins Haus von Marta Harnecker, um Rum zu trinken.

VI.

Am Sonntagnachmittag, 19. Mai 1985, halte ich den zweiten Vortrag in unserem kubanischen Konvent. Es sind weniger Leute da, vielleicht 50 Personen. Das Thema lautet: Das Lebensprojekt Jesu.

Jesus verwirklichte den Willen Gottes in seinem Engagement für das Projekt des Lebens. Das wird sehr deutlich in dem Bericht des Markus, in dem es heißt:
«An einem Sabbat ging er durch die Kornfelder, und unterwegs rissen seine Jünger Ähren ab. Da sagten die Pharisäer zu ihm: ‹Sieh dir an, was sie tun! Das ist doch am Sabbat verboten.› Er antwortete: ‹Habt ihr nie gelesen, was David getan hat, als er und seine Begleiter hungrig waren und nichts zu essen hatten – wie er zur Zeit des Hohenpriesters Abjatar in das Haus Gottes ging und die heiligen Brote aß, die außer den Priestern niemand essen darf, und auch seinen Begleitern davon gab?›

Und Jesus fügte hinzu: ‹Der Sabbat ist für den Menschen da, nicht der Mensch für den Sabbat. Deshalb ist der Menschensohn Herr auch über den Sabbat.›» (Mk 2, 23—28)

Der Bericht zeigt einen Konflikt zwischen der Gruppe um Jesus und der Gruppe der Pharisäer. Jesus und seine Jünger begannen, Ähren abzureißen, was nach dem Gesetz Gottes an einem Sabbat verboten war, denn dieser Tag war heilig, und jede Art von Arbeit war an diesem Tag verboten. Jesus wußte das, und wie es seine Art war, versuchte er nicht, sich zu rechtfertigen. Statt dessen appellierte er an das Zeugnis einer anderen Person, vor der die Pharisäer sehr viel Respekt hatten: David. Seine Vorgehensweise war anscheinend noch viel schlimmer als die Jesu und seiner Jünger. Er mißachtete nicht nur den Sabbat, sondern sogar das Haus Gottes, den Tempel. Er pflückte nicht einfach Ähren, sondern nahm die Opferbrote – die Hostien würden wir heute sagen –, aß sie und gab seinen Begleitern davon. Jesus wußte, daß auch das Handeln Davids gegen die religiösen Normen verstieß. Welcher wichtige Grund brachte Jesus dazu, nicht nur das Vorgehen Davids zu rechtfertigen, sondern ebenso zu handeln? Die Antwort steht in Vers 25: «Habt ihr nie gelesen, was David getan hat, als er und seine Begleiter hungrig waren und nichts zu essen hatten?» Das bedeutet: Es gibt nichts Heiligeres für Jesus als das materielle Bedürfnis des Menschen, die grundlegende Basis des Lebens. Der Götzendienst entzog dem Menschen die Heiligkeit und verlegte sie statt dessen auf die Einhaltung liturgischer Regeln und die Kulteinrichtungen wie den Tempel. Für Jesus konnte von spirituellem Leben nicht gesprochen werden ohne Berücksichtigung materieller Existenzgrundlagen. Es gibt nichts Heiligeres als den Menschen, das Ebenbild Gottes. Der Hunger eines Menschen ist eine Beleidigung des Schöpfers. Eine Religion, die die sogenannte Heiligkeit ihrer religiösen Einrichtungen pflegt und denen, die die wirklichen Tempel des Geistes sind, den Rücken kehrt, ist nichts wert. Jedes Mal, wenn es in der Stadt, in der ich mit den Metallarbeitern arbeite, in São Bernardo do Campo, Streiks gibt und die Regierung die Gewerkschaften unter Druck setzt, öffnen die Priester der Hauptkirche die Tore, damit die Metallarbeiter dort ihre Versammlungen abhalten können. Andere Priester halten das für einen Skandal und für eine Entweihung des Tempels. Sie verstehen nicht, daß es nach der Haltung Jesu nichts Heiligeres gibt als das Recht auf Leben. Ein Streik, eine Gewerkschaftsversammlung ist eine kollektive Anstrengung zur Eroberung besserer Lebensbedingungen. Von daher lautet die Schlußfolgerung Jesu im Bericht des Markus: «Der Sabbat ist für den Menschen gemacht und nicht der Mensch für den Sabbat.» Das Heiligste wie der Sabbat muß im Dienst der Erfordernisse des menschlichen Lebens stehen und nicht umgekehrt. Eine Kirche, die ihre institutionellen Interessen über die Forderungen nach Gerechtigkeit und über die Forderungen des Lebens, des Volkes stellt, ist mit Sicherheit eine Kirche, die den Menschen dem Sabbat unterordnet und wie die Pharisäer die evangelischen Prioritäten umkehrt.

In seiner Praxis hat Jesus die spirituellen Bedürfnisse nicht von den materiellen Notwendigkeiten des menschlichen Lebens getrennt. Das wird sehr deutlich in dem Gleichnis von der Brotvermehrung (Mk 6, 34—44). Eine Menschenmenge, fünftausend Menschen hatten die Predigt Jesu gehört. Die Jünger kamen zu Jesus und sagten zu ihm: «Der Ort ist abgelegen, und es ist schon spät. Schick sie weg, damit sie in die umliegenden Dörfer und Gehöfte gehen und sich etwas zu essen kaufen können.» Der Hunger des Volkes wäre eigentlich kein Problem für jemanden, der über das spirituelle Leben predigt. Jesus aber reagiert: «Gebt ihr ihnen zu essen!» Er entläßt nicht einfach eine hungernde Menschenmenge. Das ist auch euer Problem, das ihr in Angriff nehmen müßt. Vielleicht ist die Beobachtung interessant, daß die Jünger das Wort «kaufen» benutzen, Jesus hingegen «geben». Die Jünger begreifen den Vorschlag Jesu noch nicht: «Sollen wir weggehen, für zweihundert Denare Brot kaufen und es ihnen geben, damit sie zu essen haben?» Es gibt einige, die denken, das Geld reiche aus, um die Bedürfnisse des Volkes zu befriedigen. Das ist die Theorie des Kuchens[9]: Zuerst muß der Kuchen wachsen (es muß viel Kapital angehäuft werden), damit er dann unter alle verteilt werden kann. Jesus antwortet ihnen: «Wie viele Brote habt ihr? Geht und seht nach!» Er fragt nicht, wieviel Geld die Jünger bei sich haben, sondern was sie an Gütern, an Broten bei sich haben. Es ist sehr unterschiedlich, ob man die Befriedigung der Bedürfnisse des Lebens in einer Gemeinschaft durch die Verteilung der Erträge erreichen will, wie es die Länder der Sozialdemokratien vorhaben, oder durch die Verteilung der Güter, wie es Kuba getan hat. Um überhaupt so viele Mittel anhäufen zu können, die zur Verteilung gelangen sollen, brauchen Länder wie Schweden, wo selbst die Arbeiter einen hohen Lebensstandard haben, multinationale Unternehmen, die die Länder der Dritten Welt ausbeuten. Um die wenigen Güter, die zur Verfügung stehen, sozialisieren zu können und das Elend radikal zu beseitigen, braucht Kuba kein einziges anderes Volk auszubeuten. – Markus fährt in seinem Bericht fort und sagt, daß die Apostel fünf Brote und zwei Fische gefunden hätten. «Und sie setzten sich in Gruppen zu hundert und zu fünfzig.» Um seine Probleme zu lösen, organisiert sich das Volk. Jesus nimmt die Brote und die Fische, «blickte zum Himmel auf, sprach den Lobpreis, brach die Brote und gab sie den Jüngern, damit sie sie an die Leute austeilten.» Im gesamten Evangelium ist das Teilen des Brotes ein Zeichen für die Güte des Vaters und die Errichtung von Brüderlichkeit. Nahrung hat etwas mit der Fülle des Lebens zu tun. So ist es bei der Hochzeit von Kanaan und bei der Begegnung des Auferstandenen mit den Emmausjüngern. «Und alle aßen und wurden satt. Als die Jünger die Reste der Brote und auch der Fische einsammelten, wurden zwölf Körbe voll.» Wenn am Ende zwölf Körbe mit Resten übrigblieben, wie viele Körbe voll Brot mag es wohl bei dieser Menschenmenge gegeben haben? An jedem Ort, wo sich eine derartige Menschenmenge versammelt, tauchen die Sandwichverkäufer auf, Verkäufer von Getränken und Süßigkeiten. Zur Zeit Jesu wurde das Essen in Körben transportiert. Auf der anderen Seite ergeben fünf Brote

---

[9] Die «Theorie des Kuchens» wurde von der Wirtschaftspolitik der brasilianischen Militärs angewandt. Sie vertrat das Prinzip, daß der volkswirtschaftliche Kuchen (Bruttosozialprodukt) zuerst einmal wachsen müsse, bevor er mit dem Volk geteilt werden könne. In Wirklichkeit vergrößerten sich unter den Militärs die Einkommensunterschiede, und die Marginalisierung breiter Kreise nahm sprunghaft zu.

und zwei Fische die Zahl sieben. Und sieben bedeutet in der Bibel «viele», wie unsere flachliegende Acht (∞) unendlich bedeutet. Deshalb sagt man, daß unsere Sünden nicht nur siebenmal, sondern 77mal vergeben werden. Es gab also sehr viele Brote und viele Fische. Bedeutet dies, daß es kein Wunder gegeben hat? Doch, ein Wunder schon, aber keine Magie. Magie wäre das spektakuläre Mittel, bei dem man fünf Brote auf die eine Seite legt, zwei Fische auf die andere, beides mit einem Tuch bedeckt, «Abrakadabra» sagt und auf der einen Seite eine Bäckerei und auf der anderen eine Fischhandlung hervorzieht. Und was ist das Wunder? Es besteht in der Macht Gottes, die natürliche Richtung der Dinge zu verändern. Diese Macht agiert vor allem im menschlichen Herzen. An jenem Tag teilten alle, die etwas hatten, ihre Güter mit denen, die nichts hatten; es reichte, um alle zu sättigen, und es blieb noch etwas übrig. Und gleichzeitig ist dieser Bericht eine Darstellung des eschatologischen Vorbehalts. Die zwölf Körbe, die mit Nahrung gefüllt übrigblieben, hängen zusammen mit den zwölf Stämmen Israels, den Protagonisten des Projektes Gottes in der Geschichte, und mit der Gruppe der zwölf Apostel, den Säulen der Kirche.

Die Quelle der Spiritualität Jesu, der Kraft, die ihn vorwärtstrieb, entschieden für das Projekt des Lebens zu kämpfen, war seine Vertrautheit mit dem Vater, die sich aus dem Gebet nährte. Das Evangelium erwähnt die Gebete Jesu und vermittelt seine Lehren in diesem Bereich. Er lehrt uns das Vater-Unser sowie Bitt- und Lobgebete. Die Texte sprechen von den langen Zeiten, die Jesus im Gebet verbracht hat. Aus meiner Sicht liegt hier einer der kritischen Punkte der christlichen Spiritualität des Abendlandes und der Oberflächlichkeit unseres Glaubens. Unser Gebet geht nicht wirklich in die Tiefe. Wir können bitten, loben, meditieren. Das ist allerdings nur die Eingangstür in das Gebetsleben. Erst weit darüber hinaus ist es möglich, die mystische Kraft zu erschließen, die Jesus animiert hat. In diesem Lernprozeß ist es das Beste, auf die Erfahrungen der Christen zurückzugreifen, die die Vertrautheit mit Gott sehr eindringlich gelebt und uns ihren Weg hinterlassen haben.

Wir sind Gott sehr viel vertrauter, als wir uns selber sind, sagt der heilige Augustinus. Das tiefste Gebet ist jenes, das aus der Stille der Gefühle und des Geistes hervorgeht und das Herz weitet, damit sich der Geist dort offenbaren kann. «So nimmt sich auch der Geist unserer Schwachheit an. Denn wir wissen nicht, worum wir in rechter Weise beten sollen; der Geist selber tritt jedoch für uns ein mit Seufzen, das wir nicht in Worte fassen können. Und Gott, der die Herzen erforscht, weiß, was die Absicht des Geistes ist: Er tritt so, wie Gott es will, für die Heiligen ein.» So schreibt der heilige Paulus in einem Brief an die Römer (8, 26–27). Den Geist in uns beten zu lassen, dies setzt den Geschenkcharakter der Beziehung zu Gott voraus, so wie das auch in der Beziehung eines Ehepaares erfahrbar ist – Augenblicke des inneren Schweigens, in denen wir diese unsagbare Gegenwart erfahren, die unseren Glauben befruchtet. Aus der Verwurzelung in einer solchen Erfahrung erwächst das christliche Leben. Auf dieser Ebene überwinden wir das christliche Leben als eine rein soziologische Bedingtheit, als eine Art konfessioneller Ideologie, die sich im Prinzip einer atheistischen Ideologie widersetzt. Als Atheisten sind wir schließlich alle geboren. Wie das Zweite Vatikanische Konzil in

«Gaudium et Spes» sagt, ist der moderne Atheismus auch eine Folge des Fehlens von Zeugnissen der Christen. Ich denke, daß uns der Atheismus nicht so beunruhigen dürfte wie der bestehende Götzendienst in verschiedenen Glaubensäußerungen, die nichts mit dem Gott zu tun haben, der von Jesus verkündet wurde und in ihm Mensch geworden ist. Das ist zum Beispiel der Fall bei denen, die den Namen Gottes bekennen zur Verteidigung des Kapitals, des Kolonialismus, der gesellschaftlichen Diskriminierung oder der Rassentrennung, der Unterdrückung der Arbeiter. Die Ebene, auf der ein Dialog zwischen Christen und Marxisten in Gang gebracht werden muß, ist nicht die Ebene der Glaubenswahrheiten, sondern die Ebene der befreienden Praxis, der Herausforderungen der Gerechtigkeit und des uneigennützigen Dienstes am Leben aller. Es ist die Ebene der Liebe – das fundamentale Kriterium unserer menschlichen Verwirklichung und unserer Erlösung. Paulus sagt, wenn wir auch alle Glaubenskraft besäßen und Berge damit versetzen könnten, aber die Liebe nicht hätten, dann nützte es nichts, sondern wäre wie eine lärmende Pauke oder dröhnendes Erz (1 Kor 13, 1–13). In der befreienden Praxis erfolgt die Scheidung zwischen denen, die im Namen Gottes für das Projekt des Lebens kämpfen, und denen, die sich in die Partei des Todes einschreiben. Dieselbe Praxis bringt jene Christen und Atheisten einander näher, die sich für die Errichtung einer brüderlichen Gesellschaft engagieren, in der die Güter des Lebens gleichmäßig verteilt sind. Die mögliche Öffnung dieser Atheisten gegenüber dem Ruf des Glaubens wird zweifellos von dem Zeugnis und der Glaubwürdigkeit der Christen abhängen, damit das Geschenk Gottes – wie der Samen – auf vorbereiteten Boden fällt.

Es gab nur wenige Fragen. Ein Jugendlicher beschwerte sich darüber, daß es keine bessere Werbung für diesen Vortrag gegeben hatte. Ein Herr reagierte darauf und sagte, es habe eine Reihe von Hinweisen gegeben. Vielleicht war dieses Verständnis des Christentums zu ungewohnt für eine solche Zuhörerschaft. Die Blockade, welche die USA gegen Kuba errichtete, hat auf gewisse Weise auch die Christen der Insel isoliert. Viele blieben auf der Seite des Imperialismus und waren gegen den Sozialismus und den Kommunismus, die sich etablierten und zum Atheismus bekannten. Allerdings weht seit einigen Jahren in der kubanischen Kirche ein neuer Wind. Alle Kräfte wurden mobilisiert, um die pastorale Praxis zu korrigieren und neue Linien evangelisierenden Handelns zu entwickeln, so daß die Kirche in Kuba jetzt ein neues Pfingsten erlebt.

VII.

Am Montag, 20. Mai 1985, erwacht die Insel überrascht von der Auslösung einer neuen imperialistischen Aggression: In den USA nimmt der Radiosender «José Martí» über die Mittelwelle seinen Betrieb auf. Die Tatsache, daß ein antikubanischer Sender den Namen des geehrtesten Nationalhelden und Initiators der Revolution zur Schau stellt, verletzt die Gefühle des Volkes. Vierzehn Stunden täglich verbreitet der Sender Nachrichten und Kommentare der «Stimme Amerikas», Musik und Reden, die die Politik Reagans rühmen und die kubanische Regierung angreifen.
Die kubanische Regierung reagiert sofort. Am Morgen desselben Tages steht in der «Granma», dem offiziellen Organ des Zentralkomitees der Kommunistischen Partei eine «Information an das Volk», von der Regierung unterzeichnet, in der ein Abkommen über Einwanderungsfragen suspendiert wurde, das Delegationen beider Länder am 14. Dezember des vergangenen Jahres in New York ausgehandelt hatten. Weiter wurden Reisen nach Kuba von kubanischen Bürgern gestrichen, die in den USA leben, «außer jenen, die dazu aus streng humanitären Gründen autorisiert sind». Es erfolgte des weiteren die Verabschiedung von Maßnahmen, welche die Kommunikation zwischen den beiden Ländern betreffen. Schließlich wird entschieden, daß sich «die Regierung Kubas das Recht vorbehält, Radiosendungen über Mittelwelle in die USA auszustrahlen, um vollständig über die Gesichtspunkte Kubas zu den Problemen seines Landes und der internationalen Politik zu informieren».
Ich frage mich langsam, ob es möglich sein wird, diesen Mann zu interviewen, der wieder einmal wegen seiner Unerschrockenheit angesichts der Aggressionen der nordamerikanischen Regierung den Mittelpunkt der Aufmerksamkeit einnimmt. Aufgrund der Zweifel verlasse ich das Haus nicht mehr und warte auf den Telefonanruf seiner Mitarbeiter. Der Apparat klingelt nicht, der Tag schleppt sich dahin. Die Lesezeichen der Bücher, die ich durchzuarbeiten versuche, können die Blockade der Phantasien, die mich im Geist überschwemmen, nicht durchbrechen.
Um 22.30 Uhr abends am Dienstag klingelt das Telefon. Es ist das Sekretariat des Kommandanten, das mir ausrichten läßt, ich solle das Haus nicht verlassen. Gegen Mitternacht holt mich ein kleiner Alfa Romeo ab, gesteuert von einem Soldaten des Innenministeriums. Er fährt Hals über Kopf los, zuerst durch die «Quinta Avenida», dann durch den Paseo, so als ginge es darum, jede grüne Ampel zu durchfahren, bevor sie auf Rot umspringt...

Ich werde vom Kommandanten Fidel Castro in seinem Arbeitszimmer empfangen. Bei ihm ist Jesús Montané Oropesa, Mitglied des Zentralkomitees und einer der ältesten Gefährten Fidels im Kampf der Bewegung des 26. Juli gegen die Diktatur Batistas. Der milde, beinahe süßliche Geruch der Zigarren erfüllt den Raum. Ich setze mich in einen Sessel, der mit Rindsleder bezogen ist, und höre, während sich meine Kehle zusammenzieht, den Kommandanten sagen, daß angesichts der Inbetriebnahme des nordamerikanischen Radiosenders, der beleidigenderweise den Name José Martís trägt, und wegen so vieler anderer Arbeiten die Verwirklichung des Interviews zu diesem Zeitpunkt vielleicht nicht möglich ist. Ich muß meinen Aufenthalt in Kuba ausdehnen oder in einigen Wochen zurückkehren. In meinem Kopf lasse ich den gedrängten Terminkalender passieren, der mich in Brasilien erwartet. Es besteht keine Möglichkeit, länger auf der Insel zu bleiben oder innerhalb der nächsten Monate zurückzukehren.
Ich beharre darauf, diese Gelegenheit zu nutzen. Er weigert sich und argumentiert, daß er sich gründlicher auf das Interview über ein so delikates und bedeutendes Thema wie das der Religion vorbereiten will. Vorher will er «Jesus Christus der Befreier» sowie «Charisma und Macht» von Leonardo Boff lesen, die Texte des Zweiten Vatikanischen Konzils und von Medellín, die in Spanisch auf seinem Tisch liegen. Und er will auch die Bücher von Gustavo Gutiérrez studieren. Er braucht noch mehr Zeit, um alle Reden der letzten Papstreise von Johannes Paul II. nach Lateinamerika vom Februar 1985 zu lesen. Ich frage mich selbst, wie der kubanische Führer neben einem so dichtgedrängten Arbeitsplan die unzähligen Regierungsaufgaben noch verbinden kann mit der intellektuellen Neugier für die verschiedensten Themen und dem Vergnügen an Gesprächen. Ich kann mich nicht erinnern, jemals zuvor in meinem Leben einen Menschen von so scharfer Intelligenz und so viel Bereitschaft zum persönlichen Gespräch getroffen zu haben. Als wir uns darüber unterhielten, hatte auch Joelmir festgestellt, daß Fidel alles preist, daß er jedem Gegenstand, über den er sich unterhält, von der Kochkunst bis hin zur Auslandsverschuldung, eine fast transzendentale Bedeutung beimißt.
Angesichts meines schweigenden Widerstands bittet er mich, die ersten Fragen vorzulesen, die ich ihm stellen will. Er hört die ersten fünf und kommt in Stimmung. Es sind gerade jene Fragen, die sich auf seine persönliche Geschichte und die christliche Unterweisung beziehen, die er erhalten hat. Vielleicht hatte er eine ganze Reihe theologischer Fragen erwartet oder solche, die eine Vorbereitung anhand der Literatur erfordert hätten. Er fordert mich auf, wenigstens zwei Tage länger in Kuba zu

bleiben, damit wir besser arbeiten können. Seine Schwierigkeit besteht vor allem darin, daß eine Delegation lateinamerikanischer Besucher von ihm empfangen werden muß, die am kommenden Donnerstag anreisen wird. Aber dennoch zeigt er sich bereit, Lücken zu finden, damit wir das Interview beginnen können.
Am Mittwoch, 22. Mai 1985, erfahre ich, daß die erwartete Delegation die Reise verschoben hat. Die Nachricht erleichtert mich. Nach dem Abendessen erhalte ich die Mitteilung, daß ich noch am selben Abend gerufen werde, um mich mit dem Kommandanten zu treffen. Es ist 23.45 Uhr, als die Limousine Mercedes Benz vor der Tür hält.
«Wo sind die Eltern?» erkundigt sich Fidel.
Ich antworte ihm, daß sie sich kurz zuvor schlafen gelegt haben, daß ich sie aber wecken werde. Er läßt mich nicht und lädt mich zu einer Rundfahrt durch die Stadt ein. Er kam gerade von einem Abendessen in der Apostolischen Nuntiatur zu Ehren von Monseñor Cordero Lanza de Montezemolo, Nuntius in Nicaragua und Honduras, der sich auf persönliche Einladung von Fidel zu Besuch in Kuba aufhält. Wir unterhalten uns über die Situation der Kirche in Nicaragua, und ich bringe meine Meinung zum Ausdruck, daß die Unterlassung einer direkten und ausdrücklichen Verurteilung der Aggression, die von der nordamerikanischen Regierung befürwortet wird, von seiten der Bischöfe das Glaubensleben vieler nicaraguanischer Christen beeinträchtigt, die sich von ihren Hirten nicht unterstützt fühlen. Das geht vor allem der Jugend so. Antikommunistische Vorurteile führen dazu, daß der Episkopat schweigt angesichts der Söldnertruppen, die von Honduras aus nicaraguanisches Gebiet betreten, um Bauern und sogar Kinder zu ermorden. Zu den Opfern gehört auch das Ehepaar Barreda, Leiter eines Kurses. Ich hatte sie 1981 auf einem Pastoraltreffen in Estelí kennengelernt. Im Verlauf der Geschichte hat die Kirche mehrmals den schweren Irrtum begangen, in Situationen einer verbrecherischen Vernichtung menschlichen Lebens zu schweigen – im Namen der sogenannten Verteidigung der Lehrprinzipien. Allerdings zeigte mir mein Kontakt mit den christlichen Volksgemeinden im Heimatland Sandinos, daß noch nicht alles verloren ist. Der Glaube wird gestärkt wiedergeboren, vielleicht sogar aufgrund dieser Prüfungen und des Bewußtseins, daß die Kirche nicht nur aus Bischöfen oder Priestern besteht, sondern aus dem ganzen Volk Gottes in Gemeinschaft mit den Hirten und den Hirten im Dienst dieses Volkes. Der Kommandant hörte mir zu. Bevor er über Kuba zu sprechen begann, machte er nur eine Anmerkung: «Ich ziehe es vor, mich nicht in die internen Fragen der Kirche einzumischen.»
Bei der Rückkehr spät in der Nacht bestehe ich darauf, meine Eltern zu

wecken. Überrascht begrüßen sie Fidel in der Küche des Hauses in Nachthemd und Pyjama. Als Fidel hört, daß wir bei der Rückkehr nach Brasilien über Mexiko fliegen werden, erinnert er sich an die Zeit, in der er in der Hauptstadt dieses Landes gewohnt hat. Er beginnt mit meiner Mutter die Zubereitung, die Gewürze und den Geschmack der mexikanischen Küche zu diskutieren.

Das Gespräch: 23. – 26. Mai 1985

Erster Teil: 23. Mai

Am Donnerstag, den 23. Mai 1985, betrete ich kurz nach 21 Uhr den Palast der Revolution. Ein schwerer Regen fällt auf Havanna und mildert das trockene Klima der letzten Tage. Im Arbeitszimmer des Kommandanten treffe ich auf Vilma Espín, die Präsidentin des Kubanischen Frauenverbandes [1], deren Treffen mit Fidel in diesem Augenblick zu Ende geht.
Wir nehmen Platz am rechteckigen Versammlungstisch. Fidel sitzt mir gegenüber, auf der anderen Seite. Er trägt seine olivgrüne Uniform mit einem rautenförmigen Emblem auf den Schultern, schwarz und rot, mit dem weißen Stern in der Mitte, eingerahmt von zwei Palmzweigen. Zu seiner Linken steht ein Zigarrenkasten und auf der rechten Seite eine kleine weiße Teetasse mit Goldrand. Wir beginnen mit dem Interview, und während er spricht, bekritzelt er die Blätter eines Blockes, so als könnte ihm das helfen, seine Gedanken zu ordnen. Es ist das erste Mal in der Geschichte, daß ein Staatschef ein Exklusiv-Interview zum Thema *Religion* gewährt. Und vor allem handelt es sich dabei um den Regierungschef eines revolutionären, marxistisch-leninistischen Staates, eines sozialistischen Landes.
Frei Betto: Kommandant, ich bin sicher, dies ist das erste Mal, daß ein Staatschef eines sozialistischen Landes ein Exklusiv-Interview zum Thema der Religion gewährt. Der einzige Vorläufer, den es bisher in dieser Beziehung gibt, ist ein Dokument über die Religion, das von der Nationalleitung der Sandinistischen Befreiungsfront 1980 verbreitet wurde. Es war das erste Mal, daß eine revolutionäre Partei, die an der Macht ist, ein Dokument zu diesem Thema herausgegeben hat, denn noch nie zuvor hat es ein informiertes und vertiefendes Wort zu diesem Thema gegeben, auch

---

[1] Im 1960 gegründeten Kubanischen Frauenverband (FMC) sind 2,7 Millionen Frauen (von 4,8 Millionen insgesamt, nach einer Statistik von 1985) organisiert. Dies entspricht 83,5 % der Frauen zwischen 14 und 65. Die Frauen stellen im Durchschnitt etwas mehr als 20 % der Delegierten in allen Gremien der Volksvertretung (Gemeinde-, Provinz- und Nationalversammlung). Hauptziel der FMC stellt die vollständige Gleichberechtigung der Frauen dar. Entsprechend ist ihr Programm auf Erziehung, Fortbildung, Gesundheitswesen und Beteiligung an der Öffentlichkeitsarbeit angelegt.

aus historischer Sicht nicht. In Anbetracht des jetzigen Zeitpunktes, in dem in Lateinamerika die Religion eine sehr grundlegende ideologische Rolle spielt; auch in Anbetracht der Existenz unzähliger kirchlicher Basisgemeinden der Indios in Guatemala, der Bauern in Nicaragua sowie der Arbeiter in Brasilien und in so vielen anderen Ländern; und auch in Anbetracht der Offensive des Imperialismus, der seit dem Dokument von Santa Fé [2] die Theologie der Befreiung als den theoretischen Ausdruck dieser Kirche an der Seite der Armen direkt zu bekämpfen sucht, halte ich dieses Interview und Ihre Positionen zu dieser Thematik für sehr bedeutsam.
Lassen Sie uns mit dem geschichtlichen Teil beginnen: Sie kommen aus einer christlichen Familie.

Die Eltern Fidel Castros

Fidel Castro: Da Sie nun schon eine Einleitung gemacht haben, möchte ich vor der Antwort auf diese Frage erklären, daß ich mir mehr Zeit zur Vorbereitung gewünscht hätte, seit ich von Ihrem Interesse an einem Interview über dieses komplexe und heikle Thema weiß, um noch einige Dokumente durchzusehen und etwas mehr über diese Sache nachzudenken. Nun jedoch, da eine sehr arbeitsreiche Zeitspanne meinerseits zusammenfiel mit sehr viel Arbeit Ihrerseits und der Notwendigkeit, daß Sie schnell in Ihr Land zurückkehren müssen, habe ich zugestimmt, praktisch aus dem Stegreif zu sprechen. Das erinnert mich an die Situation eines Studenten, der eine Prüfung ablegen muß, ohne genügend Zeit gehabt zu haben, den Stoff vorzubereiten, oder an einen Redner, der eine Rede halten soll, ohne vorher die Gelegenheit gehabt zu haben, sich besser mit den Themen vertraut zu machen und sie zu vertiefen, oder an einen Professor, der eine Stunde halten muß, ohne daß er eine Minute zur Verfügung hätte, den Stoff noch einmal durchzugehen. In einer solchen Situation befinde ich mich jetzt, wenn ich mich auf dieses Gespräch einlasse.
Ich weiß, daß es sich um ein Thema handelt, das Sie sehr gut beherrschen. Insofern sind Sie mir gegenüber im Vorteil: Sie haben Theologie und auch Marxismus studiert. Ich verstehe nur etwas vom Marxismus und wirklich sehr wenig von der Theologie. Deshalb weiß ich auch, daß Ihre Fragen sehr

---

[2] Es handelt sich um das im Mai 1980 für den Interamerikanischen Sicherheitsrat erstellte «Geheimdokument des Komitees von Santa Fé. Eine neue interamerikanische Politik für die 80er Jahre». Hinsichtlich der Theologie der Befreiung enthält das Papier folgende Empfehlung zuhanden der US-Regierung: «Die Außenpolitik der USA muß damit beginnen, der Theologie der Befreiung, wie sie in Lateinamerika durch den Klerus der ‹Theologie der Befreiung› angewendet wird, zu begegnen (und nicht nur im nachhinein zu reagieren).»

fundiert und ernsthaft sein werden, und ich, der ich kein Theologe, sondern ein Politiker bin – ich glaube, ich bin auch ein revolutionärer Politiker, der sich immer in großer Offenheit zu den Dingen geäußert hat –, ich werde also versuchen, mit aller Ehrlichkeit auf die Fragen zu antworten, die Sie an mich richten.
Sie behaupten, daß ich aus einer religiösen Familie komme. Wie soll ich auf diese Behauptung antworten? Ich könnte zuerst einmal sagen, daß ich aus einer religiösen Nation komme, und dann an zweiter Stelle, daß ich auch aus einer religiösen Familie komme. Wenigstens meine Mutter war eine sehr religiöse Frau; sie war wirklich tief religiös, sehr viel mehr als mein Vater.
Frei Betto: War Ihre Mutter bäuerlicher Herkunft?
Fidel Castro: Ja.
Frei Betto: War sie Kubanerin?
Fidel Castro: Ja, sie war Kubanerin und kam vom Land.
Frei Betto: Und Ihr Vater?
Fidel Castro: Mein Vater kam auch vom Land, er war ein sehr armer Bauer aus Galizien. Aber wir könnten nicht sagen, daß meine Mutter eine religiöse Frau war, etwa weil sie eine religiöse Erziehung genossen hätte.
Frei Betto: Sie war gläubig?
Fidel Castro: Daran gibt es keinen Zweifel, daß sie sehr gläubig war. Ich möchte hinzufügen, daß meine Mutter praktisch erst Lesen und Schreiben gelernt hat, als sie schon erwachsen war.
Frei Betto: Wie war ihr Name?
Fidel Castro: Lina.
Frei Betto: Und der Ihres Vaters?
Fidel Castro: Ángel. Meine Mutter war praktisch Analphabetin, sie lernte allein Lesen und Schreiben, wenigstens erinnere ich mich nicht daran, daß sie einen Lehrer gehabt hätte. Ich hörte sie niemals darüber sprechen, und dennoch versuchte sie mit großer Anstrengung, dies zu lernen. Ich habe sie auch niemals sagen hören, daß sie zur Schule gegangen wäre. Sie war Autodidaktin. Sie konnte nicht zur Schule gehen, sie konnte nicht in die Kirche gehen und sich auch sonst religiös nicht weiterbilden. Ich denke, ihre Religiosität stammte aus einer gewissen Familientradition, von ihren Eltern, vor allem von ihrer Mutter, meiner Großmutter, die ebenfalls sehr religiös war.
Frei Betto: War es eine Art häuslicher Religiosität, oder ging sie regelmäßig in die Kirche?
Fidel Castro: Nun, sie konnte nicht regelmäßig in die Kirche gehen, denn dort, wo ich geboren bin, mitten auf dem Land, gab es keine Kirche.

Frei Betto: In welchem Teil von Kuba?
Fidel Castro: Ich bin in der alten Provinz Oriente geboren, im nördlichen Zentrum der Provinz, nicht weit der Bucht von Nipe.
Frei Betto: Wie hieß der Ort?
Fidel Castro: Nun, es war kein Dorf, es gab nicht einmal eine Kirche.

Das Elternhaus

Frei Betto: War es dann eine finca (Landgut)?
Fidel Castro: Ja, es war eine finca.
Frei Betto: Die wie genau hieß...?
Fidel Castro: Birán, und es gab dort eine ganze Reihe von Gebäuden. Dort war das Haus meiner Familie, und es gab einige kleine Büros in dem Gebäude, das neben unserem Haus lag. Unser Haus war in spanischem Stil gebaut. Weshalb der spanische Baustil, der dem kubanischen Stil angepaßt war? Weil mein Vater ein Spanier aus Galizien war, in dessen Dorf es üblich war, Ackerbau zu betreiben. Im Winter, oder eigentlich fast immer, suchten die Tiere unter dem Haus Zuflucht. Dort hielt man Schweine und Kühe. Mein Haus war im Stil von Galizien gebaut, es stand auf Holzpfählen.
Frei Betto: Warum? Wegen des Wassers?
Fidel Castro: Genaugenommen bestand diese Notwendigkeit nicht, denn wir hatten keine Probleme mit dem Wasser. Merkwürdigerweise benutzten sie viele Jahre später in Projekten, die in Kuba entstanden sind für weiterführende Schulen auf dem Land, ebenfalls kleine Pfähle. Der Grund war ein anderer und lag darin, Erdbewegungen zur Begradigung des Grundstückes zu vermeiden. Wenn also das Grundstück ein Gefälle oder eine Neigung hatte, sparte man mit einer Reihe von Pfählen als Fundament die Erdbewegung, weil die angemessene gleiche Höhe durch die unterschiedlich hohen Betonsäulen erreicht wurde.
Ich habe mich immer gefragt, warum mein Haus so hohe Pfähle hatte, so hoch, daß einige von ihnen mehr als eineinhalb Meter lang waren. Das Grundstück war nicht eben, und dort, wo sich die Küche befand, in einem weiten Teil, der an das Haus angebaut war, waren die Pfähle kürzer; in einem anderen Teil, wo es eine kleine Neigung gab, waren sie länger. Aber nicht aus dem Grund, den ich eben erklärt habe, um Erdbewegungen zu vermeiden. Dessen bin ich sicher, wenngleich es in jener Zeit nie vorkam, daß ich über den Grund für diese Pfähle nachdachte oder darüber, wie wohl der Baustil Galiziens gewesen sein mag. Warum auch? Ich erinnere mich, als ich klein war, ich war drei, vier, fünf oder sechs Jahre alt, da

schliefen die Kühe unterhalb des Hauses, sie zogen sich dorthin zurück als es Abend wurde – eine Herde von zwanzig oder dreißig Kühen – und schliefen dort. Dort wurden die Kühe auch an den Pfählen angebunden und gemolken.
Ich vergaß zu erwähnen, daß das Haus nicht aus Beton war, nicht aus Zement oder Ziegelstein, sondern aus Holz. Die Pfeiler waren aus sehr hartem Holz, und darüber erstreckte sich der Fußboden. Eine erste Wohnung des Hauses, das ich mir ursprünglich rechteckig vorstelle, dehnte sich darüber aus mit einem Korridor, der an einer der Seiten begann und zu den kleinen Zimmern führte. Im ersten Zimmer waren Regale, wo die Medikamente aufbewahrt wurden, wir nannten es das Medikamentenzimmer. Das nächste Zimmer diente als Bad; dann folgte eine kleine Vorratskammer. Der Korridor mündete in das Eßzimmer neben der Küche. Zwischen dem Eßzimmer und der Küche waren Stufen, die in den Garten führten. Später wurde an das Haus noch ein weiteres Gebäude angebaut: eine Wohnung, die als Büro diente. So war es also insgesamt ein Haus auf Pfählen, quadratisch, mit all diesen Anbauten. Solange ich überhaupt denken kann, gab es schon die Küche. Über dem Hauptteil des Hauses gab es noch ein zweites Stockwerk, es war kleiner. Wir nannten es den «Ausguck». Dort schliefen meine Eltern und die drei ersten Kinder, bis ich vier oder fünf Jahre alt war.
Frei Betto: Hatte Ihre Mutter religiöse Bilder?
Fidel Castro: Ja, darüber werde ich gleich sprechen. Aber zuvor werde ich das andere Thema über die ländliche spanische Architektur beenden. Mein Vater hatte unser Haus gebaut nach den Gebräuchen seiner Region. Auch er war von bäuerlicher Herkunft und hatte nicht die Schule besuchen können. Aber auch er brachte sich selbst und mit großer Anstrengung Lesen und Schreiben bei, ebenso wie meine Mutter.
Mein Vater war der Sohn eines extrem armen Bauern aus Galizien. Aus Anlaß des Unabhängigkeitskrieges Kubas schickten sie ihn als spanischen Soldaten gegen Ende des vergangenen Jahrhunderts zum Kämpfen hierher. Das war der zweite Befreiungskrieg, der 1895 ausbrach.[3] Als er hier ankam, war er noch sehr jung, er war zum Militärdienst eingezogen worden als Soldat des spanischen Heeres. Nach dem Krieg kehrte er nach Spanien zurück. Aber Kuba hatte ihm gefallen, und wie so viele Einwanderer kam er in den ersten Jahren dieses Jahrhunderts wieder zurück.

---

[3] Der zweite Unabhängigkeitskrieg dauerte von 1895–1898 und brachte das Ende der spanischen Kolonialherrschaft. Spanien verlor dabei seine überseeischen Kolonien (Kuba, Philippinen, Puerto Rico) an die USA, so daß Kuba de facto nach dem zweiten Befreiungskrieg zu einer US-Kolonie wurde. Zu Beginn dieses Krieges fiel am 19. Mai 1895 José Martí, der kubanische Nationalheld.

Ohne einen Pfennig in der Tasche und ohne sich an irgend jemanden wenden zu können, begann er zu arbeiten. Das war die Zeit der bedeutenden Investitionen. Die Nordamerikaner hatten sich die besten Landstücke angeeignet und begonnen, die Wälder zu zerstören, Zuckerraffinerien zu bauen und Zuckerrohr zu pflanzen – wichtige Investitionen für die damalige Zeit. Mein Vater arbeitete in einer dieser Raffinerien.

Frei Betto: Wann genau war der Unabhängigkeitskrieg?

Fidel Castro: Der letzte Unabhängigkeitskrieg begann 1895 und endete 1898. Als Spanien praktisch geschlagen war, begann die opportunistische Intervention der Vereinigten Staaten, die ihre Soldaten schickten, Puerto Rico, die Philippinen und andere Inseln des Pazifiks in ihre Gewalt brachten und dann Kuba besetzten. Sie konnten Kuba nicht endgültig in Besitz nehmen, denn in Kuba gibt es eine lange Tradition des Kampfes. Wenn es auch nur eine kleine, dezimierte Bevölkerung ist, so wurde doch eine lange Zeit tapfer gekämpft. Sie ließen aber nicht ab von der Idee, Kuba offen in Besitz zu nehmen. Die Sache der Unabhängigkeit Kubas stieß auf viel Sympathie in Lateinamerika und in der Welt, denn wir waren – wie ich schon bei anderen Gelegenheiten gesagt habe – das Vietnam des vergangenen Jahrhunderts.

Ich hatte Ihnen erzählt, daß mein Vater nach Kuba zurückgekehrt war und zu arbeiten begonnen hatte. Er organisierte eine Gruppe von Arbeitern, wurde ihr Chef und begann, Verträge zu machen zwischen der Yankee-Firma und den Männern, die ihm untergeben waren; er unterhielt eine Art kleiner Firma, wenn ich mich recht erinnere, die Wälder rodete, um Zuckerrohr zu pflanzen oder Brennholz für die Raffinerien zu produzieren. So kam er zu etwas Geld, und zwar als Organisator dieser kleinen Firma mit einer Gruppe von Arbeitern. Ohne Zweifel war er ein sehr aktiver Mann, immer in Bewegung. Er war Unternehmer und hatte ein natürliches Organisationstalent.

Ich weiß nicht viel über seine Kindheit; als ich nämlich Gelegenheit gehabt hätte zu fragen, war ich gar nicht so wißbegierig, wie ich es heute bin, wo ich gerne über alle seine Schritte etwas wissen würde, soweit ich mich zurückerinnern kann. Das, was Sie jetzt gerade mit mir machen, konnte ich mit ihm nicht tun.

Frei Betto: In welchem Jahr ist er gestorben?

Fidel Castro: Er starb 1956, kurz bevor wir von Mexiko nach Kuba zurückkehrten bei der Expedition der «Granma»[4], als ich also 32 Jahre alt war.

---

[4] Mit der Expedition der «Granma» ist eine militärische Expedition Fidel Castros und seiner Freunde von Mexiko aus gemeint. Am 15. November 1956 stach die Expedition mit der von einem Nordamerikaner erworbenen Jacht «Granma» und 82 Mann an Bord in See. Am

Aber bevor wir fortfahren mit der Antwort auf diese Frage, lassen Sie mich meine erste Schlußfolgerung beenden.
Frei Betto: Ich dachte, Sie wären beim Sieg der Revolution im Januar 1959 nicht einmal 32 Jahre alt gewesen?
Fidel Castro: Nun, ich war 32, noch nicht ganz 33; ich bin dann im August 1959 33 Jahre alt geworden.
Frei Betto: Wenn Ihr Vater 1956 gestorben ist, dann waren Sie jünger, Sie waren dreißig Jahre alt.
Fidel Castro: Richtig, Sie haben ganz recht, ich vergaß, die zwei Jahre Krieg dazuzuzählen. Das waren zwei Jahre Krieg, 25 Monate, um ganz genau zu sein. Mein Vater starb am 21. Oktober 1956, zwei Monate nach meinem dreißigsten Geburtstag. Als ich im Dezember 1956 mit unserer kleinen Expedition aus Mexiko kam, da war ich dreißig. Zur Zeit des Angriffs auf die Kaserne von Moncada war ich 26 Jahre alt; im Gefängnis wurde ich 27.
Frei Betto: Und Dona Lina, in welchem Jahr starb sie?
Fidel Castro: Sie starb am 6. August 1963, dreieinhalb Jahre nach dem Sieg der Revolution.
Ich will den vorherigen Punkt abschließen, Ihre Fragen haben mich etwas vom Thema abgebracht. Wir sprachen vom Land, wo wir gelebt haben, wie es dort war, wer meine Eltern waren, vom kulturellen Niveau, das sie erreicht hatten, obwohl sie sehr armer Herkunft waren. Und ich habe schon von dem Haus und seinem spanischen Stil gesprochen.
Eigentlich erinnere ich mich nicht an viele religiöse Ausdrucksformen meines Vaters, vielleicht an einige wenige. Ich könnte nicht einmal auf die Frage antworten, ob er wirklich ein religiöser, gläubiger Mensch war. Ich erinnere mich, daß meine Mutter sehr gläubig war und meine Großmutter ebenso.
Frei Betto: Ging er denn vielleicht an den Sonntagen zur Messe?
Fidel Castro: Ich habe Ihnen doch schon gesagt, daß es dort, wo wir lebten, keine Kirche gab.
Frei Betto: Wie wurden die Weihnachtsfeste in Ihrem Haus begangen?
Fidel Castro: Wir feierten die Weihnachtsfeste auf traditionelle Weise. Die «Nochebuena», die Heilige Nacht, der 24. Dezember war immer ein Festtag. Und dann Neujahr: am 31. Dezember gab es ein Fest bis weit nach Mitternacht. Ich glaube, auch der 28. Dezember, der Tag der Unschuldigen Kinder, war ein religiöses Fest. Man machte sich einen Spaß mit den

---

2. Dezember landete die Gruppe auf Kuba. Nach Zusammenstößen mit dem Militär Batistas zogen sich die Überlebenden in die Sierra Maestra zurück, von wo aus sie den Kampf gegen die Diktatur fortsetzten.

Leuten, brachte sie dazu, irgend etwas zu glauben, um danach sagen zu
können: «Gut gemacht, ich habe dich unschuldig erwischt!»
Frei Betto: In Brasilien macht man das am 1. April.
Fidel Castro: Hier war es am Jahresende. Die Weihnachtsfeste wurden gefeiert und auch die Karwoche. Aber ich habe immer noch nicht auf Ihre Eingangsfrage geantwortet, ob meine Familie eine religiöse Familie war. Ich muß daran erinnern, daß dort, wo wir wohnten, gar kein Dorf war, es gab bloß einige Gebäude. Als ich noch sehr klein war, gab es unter dem Haus die Molkerei. Später haben sie die Molkerei dann verlegt. Ebenfalls unter dem Haus befand sich ein kleiner Stall mit Schweinen und Geflügel, wie in Galizien. Dort tummelten sich Hühner, Enten, Perlhühner, Truthähne, einige Gänse – alle möglichen Haustiere hielten sich dort auf – und Schweine. Dann versetzten sie die Molkerei und bauten eine andere, dreißig oder vierzig Meter vom Haus entfernt. Ganz in der Nähe gab es einen kleinen Schlachthof. Gegenüber war eine Werkstatt, in der Arbeitsgeräte repariert wurden, Pflüge usw. Ebenfalls dreißig oder vierzig Meter vom Haus entfernt in einer anderen Richtung war die Bäckerei. Neben der Bäckerei lag die Grundschule, eine kleine öffentliche Schule. Auf der gegenüberliegenden Seite der Bäckerei, neben dem «Königsweg» – wie der Weg aus Erde und Lehm genannt wurde, der aus der Hauptstadt des Munizips[5] kam und nach Süden weiterführte –, mit einem dichtbelaubten Baum vor seiner Front, lag das Einkaufszentrum, der Laden, der ebenfalls Eigentum unserer Familie war. Vor dem Laden befanden sich noch die Post und der Telegraph. Das waren die hauptsächlichen Einrichtungen unseres Ortes.
Frei Betto: Der Laden war ebenfalls Eigentum der Familie?
Fidel Castro: Ja, außer der Post und der Schule, die öffentlich waren, bildete der Rest Familieneigentum. Als ich geboren wurde, hatte mein Vater schon Geld gespart und war zu einem gewissen Reichtum gekommen.
Frei Betto: In welchem Jahr sind Sie geboren?
Fidel Castro: Ich bin 1926 geboren, im Monat August, am 13. August genau. Wenn Sie auch noch die Stunde wissen wollen, ich glaube, es war um zwei Uhr morgens. Anscheinend hat diese nächtliche Geburtsstunde Einfluß gehabt auf meinen Guerillero-Geist und auf meine revolutionäre Aktivität. Ob Geburtsstunde und die Natur eine Rolle spielen, müßte man einmal nachprüfen und feststellen, ob der Tag und die Natur wirklich einen Einfluß auf das Leben der Menschen haben. Ich glaube, daß ich im Morgengrauen auf die Welt gekommen bin – man hat es mir einmal ge-

---

[5] Munizip = Verwaltungsbezirk.

sagt, wenn ich mich nicht irre. Ich bin wohl schon als Guerillero geboren, denn schließlich bin ich mitten in der Nacht auf die Welt gekommen.
Frei Betto: Sie haben die Konspiration schon in die Wiege gelegt bekommen!
Fidel Castro: Ja, das ist das Klima der Verschwörung, der Konspiration.
Frei Betto: Wenigstens gibt es bei der Zahl 26 eine Reihe von Zufällen und Zusammentreffen in Ihrem Leben.
Fidel Castro: Nun, ich bin 1926 geboren, das ist richtig. Ich war ebenfalls 26 Jahre alt, als ich den bewaffneten Kampf aufnahm, und ich bin an einem 13. geboren, das ist die Hälfte von 26. Batista führte seinen Staatsstreich im Jahr 1952 aus[6], das ist das Doppelte von 26. Es mag sein, daß die Zahl 26 von etwas Geheimnisvollem umgeben ist.
Frei Betto: Sie waren 26, als der Kampf begann. Der Moncada-Angriff fand am 26. Juli statt.[7] Daraus ging dann die Bewegung des 26. Juli hervor.
Fidel Castro: Außerdem gingen wir 1956 in Kuba an Land, das sind rundgerechnet genau 30 Jahre nach 26. Nun, Betto, lassen Sie mich fortfahren, auf Ihre Frage zu antworten, ich bin Ihnen die Antwort schließlich immer noch schuldig.
Das, was ich aufgezählt habe, war alles, was es in diesem Ort gab. Es fehlt noch etwas. Hundert Meter vom Haus entfernt, am Rand des «Königsweges», lag der Hahnenkampfplatz, wo in der Erntezeit an jedem Sonntag Hahnenkämpfe veranstaltet wurden, keine Stierkämpfe. In Spanien kämpfen die Stiere und die Hähne, aber hier bei uns waren es, soweit ich weiß, nur Hahnenkämpfe. Sie fanden statt an den Sonntagen, am 25. Dezember und an den Neujahrstagen. An diesen Festtagen versammelten sich hier die interessierten Leute, einige brachten ihre eigenen Hähne mit,

---

[6] Mit Hilfe der Generalität, der großbürgerlichen Oligarchie und der USA kam General Fulgencio Batista am 10. März 1952 durch einen Staatsstreich an die Macht, womit verhindert wurde, daß die oppositionellen Kräfte des Landes die für den Juni 1952 fälligen Wahlen gewinnen konnten. Vgl. dazu E. Grinewitsch, Kubas Weg zur Revolution, Frankfurt 1978, 67–93.

[7] Am 26. Juli 1953 griff Fidel Castro mit seiner Rebellenarmee die Moncada-Kaserne in Santiago de Cuba an. Strategisch und militärisch war der Coup ein blutiger Mißerfolg, aber die Brutalität der Militärs (Folterungen, Vergewaltigungen, Erschießungen) führte zu einer breiten Solidarität im Volk, so daß schon 1955 eine Amnestie der Verurteilten erreicht wurde. Die Freigelassenen gingen nach Mexiko (vgl. Anm. 4). Berühmt wurde die Verteidigungsrede Fidel Castros vor dem Schnellgericht in Santiago de Cuba am 16. Oktober 1953: «Die Geschichte wird mich freisprechen». Die Rede ist auszugsweise veröffentlicht in: A. Rama (Hrsg.), Der lange Kampf Lateinamerikas. Texte und Dokumente von José Martí bis Salvador Allende, Frankfurt 1982, 317–334.

andere schlossen nur die Wetten ab. Einige arme Leute setzten hier ihren gesamten ohnehin schon knappen Verdienst als Einsatz.
Wenn sie verloren, dann besaßen sie nichts mehr, und wenn sie ihre Wetten gewannen, gaben sie den Gewinn sofort für Rum oder bei den Festen wieder aus.
Nicht weit von dem Platz entfernt standen einige sehr ärmliche Häuser: Diese Hütten waren aus Palmblättern gebaut und hatten nur einen Lehmfußboden. Dort lebten vor allem die haitianischen Einwanderer, die sich vom Ackerbau und dem Zuckerrohrschneiden ernährten. Es waren sehr arme Leute, Einwanderer, die ebenfalls in den ersten Jahrzehnten dieses Jahrhunderts nach Kuba gekommen waren. Seit jener Zeit gab es die Emigration der Haitianer. Sie kamen aus Haiti, weil anscheinend damals die Arbeitskräfte in Kuba nicht ausreichten. An verschiedenen Orten standen die Hütten, in denen die Arbeiter mit ihren Familien lebten: entlang der Straße und an anderen Wegen, entlang des Weges, der zur Eisenbahnlinie führte, und entlang der Eisenbahnschienen, auf denen das Zuckerrohr transportiert wurde.
Der wichtigste Erwerbszweig der finca war das Zuckerrohr, an zweiter Stelle das Vieh. Außerdem gab es noch einige kleinere Produkte. Es gab Bananen, Knollenfrüchte, kleine Getreidefelder, etwas Gemüse, Pflanzungen mit Kokospalmen, verschiedenen Obstsorten und Zitrusfrüchten. In der Nähe des Hauses hatten wir 10 oder 12 Hektar Zitrusfrüchte; dahinter kamen die Zuckerrohrfelder nahe der Eisenbahnlinie, die das Zuckerrohr in die Raffinerie transportierte.
Seit ich denken kann, hatte mein Vater eigenes und gepachtetes Land. Wie viele Hektar? Ich kann das in Hektar ausdrücken, auch wenn man in Kuba das Land in «caballerías» mißt, die ungefähr 13,4 Hektar entsprechen. Mein Vater besaß ungefähr 800 Hektar eigenes Land.
Frei Betto: Entspricht der kubanische Hektar genau dem brasilianischen?
Fidel Castro: Ein Hektar ist ein Quadrat mit je hundert Meter Seitenlänge, das entspricht einer Oberfläche von 10 000 Quadratmetern.
Frei Betto: 10 000 Quadratmeter, genau.
Fidel Castro: Das ist ein Hektar. Außerdem hatte mein Vater noch eine Menge Land gepachtet, nicht von derselben Qualität, aber eine sehr viel größere Fläche, ungefähr 10 000 Hektar.
Frei Betto: Selbst in Brasilien ist das viel Land, Kommandant...
Fidel Castro: Aber sehen Sie, dieses Land hatte er gepachtet. Zum größten Teil bestand es aus Steilhängen, einigen Bergen, einem großen Gebiet mit Kiefern auf einer riesigen Hochebene, die in sieben- oder achthundert Metern Höhe lag. Die Erde dieser Hochebene war rot, und die Revolution

pflanzte hier später wieder Bäume an. Der Untergrund bestand aus Nickel- und anderen Metallvorkommen. Ich liebte die Hochebene, weil es dort sehr kühl war. Außerdem stand dort immer unser Pferd, als ich zehn oder zwölf Jahre alt war. Für die Pferde war es eine große Anstrengung, die steilen Hänge hinaufzuklettern, aber wenn sie die Hochebene erreichten, hörten sie sofort auf zu schwitzen, und ihr Fell war in wenigen Minuten trocken. Das Klima war erfrischend, wohltuend, eine Brise wehte ständig zwischen den hohen und weitausladenden Kiefern, deren Kronen sich oben berührten und ein Zelt bildeten. Das Wasser der Bäche schien wie eisgekühlt, es war sehr rein und erfrischend. Aber dieses Land war nicht unser Eigentum, wir hatten es gepachtet.
Einige Jahre später tat sich für die Familie eine neue Einkommensquelle auf: die Ausbeutung des Holzes. Ein Teil des Landes, das mein Vater gepachtet hatte, war Wald, und wir nutzten das Holz und verkauften es; andere Teile waren Höhenzüge, die nicht sehr fruchtbar waren, wo das Vieh gehalten wurde, und der Rest waren landwirtschaftliche Nutzflächen, wo ebenfalls Zuckerrohr angebaut wurde.
Frei Betto: Von einem armen Bauern hat sich Ihr Vater zum Großgrundbesitzer gewandelt.
Fidel Castro: Ich besitze ein Foto des Hauses, in dem mein Vater in Galizien geboren wurde. Es war ein kleines Haus, das fast die Größe dieses Zimmers hatte, in dem wir uns gerade unterhalten. Das Haus war vielleicht zehn oder zwölf Meter lang, sechs oder acht Meter breit und aus glatten Steinen, einem Material, das reichlich in der Gegend vorhanden war und das die Bauern verwandten, um ihre rustikalen Wohnhäuser zu bauen. So sah das Haus aus, in dem die Familie lebte, alles spielte sich in einem einzigen Raum ab, der gleichzeitig Schlafzimmer und Küche war. Ich nehme an, daß sogar die Tiere dort standen. Und es gab absolut kein Land, kein winziges Stück, keinen Quadratmeter.
In Kuba hatte er dieses 800 Hektar große Stück Land gekauft, es war sein Privateigentum, und darüber hinaus verfügte er noch über das Land, das ihm alte Kriegsveteranen aus dem Unabhängigkeitskrieg verpachtet hatten. Man müßte das wirklich einmal untersuchen und eine geschichtliche Studie darüber erstellen, wie die Veteranen aus dem Unabhängigkeitskrieg diese 10 000 Hektar Land erworben haben – sicherlich, es waren zwei führende Männer im Unabhängigkeitskrieg.
Es ist mir nie in den Sinn gekommen, eine solche Studie zu erstellen, aber ich stelle mir vor, daß es damals keine Schwierigkeiten bereitete. Schließlich gab es viel Land zu jener Zeit, und auf die eine oder andere Weise konnten sie das Land zu einem sehr niedrigen Preis kaufen. Selbst die

Nordamerikaner kauften riesige Landstücke zu Niedrigstpreisen. Ich weiß allerdings bei diesen Offizieren aus dem Unabhängigkeitskrieg nicht, mit welchem Geld und dank welcher Quellen sie dieses Land erworben hatten. Natürlich erhielten sie einen gewissen Prozentsatz vom Wert des Zuckerrohrs, das dort angebaut wurde, und einen gewissen Prozentsatz vom Wert des Holzes, das aus ihren Wäldern herausgeholt wurde. Sie waren große Eigentümer, die in Havanna lebten und nebenbei noch andere Geschäfte hatten. Ich kann wirklich nicht sagen, wie diese Leute damals zu den Geldquellen kamen, und ob das legal zugegangen ist oder nicht.

Bei dieser enormen Ausdehnung unseres Landes gab es zwei Kategorien von Land: das Land, das Eigentum meines Vaters war, und das Land, das an ihn verpachtet war.

Wie viele Menschen lebten nun auf diesem riesigen Großgrundbesitz? Die Zahl der Arbeiterfamilien ging in die Hunderte. Viele hatten ein kleines Stück Land, das mein Vater ihnen überlassen hatte als Ernährungsquelle für die Familien. Es gab Bauern, die pflanzten Zuckerrohr auf eigene Verantwortung, sie wurden «subcolonos», Nebenpächter, genannt. Ihre wirtschaftliche Lage war weniger schwierig als die der Arbeiter. Wie viele Familien dort insgesamt lebten? Zweihundert, vielleicht dreihundert. Es ist gut möglich, daß ungefähr tausend Menschen auf diesem Land gewohnt haben, als ich zehn oder zwölf Jahre alt war.

Es schien mir angebracht, das alles zu erklären, damit Sie das Ambiente kennen, in dem ich geboren bin und gelebt habe. Es gab dort keine Kirche, nicht einmal eine kleine Kapelle.

Frei Betto: Und erschien dort niemals ein Priester?

Fidel Castro: Doch, einmal pro Jahr kam ein Priester, um zu taufen. Er kam aus Mayarí, das etwa 36 Kilometer entfernt lag. Der Priester lebte in der Hauptstadt des Munizips. Der Ort, wo ich wohnte, gehörte zum Munizip Mayarí.

Die Taufe

Frei Betto: Wo wurden Sie getauft?

Fidel Castro: Ich bin nicht dort getauft worden. Erst Jahre später wurde ich in Santiago de Cuba getauft.

Frei Betto: Wie alt waren Sie da?

Fidel Castro: Ich glaube, daß ich fünf oder sechs Jahre alt war. Ehrlich gesagt, von meinen Geschwistern war ich einer der letzten, der getauft wurde. Dazu muß ich Ihnen folgendes erklären: An unserem Ort gab es keine Kirche, keinen Priester und keine religiöse Unterweisung.

Sie haben mich gefragt, ob diese Hunderte von Familien Christen waren. Ich würde sagen, im allgemeinen waren sie schon Christen. In der Regel galt, daß alle getauft waren. Wer nicht getauft war, wurde «Jude» genannt. Ich verstand nicht, was «Jude» bedeutete – ich spreche jetzt von der Zeit, als ich fünf oder sechs Jahre alt war. Ich wußte, daß ein Jude ein dunkler, sehr schlauer Vogel war, und als sie zu mir sagten: «Du bist ein Jude», dachte ich, sie meinten diesen Vogel, das jedenfalls war mein erster Gedanke.

Es gab keinen Religionsunterricht. Die Schule in unserem Ort war eine kleine, weltliche Schule. Fünfzehn oder zwanzig Kinder gingen dorthin. Sie schickten mich ebenfalls dorthin, weil es keinen Kindergarten gab. Ich war der dritte von uns Brüdern, und mein Kindergarten war die Schule. Ich ging schon als kleines Kind mit, denn sie wußten nicht, was sie mit mir machen sollten. Also schickten sie mich zusammen mit meinen älteren Brüdern in die Schule.

Nicht einmal ich selbst kann mich daran erinnern, wann ich Lesen und Schreiben gelernt habe, ich weiß nur noch, daß sie mich an ein kleines Pult gesetzt haben in die erste Reihe, und von da aus sah ich die Tafel und hörte alles, was gesagt wurde. Dort lernte ich Lesen und Schreiben und begann zu rechnen. Wie alt ich da gewesen bin? Vier Jahre, fünf vielleicht.

Es gab keine religiöse Unterweisung in der Schule. Wir lernten dort die Hymne, die Flagge, das Wappen des Vaterlandes und diese Dinge. Es war eben eine öffentliche Schule.

Die Familien auf der finca hatten sehr unterschiedliche Glaubensbekenntnisse. Ich erinnere mich gut an die Stimmung auf dem Land. Sie glaubten an Gott und an verschiedene Heilige. Einige dieser Heiligen kamen in der Liturgie vor, sie waren offizielle Heilige, andere dagegen nicht. Wir alle hatten auch einen Namenspatron, denn der Name jedes einzelnen von uns stimmte überein mit dem jeweiligen Tagesheiligen: So war der heilige Fidel mein Tagesheiliger. Sie sagten uns, dieser Tag sei sehr wichtig, und man freute sich über den Namenstag. Der 24. April war der Tag meines Heiligen, denn es gibt einen Heiligen, der Fidel heißt. Sie sollen nämlich wissen, daß es vor mir schon einen anderen Heiligen gab...

Frei Betto: Und ich nahm an, daß Fidel sich herleiten würde von «demjenigen, der glaubt», was ja auch der Ursprung des Wortes «fidelidade» (Treue) ist.

Fidel Castro: In diesem Sinn bin ich völlig mit meinem Namen einverstanden, sowohl mit der Treue als auch mit dem Glauben, denn einige haben einen religiösen Glauben, andere glauben eben anders. Ich bin ein Mann des Glaubens, des Vertrauens und des Optimismus.

Frei Betto: Wenn Sie keinen Glauben gehabt hätten, wäre die Revolution in diesem Lande möglicherweise nicht siegreich verlaufen.
Fidel Castro: Ich erzähle Ihnen, warum ich Fidel heiße, und Sie haben gelacht. Sie werden sehen, daß der Ursprung dieses Namens gar nicht so idyllisch ist. Denn ich hatte keinen eigenen Namen. Sie gaben mir den Namen Fidel, weil irgend jemand mein Pate sein sollte. Aber ich will Ihnen zuerst das Ambiente zu Ende beschreiben, bevor wir auf die Taufe zurückkommen.
Frei Betto: Und wir müssen auf Ihre Mutter zurückkommen, bitte vergessen Sie das nicht.
Fidel Castro: Ja, wir werden darauf zurückkommen, aber ich möchte Ihnen das religiöse Umfeld vorher erklären. Die Bauern hatten verschiedene Formen von Glauben: Sie glaubten an Gott und an die Heiligen.
Frei Betto: Und an die Jungfrau Maria.
Fidel Castro: Auch an die Jungfrau Maria, das war völlig normal. Und sie glaubten an die «Caridad del Cobre», die Madonna der Nächstenliebe, die Schutzpatronin Kubas. Alle setzten sehr viel Vertrauen in die Madonna der Nächstenliebe. Und auch in einige Heilige, die in der Liturgie nicht vorkamen, wie der heilige Lazarus. Es gab praktisch niemanden, der nicht an den heiligen Lazarus glaubte. Daneben glaubten noch viele Leute an Geister und Gespenster. Ich erinnere mich, daß ich als Kind Geschichten von Geistern, Gespenstern und Erscheinungen gehört habe. Jedermann erzählte diese Geschichten. Man war recht abergläubisch. Mir fallen einige dieser Geschichten wieder ein: Wenn ein Hahn dreimal krähte und niemand ihm antwortete, war das ein Zeichen für Unglück. Wenn eine Eule nachts vorbeistrich und man ihren Flügelschlag und ihren Schrei hörte – sie nannten das den «Gesang der Eule» –, dann konnte auch das Unglück bringen. Wenn ein Salzfaß auf die Erde fiel und zerbrach, war das ein schlechtes Zeichen, man mußte ein wenig Salz von der Erde aufheben und über die linke Schulter hinter sich werfen. Es gab eine ganze Reihe von sehr typischen und weit verbreiteten abergläubischen Geschichten. So gesehen bin ich in einer reichlich primitiven Welt geboren, in der es alle Arten von Glauben und Aberglauben gab: Geister, Gespenster, unheilvolle Tiere usw. Das ist das Ambiente, an das ich mich erinnere.
Diese Atmosphäre herrschte in allen Familien und zum Teil auch in meinem Haus. Deshalb sage ich Ihnen, daß die Menschen dort sicherlich sehr religiös gewesen sind. Ich kann sagen, daß in meiner Familie vor allem meine Mutter christlich, katholisch war. Ihre Überzeugungen, ihr Glaube, waren ganz grundlegend mit der katholischen Kirche verknüpft.
Frei Betto: Lehrte Ihre Mutter die Kinder beten?

Fidel Castro: Nun, sie betete. Ich kann nicht sagen, ob sie mir das Beten beigebracht hätte, denn sie schickten mich ja auf eine Schule in Santiago de Cuba. Da war ich viereinhalb Jahre alt. Aber man bekam mit, daß sie betete.
Frei Betto: Den Rosenkranz?
Fidel Castro: Den Rosenkranz, das Ave-Maria, das Vaterunser.
Frei Betto: Hatte sie auch Bilder von der Madonna der Nächstenliebe?
Fidel Castro: Viele Bilder: von den Heiligen, der Madonna der Nächstenliebe, der Schutzpatronin Kubas; vom heiligen Josef, von Christus. In meinem Haus gab es auch einen heiligen Lazarus, der nicht zu den offiziellen Heiligen der Kirche zählte.
Meine Mutter war eine eifrige Christin, sie betete jeden Tag, zündete immer Kerzen an für die Madonna und die Heiligen, richtete Bitten an sie, flehte sie an in allen Lebenslagen und legte Gelübde ab für jede kranke Person unserer Familie oder für jede andere schwierige Situation. Und sie legte diese Gelübde nicht nur ab, sie hielt sie auch. Das Gelübde konnte ein Besuch in der Wallfahrtskirche der Madonna der Nächstenliebe sein oder das Anzünden einer Kerze oder eine bestimmte Hilfeleistung. Das war sehr häufig der Fall. Meine Tanten und meine Großmutter waren ebenfalls sehr religiös. Meine Großmutter und mein Großvater – ich spreche von den Großeltern mütterlicherseits – wohnten zu jener Zeit ungefähr einen Kilometer von unserem Haus entfernt.
Ich erinnere mich an eine Situation, als eine Tante von mir bei der Geburt starb. Ich erinnere mich an diese Beerdigung. Wenn ich das Datum genau angeben könnte, dann könnte ich auch den Augenblick nennen, an dem ich zum ersten Mal eine Vorstellung vom Tod hatte. Ich erinnere mich noch an die große Traurigkeit, die vielen Tränen und daran, daß sie mich, obwohl ich noch sehr klein war, mitnahmen, in das einen Kilometer von unserem Haus entfernte Haus meiner Tante, die mit einem spanischen Arbeiter verheiratet war.
Frei Betto: Waren die Mutter und das Kind gestorben oder nur die Mutter?
Fidel Castro: Nur die Mutter; die Tochter – es war ein Mädchen – wurde zusammen mit uns aufgezogen. Die erste Erinnerung, die ich an den Tod habe, kommt von dieser Tante.
Meine Großeltern mütterlicherseits kamen ebenfalls aus einer sehr armen Familie. Mein Großvater war Fuhrmann, er transportierte Zuckerrohr in einem Ochsenwagen. Er und meine Mutter wurden im Westen geboren, in der Provinz Pinar del Río. In den ersten Jahren dieses Jahrhunderts zog er mit seiner ganzen Familie in die alte Provinz Oriente um, tausend Kilometer, in einem Karren, und kam in diese Region.

Frei Betto: Wer ist umgezogen?
Fidel Castro: Mein Großvater mit seiner Familie, mit meiner Mutter, meinen Onkeln und Tanten. Zwei Brüder meiner Mutter arbeiteten ebenfalls als Fuhrleute.
Ich würde sagen, die religiöse Prägung meiner Mutter und meiner Großmutter entstammte der Tradition der Familie. Sie waren wirklich sehr christlich.
Ich erinnere mich noch, daß ich die beiden nach dem Sieg der Revolution 1959 eines Tages in Havanna besuchte, wo sie sich zu der Zeit aufhielten. Meine Großmutter hatte einige Probleme mit ihrer Gesundheit, und das Zimmer war voll von Heiligen und Gelübden. In jeder Phase des Kampfes mit seinen großen Risiken hatten sowohl meine Mutter als auch meine Großmutter alle möglichen Gelübde abgelegt für unser Leben und für unsere Sicherheit. Die Tatsache, daß wir diesen Kampf lebend beendet haben, dürfte ihren Glauben zweifellos vervielfacht haben.
Also gut. Ich besuchte sie dort, wo sie sich gerade aufhielten. Ich hatte sehr viel Respekt vor ihren Glaubensweisen, und sie sprachen zu mir über die Gelübde, die sie abgelegt hatten, und über ihren tiefen Glauben. Ich habe ihnen immer mit sehr viel Interesse, mit sehr viel Respekt zugehört, und – obwohl ich eine andere Sichtweise der Welt besitze – ich habe keines dieser Probleme mit ihnen diskutiert, denn ich habe die Kraft gesehen, die ihnen der Glaube gab, den Mut, den er ihnen einflößte, und den Trost, den sie aus ihren religiösen Gefühlen und Überzeugungen erhielten. Natürlich war das keine Sache im strengen oder orthodoxen Sinn, sondern etwas ganz Eigenes aus der Familientradition, etwas sehr Tiefempfundenes und Tiefgehendes. Das waren ihre Gefühle.
Bei meinem Vater merkte ich, daß er mit anderen Dingen viel mehr beschäftigt war, mit der Politik, der täglichen harten Arbeit, wo er die Aufgaben zu organisieren hatte und zu anderen Problemen Stellung beziehen mußte. Selten oder eigentlich nie nahm ich religiöse Ausdrucksformen bei ihm wahr. Vielleicht war er ein Skeptiker auf religiösem Gebiet. Das ist so ungefähr die Atmosphäre, an die ich mich erinnere, die ersten Begriffe zur Frage der Religion. Und in diesem Sinne kann ich sagen, daß ich aus einer christlichen Familie komme, vor allem seitens meiner Mutter und meiner Großmutter. Ich glaube, meine Großeltern aus Spanien waren ebenfalls sehr religiös, aber ich habe sie nie kennengelernt. Ich kannte vor allem das religiöse Empfinden meiner Mutter und ihrer Familie.
Frei Betto: Sie haben von der Geschichte um Ihren Namen gesprochen, von der Taufe.
Fidel Castro: Es ist sehr merkwürdig, warum sie mich Fidel genannt

haben. Die Taufe war auch unter den Bauern eine sehr wichtige Zeremonie, selbst für diejenigen, die überhaupt keine religiöse Unterweisung gehabt hatten. Die Taufe war eine ganz populäre Einrichtung. Weil zur damaligen Zeit die Todesrisiken sehr viel größer waren und auf dem Land nur eine geringe Lebenserwartung bestand, betrachtete die ganze bäuerliche Familie den Taufpaten als den zweiten Vater des Kindes, der ihm helfen mußte. Wenn also der Vater starb, hatte der Junge jemanden, der ihm helfen und ihn unterstützen würde. Das war ein sehr tief verwurzeltes Gefühl. Sie suchten die engsten Freunde aus, manchmal taufte auch ein Onkel. Ich müßte einmal meine ältere Schwester und Ramón, den zweiten Bruder, fragen, wer ihre Taufpaten gewesen sind, aber ich glaube, es waren irgendwelche Onkel von mir.

Ich muß Ihnen noch sagen, daß wir Kinder aus der zweiten Ehe meines Vaters waren, er war schon einmal verheiratet gewesen. Ich erinnere mich, daß wir Beziehungen zu den Brüdern aus der ersten Ehe hatten; ich war der dritte aus der zweiten Ehe, die sieben Kinder hervorbrachte, vier Mädchen und drei Jungen.

Nun, sie bestimmten also einen Freund meines Vaters, der ein reicher Mann war, zu meinem Paten. Er unterhielt Geschäftsbeziehungen zu meinem Vater und hatte ihm bei bestimmten Gelegenheiten Geld geliehen, um Investitionen an unserem Haus zu tätigen oder andere notwendige Ausgaben zu bestreiten. Er lieh es ihm mit bestimmten Zinsen; er war eine Art Bankier der Familie. Dieser Mann war sehr reich, viel reicher als mein Vater. Man sagte, er sei Millionär, und das hatte noch niemals jemand von meinem Vater gesagt. Millionär zu sein, das war etwas ganz Kolossales; jemand, der so viel Geld hatte zu einer Zeit, als andere pro Tag einen Dollar oder einen Peso verdienten. Ein Millionär war dann jemand, der eine Million Male mehr besaß, als ein einzelner pro Tag verdiente.

Damals konnte der Besitz meines Vaters nicht so hoch eingeschätzt werden, man konnte nicht behaupten, daß mein Vater ein Millionär gewesen wäre, auch wenn er eine recht gute Position innehatte. Sie bestimmten also diesen Herrn zu meinem Taufpaten. Ein sehr reicher, beschäftigter Mann, der in Santiago de Cuba lebte und unzählige Geschäfte in vielen Regionen der Provinz besaß. Anscheinend hatten sich nie die geeigneten Umstände ergeben, daß ein Besuch des reichen Herrn mit dem Besuch des Priesters in Birán zusammenfiel. Die Folge des Wartens auf ein solches Zusammentreffen war, daß ich ungetauft blieb und daraufhin «Jude» genannt wurde. Sie sagten: «Der da ist Jude!» Ich war erst vier oder fünf Jahre alt, und sie kritisierten mich und nannten mich einen Juden. Ich wußte nicht, was das bedeutete, aber unzweifelbar wurde das

mit einer abschätzigen Betonung gesagt, als hätte die Tatsache, daß ich nicht getauft war, etwas Beschämendes an sich. Und dabei trug ich nicht einmal die Schuld daran. Bevor sie mich tauften, schickten sie mich nach Santiago de Cuba. Die Lehrerin überzeugte meine Familie, daß ich ein sehr fleißiger, aufmerksamer Schüler war, der die Fähigkeit hätte zu studieren, und daraufhin schickten sie mich wirklich nach Santiago de Cuba, als ich ungefähr fünf Jahre alt war. Sie rissen mich einfach fort aus der Welt, in der ich ohne irgendwelche materiellen Schwierigkeiten gelebt hatte, und brachten mich in eine Stadt, in der ich am eigenen Leib Armut und Hunger kennenlernte.
Frei Betto: Mit fünf Jahren?
Fidel Castro: Ja, mit fünf Jahren, ohne eine Ahnung davon zu haben, was Hunger ist.

Kindheit in Santiago de Cuba

Frei Betto: Und weshalb lebten Sie dort so arm?
Fidel Castro: Ich lebte dort in Armut, weil die Familie dieser Lehrerin arm war, sie hatten nur gerade ihren Mindestlohn. Es war die Zeit der Wirtschaftskrise in den Jahren 1930, 1931 oder 1932. Die Familie bestand aus zwei Schwestern und dem Vater. Die eine Schwester arbeitete für alle drei, und nicht immer bezahlte man ihr den Mindestlohn, der ohnehin stets zu spät kam. Aufgrund der großen Wirtschaftskrise wurden die Mindestlöhne oft gar nicht gezahlt, und man lebte sehr elend.
Ich ging also nach Santiago und lebte in einem kleinen Holzhaus, das immer völlig unter Wasser stand, wenn es regnete. Dieses Haus steht noch, es wird ganz gut erhalten. Die Lehrerin gab weiterhin Unterricht in Birán während der Schulzeit. Für meinen Unterhalt schickte meine Familie vierzig Pesos, das entspricht heute einer Kaufkraft von dreihundert oder vierhundert Dollar. Wir waren zwei, meine ältere Schwester und ich, mitten in dieser Armut, wo keiner einen Mindestlohn erhielt und wo sie darüber hinaus noch versuchten zu sparen.
Es gab nur sehr wenig zu essen, wenn man bedenkt, daß dort fünf Personen essen mußten und später sechs, denn nach meiner älteren Schwester kam einige Monate später auch noch mein Bruder Ramón. Man bekam einen kleinen Topf mit ein wenig Reis, Bohnen, Kartoffeln, Bananen oder so etwas. Es gab einen Topf, und von diesem mußten fünf und dann sechs Personen essen, morgens und am Nachmittag. Ich glaubte, ich hätte einen enormen Appetit, das Essen schien mir phantastisch zu schmecken... tat-

sächlich aber hatte ich einfach Hunger. Ich führte das Leben eines herrenlosen Hundes.
Als die Schwester der Lehrerin den Konsul von Haiti in Santiago de Cuba geheiratet hatte und mein reicher Pate niemals auftauchte – die Tauffeier also immer noch nicht vollzogen war –, da mußte ich selbst eine Lösung für dieses Problem finden, denn ich war schon fünf Jahre alt und immer noch «Jude», wie sie sagten. Ich glaube, daß das Abwertende an dem Begriff «Jude» auch etwas mit gewissen religiösen Vorurteilen zu tun hat, über die wir später noch sprechen können. Ich wurde also getauft, und mein Pate war der Konsul von Haiti, der mit Belén, der Schwester der Lehrerin, verheiratet war, eine gute und ehrbare Person, die Klavierunterricht gab, obwohl sie keine Anstellung und keine Schüler hatte.
Frei Betto: Es war also nicht der reiche Freund Ihres Vaters.
Fidel Castro: Nein, es war nicht der Reiche, es war der Konsul des ärmsten Landes Lateinamerikas, der in Santiago de Cuba lebte. Die Lehrerin war Mestizin, meine Patin war ebenfalls Mestizin.
Frei Betto: Leben sie noch?
Fidel Castro: Nein, sie sind schon vor langer Zeit gestorben. Gegen sie hege ich keinerlei Groll, auch wenn die Lehrerin allein auf einen materiellen Nutzen aus war, denn schließlich schickte meine Familie für jeden von uns monatlich vierzig Pesos. Das war eine schwierige Zeit in meinem Leben.
Eines Nachmittags brachten sie mich zur Kathedrale von Santiago de Cuba. Ich kann Ihnen nicht mehr das genaue Datum sagen, vielleicht bin ich schon sechs Jahre alt gewesen, als sie mich tauften, denn ich hatte schon eine Zeit der Schicksalsschläge und der Arbeit hinter mir, als sie mich zur Kathedrale brachten, wo sie mich mit Weihwasser besprengten und mich tauften. Dadurch wurde ich also zum normalen Bürger, den anderen gleich, denn schließlich war ich doch noch getauft worden, hatte einen Paten und eine Patin. Aber es war eben nicht der reiche Millionär, den sie für mich bestimmt hatten und der sich Fidel Pino Santos nannte. Es gibt einen Neffen von ihm, der unser compañero[8] in der Revolution war, ein bedeutender Ökonom, ein sehr kompetenter Arbeiter. Er ist Wirtschaftler und Kommunist; merkwürdig, seit seiner Jugend war er ein Kommunist, obwohl er der Neffe eines sehr reichen Mannes ist, der mein Pate hätte sein sollen und mir seinen Namen hinterlassen hat. Im Hinblick auf ihn gaben sie mir den Namen Fidel. Sie sehen, wie es Zufälle sind, die uns die entsprechenden Namen verpassen. Der Name war die einzige gerechte Sache, die ich in jener Zeit bekommen habe.

---

[8] «Compañero» bedeutet hier eher politischer Kampfgefährte, Genosse.

Frei Betto: Wie war der Name des Konsuls?
Fidel Castro: Sein Name war Luis Hibbert.
Frei Betto: Dann könnten Sie sich heute Luis Castro nennen.
Fidel Castro: Ich könnte mich Luis Castro nennen, wenn sie von Anfang an den Konsul zu meinem Paten bestimmt hätten. Es gibt Männer namens Luis, die von großer Bedeutung waren in der Geschichte der Menschheit.
Frei Betto: Ja viele.
Fidel Castro: Viele Männer namens Luis, sogar Könige und Heilige. Gab es nicht zufällig auch einen Papst namens Luis?
Frei Betto: Daran erinnere ich mich nicht. Ich bin nicht sehr versiert in der Geschichte der Päpste. Aber ich habe einen Bruder, der Luiz heißt.
Fidel Castro: Sie konnten zwar sechs Jahre damit warten, mich zu taufen, aber sie konnten nicht sechs Jahre warten, mir einen Namen zu geben. Das ist der Ursprung meines Namens, den ich in der Tat einem sehr reichen Mann verdanke, nicht gerade dem reichen Jüngling der Bibel. Ich will die Wahrheit sagen, es ist traurig, über Leute zu reden, die schon gestorben sind. Aber der Mann, der eigentlich mein Pate sein sollte, hatte den Ruf, geizig zu sein, ein außerordentlicher Geizkragen sogar. Ich denke nicht, daß er etwas mit seinem biblischen Vorgänger zu tun hatte.
Frei Betto: Das glaube ich auch nicht.

Das alte Wahlsystem

Fidel Castro: Er machte mir nicht viele Geschenke, ich erinnere mich an kein einziges. Er gab meinem Vater Darlehen mit den entsprechenden Zinsen, die zur damaligen Zeit viel niedriger waren als jetzt. Mir scheint, der Zins, den mein Vater bezahlte, lag bei 6%. Später wurde dieser Mann dann Politiker, er kandidierte sogar. Und wenn Sie mich jetzt fragen, für welche Partei, es war natürlich die Regierungspartei. Er war immer für die Regierungspartei, verstehen Sie? Später kandidierte sein Sohn für die Oppositionspartei. Auf diese Weise war alles gelöst. Ich erinnere mich noch, als die Wahlkampagnen begannen und mein Vater ihn unterstützte. Nur damit Sie verstehen, welche Lektionen in Demokratie ich von klein auf erhalten habe! In den Wahlkampfzeiten ging viel Geld durch unser Haus, auch meine Familie gab Geld, um damit den Freund meines Vaters zu unterstützen. Mein Vater verschwendete sein eigenes Geld, um diesem Kandidaten zu helfen. Damals war Politik eben so.
Es ist unbestreitbar, daß mein Vater als Landeigentümer die Mehrheit der Stimmen kontrollierte, wo doch viele Leute weder lesen noch schreiben konnten. Auf dem Land von irgend jemandem zu leben und zu arbeiten,

das wurde damals als ein großer Gefallen betrachtet, und so hatten also der Bauer, der Landarbeiter und seine Familie dem Grundherrn dankbar zu sein und für den Kandidaten zu stimmen, den er unterstützte. Davon abgesehen gab es die sogenannten «Wahlfänger». Was das für Leute waren? Sie waren Spezialisten in der Politik, und damit meine ich keinen gelehrten Berater der Soziologie, des Rechtes oder der Ökonomie, sondern einen schlauen Bauern der Region, der eine bestimmte Anstellung in der Regierung erhielt und bei Beginn der Wahlkampagnen eine bestimmte Geldsumme erhielt, um damit Stimmen für einen bestimmten Kandidaten für den Stadtrat, den Bürgermeisterposten oder den Gouverneurssitz der Provinz zu sammeln. Oder auch Stimmen für die Abgeordneten, den Senator oder den Präsidenten. Damals gab es noch keine Kampagnen über Radio und Fernsehen, die außerdem sicher noch teurer sind.
Frei Betto: Das gibt es in Brasilien immer noch.
Fidel Castro: Ich erinnere mich, daß es in den Wahlzeiten immer so war. Ich spreche dabei von einer Zeit, als ich zehn Jahre alt und schon fast bewandert in der Politik war, denn ich hatte so viele Dinge gesehen! Wenn ich die Ferien zu Hause verbrachte – schon seit meinem fünften Lebensjahr schickten sie mich ja zum Lernen fort – und wenn die Ferien gerade mit einer politischen Kampagne zusammenfielen, war der Metallkoffer ein Problem, der in dem Zimmer stand, in dem ich schlief. Sie wissen, daß Kinder gerne morgens lange schlafen, aber ich konnte es nicht, denn sehr früh morgens, vor halb sechs Uhr war es schon unruhig. Der Koffer wurde ständig geöffnet und geschlossen, mit einem unvermeidlichen metallischen Klang; denn die Wahlfänger kamen, und man mußte ihnen ihre Gratifikation geben. Und das alles geschah auf die selbstloseste Art der Welt. Mein Vater tat einfach alles aus bloßer Freundschaft zu diesem Menschen. Ich erinnere mich nicht, daß – abgesehen von den Darlehen – dieser Mensch irgendein Problem meines Vaters gelöst hätte, der schließlich alle die Ausgaben auf die eigene Kappe nahm. So jedenfalls machte man damals Politik, und diese Art von Politik war es auch, die ich als Kind mitbekam.
So gab es also eine Anzahl von Leuten, die eine bestimmte Menge von Stimmen unter Kontrolle hatten, vor allem in entfernter liegenden Ortschaften. Die Leute in der Nähe wurden direkt von den Vertrauensleuten der finca kontrolliert. Von weiter her, aus dreißig oder vierzig Kilometer Entfernung, kamen Wahlfänger, die achtzig oder hundert Stimmen kontrollierten. Diese Stimmen mußten dann in dem entsprechenden Wahlbezirk auftauchen, sonst fiel der Wahlfänger in Ungnade, verlor seine Gratifikation und seine Anstellung. So verliefen damals die Wahlkampagnen im Land.

Der Mann, der mein Pate hätte sein sollen, wurde Abgeordneter. Aber mein wirklicher Pate, der Konsul von Haiti, geriet in Schwierigkeiten. An einem Tag im Jahre 1933 siegte in Kuba die Revolution gegen die Tyrannei von Machado[9] – da war ich sieben Jahre alt –, und diese Revolution machte sich in der ersten Zeit bemerkbar in Gesetzen von nationalistischem Charakter. Das war eine Zeit, in der viele Leute ohne Arbeit waren und Hunger litten, während beispielsweise in Havanna viele spanische Händler nur Spanier anstellten. Es gab eine Kampagne nationalen Charakters, in der ein gerechtes Verhältnis der Arbeitsplätze für die Kubaner gefordert wurde, was im Prinzip durchaus berechtigt sein kann, unter bestimmten Umständen jedoch sehr grausam ist, wenn dabei nämlich Menschen arbeitslos werden, die als Ausländer ebenfalls arm sind und keine anderen Überlebensmöglichkeiten haben.

Mit Schmerz, mit großem Schmerz erinnere ich mich daran, wie sie in Santiago de Cuba und in der Provinz Oriente anfingen, die haitianischen Einwanderer auszuweisen, die schon seit Jahren in Kuba gelebt hatten. Diese Haitianer, die aus ihrem Land gekommen waren auf der Flucht vor dem Hunger, die Zuckerrohr pflanzten und ernteten unter großen Opfern und dafür noch miserable Löhne erhielten, waren praktisch Sklaven. Ich glaube, oder dessen bin ich mir eigentlich sicher, daß die Sklaven des vergangenen Jahrhunderts bessere Lebensbedingungen hatten und ihnen mehr Achtung entgegengebracht wurde als diesen Haitianern.

Frei Betto: Nahrung und Gesundheit?

Fidel Castro: Die Sklaven wurden wie Tiere behandelt, aber man gab ihnen wenigstens Nahrung und kümmerte sich um sie, damit sie lebten, arbeiteten, produzierten und so als Kapital für die harte Arbeit erhalten blieben. Im Unterschied dazu konnten diese Einwanderer, Hunderttausende waren es, nur essen, wenn sie auch arbeiteten. Niemand kümmerte sich darum, ob sie überlebten oder an Hunger starben. Diese Menschen erlitten wirklich jede nur mögliche Form von Elend. – Aus Anlaß der sogenannten Revolution von 1933, die eine Bewegung des Kampfes, der Rebellion gegen die Ungerechtigkeiten und die Mißbräuche darstellte, wurden die Nationalisierung eines Elektrizitätswerkes oder eines anderen ausländischen Unternehmens sowie die Nationalisierung der Arbeit gefordert. Und im Namen der Nationalisierung der Arbeit wurden Hunderttausende von Haitianern auf grausame Weise nach Haiti vertrieben, etwas wahrhaft Un-

---

[9] Seit 1924 herrschte in Kuba die blutige Militärdiktatur von Machado, der durch seine Brutalität bei der Mehrheit des Volkes wachsenden Widerstand hervorrief. Am 4. September 1933 machte eine Erhebung von Soldaten, Offizieren, Arbeitern und Studenten der Diktatur ein Ende, nachdem am 4. August ein Generalstreik vorangegangen war.

menschliches im Lichte unserer revolutionären Entwürfe. Was mag mit ihnen geschehen sein, wie viele haben das wohl überlebt? Ich erinnere mich: In der Zeit, als mein Pate noch Konsul für Haiti in Santiago de Cuba war, kam ein riesiges Schiff namens «La Salle» in Santiago an, mit zwei Schornsteinen – die Ankunft eines Schiffes mit zwei Schornsteinen war ein außerordentliches Ereignis in Santiago de Cuba. Einmal nahmen sie mich mit, um das Schiff anzusehen, das überfüllt war mit Haitianern, die aus Kuba vertrieben und nach Haiti zurückgeschickt wurden.

Danach war mein Pate ohne Arbeit, ohne Konsulat, ich glaube auch ohne Lohn, ohne irgend etwas, und er ging übergangsweise nach Haiti. Meine Patentante blieb viele Jahre lang allein. Erst sehr viel später kehrte der Konsul nach Kuba zurück – ich war schon ein ganzes Stück größer – und blieb in Birán, wo er Zuflucht gesucht hatte und eine Zeitlang lebte. Er hatte keine Mittel, sich zu ernähren.

Frei Betto: Ab welcher Zeit gingen Sie in die Ordensschule?
Fidel Castro: Zum ersten Hauptschuljahr[10] trat ich dort ein.
Frei Betto: In welchem Alter?
Fidel Castro: Nun, das müßte ich schätzen. Ich dürfte so zwischen sechseinhalb und sieben Jahren gewesen sein.
Frei Betto: In die Schule der Brüder von La Salle?
Fidel Castro: Ja. Das ist eine lange Geschichte, ich werde Ihnen einiges davon erzählen. Ich habe schon gesagt, daß sie mich noch als Kind nach Santiago de Cuba schickten, wo ich sehr große Not litt und viele Probleme hatte, aber ein Jahr später wurde die Situation etwas besser. Eines Tages setzte sich meine Familie mit den Schwierigkeiten auseinander, war empört und brachte mich zurück nach Birán, aber angesichts der Proteste und der Erklärungen der Lehrerin sowie der darauf folgenden Aussöhnung wurde ich abermals in ihr Haus nach Santiago de Cuba gebracht, wo dann die Situation nach diesem Skandal nicht mehr so schwierig war. Wie lange ich dort insgesamt blieb? Nicht weniger als zwei Jahre. Aber anfangs

---

[10] Zum Schulsystem in Kuba: auch vor 1959 hatte laut Verfassung eine sechsjährige Schulpflicht bestanden, aber nach einer Umfrage von 1953 hatten 50 % der Land- und 20 % der Stadtbevölkerung keine Schule besucht. Im Jahre 1959 konnten 23,6 % der erwachsenen Kubaner weder lesen noch schreiben. Mit der Alphabetisierungskampagne von 1961 rückte man diesem Problem zu Leibe, indem besonders auf dem Land Schüler und Studenten als Lehrer eingesetzt wurden. Es gelang in diesem einen Jahr, den Analphabetismus unter 4 % herunterzudrücken. Heute hat Kuba ein für Lateinamerika vorbildliches Bildungssystem. Das allgemeinbildende Erziehungswesen baut sich in drei Stufen auf: die einjährige Vorschule, die sechsjährige Grundschule und die dreijährige Basissekundarschule (Mittelschule), der sich drei weitere Jahre voruniversitärer Ausbildung anschließen. Besonders wichtig ist, daß auch die entlegensten Winkel des Landes durch solche Mittelschulen erfaßt werden.

schickten sie mich gar nicht in die Schule. Meine Patentante gab mir Unterricht. Dieser Unterricht bestand darin, daß sie mich Additions-, Subtraktions-, Multiplikations- und Divisionstabellen auswendiglernen ließ, die auf dem Umschlagdeckel eines Heftes standen. Ich konnte sie auswendig, ich glaube, ich habe sie so gut gelernt, daß ich sie nie in meinem Leben wieder vergessen werde. Manchmal rechne ich mit derselben Geschwindigkeit wie eine Rechenmaschine.
Frei Betto: Ja, das habe ich gestern nacht bemerkt.

Die Drei-Königs-Feste

Fidel Castro: Es gab kein Schulbuch zum Lernen, nur dieses Heft und einige Diktate. Ich lernte natürlich Addieren, Lesen, ein Diktat schreiben, Rechtschreibung. Wahrscheinlich habe ich meine Rechtschreibung dabei etwas verbessert und auch meine Handschrift. Aber eigentlich habe ich in den zwei Jahren, die ich dort verbrachte, nur Zeit verloren. Die einzig nützliche Sache war im Endeffekt eine harte und schwierige Lebensphase mit sehr viel Arbeit und harten Opfern. Ich denke, ich wurde hier Opfer einer Art von Ausbeutung, wenn ich mir den Betrag ansehe, den meine Pension für diese Familie bedeutete und den meine Eltern monatlich für unseren Unterhalt dort bezahlten.
Und dann erinnere ich mich an die heiligen Drei Könige. Wenn wir schon von religiösen Überzeugungen sprechen, eines der ersten Dinge, an die zu glauben sie uns beibrachten, waren die heiligen Drei Könige. Ich war vielleicht drei oder vier Jahre alt, als zum ersten Mal einer der Drei Könige auftauchte... Ich erinnere mich an die ersten Geschenke, die ich von den Königen erhalten habe, einige Äpfel, ein kleines Auto, Bonbons und andere Kleinigkeiten.
Frei Betto: Das ist anders als in Brasilien, dort gibt es die Geschenke an Weihnachten, während es hier am 6. Januar Geschenke gibt.
Fidel Castro: Der 6. Januar war der Tag der heiligen Drei Könige, und wir lernten, daß die Drei Könige, die aus Anlaß der Geburt Christi gekommen waren, um diesen Christus willkommen zu heißen, jedes Jahr wiederkamen, um Spielzeug für die Kinder zu bringen. Ich erinnere mich, daß ich dreimal das Dreikönigsfest bei dieser Familie verbrachte, also habe ich dort mehr als zweieinhalb Jahre gewohnt.
Frei Betto: Hatte in Kuba bisher die kapitalistische Figur des Weihnachtsmannes noch keinen Zutritt?
Fidel Castro: Nein, nein, den gab es in Kuba nicht. Hier waren die heiligen Drei Könige, die auf Kamelen reisten. Die Kinder mußten einen Brief an

die Könige Kaspar, Melchior und Balthasar schreiben. Ich erinnere mich an meine ersten Briefe an die Drei Könige, als ich fünf Jahre alt war. Ich habe mir darin alles gewünscht: Autos, Lokomotiven, eine Kinomaschine usw. Am 5. Januar wurden lange Briefe an die Drei Könige geschrieben und unter das Bett gelegt, zusammen mit Wasser und Gras, und am Tag danach kam dann die Enttäuschung.
Frei Betto: Wofür das Gras?
Fidel Castro: Weil die Könige auf Kamelen kamen, stellte man Wasser und Gras für die Tiere in einem Gefäß unter dem Bett bereit.
Frei Betto: Durcheinandergemischt?
Fidel Castro: Ja, Wasser und Gras miteinander vermischt oder nebeneinander auf einem Teller.
Frei Betto: Das ist ja interessant, das kannte ich noch nicht!
Fidel Castro: Wir mußten den Kamelen Wasser und Nahrung geben, vor allem, wenn die Hoffnung bestand, daß sie gute Geschenke bringen würden, alles, worin wir in dem Brief gebeten hatten.
Frei Betto: Und was aßen die Könige?
Fidel Castro: Die Könige... das weiß ich nicht. Niemand dachte daran, den Königen etwas zu essen zu geben. Vielleicht waren sie deshalb nicht besonders großzügig zu mir. Die Kamele fraßen das Gras und tranken das Wasser, und im Tausch ließen sie dann irgendein Spielzeug da. Ich erinnere mich, daß das erste Geschenk ein Horn aus Pappe war, nur die Spitze war eine Art Metall, Aluminium ähnlich. – Ein Horn von der Größe eines Bleistiftes, das war mein erstes Geschenk.
Drei Jahre hintereinander schenkten sie mir ein Horn. Ich hätte Musiker werden müssen, denn wirklich... Im zweiten Jahr schenkten sie mir ein anderes Horn, es war zur Hälfte aus Aluminium, zur anderen Hälfte aus Pappe. Das dritte Horn hatte sogar drei Tasten und war ganz aus Aluminium.
Nun, nach drei Jahren dort bei der Familie schickten sie mich zur Schule, als externen Schüler. Und da begannen dann die Dinge.

Die Grundschule

Frei Betto: In welche Schule?
Fidel Castro: Zur Schule La Salle. Nachdem ich zwei Jahre in diesem Haus gewesen war oder eineinhalb Jahre – ich kann es nicht genau sagen, ich müßte das nachforschen –, schickten sie mich zum Kolleg La Salle, das sechs oder sieben Häuserblocks entfernt lag. Sehr früh am Morgen ging ich zum Unterricht, kehrte zum Mittagessen zurück – es gab also ein Mit-

tagessen, ich hatte keinen Hunger mehr –, und dann ging ich wiederum in die Schule. Der Konsul von Haiti, mein Patenonkel, wohnte noch in dem Haus, als sie mich zur Schule schickten. Das war ein großer Fortschritt, denn wenigstens besuchte ich regelmäßig eine Schule.

Dort unterrichteten sie systematisch den Katechismus, Dinge über Religion, Teile der biblischen Geschichte. Das alles bereits im ersten Jahr, als ich sechs oder sieben Jahre alt war, denn ich kam ja schon zu spät in die Schule. Zwar lernte ich sehr früh Lesen und Schreiben, aber wegen dieser Familie hatte ich fast zwei Jahre Zeit verloren, ich hätte schon in der dritten Klasse sein können. Als ich dann als Externer in die Schule ging, erhielt ich endlich systematischen Unterricht. Vor allem aber waren das Material und das Klima besser, denn ich hatte Lehrer, Unterrichtsstunden, Schulkameraden, mit denen ich spielen konnte, und viele andere Aktivitäten, von denen ich nicht hatte profitieren können, als ich noch ein einsamer Schüler war, der Arithmetik von der Umschlagseite eines Heftes lernen mußte. Diese neue Situation dauerte so lange an, bis ich selbst – sehr frühzeitig – meinen ersten Aufstand probte.

Frei Betto: Aus welchem Grund?

Fidel Castro: Einfach deshalb, weil ich die Situation über hatte. Manchmal, wenn ich mich nicht gut benahm, bestraften sie mich mit einer Ohrfeige und drohten mir, mich ins Internat zu schicken. Bis ich es eines Tages selbst für das Beste hielt, ins Internat zu gehen, denn im Internat wäre ich sicher besser dran als in diesem Haus meiner Patentante.

Frei Betto: Wer drohte Ihnen damit? Ihre Brüder?

Fidel Castro: Meine Patentante, mein Patenonkel, die Lehrerin, wenn ich Ferien hatte – einfach alle.

Frei Betto: Ah, die Patentante und die anderen Erwachsenen!

Fidel Castro: Ja, genau die.

Frei Betto: Und wie sah Ihr Aufstand aus?

Fidel Castro: Nun, die Leute des Hauses, in dem ich wohnte, hatten eine französische Erziehung genossen, sie sprachen wirklich perfekt Französisch. Ich schätze, daher kamen auch die Beziehungen zu diesem Konsul. – Ich erinnere mich nicht mehr, aus welchem Grund sie diese französische Erziehung erhalten hatten, ich weiß nicht einmal, ob sie in Frankreich gewesen waren oder auf einer Schule in Haiti. Sie hatten eine tadellose Erziehung. Und natürlich lehrten sie mich von Anfang an all diese Umgangsformen. Neben vielem anderen durfte ich beispielsweise um nichts bitten. Ich erinnere mich, daß die Jungen auf der Straße – obwohl sie sehr arm waren – einen Centavo Taschengeld hatten, um einen Lutscher oder eine Limonade zu kaufen oder auch nur ein Eis. Ich aber durfte um nichts bitten, es war nach den Regeln der französischen Erziehung verboten. Wenn es mir passierte, daß ich einen Jungen bat: «Gib mir doch bitte ein Stück ab!», dann sagten die Jungen, aufgrund des Egoismus, der diesem Alter eigen ist, und aufgrund ihrer verzweifelten Armut, in der sie lebten, um mich zu ärgern: «Ah, warte, das werde ich bei dir zu Hause erzählen, daß du gebettelt hast!», denn sie wußten um die Regeln, die ich befolgen mußte.

Die Familie legte Wert auf all diese Formalitäten. Nun, ich will das gar nicht kritisieren. Man mußte dies und das tun, sehr diszipliniert sein, sehr wohlerzogen sprechen, durfte die Stimme nicht erheben, niemals ein unpassendes Wort sagen...

Als dann die Drohungen aufkamen, mich ins Internat zu schicken, da war ich es schon sehr leid. Seit langer Zeit war ich mir schon bewußt, wie sehr ich litt, einschließlich der Zeit, in der ich hatte hungern müssen und ein Opfer von Ungerechtigkeit war. Ich habe Ihnen nicht alle Einzelheiten erzählt, denn es geht ja nicht darum, hier eine Autobiographie zu schreiben, sondern über die Themen zu reden, die Sie vorgeschlagen haben. Also, eines Tages ging ich in die Schule und war absichtlich ungehorsam, ich mißachtete alle Regeln, alle Vorschriften, jede Disziplin, sprach mit lauter Stimme, sagte alle Wörter, die mir anscheinend verboten waren, es war ein bewußter Akt des Aufstands mit dem Ziel, daß sie mich ins Internat schickten. So verlief mein erster Aufstand. Es war nicht der einzige, aber er begann in der ersten Grundschulklasse. Ich war höchstens sieben Jahre alt, ich müßte das einmal genauer in irgendeinem Archiv überprüfen.

Frei Betto: Und – wurden Sie in ein Internat geschickt?

Fidel Castro: Sie schickten mich als Interner in die Schule. Ich war sehr glücklich, als sie dies taten. Für mich war der Eintritt in das Internat eine Befreiung.

Frei Betto: Wie viele Jahre waren Sie im Internat La Salle?

Fidel Castro: Fast vier Jahre.

Frei Betto: Der Name des Kollegs war Dolores?

Fidel Castro: Nein, Kolleg La Salle. Dort blieb ich die zweite Hälfte der ersten Klasse, die zweite und dritte Grundschulklasse, und dann kam ich wegen guter Noten direkt in die fünfte Klasse; so holte ich das verlorene Jahr wieder auf.

Frei Betto: Wie war denn der Religionsunterricht, haben Sie gute Erinnerungen daran, oder wurde viel von der Hölle und den Strafen Gottes gesprochen? Wie wurde das Thema behandelt? Bestand man dort auf dem regelmäßigen Besuch des Gottesdienstes, auf Opfern und Buße, oder vermittelte man dort insgesamt einen positiveren Eindruck? Woran können Sie sich noch erinnern?

Fidel Castro: Ich habe Erinnerungen an verschiedene Phasen, denn ich war in drei verschiedenen Schulen und je unterschiedlich alt. Das ist sehr schwierig, aus dieser ersten Zeit noch ein Urteil darüber im Kopf zu haben. Ich muß mir erst in Erinnerung rufen, wie es damals war.
Zuerst einmal fällt mir ein, daß ich in der Zeit von meiner Familie getrennt war. Sie schickten mich nach Santiago, und das brachte Probleme. Ich war weit weg von meiner Familie, von unserem Haus, von der Gegend, die ich so liebte, wo ich herumgelaufen und spazierengegangen war, mich frei fühlte... und dann schickten sie mich unversehens in die Stadt, wo ich all diese Schwierigkeiten hatte. Ich litt unter materiellen Problemen, denn weit weg von der Familie, der Behandlung von Menschen ausgeliefert, die nicht mit mir verwandt waren, dies brachte einige Schwierigkeiten in mein Leben. Ich hatte größtes Interesse daran, diese Probleme zu lösen. Ja, ich war dieses Leben leid, hatte genug von diesem Haus, der Familie, den Normen. Meine Probleme waren anderer Art, es waren keine religiösen Probleme, sondern Überlebensprobleme, materielle Probleme, eine persönliche Situation, die einleuchtenderweise verändert werden mußte. Aus Instinkt, mehr noch aus Intuition handelte ich und landete schließlich bei der vollständigen Mißachtung ihrer Autorität.
Meine Situation wurde jedoch entscheidend besser, als ich ins Internat ging; dort konnte ich nach dem Unterricht mit den anderen Jungen spielen, ich fühlte mich nicht mehr so allein. Zweimal pro Woche gingen sie mit uns auf den Fußballplatz und zum Strand. Wir gingen zu einer kleinen Halbinsel in der Bucht von Santiago de Cuba, wo heute eine Erdölraffinerie und andere Industrieanlagen stehen. Die Brüder von La Salle hatten ein kleines Grundstück am Meer gepachtet, dort gab es einen Badeort und einen Sportplatz. Wir gingen an den Donnerstagen, denn an diesem Tag hatten wir keinen Unterricht und an den Sonntagen ebenfalls nicht. Die Woche war in zwei Teile unterteilt, ein Teil mit drei Tagen Unterricht und einer mit zwei Tagen. Ich war dort im Internat sehr zufrieden: jeden Donnerstag zum Strand gehen zu können, frei zu sein, zu fischen, schwimmen, wandern, Sport zu treiben, all das zu tun, auch an den Sonntagen. Das war es, was mich am meisten interessierte und beschäftigte.
Die religiöse Unterweisung, der Katechismus, die Messen und die meisten Verpflichtungen waren Teil des Alltags wie die Unterrichts- und Studierstunden. Aber was mir damals am meisten gefallen hat, und das ist heute, wo ich so viele Termine habe, noch ebenso, das waren die Stunden der Entspannung. Damals gehörte der Religionsunterricht einfach dazu, und ich hatte keine Möglichkeit, entsprechend darüber nachzudenken.
Frei Betto: Flößte man Ihnen damals nicht Angst und Schrecken ein,

hatten Sie keine Probleme mit der Rede über die Sünde? Wurden diese Dinge nicht so betont?
Fidel Castro: Mißtrauisch diesen Dingen gegenüber wurde ich erst sehr viel später, noch nicht in dieser frühen Phase, als wir die biblische Geschichte mit derselben Bedeutung studierten wie die Geschichte Kubas und die Erschaffung der Welt. Das alles hatten wir als natürliche Fakten akzeptiert. Sie erzählten uns alles, was es in der Welt gab, ohne uns allerdings zum Nachdenken darüber anzuregen. Und davon abgesehen galt mein größeres Interesse dem Sport, dem Strand, der Natur und dem Studium der verschiedenen Fächer und Dinge im allgemeinen. Die Wahrheit ist, daß ich überhaupt keine spezielle Neigung oder Berufung in religiöser Hinsicht verspürte.

Die Ferien und die Feste

Alle drei Monate hatten wir Ferien und kehrten dann auf die finca zurück. Das Land bedeutete für mich Freiheit. Heiligabend etwa war etwas Wunderbares, denn dies bedeutete fünfzehn Tage Ferien und noch mehr als das: fünfzehn Tage in einer Feststimmung mit Leckerbissen wie Salzgebäck, Süßigkeiten, Bauchläden und Marzipan, die es in unserem Haus nach Belieben gab, denn bei den Weihnachtseinkäufen kamen traditionsgemäß noch bestimmte spanische Produkte dazu. Wenn diese Tage nahten, freuten wir uns schon darauf, den Zug und dann die Pferde zu nehmen. Um zur finca zu kommen, mußten wir im Zug reisen und dann an der Endstation noch die Pferde benutzen. Die Wege waren unvorstellbar morastig. In den ersten Jahren besaß die finca noch keine Motorfahrzeuge, es gab nicht einmal elektrisches Licht! Erst später erhielt mein Haus elektrisches Licht. Auf dem Land benutzte man Kerzen zur Beleuchtung.
Für uns, die wir den Hunger und das Eingesperrtsein in der Stadt kennengelernt hatten, waren dieser Freiraum, die üppige Nahrung, die Feststimmung um Weihnachten, Heiligabend, Neujahr und das Dreikönigsfest sehr faszinierend. Allerdings zweifelten wir daran, daß die Könige wirklich existierten, und das rief zum ersten Mal eine gewisse Skepsis in uns hervor. Wir begannen zu entdecken, daß es gar keine Könige gibt, sondern daß es unsere Eltern waren, die die Spielsachen unter das Bett legten. So waren es auch die Erwachsenen selbst, die uns recht frühzeitig aus dieser Unschuld herausholten. Nicht, daß ich gegen diesen Brauch bin, ich will kein Urteil fällen, aber schnell beginnt man zu wissen, daß man hinters Licht geführt wird.
Die Weihnachtsferien waren glückliche Zeiten. Die Karwoche war eine an-

dere phantastische Gelegenheit, wieder eine ganze Woche zu Hause zu verbringen. Auch die Sommerferien waren hervorragend: in den Flüssen zu schwimmen, durch die Wälder zu laufen, mit der Schleuder zu jagen und zu reiten. Wir lebten in absoluter Freiheit und in engem Kontakt mit der Natur. So vergingen die ersten Jahre.

Wie ich Ihnen schon erklärt habe, bin ich auf dem Land geboren und verbrachte dort den Lebensabschnitt vor den ganzen Wechselfällen, von denen ich gerade eben erzählt habe. Aber als ich in die dritte Klasse kam und dann direkt in die fünfte, da versteht man langsam sehr viel mehr und beginnt, die Dinge zu beobachten.

Die Karwoche auf dem Land – ich erinnere mich von klein auf daran – waren Tage der Andacht, und man war tieftraurig. Sie sagten, Gott sei am Karfreitag gestorben; man durfte nicht sprechen, nicht spielen, nicht die geringste Freude ausdrücken, denn Gott war tot, und die Juden töteten ihn alle Jahre wieder. Es tauchten von neuem Anklagen und volkstümliche Glaubensweisheiten auf, die zweifellos auch Ursache von Tragödien und historischen Vorurteilen waren. Und ich sage Ihnen, weil ich die Bedeutung dieser Begriffe nicht kannte, habe ich am Anfang geglaubt, daß diese Vögel, die sie «Juden» nannten, Gott getötet hätten.

Frei Betto: Man durfte nur sehr wenig essen...

Fidel Castro: Fisch vor allem. Man durfte kein Fleisch essen. Dann kam der Karsamstag, der schon ein Festtag war, auch wenn man wußte, daß die Auferstehung nicht am Karsamstag war. Aber das Volk sagte: «Karsamstag ist ein Festtag; Karfreitag ist ein Tag der Stille und der Trauer.»

Auf dem Land war am Karsamstag viel Bewegung in den Läden, es gab Feiern und Hahnenkämpfe, die am Ostersonntag fortgesetzt wurden.

Ich möchte sagen, daß mich in der damaligen Zeit andere Fragen in Anspruch nahmen, so daß ich nicht in der Lage war, die religiöse Unterweisung richtig einzuschätzen. Trotzdem unterschied sich für mich der Religionsunterricht nicht vom Rechenunterricht. Es war, als lernte ich, eine Gleichung aufzustellen: 5 mal 5 macht 25. Genauso war auch der Religionsunterricht.

Frei Betto: Kamen Ihnen die Brüder mehr wie Lehrer denn wie Ordensleute vor, oder waren sie auch gute Ordensleute?

Fidel Castro: Die Brüder von La Salle waren keine Priester, sie hatten nicht die Ausbildung der Priester, es war ein weniger anspruchsvoller und starrer Orden als derjenige der Jesuiten. Ich habe das erst viel später bemerkt, als ich zum Kolleg der Jesuiten überwechselte.

Frei Betto: In welchem Alter?

Fidel Castro: Also, ich wechselte zum Kolleg der Jesuiten...

Frei Betto: In die Mittelschule?
Fidel Castro: Nein, in die fünfte Klasse, es war in der fünften Klasse, als ich zum anderen Kolleg überwechselte. In der Schule der Brüder von La Salle, in der ich mich zu der Zeit ja befunden hatte, gab es Konflikte. So versuchte ich von meiner Seite den zweiten Aufstand. Aber der Unterricht war nicht schlecht, auch die Organisation war nicht schlecht, wir waren etwa 30 interne Schüler, und wir machten, wie ich schon sagte, jeden Sonntag und jeden Donnerstag Ausflüge. Die Ernährung war nicht schlecht und das Leben im allgemeinen auch nicht.
Frei Betto: Bezieht sich das jetzt auf die Jesuiten?
Fidel Castro: Nein, ich spreche noch nicht von den Jesuiten.
Frei Betto: Also von La Salle.
Fidel Castro: Ja, ich beziehe mich noch auf das Kolleg La Salle. Die Leute dort hatten nicht die Ausbildung der Jesuiten. Und davon abgesehen wandten sie manchmal eine sehr kritikwürdige Methode an. Einige Lehrer oder Direktoren des Kollegs hatten die Angewohnheit, wenn es sein mußte, die Schüler zu schlagen. Mein Konflikt dort entstand aus diesem Grund. Er war die Folge einer Auseinandersetzung mit einem anderen Schüler, eine kleine Auseinandersetzung, wie sie unter Schülern in diesem Alter normal ist. Ich bekam das zu spüren, was man heute als schlechte pädagogische Maßnahme bezeichnen würde, die Gewaltanwendung gegenüber einem Schüler. Das war das erste Mal, daß mich der Bruder-Inspektor, der für die Schüler verantwortlich war, sehr heftig schlug, er ohrfeigte mich sehr hart auf beide Seiten des Gesichts. Es war entwürdigend und übertrieben. Ich muß wohl in der dritten Klasse gewesen sein, und dieses Erlebnis setzte mir sehr zu. Später, als ich schon in der fünften Klasse war, gaben sie mir bei zwei verschiedenen Anlässen eine Kopfnuß. Bei der letzten Gelegenheit war ich nicht länger bereit, das einfach hinzunehmen, und die Sache endete in einer gewalttätigen persönlichen Auseinandersetzung zwischen dem Inspektor und mir. Danach entschied ich mich, nicht mehr in dieses Kolleg zurückzukehren.
Darüber hinaus hatte ich einige Male in dieser Institution Formen der Bevorzugung gewisser Schüler bemerkt. Mir war auch ihr Interesse für Geld aufgefallen. Ich sah sehr deutlich, daß einige Brüder großes Interesse für uns und unsere Familie zeigten, weil meine Familie große Ländereien besaß und als reich galt. Ich beobachtete dieses materielle Interesse, diese Gefälligkeit, die mit Geld zusammenhing. Ich habe das genau mitbekommen.
Die Brüder von La Salle waren nicht so diszipliniert wie die Jesuiten, sie waren weniger rigoros, ethisch weniger gefestigt als die Jesuiten. Das kann

ich als Kritik anbringen, ich kann aber auch durchaus die positiven Dinge anerkennen: der Kontakt des Schülers zum Land, die Organisation seines Lebens, ein guter Unterricht und eine Reihe anderer Dinge; dennoch, die Methoden, einen Schüler zu schlagen, sind schmählich und nicht zu akzeptieren. Es wurde auf Disziplin geachtet; ich bin nicht gegen die Disziplin, die sie von uns verlangten, sie mußten sich schließlich durchsetzen. Aber ab einem bestimmten Alter, ab der fünften Klasse, hat man schon ein Gespür für persönliche Würde, und da erscheint mir die Methode der Gewalt und der körperlichen Züchtigung einfach unbegreiflich.

Bei den Jesuiten in der Schule

Frei Betto: Kommen wir zu den Jesuiten. Wie wurde die Schule genannt?
Fidel Castro: Es war das Colegio Dolores in Santiago de Cuba, eine Schule von gutem Ruf und von höherem Rang.
Frei Betto: Ab wann gingen Sie dort ins Internat?
Fidel Castro: Nun, anfangs mußte ich eine Zeit der Prüfungen durchmachen, weil sie mich nicht ins Internat aufnahmen.
Frei Betto: Und wo wohnten Sie in der Zeit?
Fidel Castro: Sie schickten mich in das Haus eines Geschäftsmannes, eines Freundes meines Vaters. Dort machte ich wieder eine neue Erfahrung, den Schulwechsel. Es war eine Schule, die sehr viel strenger war, und vor allem stieß ich oft auf das Unverständnis der Erwachsenen, in deren Obhut ich mich befand. Es war eine der Familien, die aus Freundschaft jemanden in ihr Haus aufnahmen, der nicht zu ihren Verwandten gehörte. Tatsache war, daß sie nicht unbedingt ein Beispiel an Freigebigkeit waren, denn dahinter stand bei ihnen ein ökonomisches Interesse, und selbstverständlich war das Verhältnis zu uns unterschiedlich, denn wir waren nicht ihre Kinder, also konnten sie uns auch nicht wie ihre Kinder behandeln.
Ich bin davon überzeugt, daß es besser ist, intern in einer Schule zu bleiben, als einen in das Haus eines Freundes oder einer befreundeten Familie zu schicken; denn wenn es nicht sehr großzügige Menschen sind – so wie es dort eben nicht der Fall war –, dann empfiehlt sich das wirklich nicht. Die Gesellschaft, in der ich all das erlebte, war eine Gesellschaft mit vielen Schwierigkeiten und großen Opfern, die vom Volk verlangt wurden. Sie erzeugte einen enormen Egoismus – ich behaupte und glaube das auch, wenn ich so darüber nachdenke.
Die damalige Gesellschaft verwandelte die Menschen in egoistische, eigennützige Menschen, die in jeder Situation ihren Vorteil suchten. Und sie

zeichnete sich eben nicht dadurch aus, in den Menschen Gefühle von Güte und Freigebigkeit hervorzurufen.

Frei Betto: Und diese Gesellschaft hielt sich für christlich?

Fidel Castro: Es gibt viele Menschen auf dieser Welt, die sich für christlich halten und schreckliche Dinge tun. Pinochet, Reagan und Botha, um nur einige Beispiele zu nennen, halten sich doch auch für Christen.

Nun also, diese Familie, in der ich lebte, war christlich, erfüllte ihre religiösen Pflichten, ging regelmäßig zur Messe. Ob ich etwas speziell Negatives in dieser Familie hervorheben könnte? Nein, das könnte ich nicht. Von meiner Patentante kann ich ebenfalls nicht sagen, daß sie eine schlechte Person gewesen wäre, denn sie litt mit uns Hunger, und sie war auch nicht diejenige, die in der damaligen Zeit das Haus führte. Wer das Sagen hatte, war ihre Schwester, die auch den Lohn und die Pension einzog. Sie verwaltete das Haus. Sie war wirklich eine gute und liebenswürdige Person; und ich war ja schließlich auch nicht ihr Sohn, zu dem sie eine andere Art von Beziehung hätte haben können, ich war ja nur ein Fremder, der in diesem Haus wohnte.

Als ich in die fünfte Klasse kam, ging ich also in das Haus der Familie eines Kaufmanns. Ich kann nicht behaupten, daß diese Familie schlecht zu mir gewesen wäre, nein, das kann ich wirklich nicht sagen. Aber es war eben auch nicht unsere Familie; sie konnten mir nicht dieselbe Aufmerksamkeit zukommen lassen und hatten ganz bestimmte strenge, willkürliche Normen. So kümmerte es sie nicht, ob ich Probleme mit der anderen Schule hatte, wie ich schon sagte, oder ob ich an einer wesentlich strengeren Schule die Versetzung schaffte. Sie hatten überhaupt keinen Blick für die psychologischen Faktoren, die die Umgewöhnung von einer Schule zur anderen, der Wechsel der Lehrer mit sich brachten. Ebensowenig berücksichtigten sie die Tatsache, daß ich jetzt in einer Institution war, die viel mehr verlangte als die vorige, und sie wollten, daß ich immer die besten Noten hatte, das verlangten sie praktisch von mir. Wenn ich einmal nicht die besten Noten erzielte, dann erhielt ich nicht einmal das wöchentliche Taschengeld; das waren zehn Centavos, um ins Kino zu gehen, fünf, um am Wochenende nach dem Kino ein Eis kaufen zu können, und fünf an den Donnerstagen, um Sammelbilder zu kaufen. Daran kann ich mich noch gut erinnern, es ging um Sammelbilder, die aus Argentinien kamen in einer Wochenzeitschrift mit dem Namen «El Gorrión». Darin standen auch Fortsetzungsgeschichten, «De tal Palo, tal Astilla» war eine davon. Fünf Centavos! Ich gab 25 Centavos pro Woche aus, die ich normalerweise auch von ihnen hätte erhalten müssen. Aber wenn ich nicht die besten Noten mit nach Hause brachte, gaben sie mir nichts. Völlig willkürlich und ungerecht

war diese Maßnahme, denn sie berücksichtigten wirklich nicht die neuen Umstände und hatten nicht das mindeste psychologische Verständnis für einen Jungen von elf Jahren.
Und weshalb sie von mir so gute Noten verlangten? Stolz spielte dabei eine Rolle und auch Eitelkeit, andere Faktoren kamen noch hinzu. Es handelte sich jetzt um eine Schule einer bestimmten Kategorie. Wer seine Kinder intern oder extern auf diese Schule schickte, konnte sich etwas darauf einbilden, es war eine Art sozialer Stolz. Und wenn man – so wie ich – von klein auf niemanden hat, der einen etwas begleitet, ist man gezwungen, diese Dinge auszuhalten.
Nach den Weihnachtsferien begann ich in dieser Schule als Externer, und zwar nach einer sehr hartnäckigen Auseinandersetzung zu Hause. Ich mußte darauf drängen, daß sie mich wieder in die Schule zurückschickten. Ich kämpfte darum, lernen zu können, denn von der anderen Schule hatten sie meine Eltern darüber informiert, daß wir uns nicht gut betragen hätten, und diese willkürlichen Informationen beeinflußten die Entscheidung meiner Familie. Mein Entschluß stand fest: Ich akzeptierte es nicht, daß sie mich ohne Schulbildung lassen wollten. Ich wußte, wo das Problem lag, der Grund für den Konflikt, verursacht durch eine Geste des Machtmißbrauchs, einen Akt der Gewalt, der körperlichen Züchtigung eines Schülers. Ich glaube, ich hatte schon damals sehr klare Vorstellungen von diesen Dingen, entweder aus einer Art Instinkt heraus oder aufgrund gewisser Vorstellungen von Gerechtigkeit und Würde, die ich erworben hatte, vielleicht weil ich schon von klein auf Dinge erkannte, die ungerecht waren und deren Opfer ich wurde. Dabei entwickelte ich eine Reihe von Werten. Und weil mir diese Werte sehr präsent waren, mußte ich zu Hause durchsetzen, daß sie mich zur Schule schickten, vielleicht nicht so sehr aus Liebe zum Studium, sondern aufgrund ihrer Überzeugung, daß sie an mir eine Ungerechtigkeit begangen hatten. Schließlich schickten sie mich mit der Unterstützung meiner Mutter wieder in die Schule; zuerst konnte ich sie überzeugen, dann meinen Vater. Sie schickten mich wieder nach Santiago, meldeten mich aber als Externen an. Nach der Ankunft hatte ich dann mit all den Schwierigkeiten zu kämpfen, von denen ich eben schon sprach.
Schließlich kam der Sommer. Während des Sommers ließen sie mich in Santiago, weil meine ältere Schwester noch weiterlernte. Ich lernte eine Lehrerin kennen, die meiner Schwester Unterricht gab, eine schwarze Lehrerin aus Santiago de Cuba, die hervorragend ausgebildet war. Ihr Name war Danger. Sie war sehr begeistert, weil ich in dieser Ferienzeit nämlich nichts zu tun hatte, ging ich mit meiner Schwester, die sich auf die Aufnahmeprüfung für das Gymnasium vorbereitete, zum Unterricht. Die Leh-

rerin war ganz begeistert, daß ich ebenfalls auf alle Fragen in den Fächern antworten konnte, in denen sie meine Schwester unterrichtet hatte. Ich war zwar noch nicht alt genug, um in das Gymnasium aufgenommen werden zu können, aber die Lehrerin stellte einen Plan auf, nach dem ich gleichzeitig den Stoff für die Zulassung zum Gymnasium und den der ersten Klasse lernen sollte. Wenn ich dann das Alter erreicht hätte, sollte ich diese Prüfungen gleichzeitig ablegen. Von all den Menschen, die ich kannte, war sie die erste, die mich motivieren konnte, die mir ein Ziel vorgab und meinen Ehrgeiz weckte. Es gelang ihr von Anfang an, mich für das Lernen zu begeistern, und ich bin sicher, daß man in diesem Alter Menschen noch für ein bestimmtes Ziel begeistern kann. Wie alt ich da war? Ich war zehn, vielleicht elf Jahre alt.

Danach kam dann eine andere Phase. In den Ferien hatten wir mit dieser Lehrerin gelernt, aber gleich zu Beginn des neuen Schuljahres mußte ich ins Krankenhaus und wurde am Blinddarm operiert. Es war so üblich damals, alle Welt ließ sich am Blinddarm operieren. Dabei hatte ich nur geringe Schmerzen. Aber der Schnitt entzündete sich, und ich blieb drei Monate lang im Krankenhaus. Der Plan der Lehrerin war vergessen, und ich konnte die sechste Klasse der Hauptschule erst gegen Ende des ersten Trimesters beginnen.

Danach traf ich die Entscheidung, intern zu wohnen, ich war diese Umgebung einfach leid. Gegen Ende des ersten Trimesters sagte ich Bescheid, daß ich in das Internat gehen würde, oder besser, ich verlangte mit Beharrlichkeit, daß sie mich ins Internat gehen ließen. In diesen Dingen war ich inzwischen Fachmann. Ich entschied, eine Situation zu schaffen, in der sie keine andere Alternative hatten, als mich ins Internat zu schicken. Auf diese Weise hatte ich zwischen dem ersten und dem dritten Schuljahr drei Kämpfe zu bestehen und drei Probleme zu lösen.

Als Interner erzielte ich dann im sechsten Hauptschuljahr ausgezeichnete Noten, und im siebten Jahr war ich unter den besten Schülern der Klasse. Mir gefiel es dort sehr gut, ich nahm an den Sportveranstaltungen teil, an den Ausflügen auf das Land und in die Berge. Die Sportarten interessierten mich besonders: Ich spielte vor allem Basketball, Fußball und Baseball.

Frei Betto: Gab es dort auch Fußball?

Fidel Castro: Auch Fußball, und ich spielte gerne Fußball.

Frei Betto: Mochten Sie Fußball mehr als Volleyball?

Fidel Castro: Nun, ich mochte Fußball sehr, obwohl ich Basketball vorzog. Ich spielte auch Volleyball, praktizierte alle Sportarten. Ich habe immer sehr gern Sport getrieben. Das war für mich eine Erholung, in die ich all meine Energien investierte.

Ich ging auf eine Schule mit sehr strengen Lehrern, die viel besser ausgebildet waren und eine viel stärkere religiöse Berufung hatten. Ihre Anerkennung, Kapazität und Disziplin waren wesentlich größer als in der anderen Schule. Ich befand mich unter Leuten von ganz anderem Rang, unter Menschen und Lehrern, die ein Interesse daran hatten, den Charakter ihrer Schüler zu prägen. Außerdem waren die Lehrer Spanier. Ich denke, in diesen Dingen, über die wir sprechen, verbanden sich die Traditionen der Jesuiten, ihr Geist und ihre militärische Organisation mit dem spanischen Charakter. Es waren Menschen, die sich für die Schüler interessierten, für unseren Charakter und unser Benehmen, mit einem stark ausgeprägten Sinn für Strenge und Disziplin.
Auf diese Weise wurde mir eine bestimmte Ethik vermittelt, gewisse Normen, und zwar nicht nur religiöse. Ich wurde beeinflußt von ihrer menschlichen Art, der Autorität der Lehrer und dem Wert, den sie bestimmten Dingen beimaßen. Sie förderten den Sport, die Ausflüge, die Wanderungen, das Klettern in den Bergen – und all das übte einen enormen Reiz auf mich aus. Bei einer bestimmten Gelegenheit ließ ich die ganze Gruppe zwei Stunden lang auf mich warten, während ich einen Berg hinaufkletterte. Sie kritisierten mich nicht, solange die Verspätung die Folge einer großen Anstrengung war; sie betrachteten es als Prüfung des unternehmerischen und zähen Geistes. Wenn die Aktivitäten riskant und schwierig waren, hielten sie uns nicht zurück.
Frei Betto: Aber sie hatten keine Vorstellungen davon, daß sie einen Guerillero ausbildeten.
Fidel Castro: Nicht einmal ich selbst vermutete, daß ich mich darauf vorbereitete, später ein Guerillero zu werden. Aber wenn ich einem Berg gegenüberstand, dann schien mir das fast wie eine Herausforderung; die Idee, dort hinaufzusteigen, oben anzukommen, ergriff vollständig Besitz von mir. Wie sie uns anspornten? Ich glaube, in diesen Dingen legten sie mir niemals Hindernisse in den Weg. Es gab einmal eine Situation, als der Bus mit den anderen Schülern zwei Stunden lang wartete, weil ich nicht zurückkehrte. Ein anderes Mal brach plötzlich ein Unwetter über uns herein, die Flüsse füllten sich, und ich mußte sie schwimmend überqueren und brachte mich selbst dabei in Gefahr. Sie warteten auf mich und kritisierten mich deswegen nicht einmal. Wenn sie bei den Schülern Eigenschaften beobachteten, für die sie Sympathien hegten, wie Risikobereitschaft, keine Angst vor Anstrengungen, Opferbereitschaft, dann versuchten sie das zu fördern, sie machten aus den Schülern keine Feiglinge. Auch die Lehrer von La Salle hatten so gehandelt, aber die Jesuiten kümmerten sich noch viel mehr um die Veranlagungen ihrer Schüler.

Irgendwann begann dann mein Widerspruch gegen die politischen Ideen, die in der damaligen Zeit vorherrschend waren, und gegen die Art und Weise, wie sie Religion predigten.

Aus dem, was ich Ihnen erzählt habe, lassen sich einige Schlüsse ziehen, wie sich mein Charakter entwickelt hat, angesichts der Probleme und Schwierigkeiten, die ich zu überwinden hatte, angesichts der Prüfungen, der Konflikte, der Aufstände, ohne daß ich je einen Lehrmeister oder einen Leiter hatte, der mir dabei geholfen hätte. Eigentlich hatte ich niemals einen richtigen Lehrmeister. Wer am ehesten eine Art Erzieherin für mich gewesen ist, das war mit Sicherheit diese schwarze Lehrerin in Santiago de Cuba, die Privatunterricht gab und die Schüler auf die Aufnahmeprüfungen für das Gymnasium vorbereitete. Sie war es, die mir ein Ziel steckte und meine Begeisterung weckte, obwohl sie dann enttäuscht darüber war, daß ich zu Beginn des Kurses krank wurde und drei Monate lang im Krankenhaus bleiben mußte. Dadurch verpaßte ich eine lange Zeit des Unterrichts im sechsten Hauptschuljahr. Dann entschied ich mich, als Interner weiterhin zur Schule zu gehen. Auch das war eine Entscheidung, die ich selbständig getroffen hatte.

Wie Sie sehen, waren diese Rückschläge in meinem Leben nicht günstig für die Bemühungen um einen starken religiösen Einfluß auf mich, dennoch hatten sie einen großen Einfluß auf meine politische und revolutionäre Berufung.

Religiöse Erziehung

Frei Betto: Ich verstehe. Wie sind Ihre Erinnerungen bezüglich der religiösen Aktivitäten der Jesuiten? Machten diese Aktivitäten auf Sie einen eher positiven oder negativen Eindruck, waren sie mehr dem Leben oder dem Himmel, der Rettung der Seele zugewandt? Wie war das damals?

Fidel Castro: Ich kann das jetzt sehr viel besser einschätzen. Ich habe auch das Gymnasium in einem Kolleg der Jesuiten absolviert, und wenn ich das jetzt rückblickend analysiere und sehe, welche Dinge mich auf eine nicht sehr positive Weise beeinflußt haben, dann erkenne ich den dogmatischen Charakter der religiösen Unterweisung: Das ist so, weil es eben so sein muß, wir müssen glauben, selbst wenn wir es nicht verstehen; wenn wir nicht glauben, auch ohne zu verstehen, ist das ein Vergehen, eine Sünde, eine Handlung, die bestraft werden muß. Oder die Ausblendung von Reflexion: auf die Weiterentwicklung der Reflexion und des Gefühls wurde kein Wert gelegt.

Mir scheint, daß der religiöse Glaube ebenso wie der politische Glaube als

Fundament die Fähigkeit zur Reflexion braucht, denn die Entwicklung des Denkens und die Entwicklung des Fühlens lassen sich nicht voneinander trennen.
Frei Betto: Ohne jetzt einen hundertjährigen Streit zwischen Jesuiten und Dominikanern vertiefen zu wollen, zeichnen wir Dominikaner uns dadurch aus, daß wir dem Verständnis des Glaubens mehr Bedeutung beimessen und die Jesuiten der Verfügung über den Willen.
Fidel Castro: Ich gebe zu, daß einige Personen durchaus eine spezielle Veranlagung haben können, eine mystische Seele, eine starke religiöse Berufung, eine größere Neigung zum Glauben als andere. Ich war offen für die Reflexion und, so glaube ich, auch für die Vervollkommnung meines Gefühls. Dennoch war es nicht möglich, in mir einen soliden Glauben zu wecken, solange sie so dogmatisch vorgingen in ihrer Art, Dinge zu erklären: Man sollte an das und das glauben, weil man eben daran glauben mußte; nicht zu glauben beruhte auf einem großen Fehler, einer großen Sünde, die einer schrecklichen Bestrafung würdig war.
Wenn man wirklich Dinge akzeptieren muß, weil sie, wie gesagt wird, eben so sind, ohne darüber diskutieren oder reflektieren zu können, wenn außerdem das Hauptargument, das sie anführen, in dem Versprechen einer Belohnung oder der Androhung einer Strafe besteht und dabei die Strafe eine größere Rolle spielt als die Belohnung, dann ist es einfach unmöglich, bei bestimmten Personen ein Nachdenken oder ein Gefühl für den Glauben zu entwickeln, das als Basis für eine ernsthafte religiöse Überzeugung dienen könnte. Das denke ich bei einer rückblickenden Betrachtung.
Frei Betto: Was war die Strafe, und worin bestand der Lohn?
Fidel Castro: Nun, der Lohn war sehr abstrakt. Für ein Kind waren die abstrakten Belohnungen sehr viel schwieriger zu verstehen als die Strafen. Sie beruhten auf Kontemplation und bestanden in einem Stadium von Glückseligkeit, das man sich für die ganze Ewigkeit vorstellen sollte. Die Strafe war wesentlich einfacher zu erklären. Ein Junge war eher bereit dazu, diese Strafen nachvollziehen zu können: die Hölle, den Schmerz, das Leiden, das Fegefeuer und all diese Dinge. Außerdem verlieh man diesen Strafandrohungen viel mehr Nachdruck. Ich glaube einfach, daß dies eine negative Form und eine falsche Methode ist, um in einem Menschen irgendeine Art von tiefer Überzeugung zu entwickeln. Als ich später eine eigene Überzeugung und auch einen Glauben auf dem Gebiet der Politik entwickeln mußte und mich ganz streng an bestimmte Werte hielt, habe ich niemals gedacht, ich könnte mich dabei auf etwas stützen, das niemand verstehen kann oder das von Angst oder Lohn inspiriert ist.
Ich glaube sogar, daß der religiöse Glaube der Menschen sich auf versteh-

bare Gründe stützen müßte und auf den inneren Wert dessen, wovon man überzeugt ist.
Frei Betto: Ohne die Abhängigkeit von Belohnung oder Bestrafung?
Fidel Castro: Ohne Belohnung und ohne Bestrafung. Denn aus meiner Sicht ist es nicht gerade großmütig und hat auch nichts mit Würde zu tun, verdient weder Lob noch Bewunderung oder Wertschätzung, wenn etwas nur aus Angst vor Bestrafung oder auf der Suche nach einer Belohnung gemacht wird. Das ist dasselbe wie in unserem revolutionären Leben, wo wir Menschen für sehr schwierige Aufgaben und sehr harte Prüfungen benennen mußten, Menschen, die in der Lage waren, dies alles zu ertragen mit einer enormen Uneigennützigkeit und Selbstlosigkeit. Das Bewundernswerte daran war, daß sie nicht motiviert waren durch die Vorstellung von einer Belohnung oder einer Bestrafung. Die Kirche durchlebte diese Prüfungen viele Jahrhunderte hindurch, sie lebte das Martyrium und wußte es zu meistern. Aus meiner Sicht kann man das nur mit einer tiefen Überzeugung erklären.
Frei Betto: Die das genaue Gegenteil von Angst ist.
Fidel Castro: Ich glaube, es ist die Überzeugung, die Märtyrer hervorbringt. Ich denke nicht, daß jemand zum Märtyrer wird, nur weil er einen Lohn erwartet oder eine Strafe fürchtet. Ich glaube auch nicht, daß sich irgend jemand nur aus diesem Grund heroisch verhält.
Frei Betto: Ich sage immer, das Gegenteil von Angst ist nicht der Mut, sondern der Glaube.
Fidel Castro: Ich denke, alle Märtyrer der Kirche waren ganz sicher nur Märtyrer aufgrund eines starken Gefühls der Treue, aufgrund von etwas, an das sie ganz fest glaubten.
Die Vorstellung von einem anderen Leben, in dem ihre Haltung belohnt werden würde, mag ihnen dabei geholfen haben, aber ich glaube nicht, daß das ihre Hauptmotivation gewesen ist. Wer eine bestimmte Sache nur aus Angst tut, fürchtet im allgemeinen sowohl das Feuer wie auch Martyrium und Folter, er wagt es nicht, sie herauszufordern.
Die Menschen, die sich nur darum kümmern, zu materiellen Reichtümern zu kommen, Vergnügen und Belohnungen im Sinn haben, die sorgen sich darum, ihr Leben zu bewahren, und denken nicht daran, es zu opfern. Ich glaube, daß die Märtyrer, die die Kirche im Verlauf ihrer Geschichte hatte, motiviert waren von einer Sache, die sie mehr begeistert hat als die Angst oder die Strafe. Das zu verstehen ist für jeden von uns sehr viel einfacher. Ja, sicher fordern wir Opfer von den Menschen und bei bestimmten Gelegenheiten das Martyrium, das Heldentum, die Hingabe des Lebens. Ich erkenne, daß es ein großer Verdienst für einen Menschen ist, wenn er sein

Leben für eine revolutionäre Idee hingibt und kämpft, selbst wenn er weiß, daß er dabei sterben kann; und selbst wenn er glaubt, daß es nach dem Tod kein Leben gibt, schätzt er dieses Ideal, diesen moralischen Wert so hoch ein, daß er ihn verteidigt auf Kosten von allem, was ihm lieb ist – einschließlich seines Lebens –, ohne dafür eine Belohnung oder eine Strafe zu erwarten.
Zusammenfassend würde ich sagen, diese Aspekte waren äußerst schwach in der religiösen Erziehung, die sie uns vermittelten. Und ich glaube nicht, daß die Jesuiten viele Heilige unter uns hervorbrachten.
In diesem Kolleg gab es nicht viele Interne, es waren nur dreißig von insgesamt 200 Schülern. Als ich zum Hauptkolleg der Jesuiten überwechselte, beherbergte das tausend Schüler, davon 200 Interne. Von denen sind sicher nicht viele Priester geworden. Ich wäre überrascht, wenn ich wüßte, daß von diesen tausend mehr als zehn Priester geworden sind!

Das Schulsystem

Frei Betto: Wurden damals die sozialen Klassen oder Rassen diskriminiert?
Fidel Castro: Natürlich, darüber gibt es keinen Zweifel. Für diese Institutionen mußte man bezahlen. Ich kann zwar nicht behaupten, daß es bei den Jesuiten oder den Brüdern von La Salle einen berechnenden Geschäftssinn gegeben hätte. Wenngleich ich auch bei letzteren ein Interesse für das soziale Prestige des Geldes bemerkt habe. Dennoch war der Preis für die Schule nicht überhöht. Soweit ich mich erinnere, kostete die interne Unterbringung bei den Jesuiten von Santiago de Cuba dreißig Pesos. In der damaligen Zeit entsprach der Wert des Peso ungefähr dem des Dollar. Ich spreche von 1937, als ich zehneinhalb oder elf Jahre alt war.
Frei Betto: Dreißig Pesos pro Monat.
Fidel Castro: Das, was dem Wert von dreißig Dollar pro Monat entspricht. Einschließlich Verpflegung – die nicht einmal schlecht war –, Unterkunft und Ausflügen. Außerdem boten sie medizinische Versorgung. In Eigeninitiative konnten sich die Schüler einer medizinischen Kooperative anschließen. Wie nannte man sie noch?
Frei Betto: Versicherte.
Fidel Castro: Genau, Versicherte. Wir gehörten zu diesem Verein. War das Problem schwerwiegender, überwiesen sie uns in ein Krankenhaus. Wasser war ebenfalls schon im Preis enthalten. Natürlich mußte die Wäscherei bezahlt werden, ebenso die Lehrbücher. Die Unterrichtsstunden, die Verpflegung, die sportlichen Aktivitäten, alles das für dreißig Pesos, das war nicht

teuer. Dreißig Pesos sind nicht viel, wenn man bedenkt, daß Angestellte gebraucht werden zum Kochen, zum Fahren des Schulbusses und für den Unterhalt der Schule.

Das wurde dadurch erleichtert, daß die Patres keine Löhne erhielten, es war nicht nötig, sie auszubezahlen. Es reichte, sie zu verpflegen. Sie führten ein sehr strenges Leben. Es gab Lehrer, Laien, die natürlich einen Lohn erhielten, der allerdings auch nicht sehr hoch war, und die Verwaltung arbeitete sehr streng. Und schließlich hatten die Jesuiten überhaupt keinen Geschäftssinn. Den gab es schon nicht im Kolleg La Salle, aber bei den Jesuiten noch weniger. Sie waren anspruchslos, pedantisch, aufopfernd, Arbeitstiere. Sie schreckten vor keiner Anstrengung zurück und verringerten damit die Kosten. Hätten sie auf der Auszahlung ihrer Löhne bestanden, dann hätten wir dort sicher nicht für dreißig Pesos leben können, wir hätten das Doppelte oder Dreifache bezahlen müssen, obgleich damals die Kaufkraft des Geldes sehr viel höher war. Wenn alle Patres auf Vergütung bestanden hätten, dann wäre die Schule nicht so billig gewesen. Aber selbst diese dreißig Pesos waren nur erschwinglich für einige wenige Familien. Die externen Schüler bezahlten bloß acht oder zehn Pesos. Und wir erhielten für nur zwanzig Pesos mehr alles, was wir brauchten: Wir wohnten in der Schule, wurden verpflegt, hatten Bettwäsche, Wasser, elektrischen Strom. Zweifellos hatten wir das alles dank der Opferbereitschaft und Anspruchslosigkeit dieser Männer, und dennoch war es nur für wenige erschwinglich.

Frei Betto: Gab es unter Ihren Schulkameraden Schwarze?

Fidel Castro: Ich werde das erklären. Diese Institution war eine Privatschule, ein Privileg für wenige Familien der ländlichen Region, aus der ich kam, oder der kleinen Städte im Innern der Provinzen, die in der Lage waren, das zu bezahlen. Aus Santiago de Cuba kamen 200 Externe und 30 Interne. Nicht viele Familien konnten es sich leisten, die Schule zu bezahlen, denn es kamen noch die Kosten für die Fahrten und die Kleidung der Kinder dazu. Das bedeutete für eine Familie mindestens 40 Pesos monatlich, denn die Kinder brauchten auch noch etwas Geld, um ab und zu ein Eis oder ein Bonbon kaufen zu können. Der Unterhalt eines Kindes konnte so bis zu 50 Dollar kosten, und es gab nur wenige Familien, die in der Lage waren, das zu tragen.

Diese Institution war als Privatschule das Privileg einer kleinen Minderheit, und diejenigen, die dort als Interne zur Schule gingen, waren Kinder von Großgrundbesitzern, Geschäftsleuten, von Leuten mit Geld. Der Sohn eines Arbeiters oder eines Freiberuflichen konnte dort nicht zur Schule gehen. Vielleicht als Externer, wenn er der Sohn eines Freiberufli-

chen direkt aus Santiago war, aber nicht einmal ein Lehrer hatte genug, um seinen Sohn auf diese Schule schicken zu können, er verdiente nur 75 Dollar. Viele Ärzte und Rechtsanwälte waren nicht in der Lage, ihre Kinder auf diese Schule zu geben, es sei denn, es handelte sich um einen berühmten Anwalt oder einen Arzt von gutem Ruf, der sehr bekannt war! Nur eine Familie, die im Besitz einer finca oder einer Fabrik war, einer Kaffeefabrik oder einer Schuhindustrie, einer Brauerei oder eines Geschäfts von gewisser Bedeutung, war imstande, ihre Kinder auf eine dieser Schulen zu schicken.
Ich kann mich an die Herkunft fast aller meiner Kameraden erinnern, an die Internen und an die Externen. Es ist klar, daß eine reiche Familie, die in Santiago wohnte, keinen Grund hatte, ihren Sohn intern wohnen zu lassen. Er war halbintern, kehrte jeden Tag in sein Haus zurück; ein Bus holte ihn morgens ab und brachte ihn nachmittags wieder heim. Eine sehr bescheidene Familie konnte ihn als Externen in die Schule geben, denn acht oder zehn Dollar konnte sogar ein Freiberuflicher aufbringen, der nicht besonders bekannt war. Aber intern, das konnte sich wirklich nur ein Arzt von einigem Ansehen, ein bekannter Rechtsanwalt oder eine wohlhabende Familie leisten.
Die Schulen waren sehr privilegiert, es waren Schulen für eine bestimmte Klasse. Und selbst in unserer Klasse gab es noch zwei unterschiedliche Kategorien: die Kinder der Geschäftsleute, Industriellen und Freiberuflichen, die in Santiago selbst lebten, und die Kinder derjenigen, die in Vista Alegre wohnten, einem sehr reichen Viertel. Es gab die Kategorien der mittleren Bourgeoisie und der sehr reichen Bourgeoisie. In der letzteren Klasse verspürte man einen gewissen aristokratischen Geist, verschieden von den anderen, ihnen überlegen. So gab es also auch in dieser Schule für Privilegierte noch zwei Gruppen, nicht einmal so sehr aufgrund des Reichtums, wenn auch der Reichtum die Grundlage war, sondern aufgrund des sozialen Status, aufgrund der Häuser, in denen sie wohnten, aufgrund der Traditionen.
Vielleicht hätte meine Familie die finanziellen Mittel für diese letzte Kategorie gehabt, aber glücklicherweise fand ich mich dort nicht. Weshalb? Weil meine Familie auf dem Land wohnte. Wir lebten dort unter dem Volk, mit den Arbeitern, alle waren sehr einfach. Ich hatte ja schon erzählt, daß wir sogar mit den Tieren lebten, in der Zeit, als die Tiere unter dem Haus standen: die Kühe, Schweine, Hühner usw.
Ich war kein Enkel eines Großgrundbesitzers, auch kein Urenkel, denn normalerweise hielt der Urenkel eines Großgrundbesitzers die oligarchische Kultur der aristokratischen oder reichen Klasse aufrecht, auch wenn

er selbst kein Glück gehabt hatte. Aber weil meine Mutter eine sehr arme Bäuerin gewesen war, ebenso arm wie mein Vater, beide dann zu einigem Wohlstand kamen, einen gewissen Reichtum ansammelten, so atmete man in meiner Familie dennoch nicht die Kultur der Reichen, der Großgrundbesitzer: Wir waren Menschen, die Tag für Tag hart arbeiteten, die weder ein gesellschaftliches Leben führten noch bloß mit Leuten aus derselben gesellschaftlichen Schicht Bekanntschaft schlossen.
Ich stelle mir vor, wenn ich Enkel oder Urenkel eines Großgrundbesitzers gewesen wäre, hätte ich die Schande gehabt, die Klassenkultur erhalten zu müssen, den Klassengeist und das Klassenbewußtsein, und ich hätte nicht das Privileg gehabt, der bürgerlichen Ideologie zu entkommen. Ich kann mich daran erinnern, daß es in unserer Schule eine Gruppe mit diesem bourgeoisen und aristokratischen Geist gab, die anderen waren gemäßigtere Reiche und wurden folglich von den ersteren mit Verachtung betrachtet. Ich sah die Rivalität, die es unter den Schulkameraden gab, und ich versuchte auszugleichen.
Selbst unter den Reichen gibt es gewisse Kategorien, die Gegensätze hervorrufen, das hatte ich sehr deutlich bemerkt. Um auf dieser Schule sein zu können, mußte man schon aus einer relativ reichen Klasse kommen, in der man den Geist der bürgerlichen Klasse, der Privilegierten atmete. Das war keine Schule für Arbeiter, Proletarier oder arme Bauern, nicht einmal für die Söhne von Freiberuflichen, mit Ausnahme derer, die großes Ansehen genossen.
Am Kolleg La Salle gab es – das muß ich hier sagen – einige schwarze Schüler. In dieser Hinsicht war die Schule demokratischer. Im Kolleg Dolores waren wir alle weiß – das war die Voraussetzung. Das befremdete mich, und mehr als einmal, sowohl in Santiago wie auch im Kolleg in Havanna, in das ich später ging, forschte ich nach, warum es dort keine schwarzen Schüler gab. Ich habe noch in Erinnerung, daß die einzige Erklärung, die einzige Antwort, die sie mir gaben, war: «Nun, weil es nur wenige sind, würde sich ein schwarzer Junge hier unter so vielen Weißen nicht wohl fühlen.» Um also zu verhindern, daß sie sich schlecht fühlten, war es eben nicht angebracht, einen oder zwei schwarze Jungen unter zwanzig, dreißig, hundert Weißen zu haben. Das war ihre Argumentation; sie erklärten mir, das sei der Grund, ich fragte mehr als einmal und erhielt immer diese Antwort. Ich nahm das nicht so wichtig. Wie hätte mir das auch wichtig sein können, ich war doch erst in der sechsten Hauptschulklasse und kam selbst nicht aus einer Arbeiterfamilie oder einer Familie, die das Rassenproblem erklären würde. Ich wußte nicht, daß es existierte, und setzte mich auch nicht mit der Rassendiskriminierung auseinander.

Und ich hatte nur aus purer Neugier gefragt, weshalb es keine Schwarzen gab. Sie gaben mir eine Erklärung, und ich war mehr oder weniger damit zufrieden.
Ich kann mich nicht daran erinnern, in den Jahren, die ich an dieser Schule verbracht habe, einen einzigen schwarzen Schüler gesehen zu haben. Vielleicht haben sie nicht einmal einen Mulatten akzeptiert. Natürlich unterzogen sie die Schüler, die in der Schule ankamen, nicht einer Blutuntersuchung, so wie es in der SS von Adolf Hitler geschehen war, aber wenn jemand nicht ganz offensichtlich weiß war, wurde er nicht an der Schule aufgenommen. Ich weiß nicht, wie viele solche Fälle es gab. Ich hatte einfach nicht die Möglichkeit mitzubekommen, ob sie einem Schüler die Aufnahme verweigerten, nur weil er nicht weiß war.
Nun, das ist aber schon ein anderes Problem. Das gehört in den politisch-sozialen Bereich. Zusammenfassend waren es jedenfalls alles Schulen für Privilegierte. Und ohne Bitterkeit spreche ich heute davon, was es an Positivem und an Negativem gab; ich persönlich hege ein Gefühl der Dankbarkeit gegenüber jenen Lehrern und gegenüber jenen Institutionen, denn sie haben wenigstens einige positive Veranlagungen bei mir nicht verlorengehen lassen, sondern sie wurden in diesen Schulen gefördert. Ich glaube, sie haben auch bestimmte persönliche Faktoren stark beeinflußt, den Charakter und persönliche Verhältnisse. Ich glaube, der Mensch ist auch ein Kind des Kampfes, der Schwierigkeiten und der Probleme, die das schleifen, was der Mensch an Material und Geist mitbringt, so wie eine Drehbank ein Stück Eisen schleift.

Das Gymnasium

Frei Betto: Bitte, erzählen Sie ein wenig von den Exerzitien, von...
Fidel Castro: Nun, die Exerzitien gehören zu einer späteren Phase. Von dieser Schule wurde ich an die Schule der Jesuiten in Havanna versetzt. Dort hatte ich zwar keine Konflikte gehabt, ich hatte vollen Erfolg beim Lernen und im Sport; ich hatte keinerlei Schwierigkeiten, weder in der sechsten noch in der siebten Klasse der Hauptschule noch in der ersten oder zweiten Klasse des Gymnasiums. Ich blieb dort bis zum Ende des Gymnasiums. Sehr bewußt entschied ich mich, neue Horizonte zu suchen. Mag sein, daß der Ruf der Schule in Havanna mich beeinflußt hatte, die Photoalben und die Bücher über diese Schule, die Gebäude... Vielleicht motivierte mich das alles dazu, die Schule zu wechseln. Ich entschied mich dafür, sprach zu Hause darüber, und sie akzeptierten meine Versetzung.
Frei Betto: Nach Havanna?

Fidel Castro: Nach Havanna.
Frei Betto: Wie war der Name der Schule?
Fidel Castro: Das Kolleg Belén (Bethlehem) der Jesuiten in Havanna war die beste Schule der Jesuiten im ganzen Land, und möglicherweise war es die beste Schule des ganzen Landes überhaupt, was die Infrastruktur und die Einrichtungen angeht. Es war eine große Anlage, ein Zentrum von großem Ansehen, wo nur die Auslese der kubanischen Aristokratie und Bourgeoisie studierte.
Frei Betto: Gibt es diese Schule noch?
Fidel Castro: Ja, nach dem Sieg der Revolution wurde die Schule in ein technisches Institut umgewandelt. Heute ist es eine Hochschule für Militärtechnik, das Militärtechnische Institut. Es wurde erweitert und ist ein riesiges Gebäude. Eine Zeitlang diente es als technische Schule. Als wir dann vor der Notwendigkeit standen, die Streitkräfte auszubauen, entschieden wir, den Ort für die Militärtechnische Hochschule zu nutzen. Zu meiner Zeit gab es dort ungefähr tausend Schüler, Interne und Halbinterne. Es war etwas teurer, rund fünfzig Dollar monatlich. Es gab mehr Beamte, die Laien waren, wesentlich mehr Platz, die Qualität der Verpflegung war sehr viel besser, und die Sportanlagen waren hervorragend. Trotzdem war das aus meiner Sicht für fünfzig Dollar alles sehr billig. Ich sage extra Dollar, weil in Lateinamerika bei der hohen Inflation im Augenblick niemand weiß, was ein Peso ist. Nochmals, die Opferbereitschaft und die Anspruchslosigkeit der Jesuiten machten diese relativ geringen Kosten möglich.
Frei Betto: Fünfzig Dollar pro Monat.
Fidel Castro: Ja, pro Monat. Der Opfergeist, die Anspruchslosigkeit der Jesuiten, das Leben, das sie führten, ihre Arbeit und ihre Anstrengungen machten eine Schule dieser Kategorie zu einem solchen Preis möglich. Eine vergleichbare Schule würde heute in den Vereinigten Staaten mehr als 500 Dollar monatlich kosten. Es gab verschiedene Basketballplätze, Baseballfelder, Rennbahnen und Volleyballfelder; es gab sogar ein Schwimmbad. In der Tat war es eine große Schule. Ich war schon etwas älter und ging in die dritte Klasse des Gymnasiums.
Ich hatte noch nie die Hauptstadt der Republik besucht. In den Ferien war ich in Birán gewesen, sie hatten mir Geld gegeben, um Kleidung und andere Sachen zu kaufen. Ich mußte auch die Einschreibgebühren bezahlen, die Bücher und die anderen Kosten decken. Ich packte den Koffer und kam zum ersten Mal nach Havanna.
Frei Betto: Wie alt waren Sie damals?
Fidel Castro: Ich war gerade sechzehn geworden. Ich bin im August ge-

boren, also war ich im September schon sechzehn Jahre alt.
Frei Betto: Hier beginnt der Unterricht im September?
Fidel Castro: Ja, im September. Ich hatte am 13. August Geburtstag. Damit kam ich im Basketballteam und in anderen Sportarten in die Gruppe der Sechzehnjährigen. Ich betrieb jetzt aktiv verschiedene Sportarten, und es gelang mir, mich hervorzutun in Basketball, Fußball, Baseball, Leichtathletik, in fast allen Sportarten. Ich fand ein breites Spektrum an Aktivitäten vor, wobei mir die Sportmöglichkeiten und die Ausflüge die wichtigsten waren. Ich blieb bei meiner alten Vorliebe für die Berge, fürs Zelten und für all diese Dinge, die ich aus eigener Initiative fortsetzte. Es gab dort eine Gruppe von Pfadfindern; anscheinend bemerkten die Lehrer bei den ersten Ausflügen, die wir machten, daß ich mich ganz gut eignete dafür, und sie förderten mich, machten mich zum Leiter der Pfadfinder dieser Schule, zum «Pfadfindergeneral», wie das offiziell hieß.
Frei Betto: Was bedeutete «Pfadfinder»?
Fidel Castro: Das war eine ähnliche Gruppe wie die «boy scouts», sie hatten ihre Uniform, trainierten das Leben im Freien, zelteten ein oder zwei Tage, hielten Wache, all diese Dinge, zu denen ich auf eigene Initiative noch andere hinzufügte, wie Bergsteigen und ähnliche Abenteuer. Als ich in dieser Schule war, kletterte ich auf den höchsten Berg von Occidente. Wir hatten drei Ferientage hintereinander, und ich organisierte einen Ausflug in die Provinz Pinar del Río mit drei anderen Schulkameraden. Statt drei Tage dauerte die Expedition fünf Tage, denn der Berg lag im Norden, und es gelang mir nicht, ihn exakt zu lokalisieren. So mußten wir ihn erst suchen. Wir reisten mit der Eisenbahn in Richtung Süden, und der Berg lag im Norden. Wir begannen mit der Suche bei Nacht und wanderten drei Tage lang, bis wir den Gipfel von Guajaibón ausmachten. Er war sehr schwer zu erklimmen, aber wir gingen trotzdem hinauf. So kam es, daß wir zwei Tage später wieder zurückkehrten, als die Unterrichtsstunden längst wieder begonnen hatten. Sie hatten sich Sorgen gemacht, weil sie nicht wußten, ob uns irgend etwas passiert war oder ob wir uns verirrt hatten.
Während dieser Schulzeit entwickelte ich einen intensiven Aktivitätsdrang, vor allem im Bereich des Sports, der Ausflüge und des Bergsteigens. Es war mir nicht bewußt, daß ich mich damit auf den revolutionären Kampf vorbereitete – es war unmöglich, sich das zu dem damaligen Zeitpunkt vorzustellen. Darüber hinaus war ich nur am Lernen. Das war Ehrensache. Nicht daß ich ein Musterschüler gewesen wäre, ich war kein Superschüler, gerade weil mein größeres Interesse dem Sport und ähnlichen Aktivitäten galt. Allerdings kam ich pünktlich zum Unterricht, war diszipliniert, mehr oder weniger aufmerksam. Ich besaß immer sehr viel

Phantasie. Bei bestimmten Gelegenheiten gingen einfach meine Gedanken mit mir durch und durchquerten die ganze Welt, statt in der Klasse zu bleiben. Bei solchen Gelegenheiten hatte ich nicht die geringste Ahnung davon, was der Lehrer in den 45 Minuten gesagt hatte. Aber ich glaube, auch die Lehrer waren zum Teil dafür verantwortlich.
Es geschah folgendes: Weil ich Athlet war und eigentlich auch recht erfolgreich, verlangten sie während der Wettkampfzeiten nicht besonders viel von mir in der Schule. Danach natürlich schon, wenn die Ruhmestaten der Meisterschaft, die Medaillen und die Wettkämpfe vorbei waren. Schulen wie die unsere hatten ihre Konkurrenten und Rivalen, das war ein Teil der Geschichte, des Ruhmes und des Namens der Schule.
Diese Rücksicht auf mich galt nur für den Bereich des Lernens, denn im allgemeinen waren sie schon sehr anspruchsvoll, was den Fortschritt der Schüler anging. Es gab einige sehr gut ausgebildete Patres, Wissenschaftler, die etwas verstanden von Physik, Chemie, Mathematik und Literatur, wenn sie politisch gesehen auch eine schlechte Richtung verfolgten. Die Zeit, von der ich gerade spreche, liegt zwischen 1942 und 1945. Ich beendete die Zeit auf dem Gymnasium 1945, als der Zweite Weltkrieg gerade zu Ende ging. Wenige Jahre zuvor war der Spanische Bürgerkrieg zu Ende gegangen, und alle Priester an der Schule, einschließlich derjenigen, die noch nicht geweiht waren, aber auch schon unterrichteten, waren politisch betrachtet Nationalisten. Deutlicher gesprochen, sie alle waren ohne Ausnahme Franco-Anhänger. Die meisten waren spanischen Ursprungs, es gab nur wenige Kubaner unter ihnen. Nachdem der Spanische Bürgerkrieg beendet war, wurde viel von den Schrecken dieses Krieges gesprochen: von hingerichteten Nationalisten und von Ordensleuten, die standrechtlich erschossen worden waren. Man sprach allerdings fast gar nicht von den Republikanern und den Kommunisten, die dabei erschossen worden waren, denn alles deutete doch darauf hin, daß der Spanische Bürgerkrieg sehr blutig gewesen war und es Grausamkeiten auf beiden Seiten gegeben hatte.
Frei Betto: War dies das erste Mal, daß Sie vom Kommunismus hörten?
Fidel Castro: Nun, ich hatte schon vor einiger Zeit vom Kommunismus gehört als einer ganz entsetzlichen Sache. In diesem Sinn erwähnten sie den Kommunismus jedenfalls immer. Ich kann Ihnen das so sagen, und ich denke, daß wir zu einem anderen Zeitpunkt mehr unter politischen Gesichtspunkten darüber reden werden. Aber ich versichere Ihnen, daß die Jesuiten allesamt Rechte waren. Zweifelsohne gab es unter ihnen edle Menschen mit einem sehr solidarischen Empfinden für andere, das ist ganz sicher unbestreitbar. Aber ihre Ideologie war rechtsgerichtet, fran-

quistisch, reaktionär. Es gab nicht eine einzige Ausnahme, das versichere ich Ihnen. Es hat also keinen Sinn zu sagen, daß es in jener Zeit in Kuba vielleicht einen linken Jesuiten gab. Heute weiß ich, daß es viele Linke gibt, und ich glaube, daß es in der Geschichte mehr als einmal Jesuiten der Linken gegeben hat. Doch dort, wo ich zur Schule gegangen bin, gab es gegen Ende des Spanischen Bürgerkrieges keinen einzigen Jesuiten auf seiten der Linken. Unter diesem Gesichtspunkt war es die schlechteste aller Zeiten. Wie ich Ihnen schon sagte, widmete ich mich ganz dem Sport und kümmerte mich nicht viel darum, aber ich beobachtete. Und ich versuchte, die Studien voranzutreiben. Obwohl ich wirklich nicht ein Musterschüler war, verspürte ich die moralische Pflicht, die Prüfungen zu bestehen, das war für mich Ehrensache, und im allgemeinen waren meine Noten gut, auch wenn ich im Unterricht nicht besonders aufmerksam war und die schlechte Angewohnheit hatte, nur in Prüfungszeiten zu lernen. Heute kritisieren wir das sehr in unserem Land und haben eigentlich Recht damit.
Ich war für einige Dinge in der Schule verantwortlich, denn sie beauftragten die Schüler mit bestimmten Aufgaben: Einer übernahm diese Klasse oder jenes Studierzimmer; ein anderer machte das Licht aus, schloß die Fenster und die Türen. Ich war verantwortlich für den Hauptstudiersaal, wo wir die Zeit nach dem Essen und vor dem Schlafengehen verbrachten. Wenn die Prüfungszeit nahte, blieb ich, da ich den Saal sowieso als Letzter verlassen mußte, noch zwei, drei, vier Stunden im Saal und ging den Stoff immer wieder durch. Wenn das auch nicht völlig korrekt war, so ließen sie es doch durchgehen, vielleicht, weil das niemandem schadete. In der Prüfungszeit lernte ich den ganzen Tag: vor und nach dem Essen und in der Freizeit. Alles, was ich in Mathematik, Physik, Chemie und Biologie nicht gelernt hatte, studierte ich aus den Büchern. In allen diesen Fächern war ich Autodidakt. Und auf gewisse Weise hatte ich die Fähigkeit, sie zu verstehen — scheinbar entwickelte ich eine gewisse Geschicklichkeit darin, die Geheimnisse der Physik, der Geometrie, der Mathematik, der Botanik und der Chemie allein aus den Lehrbüchern zu entschlüsseln. Und in den Prüfungen gelang es mir, hervorragende Noten zu erzielen, oft lag ich über dem Notendurchschnitt. Es kamen extra Lehrer aus den offiziellen Bildungseinrichtungen, um uns die Prüfungen abzunehmen, und ihre Bewertungen waren für die Schule sehr wichtig.
Frei Betto: Wer waren sie?
Fidel Castro: Es gab offizielle Bildungseinrichtungen für die Oberstufe, und nach den Gesetzen des Landes waren die Privatschulen, die ohne Zweifel nur den privilegiertesten Teilen der Bevölkerung dienten, ebenfalls verpflichtet, die Gesetze und die offiziellen Programme einzuhalten. Man

darf nicht vergessen, daß in der damaligen Zeit gewisse Dinge geschahen: Es war die Zeit des Zweiten Weltkrieges, der Volksfronten, und in einigen Ländern entstanden Reformgesetze des Bildungswesens. Unsere Verfassung, die 1940 verabschiedet worden war, beinhaltete einige fortschrittliche Dinge über den Unterricht in den weltlichen Schulen, woran sich auch die Privatschulen zu halten hatten. Es gab einen einheitlichen Lehrplan, und aus Anlaß der Examen kamen die Lehrer der offiziellen Stellen, die auch ihren Stolz und ihr Ansehen hatten, um uns zu prüfen und festzustellen, wie die privilegierten Schüler der Jesuiten und anderer vergleichbarer Schulen vorwärtskamen. Im allgemeinen stellten sie sehr schwere Prüfungen. Einige mehr und andere weniger. Ich glaube, einige empfanden mehr Sympathie für diese Schule, andere weniger. Es war die Zeit, das wiederhole ich noch einmal, der Volksfronten und der antifaschistischen Allianz; auch die Zeit, in der die Kommunistische Partei in der Verfassungsgebenden Versammlung vertreten gewesen war und daher einen gewissen Einfluß in der Regierung hatte und zur Verabschiedung einiger dieser Gesetzesregelungen beitrug.
Nun, dann war also der Prüfungstermin, die Lehrer kamen und stellten in der Regel sehr schwierige Prüfungsthemen. Es war meine Stärke, mich den Prüfungen der Lehrer von offizieller Seite zu stellen, bei denen oft die besten Schüler versagten und nicht entsprechend antworten konnten. So manches Mal erhielt ich die höchste Punktzahl gerade in den als schwierig angesehenen Fächern. Ich erinnere mich, daß ich in einer Prüfung über die Geographie Kubas die einzige Höchstnote erzielte mit 90 Punkten. Wenn die Schule gegen diese Lehrer protestierte und sich über die allzu niedrigen Noten beschwerte, sagten die offiziellen Lehrer: «Die Texte, die ihr zum Lernen benutzt, sind nicht gut.» Unsere Lehrer aber argumentierten: «Nun gut, aber es gibt einen Schüler, der mit demselben Text 90 Punkte erreicht hat.» Das lag nur daran, daß ich meine Phantasie ein wenig gebrauchte und mich anstrengte, die Fragen zu beantworten. Prüfungen zu bestehen war für mich eine Ehrensache.
Ich hatte sehr viel Bekanntschaft mit meinen Kameraden, schloß auch viele Freundschaften, und ich erwarb, ohne daß ich es bemerkt oder gar beabsichtigt hatte, gewisse Popularität unter ihnen als Sportler, Athlet, Pfadfinder, Bergsteiger und als einer, der am Ende doch noch gute Noten erzielte. Es ist durchaus möglich, daß sich damals schon unbewußt politische Qualitäten offenbarten.

Exerzitien

Frei Betto: Sie wollten von den Exerzitien sprechen.
Fidel Castro: Ja, zu diesem Zeitpunkt hatten wir schon Exerzitien. Ich brauche wohl nicht zu sagen, daß in diesem ganzen Zeitabschnitt die religiöse Erziehung immer dieselbe war. Sie hatte sich kein Stück verändert gegenüber der im Kolleg Dolores. Auch wenn wir in dem Alter schon Logik und Grundlagen der Philosophie studierten, so war das angewandte System dennoch dasselbe. Es gab die regelmäßig festgesetzten Exerzitien. Das waren drei Tage Besinnung pro Jahr, die entweder in der Schule oder an einem anderen Ort außerhalb stattfanden. Die Exerzitien bestanden darin, die Schüler für drei Tage abzusondern für religiöse Zusammenkünfte, Meditation, Sammlung und Stille. Letzteres war der grausamste Teil der Exerzitien, denn sehr abrupt mußten wir in absolutem Schweigen verharren. Die Stille hatte allerdings auch angenehme Seiten. Ich habe noch die Erinnerung, daß das viele Philosophieren in uns einen ungeheuren Appetit weckte; die Zeiten des Mittag- und des Abendessens waren die herrlichsten, attraktivsten und befriedigendsten Stunden. Die Übungen begannen sehr früh.
Einen Augenblick, ich muß noch hinzufügen, daß wir in diesen Schulen jeden Tag zur Messe gehen mußten.
Frei Betto: Jeden Tag?
Fidel Castro: Ja. Damit unterstreiche ich noch einen anderen Faktor, der mir negativ zu sein scheint, nämlich den Schüler zum täglichen Meßbesuch zu verpflichten.
Frei Betto: War das der Fall in Dolores wie auch in Belén?
Fidel Castro: Ja. Ich kann mich nicht mehr daran erinnern, wie es in La Salle war. Aber in Dolores wie in Belén war der tägliche Meßbesuch Pflicht, daran kann ich mich erinnern.
Frei Betto: Waren die Messen morgens?
Fidel Castro: Ja, morgens. Und zwar nüchtern. Man stand auf, um in die Messe zu gehen, und erst danach gab es Frühstück. Dasselbe Ritual jeden Tag, verpflichtend. Es war eine völlig mechanische Angelegenheit, einfach übertrieben, denn ich glaube nicht, daß es den Jugendlichen irgendwie geholfen hat, daß sie zum Meßbesuch gezwungen wurden.
Neben der Messe gab es noch die Gebete. Sie hatten keine positive Wirkung. Das ist das Beste, was ich darüber sagen kann: Die hundertfache Wiederholung eines Gebetes, das mechanische Herunterleiern des Gegrüßet-seist-Du-Maria oder des Vaterunser hatten keine positive Wirkung. Wie oft habe ich diese Gebete all die Jahre über gebetet! Ob ich wohl ein

einziges Mal innegehalten habe, um darüber nachzudenken, was das Gebet eigentlich bedeutete? Ich habe später in anderen Religionen beobachtet, daß sie in Form eines Dialogs, eines Gespräches beten, persönlich, spontan, mit eigenen Worten und Ideen. Sie brachten so ein Flehen oder eine Bitte vor, drückten einen Wunsch oder einen Gedanken aus. So etwas haben sie uns niemals beigebracht, wir hatten nur das zu wiederholen, was geschrieben stand, und zwar einmal, zehnmal, fünfzigmal, hundertmal auf absolut mechanische Weise. Meiner Meinung nach ist das kein Gebet, eine Übung für die Stimmbänder vielleicht oder für die Stimme, wie Sie wollen, vielleicht sogar eine Übung für die Geduld – ein Gebet aber ist es nicht.

Frei Betto: Es ist etwas Mechanisches.

Fidel Castro: Oft mußten wir auch die Litanei auf Lateinisch oder Griechisch beten, und ich wußte nicht, was das «Kyrie eleison» oder das «Christe eleison» bedeutete. Einer betete die Litanei vor, und die anderen antworteten: «Ora pro nobis». Solche Dinge! Heute erinnere ich mich noch an diese Litanei. Wir wußten nicht, was sie bedeutete, noch was wir da eigentlich antworteten, wir wiederholten das nur mechanisch. Im Laufe der vielen Jahre hatten wir uns daran gewöhnt. Mir scheint, und ich sage das in diesem Gespräch ganz offen, hier liegt ein großer Fehler in der religiösen Erziehung, wenigstens so wie ich sie kennengelernt habe.

Frei Betto: Das scheint uns auch so.

Fidel Castro: Die Exerzitien führten uns ein ins Meditieren, und das im Alter von 16, 17 oder 18 Jahren. In diesen drei Tagen der Meditation machten sie mit uns ein wenig philosophische Meditation, ein wenig theologische Meditation, die Hauptargumentation drehte sich aber um die Strafe, die in Anbetracht der Umstände für uns das Wahrscheinlichste war, und um die Belohnung. Eine Belohnung, die unsere Phantasie weckte, und eine Strafe, die unsere Phantasie ins Unendliche steigerte.

Ich erinnere mich noch an die langen Meditationspredigten über die Hölle, die Hitze in der Hölle, die Leiden der Hölle, die Langeweile in der Hölle, die Verzweiflung in der Hölle. Eigentlich weiß ich gar nicht, wie es überhaupt möglich war, eine so grausame Hölle zu erfinden wie die, die sie uns da ausmalten, denn so viel Grausamkeit für eine einzige Person ist gar nicht zu begreifen, egal wie groß ihre Sünden auch gewesen sein mögen. Außerdem stand das in überhaupt keinem Verhältnis zu den kleinen Sünden. Schon irgendein Dogma anzuzweifeln, das man nicht verstanden hatte, war Sünde. Man mußte einfach glauben, und wer nicht glaubt, konnte schon zur Hölle verdammt sein. Wenn man in diesem Stadium des Vergehens sterben würde oder vielleicht einen Unfall hätte, dann würde

man die Konsequenzen tragen müssen. Es gab einfach kein angemessenes Verhältnis zwischen dieser ewigen Strafe und den Fehlern des einzelnen. Unsere Phantasie wurde also regelrecht angeheizt. Ich erinnere mich noch an ein Beispiel, das sie bei diesen Exerzitien erzählten. Wir erhielten immer schriftliches Material, Abhandlungen oder Kommentare, aber sie sagten uns: «Damit ihr eine Vorstellung davon habt, was Ewigkeit ist, meine Söhne, stellt euch eine Stahlkugel vor, die so groß ist wie die Welt (und ich versuchte mir eine Stahlkugel von der Größe der Welt mit 40 000 Kilometern Umfang vorzustellen). Dann nähert sich eine Fliege dieser Stahlkugel, eine kleine Fliege, und alle 1 000 Jahre berührt sie die Kugel mit ihrer Nase. Eher wird nun diese Stahlkugel von der Größe der Welt von der Berührung der Fliegennase zerstört, als daß die Hölle zu Ende geht. Und selbst danach noch wird die Hölle ewig bestehen.» Auf diese Weise wurde reflektiert. Ich würde sagen, das war eine Art geistigen Terrors, diese Predigten wurden oft zu einer Terrorisierung des Geistes.
Hören Sie, wir befinden uns am Ende des 20. Jahrhunderts, seitdem ist gar nicht so viel Zeit vergangen, fast verblüfft es mich, daß das erst vor relativ kurzer Zeit, vor vierzig Jahren gewesen sein soll! In einem der besten Kollegs unseres Landes war dies die Art religiöser Erziehung, die wir erhielten. Ich glaube nicht, daß das eine wirksame Form gewesen ist, religiöses Empfinden zu wecken.
Frei Betto: Wurde viel von der Bibel gesprochen?
Fidel Castro: Man sprach davon, aber nicht viel. Manchmal wurde ein Gleichnis erklärt oder irgendein Stück aus dem Evangelium. Während der ganzen Zeit damals studierten wir biblische Geschichte, jedes Jahr in einem größeren Kontext. Man begann mit einem kleinen Text, und in jeder Phase des Kurses wurde der Blickwinkel erweitert. Die biblische Geschichte hat mich immer schon interessiert, wegen ihres Märchenbuchcharakters. Für den Geist eines Kindes oder eines Erwachsenen war es wunderschön, das kennenzulernen, was von der Erschaffung der Welt an bis hin zur Sintflut geschehen war!
Es gibt eine Geschichte in der Bibel, die ich niemals vergessen werde, obwohl ich gar nicht weiß, ob das so aus der Bibel hervorgeht. Und wenn es daraus hervorgeht, scheint es mir notwendig, das noch besser zu analysieren: Nach der Sintflut verspottete einer der Söhne Noachs seinen Vater. Noach pflanzte einen Weinberg, betrank sich, und ein Sohn verspottete ihn. Als Konsequenz sprach Noach über die Nachkommen dieses Sohnes den Fluch aus, daß seine Nachkommen Schwarze sein sollten. Es steht in der Bibel, daß es einer der Söhne Noachs war, aber ich weiß nicht, ob es Kanaan war. Welches waren die Söhne Noachs?

Frei Betto: Es waren Sem, Ham und Jafet. Im biblischen Text, also im Buch Genesis, erscheint Kanaan als der Sohn des Ham und gleich darauf als der jüngste Sohn des Noach. Wörtlich aber lautete dieser Fluch des Noach über Kanaan so, daß er zum Letzten der Sklaven werden sollte. Und weil in Lateinamerika die Sklaven Schwarze waren, steht in einigen alten Übersetzungen «Schwarze» als Synonym für Sklave. Darüber hinaus waren die Nachkommen Kanaans die Völker von Ägypten, Äthiopien und Arabien, die alle eine dunklere Haut haben. Aber im biblischen Text erscheint diese Nachkommenschaft nicht als ein Teil des Fluches, jedenfalls nicht, wenn man keine tendenziöse Interpretation vornimmt und damit die Apartheid religiös zu rechtfertigen sucht.

Fidel Castro: Nun, mir haben sie beigebracht, daß einer der Söhne Noachs dazu verflucht worden war, schwarze Nachkommen zu haben. Man müßte einmal überprüfen, ob sie das immer noch lehren, ob eine Religion lehren darf, daß es eine Strafe Gottes bedeutet, schwarz zu sein. Ich erinnere mich an diese Frage aus der biblischen Geschichte. Trotzdem, vieles versetzte uns in Staunen: der Bau der Arche, der Regen, die Tiere, das Auflaufen der Arche, das Leben dort, die Geschichte des Mose, der Durchzug durch das Rote Meer, das Verheißene Land, all die Kriege und Schlachten, die es in der Bibel gibt. Ich glaube, es war in der Bibel, daß ich zum ersten Mal von Kriegen hörte. Wenn ich später ein gewisses Interesse für martialische Kunstwerke entwickelte, dann muß ich daran erinnern, daß ich schon lange eine große Neugier für die Zerstörung der Türme Jerichos durch Josua empfand, für die Belagerungen, auch für Samson und seine herkulische Kraft, aufgrund derer er in der Lage war, einen Tempel mit seinen eigenen Händen zu zerstören. Das alles war faszinierend für uns.

Dieser ganze Zeitabschnitt des Alten Testaments – Jonas und der Walfisch, der ihn verschluckte, die babylonische Strafe, der Prophet Daniel – bestand für uns aus wundervollen Geschichten. Es wurden auch Geschichten anderer Völker erzählt, aber keine war so faszinierend wie die biblische Geschichte des Alten Testaments.

Frei Betto: Gab es auch ein Buch mit dem Titel «Imitatio Christi»?

Fidel Castro: Ich glaube, es gab so etwas. – In der biblischen Geschichte kam danach das Studium des Neuen Testaments und seiner verschiedenen Gleichnisse. Sie wurden in der biblischen Sprache erklärt und weckten unser Interesse. Zweifellos hatten der Verlauf der Kreuzigung und des Todes Jesu sowie die Erklärungen, die sie dazu gaben, große Wirkung auf die Kinder und Jugendlichen.

Engagement für die Armen

Frei Betto: Wie entwickelte sich Ihre Sensibilität für die Sache der Armen?
Fidel Castro: Die Wurzeln dafür muß ich in den Erfahrungen meiner Kindheit suchen. Dort, wo ich geboren bin, lebten wir in Gemeinschaft mit den einfachsten Leuten, mit ihren Kindern, die barfuß liefen. Heute bin ich mir darüber im klaren, daß diese Leute damals große Not gelitten haben müssen. Ich denke jetzt darüber nach, wie sie wohl gelitten und welche Krankheiten sie wohl gehabt haben! Damals war mir das nicht bewußt. Ich unterhielt sehr enge Beziehungen zu diesen Kameraden und Freunden, mit denen ich zu den Flüssen und in die Wälder lief, auf Bäume kletterte, zu den Pferdekoppeln und zum Jagen ging. Sie waren unsere Freunde und Kameraden während der Ferien. Wir fühlten uns nicht einer anderen sozialen Klasse zugehörig. Mit diesen Menschen gingen wir herum, schlossen Freundschaft, nutzten die Freiheit aus, die wir in unserer Gegend hatten. In Birán gab es keine bürgerliche oder feudale Gesellschaft, mit den zwanzig oder dreißig Großgrundbesitzern, deren Familien sich zu einer einzigen Gruppe zusammentaten.
Mein Vater war ein Großgrundbesitzer, der sich abgesondert hatte. Ab und zu erschien dort ein Freund, nur selten einmal kam Besuch. Meine Eltern hatten nicht die Angewohnheit auszugehen, um andere Familien zu besuchen. Sie widmeten ihre ganze Zeit der Arbeit, und unsere einzigen Beziehungen waren die zu den Leuten, die dort lebten. Wir besuchten oft die Hütten der Haitianer, und nur selten schalten uns unsere Eltern deswegen, aber nicht, weil wir dorthin gingen, sondern aus Sorge um unsere Gesundheit, weil wir dort mit ihnen gerösteten Mais aßen. Daheim haben sie uns niemals davor gewarnt, zu dieser oder jener Person zu gehen. Folglich war unsere Kultur nicht die einer Familie der reichen Klasse oder der Klasse der Großgrundbesitzer.
Natürlich waren wir uns über das Privileg im klaren, viele Dinge zu besitzen und mit einer gewissen Hochachtung behandelt zu werden. Aber es ist eine Tatsache, daß sie uns erzogen und aufwachsen ließen mitten unter den Leuten, ohne irgendeinen Vorbehalt oder etwas, das der bürgerlichen Kultur oder Ideologie ähnlich sähe. Dieser Faktor hat mich sicher stark beeinflußt.
Durch die Ausbildung in der Schule und über das, was wir von den Lehrern und auch von der eigenen Familie gelernt haben, erwarben wir viele ethische Prinzipien. Von klein auf habe ich gelernt, daß man nicht lügen darf. In dieser Hinsicht gab es eine rigorose Ethik sowohl in der Erziehung meines Vaters wie auch in der meiner Mutter. Das war keine philosophi-

sche oder marxistische Ethik, sondern eine religiöse Ethik. Sie lehrten uns den Begriff des Guten und des Bösen, dessen, was richtig und was falsch ist. Es ist durchaus möglich, daß die Religion in unserer Gesellschaft das Fundament für die erste Vorstellung eines ethischen Prinzips überhaupt gewesen ist. In dieser religiösen Atmosphäre atmete man aus Tradition ein Gesamt an ethischen Normen ein, auch wenn es daneben so irrationale Dinge gab wie den Glauben, daß eine fliegende oder klagende Eule oder ein Hahn, der bestimmte Dinge tut, Unglück bringen kann.

Dann vermittelte uns das Leben, so wie ich es Ihnen erzählt habe, ein Gespür dafür, was es bedeutet, falsche Dinge zu tun, eine Ethik zu verletzen, eine Ungerechtigkeit oder einen Mißbrauch oder einen Betrug zu begehen. So hat man also nicht nur eine Ethik mit auf den Weg bekommen, sondern auch die Erfahrung, was die Verletzung einer Ethik bedeutet, man hat Kontakt gehabt zu Menschen, die keinerlei Ethik haben. Man beginnt, eine Vorstellung davon zu entwickeln, was gerecht und was ungerecht ist, und entwickelt eine Vorstellung von persönlicher Würde. Ich glaube nicht, daß ich eine vollständige Erklärung dafür liefern kann, worauf dieses Empfinden persönlicher Würde basiert. Es gibt Menschen, die sind dafür sensibler, andere sind weniger sensibel. Dies hat Einfluß auf den Charakter der Personen. Warum ist jemand aufrührerischer als ein anderer? Ich denke, die Bedingungen, unter denen jemand aufgewachsen ist, können Grund dafür sein, daß jemand mehr oder weniger aufrührerisch ist. Auch das Temperament und der Charakter einer Person haben einen Einfluß darauf; einige sind fügsamer als andere, einige haben eine stärkere Tendenz zu Disziplin und Gehorsam, andere weniger. Tatsache ist, daß man im Leben eine Vorstellung davon entwickelt, was gerecht und was ungerecht ist. Durch das, was ich in meinem ganzen Leben gesehen und erlitten habe, hatte ich schon früh Klarheit darüber, was Recht und was Unrecht ist. Mich haben auch die Leibesübungen und der Sport erzogen: die Härte, die Fähigkeit, große Belastungen auszuhalten, der Wille, ein Ziel zu erreichen, die Disziplin, die man von sich selbst verlangt.

Auch die Lehrer hatten einen Einfluß darauf, vor allem die spanischen Jesuiten, die mir ein starkes Empfinden für persönliche Würde vermittelt haben, unabhängig von ihren politischen Ideen. Die Jesuiten besaßen, wie fast alle Spanier, zu einem hohen Grad ein Gespür für persönliche Ehre. Sie schätzten Werte wie Charakter, Geradlinigkeit, Offenheit, persönlichen Mut, die Fähigkeit, Opfer auf sich zu nehmen, und sie wußten diese Werte zu fördern. Zweifellos beeinflußten uns die Jesuiten in unserer Ausbildung mit ihren Werten, mit der Strenge ihrer Organisation und Disziplin, mit ihrem Sinn für Gerechtigkeit. Vielleicht war das alles noch sehr

elementar, aber immerhin bedeutete es einen Ausgangspunkt.
Aus dieser Perspektive wird der Mißbrauch, die Ungerechtigkeit, die Erniedrigung, die einem anderen Menschen widerfährt, einfach unerträglich. Das sind Werte, die sich im Bewußtsein eines Menschen bilden und ihn begleiten. Ich erkenne, daß ich durch das Zusammenspiel einiger Dinge geprägt worden bin. Zuerst erwarb ich gewisse ethische Prinzipien, und dann verhinderte das Leben, daß ich eine Klassenkultur, ein Klassenbewußtsein entwickelte, das von dem einer anderen Klasse verschieden war und sich ihm überlegen fühlte. Ich glaube, dies war die Basis, auf der ich später ein politisches Bewußtsein entwickelte.
Wenn man ethische Prinzipien, einen rebellischen Geist, die Ablehnung von Unrecht und eine Reihe solcher Dinge, die man zu schätzen beginnt und im Gegensatz zu anderen Dingen hoch bewertet, miteinander verknüpft, dazu noch ein Empfinden entwickelt für persönliche Würde, Ehre und Pflicht, dann ist das meiner Meinung nach die fundamentale Basis, auf der man politisches Bewußtsein entwickeln kann. So war das jedenfalls bei mir, denn ich habe dieses politische Bewußtsein nicht erworben, weil ich aus einer proletarischen armen, bäuerlichen, unteren Klasse kam, also aufgrund meiner sozialen Bedingungen. Ich habe mein Bewußtsein erlangt über das Nachdenken, die Reflexion, die Entwicklung einer Gesinnung und einer tiefen Überzeugung.
Dasselbe würde ich über den Glauben sagen: Die Fähigkeit zu reflektieren, zu denken, zu analysieren, zu meditieren und die Vervollkommnung des Empfindens machten es möglich, daß ich revolutionäre Ideen entwickeln konnte. Und das mit einer Besonderheit: es gab niemanden, der mir revolutionäre Ideen eingeflößt hätte, nie hatte ich das Privileg, einen Berater zu haben. Fast alle Menschen unserer Geschichte haben einen Berater, einen Erzieher oder einen Lehrer, irgend jemanden, der ihr Lehrmeister ist. Unglücklicherweise mußte ich im Verlauf meines gesamten Lebens mein eigener Lehrmeister sein. Wie dankbar wäre ich demjenigen gewesen, der mir dabei geholfen hätte, als ich zwölf, vierzehn oder fünfzehn Jahre alt war! Wie dankbar wäre ich denen gewesen, die mich politisch angeleitet oder mir revolutionäre Ideen eingegeben hätten!
Es gelang ihnen nicht, mir einen religiösen Glauben zu vermitteln, denn sie versuchten es mit mechanischen, dogmatischen und irrationalen Methoden. Wenn mich jemand fragt: Wann hast du eine religiöse Überzeugung gehabt? Dann werde ich antworten: Ich habe sie niemals wirklich gehabt, niemals war ich wirklich von Religion und Glauben überzeugt. In der Schule waren sie nicht in der Lage, mir diese Werte zu vermitteln. Später habe ich andere Werte erworben: eine politische Überzeugung, einen poli-

tischen Glauben, den ich ganz allein stärken mußte, durch meine Erfahrungen, meine Reflexionen und meine eigenen Empfindungen.
Natürlich sind die politischen Ideen nichts wert, wenn es kein edelmütiges und uneigennütziges Empfinden dazu gibt. Manchmal sind aber auch die edlen Empfindungen nichts wert, wenn sie sich nicht auf eine gerechte und konkrete Idee stützen. Ich bin davon überzeugt, daß dieselben Pfeiler, die heute die Basis für das Opfer eines Revolutionärs sind, gestern die Basis für das Opfer der Märtyrer für ihren religiösen Glauben waren. Aus meiner Sicht ist der Rohstoff für einen religiösen Märtyrer derselbe wie der für einen revolutionären Helden: ein uneigennütziger und selbstloser Mensch. Ohne diese Bedingungen gibt es und kann es keine religiösen oder politischen Helden geben.
Ich mußte meinen Weg gehen, einen langen Weg, um meine revolutionären Ideen zu entwickeln. Sie sind für mich deswegen so wertvoll, weil es sich um Schlußfolgerungen handelt, die ich selbst entwickelt habe.

Marx und Martí

Frei Betto: Waren auch Christen in der Gruppe, die 1953 die Moncada-Kaserne angriff?
Fidel Castro: Zweifelsohne waren sie dabei, aber wir haben niemanden nach seinen religiösen Überzeugungen gefragt. Ja, sicher gab es Christen. Als wir Moncada angriffen, hatte ich allerdings schon eine marxistische Ausbildung.
Frei Betto: Sie hatten schon eine marxistische Prägung?
Fidel Castro: Ja, ich hatte eine marxistisch-leninistische Prägung und ein ziemlich klares revolutionäres Konzept.
Frei Betto: Hatten Sie das auf der Universität erworben?
Fidel Castro: Ja, tatsächlich habe ich es erworben, als ich Universitätsstudent war.
Frei Betto: Im politischen Kampf an der Universität?
Fidel Castro: Ja, an der Universität durch meine Kontakte mit revolutionärer Literatur. Aber sehen Sie, mir ist etwas Merkwürdiges passiert. Bevor ich auf marxistische Literatur gestoßen bin, als ich noch ausschließlich kapitalistische politische Ökonomie studierte, da habe ich begonnen, sozialistische Schlußfolgerungen zu ziehen und mir eine Gesellschaft vorzustellen, deren Ökonomie auf eine rationalere Weise funktionierte. Ich wurde ein utopischer Kommunist. Erst im dritten Studienjahr kam ich in Kontakt mit revolutionären Konzeptionen und Theorien, dem Kommunistischen Manifest, den ersten Werken von Marx, Engels und Lenin. Ich

bekenne, daß vor allem die Einfachheit, die Deutlichkeit und die Direktheit einen großen Einfluß auf mich ausgeübt haben, womit das Kommunistische Manifest unsere Welt und unsere Gesellschaft erklärt.
Aber noch bevor ich utopischer Kommunist oder Marxist wurde, war ich ein Anhänger Martís,[11] das kann ich nicht ignorieren. Schon seit dem Gymnasium übte das Denken Martís Anziehungskraft auf uns aus, und wir bewunderten ihn. Außerdem war ich immer ein tiefer und aufrichtiger Bewunderer der heldenhaften Kämpfe unseres Volkes um seine Unabhängigkeit im vergangenen Jahrhundert.
Ich habe Ihnen von der Bibel erzählt, und ich könnte ebenso von der Geschichte unseres Landes erzählen, die so außerordentlich interessant ist, voller Beispiele über den Wert, die Würde und das Heldentum. So wie die Kirche immer ihre Märtyrer und Helden gehabt hat, so hat auch die Geschichte jedes Landes ihre Märtyrer und Helden, die eine Art Religion bildeten. Wir spürten eine tiefe Verehrung, als wir die Geschichten hörten von dem «Riesen aus Bronze», dem General Maceo,[12] der so viele Schlachten gewonnen und so viele andere Dinge getan hat, oder wenn sie uns von Agramonte[13] erzählten oder von dem großen dominikanischen Internationalisten und brillanten Militärchef Máximo Gómez,[14] der von Anfang an auf der Seite der Kubaner kämpfte, oder von diesen unschuldigen Medizinstudenten, die 1871 standrechtlich erschossen worden waren, weil sie die Beerdigung eines Spaniers entwürdigt hatten.[15] Und

[11] José Martí (1853–1895), der Nationalheld Kubas, kämpfte sein Leben lang für die Unabhängigkeit seiner Heimat. Es gibt keinen Ort in Kuba, der nicht einen Hinweis auf ihn enthielte. Er genoß zu Lebzeiten hohes Ansehen als Schriftsteller und politischer Journalist, als Agitator und Hochschullehrer, als Intellektueller und Revolutionär. Schon als Siebzehnjähriger wurde er wegen seiner politischen Arbeit zu sechs Jahren Zwangsarbeit verurteilt. Später wurde er zweimal nach Spanien deportiert, von 1881–1895 lebte er in New York. Er war Initiator des zweiten Unabhängigkeitskrieges, in dessen erstem Gefecht er fiel.
[12] Antonio Maceo (1845–1896) war ein General, der sowohl im ersten Unabhängigkeitskrieg (1868–1878) gegen die Spanier wie auch im zweiten Krieg (1895–1898) sich als großer militärischer Führer hervortat.
[13] Ignacio Agramonte war Heerführer im ersten Unabhängigkeitskrieg, in dem die Befreiungsarmee der kubanischen Patrioten den zahlenmäßig überlegenen spanischen Truppen vernichtende Niederlagen beibrachte.
[14] Máximo Gómez (1836–1905) war zusammen mit Maceo, den er selbst zu seinem Stellvertreter im Guerillaheer von 1868 ernannt hatte, obwohl Maceo ein Mulatte war, der wichtigste militärische Führer der beiden Unabhängigkeitskriege. Er unterzeichnete zusammen mit Martí am 25. März 1895 in Santo Domingo das «Manifest von Monte Christo», das Programm der Revolution. Im April 1895 landeten sie an der Südküste Kubas, um den bewaffneten Kampf vorzubereiten.
[15] Gegen diese Hinrichtungen verfaßte José Martí aus dem spanischen Exil eine Anklageschrift.

weiter hörten wir von Martí, von Cespedes,[16] dem Vater des Vaterlandes. Denn neben der biblischen Geschichte, von der wir eben gesprochen haben, gab es in unserer Ausbildung noch eine andere heilige Geschichte, die Geschichte unseres Vaterlandes und seiner Helden. Dieses Wissen erreichte mich über die Schule und die Bücher, nicht über die Familie, denn die hatte nicht das entsprechende kulturelle Niveau dafür. So hatte ich also auch noch andere Vorbilder von Personen und Verhaltensweisen.

Bevor ich Marxist wurde, war ich Martí-Anhänger und ein großer Bewunderer der Geschichte unseres Landes. Die beiden Namen Martí und Marx beginnen mit M, und ich denke, beide sind sich sehr ähnlich. Ich bin absolut davon überzeugt, daß Martí – in derselben Situation wie Marx – dieselben Konzeptionen und mehr oder weniger auch dieselbe Wirkung gehabt hätte. Martí hatte sehr viel Respekt vor Marx, von dem er einmal sagte: «Wie er sich auf die Seite der Schwachen stellt, das verdient Respekt.» Als Marx gestorben war, hat Martí wunderschöne Dinge über ihn geschrieben.

Es gibt so fabelhafte und wunderschöne Dinge im Denken von Martí, daß man sich, ausgehend von ihm, zu einem Marxisten bekehren kann. Wenn Martí auch nicht die Spaltung der Gesellschaft in Klassen erklärt hat, so war er doch ein Mann, der immer auf seiten der Armen gestanden hat und ein ständiger Kritiker der schlimmsten Laster einer Gesellschaft von Ausbeutern gewesen ist.

Als ich dann zum ersten Mal das «Kommunistische Manifest» las, fand ich eine Erklärung. Inmitten dieses Dickichts von Ereignissen war es sehr schwer, das Warum der Phänomene zu verstehen, denn alles schien nur aus der Schlechtigkeit, den Fehlern, der Perversität und der Unsittlichkeit der Menschen zu resultieren. Nun sah ich andere Faktoren, die sich nicht auf die Moral des Menschen oder auf seine individuelle Haltung reduzieren ließen. Ich begann, die menschliche Gesellschaft zu verstehen, den historischen Prozeß, die Spaltung, die man Tag für Tag sah. Denn dafür brauchte man keine Landkarte, kein Mikroskop oder Teleskop, um die Spaltung der Klassen wahrzunehmen: den Armen, der Hunger litt, während der andere im Überfluß lebte. Und wer konnte das besser wissen als ich, der ich schon

---

[16] Carlos Manuel de Céspedes war Advokat und Großgrundbesitzer. Er begann 1868 den Aufstand gegen die spanischen Kolonialherren, indem er im Oktober desselben Jahres auf seiner Zuckerrohrplantage die Sklaven freiließ und den Spaniern den Krieg erklärte. In einem Zirkular vom 18. Oktober 1869 legalisierte er sogar das Niederbrennen der Zuckerrohrfelder, das Ausrauben der Plantagen und die Befreiung der Sklaven. Das Heer der «Mambises», der Freiheitskämpfer, bestand denn auch sehr bald aus 8 000 Schwarzen im Vergleich zu 4 000 Weißen.

in beiden Situationen gelebt und sie in gewisser Weise überwunden hatte? Ich konnte diese Erfahrung genau verstehen, schließlich hatte ich sie selbst gemacht; ich kannte die Situation des Landbesitzers und die des barfüßigen Bauern ohne Land.
Es gibt noch etwas, das ich vergessen habe, als ich von meinem Vater und von Birán sprach. Wenn mein Vater auch viel Land gehabt hat, so war er doch ein grundgütiger Mensch. Seine politischen Ideen stimmten mit denen eines Grundbesitzers oder eines Eigentümers überein, denn er erwarb das Bewußtsein eines Eigentümers im Konflikt zwischen seinen eigenen Interessen und denen seiner Angestellten. Er war jedoch ein Mensch, der niemals dem eine ablehnende Antwort erteilte, der ihn um etwas bat oder ihn um Hilfe ersuchte. Das ist doch interessant.
Die weiten Ländereien meines Vaters waren eingeschlossen von großen nordamerikanischen Latifundien, drei großen Zuckerrohrfabriken, jede davon mit Tausenden von Hektar Land. Eine hatte mehr als 120 000 Hektar und eine andere 200 000 Hektar. Es war ein Gefängnis von Zuckerrohrfabriken. Die Besitzer wohnten in New York und hatten sehr strenge Maßregeln für die Verwaltung ihrer Güter erlassen. Der Verwalter verfügte über einen bestimmten Haushalt und konnte keinen Centavo mehr bezahlen. In der Zeit der Ernte wandten sich viele Leute an meine Familie. Sie sprachen mit meinem Vater: «Wir haben Hunger, wir brauchen etwas, eine Hilfe, einen Kredit für den Laden.» Gewöhnlich arbeiteten sie nicht bei uns, kamen aber und baten: «Wir brauchen Arbeit, geben Sie uns Arbeit!» Mein Vater hatte die saubersten Zuckerrohrfelder des Landes, denn er gab diesen Leuten die Arbeit, sie zu reinigen. Ich kann mich nicht erinnern, daß jemand meinen Vater um irgend etwas gebeten hätte, ohne daß er nicht nach einer Lösung für dieses Problem gesucht hätte. Manchmal protestierte er, brummte, beklagte sich, aber immer bewies er seine Großzügigkeit. Das war ein Merkmal von ihm.
Sie ließen mich in den Ferien arbeiten. Als Heranwachsender steckten sie mich ins Büro oder ins Lager. Ich verbrachte einen Teil der Ferien bei einer Arbeit, die ich nicht besonders freiwillig tat, aber für mich blieb keine andere Möglichkeit. Niemals mehr werde ich es schaffen, aus meinem Gedächtnis die Bilder so vieler zerlumpter, barfüßiger, hungriger Menschen auszulöschen, die kamen, um einen Gutschein für einen Einkauf im Laden zu erhalten. Und trotzdem existierte bei uns eine Oase, verglichen mit dem Leben der Arbeiter auf dem Großgrundbesitz der Yankees in der Zeit zwischen den Ernten.
Als ich dann anfing, revolutionäre Ideen zu entwickeln, und die marxistische Literatur kennenlernte, kannte ich aus der Nähe die Gegensätze zwi-

schen Reichtum und Armut, zwischen einer Familie, die viel Land besaß und denen, die nichts hatten. Mir mußte niemand die Aufspaltung der Gesellschaft in Klassen erklären, die Ausbeutung des Menschen durch den Menschen. Ich hatte das mit eigenen Augen gesehen und auch darunter gelitten. Wenn man bestimmte Charaktereigenschaften hat, die aufrührerisch und rebellisch sind, bestimmte ethische Prinzipien, und dann auf eine Idee stößt, die eine ungeheure Klarheit mit sich bringt, wie die, die mir geholfen hat, Welt und Gesellschaft zu verstehen, in der ich lebte und die ich überall um mich herum wahrnehmen konnte, wie sollte ich da nicht das Gefühl einer wirklichen politischen Offenbarung spüren? Diese Literatur zog mich stark in ihren Bann, ich fühlte mich direkt von ihr in Besitz genommen. Wenn Odysseus vom Gesang der Sirenen verführt wurde, dann verführten mich die unbestreitbaren Wahrheiten der marxistischen Literatur. Ich fing an zu sehen, zu verstehen. Dieselbe Erfahrung machte ich bei vielen anderen Patrioten, denn viele compañeros hatten überhaupt keine Vorstellung von diesen Themen, sondern waren ehrenwerte Menschen, die darauf brannten, mit den Ungerechtigkeiten in unserem Land Schluß zu machen. Es reichte schon, ihnen einige Elemente der marxistischen Theorie anzudeuten, und die Wirkung, die das bei ihnen hatte, war ebenso groß wie bei mir.

Frei Betto: Hatte dieses marxistische Bewußtsein keine Vorurteile im Verhältnis zu den revolutionären Christen wie Frank País zur Folge, die in die Bewegung des 26. Juli eintraten? Wie war das?[17]

Fidel Castro: Ich muß Ihnen sagen, daß es wirklich niemals – weder bei mir noch bei den anderen compañeros, an die ich mich erinnere – irgendeinen Widerspruch gegen irgend jemanden gab nur wegen der religiösen Frage. Wie ich schon sagte, zu diesem Zeitpunkt hatte ich bereits eine marxistisch-leninistische Ausbildung. Als ich 1950 die Universitätsstudien abschloß, hatte ich innerhalb kurzer Zeit ein vollständiges revolutionäres Konzept entworfen, und zwar nicht nur einfach Ideen, sondern Vorschläge und Verfahrensweisen für die Umsetzung in die Praxis und die Anwendung auf unser Land. Ich glaube, das war äußerst wichtig.

Als ich an der Universität begann, schloß ich mich bereits in den ersten

---

[17] Frank País, 1936 geboren, war Lehrer sowie Kampfgefährte Fidel Castros und einer der illegal wirkenden Führer der Bewegung des 26. Juli. Er besorgte 1956 die ersten Waffen für die aus dem Exil in Mexiko kommenden Revolutionäre. Am 30. Juli 1956 wurde er in Santiago de Cuba ermordet. Nach ihm wurde nicht nur die sechste Kolonne benannt, der es 1958 gelang, unter Führung von Raúl Castro die Provinz Oriente zu erobern und damit den Kampf aus den Bergen in die Ebene zu verlegen, sondern auch die modernste orthopädische Klinik in Kuba.

Jahren einer Oppositionspartei an, die sehr kritische Positionen gegen Korruption, Diebstahl und politischen Betrug vertrat.
Frei Betto: Die Orthodoxe Partei?

Politische Vorbereitung der Revolution

Fidel Castro: Die Orthodoxe Partei, deren offizieller Name «Kubanische Volkspartei» (PPC) lautete, stieß auf die breite Unterstützung der Massen.[18] Viele gute Leute trafen sich in dieser Partei. Der Hauptakzent lag auf dem Kampf gegen Korruption, Diebstahl, Ungerechtigkeit und die ständigen Übergriffe Batistas in seiner früheren Zeit. An der Universität verband sich das noch mit einer Tradition des Kampfes, mit den Erinnerungen an die Märtyrer des medizinischen Fachbereiches von 1871 und mit den Kämpfen gegen Machado und Batista. In dieser Zeit nahm die Universität auch Stellung gegen die Regierung von San Martín[19] in Anbetracht des Betruges, der Veruntreuung und der Frustration, die sie für das Land bedeutete.

Noch vor meinem Kontakt mit der Literatur, von der ich gesprochen hatte, unterhielt ich wie viele Universitätsstudenten Verbindungen zu dieser Partei. Zum Ende des Studiums war ich fest mit ihr verbunden, auch wenn meine Ideen schon viel weiter vorangeschritten waren.

Damals strebte ich noch ein Nachdiplomstudium an, denn ich wußte, mir fehlte eine noch bessere Vorbereitung, bevor ich mich vollständig der Politik widmen wollte. Ich wollte politische Ökonomie studieren. Um ein Stipendium zu erhalten, strengte ich mich an der Universität enorm an und schloß in allen Fächern, die ich belegt hatte, ab: neben dem Doktortitel in Jura noch das Lizentiat in Diplomatischem Recht und den Doktor der So-

---

[18] Die «Kubanische Volkspartei» (PPC) war eine Abspaltung der «Revolutionären Authentischen Partei Kubas» («Auténtico» genannt), die eher unter dem Namen «Orthodoxe Partei» bekannt ist. Ihr Führer Eduardo Chibas hatte 1946 eine Gruppe radikal gesinnter Antiimperialisten aus der Auténtico-Partei herausgeführt. Zu ihren Kandidaten zählte damals auch Fidel Castro. Die «Partei des kubanischen Volkes» verstand sich als Erbin der von José Martí gegründeten Partei gleichen Namens und als Vertreterin der gegen die Diktatur von Machado entstandenen oppositionellen Strömungen. Mit der Gründung der Bewegung des 26. Juli durch Fidel Castro und seine Freunde geriet die Orthodoxe Partei in eine Dauerkrise, und ihr liberaler Flügel diskreditierte sich 1955 durch direkte Verhandlungen mit Batista. Schließlich zerbrach die Partei an diesen zentrifugalen Kräften.

[19] Fulgencio Batista, damals noch Sergeant, brachte die nach dem Sturz Machados gebildete Regierung Céspedes durch dessen Ermordung zu Fall. Darauf wurde Ramón Grau San Martín Präsident. 1944 siegte eine Koalition bürgerlich-republikanischer Kräfte unter Grau San Martín, dem Führer der Auténtico-Partei. Schließlich kam es sogar zu einer Koalition zwischen Grau San Martín und Batista (1940–1944).

zialwissenschaften. Zu dieser Zeit war ich ökonomisch schon nicht mehr abhängig von meiner Familie. Sie hatten mir in den ersten Jahren geholfen, aber nach Ende des Studiums heiratete ich und konnte dann keine weitere Hilfe von ihnen erhalten. Weil ich studieren wollte, ging es darum, ein Stipendium für das Ausland zu erhalten. Und für dieses Stipendium brauchte ich die drei Titel. Ich hatte das Stipendium schon praktisch in der Tasche, mir fehlten nur noch einige Fächer, in denen ich in zwei Jahren Examen ablegen wollte. Kein anderer Schüler in meinem Studiengang hatte diese Ziele erreicht. Indessen trieben mich die Ungeduld und die Berührung mit den Tatsachen zum Handeln an. Auf diese Weise fehlten mir drei Jahre zur Vertiefung meiner Studien, genau das, was Sie als Mönch des Dominikanerordens in Ihrem Konvent getan haben. Die Jahre, die Sie für das Theologiestudium benutzt haben und in denen ich mich dem Studium der Wirtschaft hätte widmen können zur Vertiefung und Verbesserung meiner theoretischen Kenntnisse, fehlen mir.

Gut ausgerüstet mit fundamentalen und grundlegenden Ideen und einem revolutionären Konzept, beschloß ich, diese in die Praxis umzusetzen. Schon vor dem Staatsstreich vom 10. März 1952 hatte ich ein revolutionäres Konzept und eine Vorstellung davon, wie es in die Praxis umzusetzen wäre. Als ich an die Universität kam, hatte ich noch überhaupt keinen Zugang zur revolutionären Kultur. Und dann vergingen weniger als acht Jahre zwischen der Ausarbeitung dieses Konzeptes und dem Sieg der Revolution in Kuba.

Ich sagte schon, daß ich keinen Berater gehabt hatte. Um also diese Ideen innerhalb so kurzer Zeit ausarbeiten und in die Praxis umsetzen zu können, war eine große Reflexionsleistung notwendig. Dabei spielte das eine entscheidende Rolle, was ich vom Marxismus-Leninismus gelernt hatte. Ich glaube, mein Beitrag zur Kubanischen Revolution besteht darin, daß mir eine Synthese der Ideen von Martí und dem Marxismus-Leninismus gelungen ist und daß ich sie in unserem Kampf konsequent angewandt habe.

Die kubanischen Kommunisten waren isoliert, infolge der Umzingelung durch den Imperialismus, den «McCarthyismus»[20] und die Reaktion. Ich bin überzeugt, was auch immer sie unternommen hätten, die Isolation hätten sie nicht durchbrochen. Sie waren stark geworden in der Arbeiterbewegung, sie hatten eine gute Anzahl Militanter, die mit der kubanischen

---

[20] Joseph R. McCarthy (1909–1957) war republikanischer Senator für Wisconsin. Als Leiter eines Untersuchungsausschusses (1950–1954) war er die treibende Kraft einer antikommunistischen Hetzkampagne, die sich besonders gegen Regierungsangestellte und Intellektuelle richtete.

Arbeiterklasse arbeiteten, sich ganz den Arbeitern widmeten und viel für sie taten. Dafür genossen sie großes Ansehen unter den Arbeitern. Aber unter den damaligen Umständen gab es für sie überhaupt keine politische Möglichkeit.

Deshalb entwarf ich eine revolutionäre Strategie für die Umsetzung einer umfassenden sozialen Revolution, allerdings in Phasen, in Etappen. Mein grundlegender Plan bestand darin, die Revolution durchzuführen mit dieser großen aufrührerischen, ungebildeten Masse, die zwar noch kein Bewußtsein hatte, das für die Revolution reif war, die aber die große Mehrheit des Volkes ausmachte. Ich versichere: Diese aufrührerische, gesunde und bescheidene Masse des Volkes ist die Kraft, welche die Revolution umsetzen kann. Sie ist der entscheidende Faktor der Revolution. Diese Masse muß zur Revolution geführt werden, und zwar in Etappen. Ihr Bewußtsein würde nicht allein durch Worte gebildet werden, auch nicht von einem Tag auf den anderen. Ich sah sehr deutlich, daß die große Masse des Volkes der entscheidende Faktor war, trotz ihrer zeitweiligen Verwirrung, trotz der Vorurteile in Bezug auf den Sozialismus, den Kommunismus. Schließlich konnte sie keine wirklich politische Kultur entwickeln, sondern wurde aus allen Richtungen beeinflußt, vor allem durch die Massenkommunikationsmittel: das Radio, das Fernsehen, das Kino, die Bücher und Zeitschriften, die Tageszeitungen und die antisozialistischen und reaktionären Predigten, die von allen Seiten verbreitet wurden. Neben vielen anderen Dingen wurden der Sozialismus und der Kommunismus als Feinde der Menschheit dargestellt. Das war eines der willkürlichen und ungerechten Mittel, derer sich die Massenkommunikationsmittel in unserem Land bedienten. Wie überall war das eine der Methoden, die von der reaktionären Gesellschaft Kubas angewandt wurden. Schon von klein auf hatte ich gehört, daß der Sozialismus das Vaterland verleugnete, den Bauern das Land und dem Volk den persönlichen Besitz wegnahm, daß er die Familien auseinanderriß usw. Schon Marx wurde zu seiner Zeit angeklagt, er wollte die Frauen zum Allgemeingut machen. Darauf erfolgte eine gekränkte Antwort des großen Denkers. Die schrecklichsten und absurdesten Dinge wurden erfunden, um das Volk zu vergiften. In der Masse des Volkes gab es Bettler, Arbeitslose und Hungernde, die Antikommunisten waren. Sie wußten weder, was Sozialismus war, noch wußten sie, was Kommunismus war. Aber es war offensichtlich, daß diese Masse an Armut, Ungerechtigkeit, Erniedrigung und Ungleichheit litt, denn das Leiden des Volkes zeigt sich nicht nur in materiellen, sondern auch in moralischen Begriffen. Man leidet nicht nur, wenn man statt der benötigten 3 000 Kalorien nur 1 500 essen kann. Das Leiden, das noch dazukommt, ist das an der sozialen Ungleichheit, das ständige Sich-erniedrigt-Fühlen und Herabgesetzt-Sein in seiner Natur als Mensch, weil einen niemand respektiert. Alle sehen einen an wie eine Null, halten einen für unbedeutend: Dieser da ist alles, du bist ein Nichts.

Mir wurde bewußt, daß diese höchst irritierte und unzufriedene Masse entscheidend war, auch wenn sie den gesellschaftlichen Kern des Problems nicht verstand. Das Volk war schlecht informiert und schrieb seine Situation der Arbeitslosigkeit zu, der Armut, dem Fehlen von Schulen, Hospitälern, Arbeit und Wohnungen; alles wurde auf die Korruption in der Verwaltung zurückgeführt, die Veruntreuungen und die Verdorbenheit der Politiker.

Die Kubanische Volkspartei, die ich erwähnte, war Sammelbecken für diese Unzufriedenheit. Der Imperialismus und das kapitalistische System wurden praktisch nicht beschuldigt. Ich würde sogar sagen, sie lehrten uns eine dritte Religion: die Religion des Respektes und der Dankbarkeit gegenüber den Vereinigten Staaten. Aber das ist ein anderer Aspekt.

Frei Betto: Für ihre ständige Nähe und Präsenz?

Fidel Castro: «Es waren die Vereinigten Staaten, die uns die Unabhängigkeit gewährten. Sie sind unsere Freunde, sie haben uns geholfen und helfen uns weiterhin.» So hieß es häufig in den offiziellen Texten.

Frei Betto: Und es kamen viele nordamerikanische Touristen?

Fidel Castro: Sie kamen immer; aber ich will Ihnen einen historischen Zusammenhang erklären. Sie brachten uns bei: «Unsere Unabhängigkeit begann am 20. Mai 1902!» Es ist das Datum, an dem die Yankees uns die Republik übergaben, allerdings mit dem Zusatz in der Verfassung, der ihnen das Recht gab, in Kuba zu intervenieren. Dieses Datum suchten sie jetzt aus, um «Radio Goebbels», «Radio Reagan» oder «Radio Hitler» einzuweihen. — Ich werde eine subversive, gegen Kuba gerichtete Radiostation, die an einem 20. Mai eingeweiht wird, sicher nicht (wie die Amerikaner) «Radio Martí» nennen. Ich erinnere mich noch, als sie uns das Platt-Amendment[21] aufzwangen. Sie hatten das Land bereits seit vier Jahren besetzt und zwangen uns dann das infame Recht auf, jederzeit in unserem Land intervenieren zu können. Diese Intervention erfolgte mehr als einmal, und mit solchen Methoden brachten sie sich in den Besitz unserer

---

[21] Nach dem zweiten Unabhängigkeitskrieg erhielt Kuba zwar 1901 formal die Unabhängigkeit, doch es war zuvor gezwungen worden, das sogenannte Platt-Amendment zu unterschreiben. Dieses ist nach dem nordamerikanischen Senator Orville H. Platt, damaliger Vorsitzender der Senatskommission für die Beziehungen mit Kuba, benannt. Der Zusatz zur kubanischen Verfassung von 1901 räumt den USA das Recht ein, jederzeit in Kuba zu intervenieren, wenn US-Interessen es als geboten erscheinen lassen.

besten Landstücke und Minen, unseres Handels, unserer Finanzen und unserer Wirtschaft.
Frei Betto: In welchem Jahr war das?
Fidel Castro: Das begann 1898 und erreichte den Höhepunkt am 20. Mai 1902 mit dieser Karikatur von einer Republik, die nur ein politischer Ausdruck einer Yankee-Kolonie war, die sie in Kuba errichtet hatten. Zu diesem Zeitpunkt begann der Prozeß der massiven Aneignung der natürlichen Ressourcen und Reichtümer Kubas. Ich habe Ihnen von meinem Vater erzählt, der in einer der Yankee-Fabriken arbeitete, bei der berühmten United Fruit Company, die sich im Norden von Oriente niedergelassen hatte. Mein Vater begann in Kuba als Arbeiter der United Fruit...
Die Schulbücher lieferten die Rechtfertigung für die Verhaltensweise der Vereinigten Staaten; sie wurden ergänzt durch die gesamte Literatur. Heute wissen sogar die Kinder, daß das alles eine große und riesenhafte Lüge war.
Wie konnte man also diesen ganzen Komplex von Lügen und Mythen vernichten? Ich erinnere mich, daß die Masse das zwar nicht wußte, daß sie aber litt. Sie war verwirrt, aber auch verzweifelt; sie war in der Lage zu kämpfen, sich in eine Richtung zu bewegen. Dafür mußte sie schrittweise auf den Weg der Revolution geführt werden, Schritt für Schritt, bis sie volles politisches Bewußtsein erlangte und Vertrauen in ihr Ziel.
Dieses gesamte Konzept zur Geschichte Kubas, zum Charakter und zur Empfindlichkeit unseres Volkes sowie zum Marxismus entnahm ich meiner Lektüre und meinen Meditationen.
Frei Betto: Sie gehörten zum linken Flügel der Orthodoxen Partei?
Fidel Castro: Nun, einige wußten, wie ich dachte. Zu allen sagte ich diese Dinge mit großer Offenheit, und sie begannen daraufhin, mich zu isolieren und als Kommunisten zu bezeichnen. Aber damals predigte ich gar nicht den Sozialismus als ein unmittelbares Ziel, sondern ich machte Kampagnen gegen die Ungerechtigkeit, die Armut, die Arbeitslosigkeit, die überhöhten Mieten, die Vertreibung der Bauern von ihrem Land, die niedrigen Mindestlöhne, die politische Korruption und die unbarmherzige Ausbeutung, die man überall beobachtete. Für die Mobilisierung des Volkes in eine wirklich revolutionäre Richtung begannen wir, über Anklagen, Predigten und ein Programm zu agieren. Dafür war das Volk besser vorbereitet.
Was muß ich noch sagen? Ich erkannte, daß die Kommunistische Partei isoliert war, auch wenn sie unter den Arbeitern Kraft und Einfluß besaß. Ich sah sie als die potentiellen Verbündeten an. Selbstverständlich hatte ich niemals vorgehabt, einen militanten Kommunisten davon zu überzeugen,

daß meine Theorien richtig waren, und praktisch habe ich es auch niemals versucht. Ich hatte eben schon ein marxistisch-leninistisches Konzept, darin war ich ihnen voraus. Meine Beziehungen zu den Kommunisten waren gut, denn fast alle Bücher, die ich studiert hatte, waren auf Pump in der Bücherei der Kommunistischen Partei in der Straße Carlos III. gekauft. Ich hatte auch gute Beziehungen zu den führenden kommunistischen Persönlichkeiten an der Universität, wir waren Verbündete in fast allen Kämpfen. Ich sagte zu ihnen: «Es besteht die Möglichkeit, mit der Unterstützung der großen potentiell revolutionären Masse zu kämpfen.» Schon vor dem Putsch Batistas am 10. März begann ich, diese Konzepte in die Praxis umzusetzen.

Frei Betto: Kam die Gruppe, die den Angriff auf Moncada ausführte, aus dem linken Flügel der Orthodoxen Partei?

Fidel Castro: Sie kam aus den Reihen der Jugend der Orthodoxen Partei, die ich kannte und von denen ich wußte, wie sie dachten. Nach dem Ereignis des Putsches begann ich, sie zu organisieren.

Frei Betto: Unter welchem Namen?

Fidel Castro: In dem damaligen Augenblick organisierten wir Kampfzellen.

Frei Betto: So nannten sie sich – Zellen?

Fidel Castro: Eigentlich organisierten wir einen Militärapparat. Das war in den Monaten nach dem Militärputsch von 1952, und wir hatten noch keinen eigenen revolutionären Plan. Seit 1951 erarbeitete ich einen revolutionären Plan, aber der setzte noch eine davorliegende politische Phase voraus.

Da ich über eine gewisse politische Macht verfügte, begann ich mit der Organisation einer revolutionären Bewegung. Ich wußte, die Orthodoxe Partei würde die Wahlen gewinnen und ihre Leitung würde dann in fast allen Provinzen – außer in Havanna – in die Hände von Großgrundbesitzern und der Bourgeoisie fallen, wie immer. Die Volkspartei befand sich möglicherweise in den Händen von reaktionären Elementen und Wahlmaschinerien, außer in der Provinz von Havanna. Dort gab eine Gruppe von ehrenwerten Politikern, von Intellektuellen und Universitätsprofessoren den Ausschlag. Es gab keine Wahllisten, obwohl einige Reiche an Einfluß gewannen und die Partei in der Provinz kontrollieren wollten, über diese Listen und das Geld.

Hier in Havanna war die Partei ausreichend stark. Sie hatte 80 000 freiwillige Mitglieder, das ist schon eine ansehnliche Zahl. Sie wuchs vor allem nach dem Tod ihres Gründers, eines kämpferischen Mannes mit großem Einfluß auf die Masse, der Selbstmord begangen hatte als Konsequenz

einer Polemik mit einem Minister der Regierung, der ihn ohne Beweise angeklagt hatte, Landgeschäfte in Guatemala abzuwickeln. Sie stellten ihm eine Falle, trieben ihn in die Polemik zu dieser Frage. Und wenn die Korruption in unserem Land auch groß war, so wurde gerade dieser Fall niemals bewiesen. Er gab alle Hoffnung auf und beging Selbstmord. Die Partei blieb daraufhin ohne Führung, aber wies viel Kraft auf.
Ich hatte mich schon damit abgefunden, daß die Partei die Präsidentschaftswahlen im Juni 1952 gewinnen würde. Ich sah voraus, daß das Ergebnis dieser neuen Regierung ebenfalls eine völlige Enttäuschung sein würde, und deshalb plante ich schon den Übergang von der ersten politischen Etappe, der Vorbereitung der Bewegung, auf die zweite Etappe, die Übernahme der Macht auf revolutionärem Weg. Ich glaube, eines der wichtigsten Dinge, die mich der Marxismus lehrte und die mir auch meine Intuition sagte, war die Notwendigkeit der Machtübernahme, um überhaupt die Revolution durchführen zu können, denn auf den traditionellen Wegen der Politik, so wie sie bisher beschritten worden waren, würde man zu nichts kommen.
Ich dachte daran, ausdrückliche Positionen als Plattform zugrunde zu legen, von denen ausgehend man dann ein revolutionäres Programm entwickeln könnte, anfangs in Form von Gesetzesvorlagen. Das verwandelte sich dann später in das Programm von Moncada. Es handelte sich dabei noch nicht um ein ausgeprägtes sozialistisches Programm, sondern um ein Programm, das die Unterstützung der Masse der Bevölkerung gewinnen konnte. Es war eine Art «Vorzimmer» zum Sozialismus in Kuba. Die im Programm von Moncada aufgeführten Punkte hatte ich schon lange vor dem Putsch Batistas erarbeitet, während der Aufbauzeit einer soliden Basis in den Stadtvierteln von Havanna und in anderen einfachen Sektoren der Stadt und der Provinz. Außerdem arbeitete ich aktiv mit der Masse der Partei.
Da ich schon Rechtsanwalt war, verblieb ich in engem Kontakt mit diesen Sektoren der Bevölkerung – durch einen aktiven, dynamischen, energischen Kampf und dank der Unterstützung einer kleinen Gruppe compañeros. Ich übernahm keine Leitungsfunktionen, zählte aber auf die Unterstützung der Masse der Partei und das im ganzen revolutionäre Konzept. Dann ereignete sich der Putsch, und alles änderte sich. Wir konnten dieses Programm nicht weiterverfolgen. Das anfängliche Programm hatte sogar die Soldaten eingeschlossen, denn auch sie waren Opfer der Ausbeutung, dazu gezwungen, auf dem Privatbesitz der Magnaten, des Präsidenten, der Obersten zu arbeiten. Ich deckte das alles auf, klagte es an und konnte so langsam Einfluß in ihren Reihen gewinnen. Wenigstens

schenkten sie meinen Anklagen Aufmerksamkeit. Mein Plan bestand darin, auch die Soldaten in diese Bewegung einzubinden. In einem umfassenden Programm sollten Soldaten, Arbeiter, Bauern, Studenten, Professoren, Freiberufliche und mittlere Sektoren der Bevölkerung zusammengeschlossen werden.
Nach dem Putsch änderte sich das gesamte Bild. Anfangs hatte ich daran gedacht, zur früheren verfassungsmäßigen Phase zurückzukehren. Jetzt mußte die Militärdiktatur gestürzt werden.[22]
Frei Betto: Wann geschah der Putsch?
Fidel Castro: Am 10. März 1952. Ich begann dann, darüber nachzudenken, wie die vorherige Situation wiederhergestellt und alle Kräfte vereinigt werden könnten, um diese infame und reaktionäre Aktion, die der Putsch von Batista darstellte, zu beseitigen. Auf eigene Faust organisierte ich die militanten Armen und die kampfbereiten Männer der Orthodoxen Jugend und trat in Kontakt zu einigen Führern dieser Partei, die sich für den bewaffneten Kampf entschieden hatten. Für mich war klar, daß Batista mit Waffen geschlagen werden mußte, damit wir zur vorhergehenden Phase einer verfassungsmässigen Regierung zurückkehren konnten. Mit Sicherheit würde dieses Ziel alle Parteien vereinen. Die erste revolutionäre Strategie wurde entworfen als eine große Massenbewegung und hatte zu Beginn mobilisierenden Charakter durch den verfassungsmäßigen Weg, den sie einschlug. Um diese Ziele herum vereinigten sich alle zum Sturz des Regimes von Batista, sowohl die Regierungs- wie die Oppositionsparteien. Innerhalb weniger Wochen organisierte ich die ersten Kämpfer und die ersten Zellen. Wir installierten geheime Radiostationen und verbreiteten ein kleines hektographiertes Journal. Wir hatten ein paar Zusammenstöße mit der Polizei, die uns später aber als Erfahrungen nützlich waren. Danach wandten wir außerordentlich vorsichtige Methoden an bei der Auswahl und Aufteilung der compañeros. Wir wurden zu wirklichen Verschwörern und organisierten die ersten Zellen zum gemeinsamen Kampf aller Parteien und aller Kräfte. So begann ich, in der Partei zu arbeiten, wo ich viele gute junge Leute kennenlernte, die ich in den ärmsten Sektoren traf, in Artemisa und in den einfachsten Stadtteilen von Havanna. Sie alle waren Arbeiter. Eine kleine Gruppe von compañeros unterstützte mich von Anfang an: Abel, Montané, Ñico López und andere.
Anfangs war ich der einzige Hauptamtliche in der Bewegung. Um die

---

[22] Zum Putsch vom 10. März 1952 vgl. Anm. 6. Die Rolle der Orthodoxen Partei wird von Fidel Castro auf den folgenden Seiten beschrieben. Zur Weiterführung vgl. E. Grinewitsch, Kubas Weg zur Revolution, Frankfurt 1978, 67 ff.; 170 ff.

Wahrheit zu sagen, bis Moncada war ich der einzige, und erst im letzten Augenblick wurde auch Abel freigestellt. Wir organisierten die gesamte Bewegung innerhalb von 14 Monaten. Dann umfaßten wir 1 200 Mitglieder. Ich hatte mit jedem einzelnen gesprochen und jede Zelle einzeln organisiert. Wissen Sie, wie viele Kilometer ich vor Moncada im Auto gefahren bin? 40 000 Kilometer. In einem Auto, das noch nicht einmal vollständig bezahlt war. Sowohl das Auto wie ich selbst wurden von Abel und Montané unterhalten. Die Reisen dienten dazu, die Bewegung zu organisieren, zu trainieren und auszurüsten.

Durch die Versammlungen mit den zukünftigen Kämpfern, in denen ich ihnen Ideen und Anweisungen erteilte, bauten wir eine disziplinierte und entschiedene Organisation auf, mit jungen und gesunden Leuten, die unsere fortschrittlichen und patriotischen Ideen teilten. Wir organisierten uns für den Kampf gegen die Diktatur. Es war nicht unser Vorhaben, diesen Kampf anzuführen, wohl aber, mit allen unseren Kräften dabei mitzuarbeiten. Persönlichkeiten und politische Führer gab es schon im Überfluß. Doch wir kamen später zu dem Ergebnis, daß sie alle falsch, unfähig, verlogen waren, und wir entschieden, unseren Plan zu ändern. Das begann auch, den Verlauf der Entwicklung zu verändern.

Wir beenden den ersten Teil des Interviews. Ich spüre, daß ich nicht mehr die verlangte Neutralität der Gefühle wahren kann, wie ich sie aus meinen Zeiten als Reporter kenne. Ich bin ganz ergriffen von dem, was ich gerade gehört habe. Es ist fast drei Uhr morgens, als wir uns verabschieden.

Zweiter Teil: 24. Mai

Angriff auf die Moncada-Kaserne

Der zweite Teil unseres Interviews beginnt am Freitag, 24. Mai 1985, um 16.45 Uhr.

Frei Betto: Wir sprachen über Moncada. Mich würde vor allem interessieren, wenn Sie etwas über die Revolutionäre erzählen könnten wie Frank País und über José Antonio Echeverría, der nicht in Moncada dabei war, weil er zur gleichen Zeit in Havanna war, und der als Christ bekannt war. Welchen Eindruck hinterließ die Tatsache, daß sie Christen waren, und welche Beziehung bestand zwischen ihnen und denjenigen, die schon eine marxistische Vision hatten?
Fidel Castro: Nach Moncada gab es schon eine kleine Gruppe mit größerer Verantwortlichkeit und Autorität, die eine marxistische Prägung hatte. Ich selbst arbeitete in diesem Sinne mit einem Kern von Militanten, die größere Verantwortung trugen. Die Qualitäten, die wir von diesen Genossen verlangten, waren an erster Stelle Patriotismus, revolutionärer Geist, Zuverlässigkeit, Rechtschaffenheit, Bereitschaft zum Kampf in Zustimmung zu den Zielen und den Risiken eines bewaffneten Kampfes gegen Batista. Das waren die grundsätzlichen Bedingungen. Niemand wurde bezüglich seiner religiösen Überzeugung befragt. Dieses Problem stellte sich nicht. Ich erinnere mich an keine einzige Ausnahme. Das war eine Sache der Privatsphäre jedes einzelnen. Und wenn es auch keine Daten oder Statistiken darüber gibt – weil niemand dieser Frage nachging –, so ist es doch unbestreitbar, daß viele der Teilnehmer an Moncada Christen waren.
Sie haben einige Beispiele erwähnt. Aus Anlaß von Moncada allerdings hatte Frank País noch keinen Kontakt zu uns; er war sehr jung und schloß sich unserer Bewegung erst Monate nach dieser Aktion an. Er zeichnete sich dann bald aus. Soweit ich weiß, war Frank País durch seine Familie religiös geprägt.
Frei Betto: Sein Vater war Pastor.
Fidel Castro: Richtig, der Vater war Pastor. Aber wir haben niemals über die religiöse Frage gesprochen.
Frei Betto: Aber es gab auch keinen antireligiösen Bekehrungseifer?
Fidel Castro: Es konnte ihn nicht geben, denn er hatte keinen Sinn. Was wir

suchten, waren Leute, die zum Kampf bereit waren. Dieses Problem also stellte sich gar nicht.
Soweit ich weiß, hatte auch Echeverría eine religiöse Prägung. Aber ich sprach auch mit ihm nicht darüber, wir sprachen über den Kampf gegen Batista. Tatsache ist, daß ich eines Tages aus Anlaß der Wiederkehr seines Todestages in meiner Rede eine scharfe Kritik formulierte. Sie dürfte veröffentlicht worden sein; es war an einem 13. März. Irgend jemand hatte die Berufung auf Gott weggelassen, die Echeverría in seinem politischen Testament hinterlassen hatte.
Frei Betto: Was hatte er geschrieben?
Fidel Castro: Er hatte ein Manifest verfaßt kurz vor der Aktion, bei der er den Tod fand. Jahre später, als ich mich für eine Rede anläßlich einer Gedächtnisfeier zur Wiederkehr seines Todestages vorbereitete, bemerkte ich, daß beim Lesen des Testamentes die religiöse Berufung auf Gott weggelassen worden war, die er formuliert hatte. Darüber war ich sehr erzürnt. Bei meiner Rede übte ich dann scharfe Kritik daran, sie muß in den Zeitungen stehen. Ich fragte, wie es denn möglich sei, diese Anrufung Gottes einfach wegzulassen, ein Dokument zu verfälschen. Ich fragte nach dem Grund einer solchen Sorge, wo doch die Berufung auf Gott in keiner Weise das Verdienst Echeverrías schmälerte. Das hätten sie nicht tun dürfen. Ich übte an dieser Haltung Kritik sowohl unter dem Gesichtspunkt der historischen Wahrheit, die respektiert werden muß, als auch im Hinblick auf das Vorurteil, das in der Annahme steckt, eine solche Anrufung dürfte nicht erinnert werden, weil sie vielleicht falsch verstanden würde und das Verdienst des Geehrten schmälern oder auslöschen würde. Das brachte mich zu der öffentlichen Anfrage in dieser Sache. Mit Sicherheit ist sie in den Zeitungen veröffentlicht. Ich weiß nicht, ob Sie schon davon gehört haben.
Frei Betto: Ja, man hat es mir einmal erzählt. Nun, danach waren Sie im Gefängnis. Wie erfolgte die Intervention des Bischofs von Santiago de Cuba zugunsten der Angreifer der Moncada-Kaserne?
Fidel Castro: Sehen Sie, um das richtig verstehen zu können, muß man berücksichtigen, daß es unmöglich gewesen war, die Kaserne Moncada einzunehmen – aus rein zufälligen Gründen zwar, die aber entscheidende Konsequenzen hatten. Nach dem Scheitern mußten wir notgedrungen den Rückzug antreten, denn die Kämpfer hatten verschiedene Positionen besetzt gehalten. Als der Befehl zum Rückzug gegeben wurde, zog sich ein Teil der Kämpfer in das Haus in Siboney zurück, von wo aus wir losgezogen waren.
Ich war besorgt um die compañeros, die sich in Bayamo aufhielten und stellte mir vor, sie hätten ihr Ziel erreicht und die örtliche Kaserne ein-

nehmen können. Wenn bei ihnen alles geklappt hätte, wären sie jetzt isoliert, und von daher dachte ich daran, einige compañeros zu reorganisieren und eine andere Aktion gegen eine kleinere Kaserne durchzuführen, in der Absicht, diejenigen zu unterstützen, die nach Bayamo gegangen waren.
Frei Betto: Eine historische Seltenheit. Ich habe dieses kleine Landgut in Siboney besucht. Ich vermute, daß von den compañeros, die nicht zu diesem Landgut zurückkehrten, schon einige gefangengenommen worden waren.
Fidel Castro: Es war nicht ganz so.
Frei Betto: Nein? Denn ich hatte mich schon gefragt, ob Sie keine Angst hatten, daß sie sprechen würden und daß...
Fidel Castro: Nein, in diesem Augenblick stellte sich mir das Problem nicht, denn ich stellte mir vor, daß der Feind keine Zeit gehabt hatte, zu reagieren aufgrund dieser für ihn so überraschenden und schockierenden Aktion, wie sie der Überfall auf seine Hauptkaserne darstellte.
Wir kehrten in das Haus zurück, von wo aus wir losgegangen waren, so wie es auch die anderen compañeros taten. Ich versuchte, die Gruppe zu reorganisieren, wir nahmen Munition und einige geeignetere Waffen und verteilten sie an jene, die entschieden waren, in die Berge zu gehen. Genauer gesagt: meine Idee war es, Richtung Caney zu gehen, das im Norden lag, auf der Höhe von Santiago, und mit einer Gruppe von zwanzig oder dreißig Männern überraschend eine kleinere Kaserne einzunehmen. Aber ich beobachtete, daß unsere Autos – damals hatten wir keine Kommunikationsmöglichkeiten – in Richtung des Landgutes fuhren, von wo wir losgezogen waren. Wir gingen dann auch in die Richtung, welche die Genossen eingeschlagen hatten. Und es war nicht möglich, eine Mindestzahl von Leuten zu versammeln, mit denen der Überfall auf die Kaserne von Caney realisierbar gewesen wäre, um der Gruppe von Bayamo zu Hilfe zu kommen.
Frei Betto: Wie viele Kämpfer griffen die Moncada-Kaserne an?
Fidel Castro: Es waren ungefähr 120 Menschen.
Frei Betto: Und wie viele davon starben...?
Fidel Castro: Das erkläre ich später. Einige von ihnen besetzten Gebäude wie das Justizgebäude, das die Kaserne um ein Stockwerk überragte; andere besetzten die Häuser gegenüber dem hinteren Teil der Kaserne, und unsere Gruppe postierte sich vor dem Haupttor, um von vorne in die Kaserne einzudringen. Ich saß im zweiten Wagen. Der Schußwechsel begann auf meiner Seite, als wir unvorhergesehen auf eine Wache beim Rundgang stießen. Unsere Gruppe bestand aus ungefähr 90 Männern. Aber das

Haupttor erreichten nur 60 oder 70, denn einige kannten sich in den Straßen nicht aus, und statt in die Straße zur Kaserne abzubiegen, fuhren sie mit ihren Wagen geradeaus. Meine Gruppe war bei denen, die das Haupttor erreichten. Die Pläne waren auch denen bekannt, die in den anderen Gebäuden waren, beim Gerichtsgebäude und im Hospital. Es war vorgesehen, daß unsere Gruppe den Kommandoposten übernehmen und die Soldaten zwingen sollte, sich in den hinteren Teil zurückzuziehen, wo sie dann eingekeilt wären zwischen denen, die von vorn eingedrungen waren und denen, die von ihren Positionen aus den hinteren Hof beherrschten, wo auch die Quartiere der Soldaten lagen.
Aufgrund des Zusammenstoßes mit der Wache begann der Kampf dann außerhalb der Kaserne und nicht innerhalb, so wie es vorgesehen war. Die Soldaten schlugen Alarm, es waren mehr als tausend, der Überraschungsfaktor war dahin, und es wurde unmöglich, den ursprünglichen Plan einzuhalten. Dem ersten Wagen gelang es trotzdem noch, den Eingang zur Kaserne zu besetzen und zu beherrschen. Als wir uns zurückzogen, ließ ich den letzten Wagen halten, in dem ich mich befand, und überließ meinen Platz einem Genossen, der etwas verloren herumlief. Ein compañero von Artemisa kehrte um und nahm mich mit.
Als wir dann die Stadt verließen über dieselbe Straße, die wir gekommen waren, konnte ich nicht mit einer ausreichenden Anzahl von Leuten rechnen, um zur Kaserne von Caney zu gehen; denn mehr oder weniger die Hälfte der 60 oder 70 Männer war schon zum Haus in Siboney zurückgekehrt. Nach dem Fehlschlagen der Aktion – bitte vergessen Sie nicht, daß es sich trotz der Organisation um Zivilisten handelte, die ihre erste Aktion durchführten – waren einige entmutigt und legten die Militärkleidung nieder. Dennoch gab es eine Gruppe, die entschieden war, den Kampf fortzusetzen. Diese Gruppe ging mit mir in die Berge, die vor dem Landgut beginnen: die Sierra Maestra in der Umgebung von Santiago. Wir kannten uns dort nicht aus. Bewaffnet drangen wir in den Busch ein. Wir hatten keine Waffen bei uns, die für eine offene Feldschlacht geeignet gewesen wären, sondern bloß einige automatische Gewehre Kaliber 22 und einige automatische Gewehre Kaliber 12 mit zwölf Schuß, geeignet für den Nahkampf, so wie wir es geplant hatten. Mit diesen Waffen ausgerüstet, gingen wir in die Berge. Weil wir die Gegend nicht kannten, waren wir bei Einbruch der Dunkelheit noch nicht am Gipfel angekommen. Zu dieser Stunde hatte der Feind seine Soldaten schon über die gesamte Gegend verteilt, und alle Schlüsselpunkte der Region waren besetzt. Dennoch hätten wir die Blockade durchbrechen können, wenn wir damals schon über die Erfahrung verfügt hätten, die wir später erwarben. So aber hatten der

Mangel an Erfahrung und die Unkenntnis der Gegend zur Folge, daß wir keine Wege finden konnten und immer wieder zur Mitte des Berges zurückkamen. Unser Plan bestand darin, die andere Seite der Sierra Maestra zu erreichen, wo die Bucht von Santiago de Cuba liegt, der östliche Teil der Stadt.

Unser ursprünglicher Plan war gewesen, die Kaserne Moncada einzunehmen und dank der Unterstützung durch die Bevölkerung von Santiago de Cuba einen Generalstreik auszurufen, um das Land lahmzulegen. Würde der Feind dann angreifen in einer Stärke, die unsere Verteidigungskraft überstiegen hätte, wollten wir uns mit 2 000 oder 3 000 bewaffneten Männern in die Sierra Maestra zurückziehen. Das war der Plan. Von Anfang an gingen wir davon aus, daß uns die Bevölkerung von Santiago de Cuba unterstützen würde, wenn wir erst einmal die Kaserne eingenommen hätten. Ich sagte Ihnen, mit den Kenntnissen, die wir später erwarben, hätten wir alle diese Soldaten und ihre Positionen nicht ernst nehmen müssen. In dem Augenblick aber hielten wir es aufgrund unserer Unwissenheit für unmöglich, auf die andere Seite der Sierra Maestra zu kommen, um uns von den Soldaten, die uns jagten, abzusetzen. Wir planten, die Bucht von Santiago de Cuba Richtung Osten zu kreuzen und so in die steilere und strategisch wichtigere Zone der Sierra Maestra einzudringen.

In unserer Gruppe befanden sich sogar einige Verletzte, allerdings waren ihre Verletzungen nicht sehr ernst. Es ereignete sich aber ein Unfall: Die Waffe eines compañeros löste sich und verletzte ihn schwer. Wir mußten eine Lösung finden, ihn zu retten, was die Gruppe aber noch mehr reduzierte. Andere compañeros waren sehr erschöpft, sie hatten einfach nicht die physische Kondition, die Härte eines Kampfes in den Bergen auszuhalten. Angesichts ihrer geringen Beweglichkeit entschieden wir, sie nach Santiago zurückkehren zu lassen. Weshalb sie zum damaligen Zeitpunkt schon zurückkehren konnten? Aus folgendem Grund: direkt nach dem Angriff und in den folgenden Stunden und Tagen begann das Heer, viele Leute gefangenzunehmen. Sie verhafteten einige, die verlorengegangen waren, als wir Moncada ansteuerten, andere, die Positionen gegenüber der Kaserne besetzt gehalten und anscheinend gezögert hatten einzusehen, daß der Hauptangriff gescheitert war. Von diesen konnten einige rechtzeitig entkommen, die meisten aber wurden umzingelt. Es wurden auch Leute gefangengenommen, die schon wieder Zivilkleidung trugen, als sie versuchten, in einem Hotel unterzukommen, Zuflucht zu finden oder Santiago de Cuba zu verlassen. Wieder andere wurden schließlich auf freiem Feld aufgegriffen.

Frei Betto: Trugen sie Militärkleidung?

Fidel Castro: Ja. Glücklicherweise waren die Verluste in dem Kampf äußerst gering. Der Feind jedoch hatte höhere Verluste, 11 Tote und 22 Verletzte, wenn ich mich recht erinnere.
Frei Betto: Und Sie hatten wieviele Tote?
Fidel Castro: Wir wissen, daß in der Schlacht zwei oder drei compañeros gefallen sind und einige verletzt wurden. Dennoch meldete Batista am Montag den Tod von 70 Revolutionären. Möglicherweise hatten sie an jenem Montag noch gar nicht 70 Genossen ermordet von den 160, die an den Aktionen von Bayamo und Santiago teilgenommen hatten. Sie verbreiteten jedoch die Nachricht über den Tod von 70 Rebellen. Schon am Sonntagnachmittag waren zahlreiche compañeros verhaftet und ermordet worden. Fast die ganze Woche hindurch waren die Gefangenen schrecklichen Foltern und dem Tod ausgesetzt.
All das rief in der Bevölkerung von Santiago de Cuba eine heftige Reaktion von abgrundtiefer Ablehnung hervor und erzeugte eine nationale Erschütterung. Die Stadt begann zu begreifen, daß jeder Gefangene hingerichtet wurde, den die Soldaten ergriffen. Die bürgerliche Gesellschaft organisierte sich, machte mobil und besuchte den Erzbischof von Santiago de Cuba, Monseñor. Pérez Serantes, von spanischer Herkunft. Aus humanitären Gründen erhob dieser dann Einspruch, um die Überlebenden zu retten. Man muß noch daran erinnern, daß auch die vierzig compañeros, die in Bayamo gewesen waren, erhebliche Schwierigkeiten bei der Erfüllung ihrer Mission hatten, und eine beträchtliche Anzahl von ihnen wurde an verschiedenen Orten gefangengenommen.
Die Faustregel, die von Batistas Heer angewandt wurde, bestand darin, eine Serie von Verleumdungen in die Welt zu setzen und zu versuchen, den Haß der Militärs gegen uns zu schüren, indem sie die infame Anklage verbreiteten, wir hätten kranken Soldaten im Krankenhaus von Santiago de Cuba die Kehle durchgeschnitten. Das, was dort wirklich geschah, war — wie ich eben schon berichtet habe —, daß der Kampf außerhalb und nicht wie geplant innerhalb der Kaserne begann. Das lag am zufälligen Zusammenstoß mit einer Wache auf dem Rundgang, die normalerweise nicht dort patrouillierte; weil es aber Karnevalssonntag war, wurde sie dort aufgestellt und dann...
Frei Betto: Ein Wachposten der Kaserne?
Fidel Castro: Ja. Sie hatten dort eine Wache aufgestellt, weil Karneval war. Und wenn es dem ersten Wagen auch gelang, bis zum Tor zu kommen, so gab es dann den Zusammenstoß zwischen der Wache und unserem Wagen, der der zweite war. Alle Einrichtungen innerhalb der Kaserne hatten überdies das gleiche militärische Aussehen. Als unser Wagen hielt, stiegen die

Leute, die hinter uns kamen, aus dem Wagen und gingen vorwärts in die linke Richtung. Dabei betrat eine Gruppe versehentlich das Krankenhaus in der Meinung, sie gingen in die Kaserne. Als ich dann persönlich den Irrtum bemerkte, ging ich in das Krankenhaus und holte sie dort schnell heraus. Weil nun der Überraschungsfaktor und der Anfangsschwung verpufft waren, stoppte der Angriff, und wir versuchten, die Gruppe noch einmal zu reorganisieren und den Angriff auf die Kaserne zu wiederholen. Das war aber nicht möglich, die Garnison stand Gewehr bei Fuß und hatte die Verteidigungsstellungen eingenommen. Dies verhinderte, daß wir Erfolg hatten, er wäre ausschließlich vom Überraschungsfaktor abhängig gewesen. Weil wir nicht auf geeignete Waffen und eine ausreichende Zahl von Männern zurückgreifen konnten, mit denen wir uns den Soldaten hätten entgegenstellen können, scheiterten wir, als sie aufwachten und Stellung bezogen.

Direkt in meiner Nähe drückte jemand ab — ich wurde davon fast taub — und traf einen Mann in Militärkleidung, der am Fenster des Hospitals auftauchte. Dadurch wurde eine gesunde Person entweder verletzt oder getötet. So diente die Tatsache, daß wir das Krankenhaus betreten hatten — auch wenn es nur das Erdgeschoß, der Eingang gewesen war —, als Hintergrund für die große Verleumdungskampagne gegen uns, wir hätten angeblich kranken Soldaten die Kehle durchgeschnitten. Es war reine Lüge, aber viele Soldaten glaubten sie. Batista verfolgte damit die Absicht, den Haß der Soldaten zu wecken und zu schüren. Dazu kam noch die traditionelle Brutalität des Heeres und die Verletzung ihrer Würde durch den Angriff von Zivilisten, die sich erdreisteten, ihnen entgegenzutreten.

Die Gefangenen wurden systematisch ermordet. Einige wurden mitgenommen, verhört, barbarisch gefoltert und dann getötet.

Diese Umstände hatten heftige Reaktionen in der Öffentlichkeit zur Folge, und der Erzbischof von Santiago de Cuba als kirchliche Autorität begann, gemeinsam mit anderen Persönlichkeiten der Stadt zu handeln, um das Leben der Überlebenden zu retten. Tatsächlich wurden einige Überlebende freigelassen auf Betreiben des Erzbischofs und der Gruppe bekannter Persönlichkeiten, denen bei ihren Aktionen noch die Grundstimmung tiefer Empörung in der Bevölkerung zu Hilfe kam. Angesichts dieser Situation entschieden wir uns, daß sich die Gruppe von compañeros, die bei mir war und sich in einer denkbar schlechten körperlichen Verfassung befand, sich über die Vermittlung des Erzbischofs den Behörden stellen sollte. Es handelte sich um sechs oder sieben compañeros.

Ich verblieb also noch mit zwei weiteren Führern. Unser Vorschlag war, die Bucht zu überqueren, um die Sierra Maestra zu erreichen und den Kampf neu zu organisieren. Der Rest war außerordentlich erschöpft, und es war notwendig, ihnen das Leben zu retten.

Das Gefängnis

Frei Betto: Wie viele compañeros waren es ungefähr?
Fidel Castro: Sechs oder sieben. Wir näherten uns einem Haus, sprachen mit einem Bewohner, und er war es, der das Treffen dieser Gruppe mit dem Erzbischof arrangierte. Bei Tagesanbruch sollten diese sechs oder sieben compañeros vom Erzbischof abgeholt werden. Ich und zwei andere, die bei mir waren, trennten uns dann von ihnen. Wir entfernten uns rund zwei Kilometer vom Ort und hatten vor, bei Nacht die Straße zu nehmen, die zur Bucht von Santiago de Cuba führte. Aber das Heer wußte von uns, vielleicht hatten sie das Telefongespräch zwischen der Familie und dem Erzbischof abgehört. Und sehr früh, noch vor Tagesanbruch, besetzten Patrouillen die gesamte Region, einschließlich der Umgebung der Straße. Wir waren nur zwei Kilometer entfernt und begingen einen Fehler, der uns bis dahin in all den Tagen nicht unterlaufen war. Etwas erschöpft, weil wir in den Bergen unter schlechtesten Bedingungen hatten übernachten müssen, an Steilhängen, ohne Schlafsack oder Ähnliches, fanden wir ausgerechnet in jener Nacht einen kleinen Unterschlupf. Er war vier Meter lang und drei Meter breit, so eine Art Schutzhütte, in der gewöhnlich Arbeitsmaterial aufbewahrt wurde. Um uns vor dem Nebel, der Feuchtigkeit und der Kälte zu schützen, entschieden wir uns, bis zum Morgengrauen dort zu bleiben. Morgens, noch bevor wir aufwachten, betrat eine Patrouille von Soldaten den Unterschlupf und setzte uns die Gewehre auf die Brust. Von den Gewehren des Feindes geweckt zu werden, das war die Folge eines Fehlers, den wir niemals hätten begehen dürfen.
Frei Betto: Hatte niemand von Euch Wache gehalten?
Fidel Castro: Nein, niemand hielt Wache, alle drei schliefen! Wir waren etwas zu vertrauensselig, denn immerhin dauerte es schon eine Woche, daß wir — obwohl sie die ganze Gegend durchkämmten — die Umzingelung immer wieder durchbrachen. Wir unterschätzten den Feind, begingen einen Fehler und fielen in seine Hände. Mit Sicherheit hörten sie das Telefongespräch ab, denn ich kann nicht glauben, daß die Personen, zu denen wir Kontakt hielten, uns verraten haben sollen. Sicher begingen sie Unvorsichtigkeiten wie die, telefonisch mit dem Bischof zu sprechen. Dies hatte das Heer alarmiert, das sofort seine Patrouillen ausschickte, die uns festnahmen. So wie diese Leute herumstreiften, nach Blut lechzend, hätten sie uns am liebsten stehenden Fußes ermordet. Doch es geschah ein unglaubli-

cher Zufall: Es gab einen schwarzen Leutnant, genannt Sarría, der kein Mörder war und eine gewisse Autorität besaß. Die Soldaten waren gereizt, fesselten uns, richteten ihre Gewehre gegen uns und wollten uns töten. Sie wollten unsere Identität wissen, und wir nannten ihnen andere Namen. Ich sah sofort, daß sie mich nicht erkannten.

Frei Betto: Waren Sie schon sehr bekannt in Kuba?

Fidel Castro: Relativ. Aber aus irgendeinem Grund erkannten mich die Soldaten nicht. Trotzdem wollten sie uns töten; wenn sie uns identifiziert hätten, dann hätten sie mit Sicherheit abgedrückt. Wir begannen, mit ihnen zu diskutieren. Sie sagten, wir wären Mörder, die Soldaten töten würden; sie seien diejenigen, die die Tradition des Befreiungsheeres fortsetzten. Ich verlor ein wenig die Ruhe und wandte ein, daß sie die Nachfolger des spanischen Heeres seien, wir hingegen die wirklichen Nachfolger des Befreiungsheeres. Da wurden sie noch wütender.

Wir hielten uns schon für tot; ich konnte mir nicht die mindeste Überlebenschance vorstellen. Während der Diskussion mit ihnen schritt der Leutnant ein und sagte: «Drückt nicht ab, drückt nicht ab!» Er wandte sich den Soldaten zu und wiederholte mit leiser Stimme: «Drückt nicht ab; die Ideen tötet man nicht, die Ideen tötet man nicht.» Dreimal wiederholte dieser Mann: «Ideen tötet man nicht.»

Zufällig war einer der beiden compañeros Freimaurer. Es handelte sich um Oscar Alcalde, der noch lebt und heute Präsident der Sparkasse ist, denn er war Finanzsachverständiger und kontrollierte das Vermögen der Bewegung. Zufällig sagte er dem Leutnant, daß er Freimaurer sei. Das tat seine Wirkung, denn es gab viele Freimaurer in der Armee. Gut gefesselt stellten sie uns auf die Füße und führten uns ab. Ich war sehr beeindruckt von der Haltung des Leutnants. Nachdem wir ein Stück gegangen waren, rief ich ihn und sagte zu ihm: «Ich habe gesehen, wie Sie sich verhalten haben, und ich will Sie nicht täuschen, ich bin Fidel Castro.» Und er entgegnete darauf: «Sag niemandem etwas!» Wir gingen ein Stück weiter und hörten dann, etwa 700 oder 800 Meter von uns entfernt, Schüsse. Die Soldaten waren sehr nervös und warfen sich zu Boden.

Frei Betto: Wie viele Soldaten waren es?

Fidel Castro: In der Patrouille waren ungefähr 12 Soldaten.

Frei Betto: Und der Leutnant, wie alt war er?

Fidel Castro: 40 oder 42 Jahre ungefähr. Als die Soldaten sich hinlegten, dachte ich, das sei eine List, damit auf uns geschossen werden könne, und ich blieb aufrecht stehen. Der Leutnant näherte sich, und ich sagte zu ihm: «Ich lege mich nicht auf den Boden, wenn Sie schießen wollen, müssen Sie uns stehenderweise töten.» Der Leutnant bemerkte: «Ihr seid sehr mutig,

muchachos.» Ich glaube, das war die eine Chance unter Tausenden. Wir waren zwar noch nicht gerettet und besaßen keine Überlebensgarantie. Aber der Leutnant hat uns zum zweiten Mal gerettet.
Frei Betto: Zum zweiten Mal?
Fidel Castro: Ja, zum zweiten Mal, denn bevor der Erzbischof kam, wurde die andere Gruppe, die sich in der Nähe der Straße befand, entdeckt und gefangengenommen — das hatte den Schußwechsel verursacht, den ich eben erwähnte. Wir waren alle versammelt und wurden auf einen Lastwagen verladen. Der Leutnant setzte mich nach vorne zwischen sich und den Fahrer. Später tauchte ein Kommandant auf, der sich Pérez Chaumont nannte, einer der schlimmsten Mörder und verantwortlich für den Tod vieler Menschen. Er ordnete an, daß sie uns zur Kaserne bringen sollten. Der Leutnant diskutierte mit ihm und gehorchte nicht. Er brachte uns ins Gefängnis von Santiago de Cuba, wo wir der bürgerlichen Justiz übergeben wurden. Wären wir in die Kaserne gekommen, hätten sie dort Hackfleisch aus uns gemacht.
Die gesamte Bevölkerung von Santiago de Cuba wußte, daß wir gefangengenommen worden waren und uns dort befanden. Es setzte ein starker Druck ein, um uns das Leben zu retten. Der Kommandant des Regiments erschien, um uns zu verhören. Man spürte, daß selbst die Militärs von dieser Aktion beeindruckt waren und uns mit einem gewissen Respekt, bis hin zu Bewunderung betrachteten, trotz ihrer Befriedigung, daß das unbesiegbare Heer den Angriff zum Scheitern gebracht und alle Rebellen gefangengenommen hatte. Dazu kam dann noch der psychologische Faktor: Ihr Gewissen war schon sehr belastet, denn schließlich hatten sie 70 oder 80 Gefangene getötet, und die ganze Bevölkerung wußte das.
Frei Betto: Ihre compañeros?
Fidel Castro: Ja, sie waren unter verschiedenen Umständen gefangengenommen worden. Sie töteten 70 oder 80; wenige entkamen und wurden gefangengenommen, unter ihnen die Gruppe, die bei mir gewesen war, und einige, die an anderen Orten gefangengenommen worden waren und nur dank der Proteste der Öffentlichkeit und des Einschreitens der Autoritäten und des Erzbischofs nicht getötet wurden. Einige wurden gerettet, weil sie sich durch Vermittlung des Erzbischofs stellten. Aber im Fall unserer Gruppe war der entscheidende Faktor der Leutnant.
Frei Betto: Was geschah mit ihm nach dem Sieg der Revolution?
Fidel Castro: Nun, vor dem Sieg denunzierten sie ihn als den Verantwortlichen für unser Überleben. Sie beschuldigten ihn, daß er uns nicht getötet hatte. — Später gab es noch weitere schwache Versuche, mich zu beseitigen. Dann kamen das Gefängnis, die Entlassung aus dem Gefängnis, das

Exil, das Unternehmen «Granma», der Kampf in den Bergen und die Organisation unserer Guerillatruppe. Am Anfang erlebten wir neue Rückschläge, und sie glaubten, sie hätten unsere Truppe zerschlagen; aber sie stand aus dem Nichts wieder auf und verwandelte sich in eine wirkliche Kraft und kämpfte mit der Aussicht auf den Sieg.

Zu diesem Zeitpunkt wurde der Leutnant aus der Armee entlassen. Als die Revolution siegreich verlief, gliederten wir ihn in die neue Truppe ein mit dem Grad eines Kapitäns. Er war der Chef der Eskorte des ersten Präsidenten, den die Revolution wählte. Er arbeitete im Präsidentschaftspalast. Unglücklicherweise — und deshalb vermute ich, daß er etwas älter als vierzig Jahre war — litt Pedro Sarría nach acht oder neun Jahren an Krebs und starb am 29. September 1972 als ein Offizier, für den alle großen Respekt und Hochachtung empfanden. Er war Autodidakt, und manchmal erschien er an der Universität, wo er mich sicher vorher gesehen hatte. Er war ein ehrenwerter Mann, mit einer starken Veranlagung zur Gerechtigkeit. Es ist merkwürdig, als Reflex auf sein Denken höre ich ihn in den kritischsten Augenblicken mit leiser Stimme die Anweisungen an seine Soldaten wiederholen, daß sie nicht abdrücken sollten, weil man Ideen nicht töten kann. Woher nur hatte er diesen Satz? Ich hatte nie die Wißbegier, ihn das zu fragen, vielleicht wissen es die Journalisten, die ihn später interviewt haben. Ich hatte erwartet, er würde noch lange leben. In den ersten Jahren der Revolution denkt man immer, daß es nach vorn noch so viel Zeit gibt, um Dinge zu tun, zu erforschen, zu erklären. Woher nur nahm er den Satz? Dieser ehrenwerte Offizier wiederholte das einige Male: «Drückt nicht ab, Ideen tötet man nicht!» Und als ich ihm sagte, wer ich war, entgegnete er mir: «Sag niemandem etwas!» Noch der andere Satz bei dem Schußwechsel: «Ihr seid sehr mutig, muchachos.» Auch das hat er zweimal wiederholt. Dieser Mann war einer unter Tausenden, und zweifellos hat er auf eine bestimmte Weise mit uns sympathisiert oder hatte eine gewisse moralische Nähe zu unserer Sache. Er war es, der in dem Augenblick über unser Überleben entschied.

Frei Betto: Danach waren Sie für 22 Monate im Gefängnis, auf der «Isla de la Juventud» (Insel der Jugend)?

Fidel Castro: Ja, das war ungefähr seit dem 1. August.

Frei Betto: Und Sie wurden entlassen dank der nationalen Kampagne für eine Gefangenenamnestie. Erinnern Sie sich, ob die Kirche an dieser Kampagne für die Amnestie beteiligt war?

Fidel Castro: Die Amnestiekampagne basierte auf einer sehr breiten Bewegung der öffentlichen Meinung: Alle politischen Oppositionsparteien, die bürgerlichen Kräfte, die sozialen Organisationen, Intellektuelle und Journalisten, viele Leute waren an dieser Kampagne beteiligt. Mit Sicherheit hat auch die Kirche sie unterstützt. Allerdings war sie nicht das Zentrum dieser Kampagne. Dennoch gewann sie Ansehen mit der Aktion, unter der Führung von Mons. Pérez Serantes in Santiago de Cuba, für die Anstrengungen, die er unternahm, und für die Leben, die er retten konnte, nach dem Angriff auf Moncada. Das wurde von der gesamten nationalen öffentlichen Meinung anerkannt.

Was also neben dem starken öffentlichen Druck letztendlich die Amnestie hervorbrachte, waren verschiedene Faktoren: Die begangenen Verbrechen hinterließen schließlich bei der Bevölkerung eine tiefe Erschütterung. Am Anfang waren wir nur in Santiago de Cuba bekannt, im übrigen Land jedoch nicht besonders gut. Aus Anlaß des Prozesses klagten wir alle diese Verbrechen öffentlich an — trotz der absoluten Pressezensur. In den ersten Tagen des Prozesses ließen sie mich zu zwei oder drei Sitzungen zu, dann hielten sie mich aber willkürlich davon fern, weil ich mich selbst verteidigte und alle ihre Verbrechen öffentlich anklagte. Wir übernahmen die gesamte Verantwortung für die Aktionen und rechtfertigten die Rebellion mit moralischen, gesetzlichen und verfassungsmäßigen Argumenten. Als Zustimmung zu der Politik, wie wir sie vertraten, sagten uns viele, daß sie stolz seien auf das, was wir getan hatten. Alle Dokumente wurden heimlich verbreitet, so daß das Volk von der Ungeheuerlichkeit der Verbrechen wußte, den schwersten, die in der Geschichte Kubas je begangen worden waren.[23]
Das Bewußtsein der Regierung war sehr schlecht, sie hielt sich nämlich schon wieder für gefestigt.

Alle politischen Kräfte jedoch, die den bewaffneten Kampf vermeintlich unterstützten, taten überhaupt nichts. Sie legten ihre Aktivitäten nieder und traten in den Wahlkampf ein, während wir noch im Gefängnis saßen. Deshalb hielt Batista sich schon für abgesichert und wollte seine Macht legalisieren. Er wollte die Regierung de facto so im Vorübergehen zu einer gewählten, verfassungsmäßigen Regierung machen. Deshalb rief er Wahlen aus, für die er, Batista, der einzige Kandidat war; er war sich sicher, daß seine Regierung legalisiert werden würde, denn viele politische Kräfte würden sich enthalten. Die Opposition war um ihr Ansehen gebracht. Abgesehen von der Machtbasis der Regierung rechnete er mit der Unterstüt-

---

[23] Fidel Castro meint damit die Rache des Diktators Batista nach dem Angriff auf Moncada am 26. Juli 1953. Der Diktator gab den Befehl, für jeden gefallenen Soldaten zehn gefangene Revolutionäre zu erschießen. Dieser Befehl wurde mit größter Grausamkeit ausgeführt. Fidel Castro hat die barbarischen Vorkommnisse in seiner berühmten Verteidigungsrede «Die Geschichte wird mich freisprechen» aufgeführt und angeklagt.

zung einer Gruppe von Parteien. So wollte er seinem Regime einen legalen Anstrich verpassen.

Dies war ein Faktor von beträchtlichem Einfluß, denn traditionellerweise fanden in Kuba keine Wahlen statt ohne eine Amnestie. So war diese Amnestie also nicht nur das Ergebnis des Drucks der öffentlichen Meinung, sondern ebenfalls durch andere Faktoren bedingt: das Bewußtsein der Verbrechen, die begangen worden waren, die Denunzierungskampagne und die Aufklärung des Volkes, die wir aus dem Gefängnis heraus auslösten, und schließlich der Wunsch und das Bedürfnis Batistas, seiner Regierung einen legalen Anstrich verpassen zu wollen. Und weil er diese kleine Gruppe von 20 compañeros, die noch übriggeblieben war, unterschätzte, weil er den bewaffneten Kampf darüber hinaus für besiegt hielt und glaubte, wir hätten weder ausreichende Mittel noch die Kraft, deshalb billigte er das Amnestiegesetz.[24]

Pater Sardiñas

Frei Betto: Zu der Zeit, als Sie im Gefängnis waren, hieß der Ort noch «Isla de Pinos» (Pinieninsel)?
Fidel Castro: Ja.
Frei Betto: Hatten Sie dort zum ersten Mal Kontakt zu Pater Sardiñas, der später am Kampf in der Sierra Maestra teilnahm?
Fidel Castro: Das ist möglich, denn als wir im Gefängnis waren, bekamen wir ein- oder zweimal Besuch von einigen Ordensschwestern. Ich war jedoch nur für sehr kurze Zeit mit den anderen compañeros zusammen.
Frei Betto: Waren Sie isoliert?
Fidel Castro: Als wir mehr oder weniger drei Monate dort waren, besuchte Batista das Gefängnis auf der heutigen Isla de Juventud (Insel der Jugend). Er kam aus einem lächerlichen Grund, um einen Generator von einigen hundert Kilowattstunden einzuweihen... Wenn ich daran denke, daß wir hier später unzählige Einheiten von Kilowattstunden gebaut haben, ohne sie alle einzuweihen, weil einfach keine Zeit dafür übrig blieb, so viele Werke einzuweihen! Und Batista kam dorthin zur Einweihung eines winzigen Elektrizitätswerkes. Natürlich hatten die Autoritäten des Gefängnisses Ehrungen und Willkommensgrüße für Batista vorbereitet, und wir entschieden uns als Reaktion darauf, an jenem Tag nichts zu essen und

---

[24] Nach der Amnestie mußte Fidel Kuba verlassen, weil mehrmals versucht wurde, ihn umzubringen. Er ging nach Mexiko, von wo aus er die bewaffnete Rückkehr nach Kuba vorbereitete (vgl. Anm. 4).

nicht in den Hof hinauszugehen. Daraufhin blieben wir eingeschlossen. Weil aber der Generator in der Nähe des Pavillons lag, in dem wir uns befanden, beobachtete der compañero Juan Almeida durch das Gitter, wann Batista den Ort betrat. Wir warteten, bis er wieder herauskam; und als er dicht an unserem Pavillon vorüberging, sangen wir die Hymne des 26. Juli. Anfangs dachte Batista, das sei ein Teil der Ehrungen, die ihm zuteil wurden, und es würde sich um einen Chor handeln, der ihm ein Loblied singe. Zufrieden hieß er seine Begleiter, ruhig zu werden, war aber sogleich irritiert, als die Worte unserer Hymne von den «unersättlichen Tyrannen» sprachen, «die Kuba ins Unglück gestürzt haben». Almeida hatte das alles durch die Gitter beobachtet. Dann kam die Polizei in die Zelle, und wir sangen weiter, trotz der Anwesenheit eines gefürchteten Folterers, den sie Pistolita nannten. Wir blieben eingesperrt. Ich wurde danach von den anderen getrennt und blieb bis zum Ende der Gefängniszeit in Isolationshaft. Schon in Santiago war ich bis zum Prozeß isoliert gewesen. Auf diese Weise war ich von den 22 Monaten, die ich im Gefängnis verbrachte, 19 Monate in Einzelhaft. Erst gegen Ende, einige Monate vor der Amnestie, wurde die Isolation gelockert, als sie meinen Bruder Raúl in meine Zelle schickten. Ich kann Ihnen also nicht darauf antworten, ob Pater Sardiñas schon Kontakt mit den Gefangenen von Moncada hatte. Da müßte ich Montané fragen, der von der Isla de la Juventud kommt.

Frei Betto: Wie verlief die Eingliederung von Pater Sardiñas in die Gruppe der Sierra Maestra, und welche Erinnerungen haben Sie an ihn?

Fidel Castro: Ich erinnere mich nicht mehr genau daran, wie es gewesen ist. Er weckte in uns keine besondere Aufmerksamkeit, aufgrund der Tatsache, daß die Unterstützung seitens der gesamten Bevölkerung wuchs. Das erfolgte, als sich die Guerilla in der Sierra Maestra festgesetzt hatte. Es kamen ganz unterschiedliche Leute, manchmal ein Arzt, dann ein Techniker. Vor allem die Ärzte waren geschätzt wegen der Dienste, die sie der Truppe und der Bevölkerung erwiesen. Eines Tages, nach der Hälfte des Krieges, kam Pater Sardiñas, ein revolutionärer Priester, der mit der Sache sympathisierte und sich der Guerilla anschloß. Er blieb lange Zeit bei uns.

Frei Betto: Ich weiß nicht, ob Ihnen eine interessante Tatsache bekannt ist: Er hat sich nicht allein aus einer persönlichen, isolierten Tat heraus der Guerilla angeschlossen, sondern mit der Unterstützung seines Bischofs. Und das zu einem Zeitpunkt im Leben der Kirche, als es noch keine Priester für den Sozialismus und andere Bewegungen dieser Art gab.

Fidel Castro: Aber er kam nicht als Soldat, sondern er blieb in seinem Stand als Priester. Er lebte mit uns in der Truppe zusammen und erhielt alles Notwendige für die Ausübung seines Dienstes, auch für die Zelebration der Messe. Weil wir oft unsere Stellung verlegten, wurde ihm ein Helfer zur Verfügung gestellt, der ihm behilflich war. Und wenn wir ein Gebiet unter Kontrolle hatten, dann blieb er zehn Tage an einem Ort oder fünfzehn an einem anderen. Unsere gesamte Truppe nahm ihn mit sehr viel Sympathie auf. Außerdem war die Taufe hier eine soziale Einrichtung, wie ich Ihnen schon gesagt hatte. Die Bauern maßen ihr große Bedeutung bei, und viele Familien wollten mich zum Paten ihrer Kinder. Pater Sardiñas taufte Hunderte von Bauernkindern. Die Familien kamen mit ihren Kindern und baten mich, Pate zu sein, der ja in Kuba wie ein zweiter Vater angesehen wird. Ich habe einen ganzen Haufen von Patenkindern in der Sierra Maestra, vielleicht sind viele von ihnen schon Offiziere des Heeres oder haben ihre Universitätsstudien abgeschlossen. Die Bande, die die Bauern zu uns knüpften, waren nicht nur freundschaftlicher Art, sondern hatten durchaus familiären Charakter.

Frei Betto: Er predigte zu den Bauern, erklärte er ihnen den Kampf ausgehend vom Glauben?

Fidel Castro: Er bekannte sich politisch als Sympathisant der Revolution und unterstützte sie, was er durch seine Bereitschaft, sich der Guerilla anzuschließen, unter Beweis stellte. Mit uns meisterte er viele Schwierigkeiten. Aber er hielt keine Predigt von der Art, wie man sie heute hält oder wie sie von einem Priester hätte gehalten werden können, der der Bewegung der Guerilleros beigetreten war. Denn als Pater Sardiñas kam, hatten die Bauern schon Kontakt zu unseren Leuten, jedenfalls diejenigen, die geblieben waren. Denn ein Teil hatte sich schon aus der Sierra Maestra zurückgezogen, aus Angst vor den Bombardements und der Repression des Heeres, das Häuser verbrannte und Bauern ermordete. Soweit ich mich erinnere, hielt er nicht diese Art von Predigten. Oft blieb er in einer ländlichen Gegend, und ich vermute, daß er den Bauern ausdrücklich den Glauben verkündigte. Die Arbeit, die er unter den Bauern tat, war nicht von politischem, sondern von religiösem Charakter. Und weil nie ein Priester dorthin kam, wie ich vorhin schon erklärt hatte, schätzten die Bauern vor allem die Taufe. Sie war eine soziale Zeremonie von großer Bedeutung und von großer Transzendenz.

Seine Anwesenheit und die Tatsache, daß er seinen Dienst als Priester ausübte und viele Kinder taufte, war eine Form, diese Familien noch stärker mit der Revolution und mit der Guerilla zu verbinden und die Bande zwischen der Bevölkerung und dem Kommando der Guerilla weiter auszudehnen. Ich würde sagen, seine Predigt oder seine politische Arbeit kam auf indirekte Weise der Revolution zugute. Alle waren sehr aufmerksam zu ihm, sie mochten ihn sehr gern, denn er war ein sympathischer Mensch.

Frei Betto: Und später wurde er zum Kommandanten ernannt?
Fidel Castro: Ja, ihm wurde dieser Grad zugestanden für die Zeit, die er im Krieg gewesen war, und für sein ehrenwertes Verhalten. Die Institution eines Militärgeistlichen existierte hier damals nicht. Ihm wurde der Titel des Kommandanten verliehen in Anerkennung seines Ranges und seiner Verdienste.
Frei Betto: Sie trugen ein kleines Kreuz in Ihrer Guerillero-Uniform?
Fidel Castro: Nun, ich erhielt viele Erinnerungen von den Leuten in Santiago, von Kindern wie auch von Erwachsenen. Und ein Mädchen aus Santiago schickte mir diese Kette mit dem Kreuz und eine sehr liebevolle Botschaft. Ja, ich habe es getragen. Aber wenn Sie mich jetzt fragen, ob ich es aufgrund des Glaubens getragen habe, dann würde ich ehrlicherweise mit Nein antworten, es war eher ein Zeichen der Hochachtung vor diesem Mädchen. Auf der anderen Seite bestand überhaupt kein Vorurteil im Hinblick auf diese Fragen, wir hatten einen Priester bei uns, und ich war der Patenonkel unzähliger Bauernkinder.
Frei Betto: War sie Ihre Freundin?
Fidel Castro: Ja, eine Sympathisantin, ein Mädchen aus Santiago de Cuba.
Frei Betto: Ich dachte, das Kreuz wäre von Ihrer Mutter gewesen.
Fidel Castro: Nein, denn wir hatten keinen Kontakt zueinander. Das war sehr schwierig, alle ihre Schritte wurden überwacht.

Die ersten Revolutionsgesetze

Frei Betto: Wir wollen uns jetzt ein wenig mehr der Frage der Beziehungen zwischen Revolution und Kirche zuwenden, angefangen mit dem Zeitpunkt des Sieges der Revolution. Wie reagierten die Christen und die Kirchen auf den Sieg der Revolution? Wie sahen die anfänglichen Beziehungen aus, in welchem Moment begann eine Krise in diesen Beziehungen und aus welchem Grund?
Fidel Castro: Am Anfang waren die Beziehungen zu allen gesellschaftlichen Sektoren ausgezeichnet. Der Sturz Batistas wurde von allen gesellschaftlichen Schichten ohne Ausnahme mit Freude aufgenommen, ausschließlich der Elemente, die das Batista-Regime sehr unterstützt, sich bereichert, Geld veruntreut und gestohlen hatten, und einiger Sektoren der Oberschicht, die mit dem Regime Batistas sehr eng verbunden gewesen waren. Wenigstens 95% der Bevölkerung — nach den Umfragen der damaligen Zeit — begrüßten den Sieg mit großer Freude und Genugtuung, denn das Regime von Batista war hinreichend verhaßt gewesen wegen der vielen Verbrechen und Mißbräuche, die es begangen hatte. Das Volk sah

dem Sieg mit viel Hoffnung entgegen und vor allem in der großen Befriedigung, daß es sich endlich von diesem Terrorregime befreite, das sieben Jahre lang gedauert hatte. Vor allem die letzten Jahre waren die blutigsten. Unsere Schwierigkeiten begannen mit den ersten Revolutionsgesetzen.
Frei Betto: Zum Beispiel?
Fidel Castro: Nun, eines der ersten Gesetze — das nicht so viel bewirkt hat — war das Gesetz der Beschlagnahmung aller wie auch immer illegalen Güter. Es wurden alle Güter beschlagnahmt, die im Verlaufe der Batista-Tyrannei unerlaubterweise erworben worden waren: fincas, Geschäfte, Industrien. Alles das, was sie nicht von hier fortschaffen konnten, wurde beschlagnahmt. Man wollte dabei die zeitliche Grenze für die Gültigkeit dieser Maßnahme nicht noch über das Datum des Putsches von Batista hinaus ausdehnen, denn während des Kampfes gegen Batista hatten verschiedene Parteien, die vorher in der Regierung gewesen waren, uns auf irgendeine Art und Weise ihre Unterstützung oder Mitarbeit angeboten. Wenn wir die Reichweite des Gesetzes noch weiter zurück ausgedehnt hätten, dann wäre die Anzahl der Leute wesentlich größer gewesen, die hätten enteignet werden müssen. Aber wir gewährten eine Art Amnestie für die Unterschlagungen vor der Tyrannei Batistas, vor allem um keine Spaltungen hervorzurufen und die Revolution nicht zu schwächen, sondern um die mögliche Einheit zwischen allen politischen Kräften aufrechtzuerhalten, die sich gegen das Regime gewandt hatten. Deshalb beschlagnahmten wir nur die Unterschlagungen seit dem 10. März 1952. Wenn wir bis zu den Anfängen der Republik zurückgegangen wären, hätten wir sogar die Enkel der Diebe dieses Landes enteignen müssen, denn Diebe gab es hier in großer Zahl.
Die zweite Sache, die wir in Angriff nahmen und die ebenfalls mit großer Zustimmung rechnen konnte, war, alle Verantwortlichen für die Folterungen und Verbrechen vor die Gerichte zu bringen, denn Tausende von Menschen waren gefoltert und ermordet worden. Wenn ich auch sagen muß, daß zu jener Zeit die Repression noch nicht diese subtile Verfeinerung erfahren hatte, die sie danach in anderen Ländern Lateinamerikas erfuhr, wie beispielsweise in Chile, Argentinien und Uruguay. Das hier war in den 50er Jahren passiert, und in den anderen Ländern geschah es zwanzig Jahre später, als die Nordamerikaner schon über die Erfahrungen von Vietnam verfügten und der CIA eine umfangreiche Technologie in Sachen Repression und Folter erworben hatte, die er an die repressiven Kräfte Lateinamerikas, die Polizei und das Militär weitergab. In Vietnam perfektionierte der Imperialismus seine Techniken des Verbrechens und des Terrors, so daß sich diese Länder in den 70er Jahren sehr viel raffinierteren und

ausgefeilteren repressiven Systemen gegenübersahen.

Wir müssen allerdings die Wahrheit benennen: Obwohl die Unterdrückung durch Batista sehr blutig gewesen war, ist das, was in einigen dieser Länder danach geschah, unbestreitbar schlimmer. Verantwortlich dafür sind die Vereinigten Staaten und der CIA, denn sie unterwiesen diese Leute in der Kunst des Tötens, des Folterns und des Mordens sowie in der Kunst des Verschwindenlassens von Menschen. Das diabolische Phänomen der Verschwundenen existierte hier nur in der Zeit Batistas, aber es gab sehr wenige Fälle von ermordeten Menschen, deren Körper dann einfach verschwanden.

Frei Betto: In meiner Heimatstadt in Brasilien folterte Dan Mitrione die Bettler, um den Militärs beizubringen, wie man Foltern anwendet.

Fidel Castro: Als Sie das letzte Mal hier waren, haben Sie mir bereits von dieser Erfahrung erzählt. Bedauernswerterweise ist das geschehen. Aber Batista hat ebenfalls viele Menschen ermordet: Er hat Studenten getötet, Bauern und Arbeiter; er hat jede Art von Verbrechen begangen. Zum Beispiel haben in einem Dorf in der Sierra Maestra die Truppen Batistas 62 Bauern ermordet; alle Leute, die dort wohnten, haben sie umgebracht. Ich weiß nicht, ob sie das Beispiel von Lídice in der Tschechoslowakei dabei kopieren wollten oder das Beispiel der Nazis, denn das geschah nach einer Schlacht, bei der ein Teil des Heeres in einen Hinterhalt geraten war. Es war noch nicht einmal ein Dorf, die Bauern lebten verstreut, jeder in seinem Haus, und sie hatten nicht das geringste mit dem zu tun, was geschehen war. Sie töteten alle Männer. Von einer Familie töteten sie den Vater und fünf der sechs Kinder. Eine Greueltat.

Vor dem Sieg der Revolution, noch in der Sierra Maestra, als wir ein Staat im Anfangsstadium waren, arbeiteten wir schon im voraus die Strafgesetze aus, um die Kriegsverbrechen richten zu können. Es war nicht so wie in Nürnberg, wo es vorher keine Gesetze gab, um die Kriegsverbrechen richten zu können. Die Alliierten erzielten ein Einverständnis und führten danach den Prozeß. Ich will nicht sagen, daß die Urteile ungerecht gewesen sind. Es besteht kein Zweifel daran, daß die Verurteilten ihre Strafen verdienten. Aber juristisch gesehen ist die Vorgehensweise nicht sehr korrekt gewesen, es gibt nämlich das juristische Prinzip, wonach die Gesetze dem Delikt immer vorausgehen müssen. Auf der Grundlage dieses Kriteriums erließen wir schon in der Sierra Maestra die Strafgesetze für die Kriegsverbrecher. Als die Revolution dann siegreich verlaufen war, akzeptierten die Gerichte des Landes die Rechtsgültigkeit dieser Gesetze, die legitimiert waren durch die siegreiche Revolution. Kraft der Gesetze und durch die Gerichte wurden viele Kriegsverbrecher, die nicht entkommen waren, verurteilt und erhielten strenge Strafen. Einige wurden zum Tode verurteilt, andere zu Gefängnisstrafen.

Das diente dazu, im Ausland die ersten Kampagnen gegen Kuba einzuleiten, vor allem in den Vereinigten Staaten, die sogleich feststellten, daß es hier eine andere Regierung als bisher gab, und zwar keine sehr fügsame. Sie initiierten heftige Kampagnen gegen die Revolution. Aber das verursachte uns noch keine Probleme mit irgendeinem Sektor in Kuba, weder mit der reichen Klasse noch mit der Kirche. Im Gegenteil, Umfragen aus jener Zeit beweisen, daß alle Sektoren mit diesen beiden Gesetzen einverstanden waren: der Beschlagnahmung der Güter, die seit dem Staatsstreich unrechtmäßig erworben worden waren, und der nachdrücklichen Verurteilung derer, die gefoltert und Kriegsverbrechen begangen hatten.

Dann wurden Gesetze von wirtschaftlichem Charakter erlassen, wie die Reduzierung der Tarife für elektrischen Strom um fast die Hälfte, eine uralte Forderung des Volkes, das gegen die übertriebenen Preise einen starken Haß und Widerwillen hegte. Andere Maßnahmen und Gesetze, die Batista zum Vorteil der multinationalen Konzerne wie der Telefongesellschaft erlassen hatte, wurden annulliert. Daraufhin tauchten Konflikte auf mit den ausländischen Konzernen in unserem Land. Und dann kam die Landreform; es war ein Gesetz von einem sehr bedeutsamen sozialen und wirtschaftlichen Charakter. Alle Mieten wurden um 50% reduziert — von Tausenden von Menschen wurde dies mit großer Zufriedenheit aufgenommen. Außerdem wurde später ein Gesetz erlassen, wonach die Mieter kraft der Miete, die sie bezahlten, im Laufe der Zeit die Wohnung als Eigentum erwerben konnten — es handelte sich um das erste Gesetz zur Stadtreform.[25]

Die Rassendiskriminierung

Neben diesen Gesetzen gab es noch eine Reihe anderer Maßnahmen: Alle Entlassungen von Arbeitern wurden gestoppt, und es wurden alle wiedereingestellt, die während der Tyrannei entlassen worden waren. Das waren elementare Kurskorrekturen sowie Maßnahmen zur Herstellung einer mi-

---

[25] Mit der Stadtreform von 1960 wurde der städtische Häuserbesitz enteignet. — Die Mieten dürfen höchstens 10 % des Familieneinkommens betragen. In betriebseigenen Wohnungen können Belegschaftsmitglieder für Mieten leben, die 5–6 % des Einkommens betragen. Sozialhilfeempfänger wohnen mietfrei. Das im Dezember 1984 verabschiedete Wohnungsgesetz sieht vor, daß Mieter in 15 Jahren mit der Miete ihre Wohnungen abzahlen und dann deren Eigentümer werden können. Natürlich muß der Eigentümer dann auch für Erhaltung, Reparaturen usw. selbst aufkommen.

nimalen Gerechtigkeit. Es wurden Sportplätze und Erholungsgebiete an den Stränden errichtet. Alle Strände und öffentlichen Plätze wurden für die Allgemeinheit geöffnet, alle diskriminierenden Regelungen in Klubs und an Stränden wurden beseitigt. Viele der schönsten Strände des Landes waren bis dahin privat gewesen. Schwarzen war der Zutritt zu vielen Hotels, Bars und Vergnügungsorten untersagt. Mit dem Sieg der Revolution hatte all das ein Ende. An vielen Orten war das nicht so einfach, wie in einem Park in Santa Clara beispielsweise, wo es zur Gewohnheit geworden war, daß die Weißen in diesem Park die eine Ecke für sich hatten und die Schwarzen eine andere für sich. Einige compañeros ergriffen sofort Maßnahmen dagegen. Wir empfahlen ihnen, vorsichtig vorzugehen und nicht übereilt zu handeln, denn viele Dinge hingen vor allem von einem Bewußtseinsprozeß ab. Wir hoben die Schranken also nicht in allen Parks gleichzeitig auf, denn es gab die Vorurteile tatsächlich, die von der bürgerlichen Gesellschaft und durch den Einfluß der Vereinigten Staaten, die diese Vorurteile nach hier einführten, entstanden waren. Man konnte sie nicht von einem Tag auf den anderen auslöschen. Empörende Exklusivitäten verschwanden, und die Privilegierten begannen, sich von jenem Augenblick an über die Revolution zu beklagen, als die exklusiven Klubs für Weiße und die Privatstrände nicht länger geduldet wurden. Das geschah gar nicht einmal auf so drastische Weise; für solche Situationen empfiehlt es sich, keine Kraftakte anzuwenden, denn statt daß Gesetze eine Situation der Diskriminierung beheben, könnten sie diese unter Umständen auch noch verschlimmern. Weil die Vorurteile sehr tief verwurzelt waren, mußten die gesetzlichen Maßnahmen begleitet werden von Bewußtseinsbildung, Überzeugungs- und politischer Arbeit.
Ich selbst war überrascht festzustellen, in welchem Maße Rassenvorurteile in unserem Land existierten. Sofort wurde nach Bekanntgabe dieser Gesetze eine hinterhältige Verleumdungskampagne gegen uns eingeleitet: Die Revolution vermische willkürlich Weiße und Schwarze und schlage vor, daß sie untereinander heiraten sollten. Mehr als einmal mußte ich im Fernsehen erklären, daß das einfach nicht wahr sei, daß wir die Freiheit jedes Menschen respektierten, was diese Frage anging, daß wir allerdings niemals wieder Ungerechtigkeiten und Diskriminierungen zulassen würden, weder bei der Arbeit noch in der Schule noch in der Fabrik noch in den Erholungszentren. Natürlich fühlten sich die privilegierten Schichten langsam von der Revolution bedroht.
Dann kam die Agrarreform. Es war das erste Gesetz, das einen wirklichen Bruch zwischen der Revolution und den reichsten und privilegiertesten Schichten des Landes zur Folge hatte. Auch den Bruch mit den Vereinigten

Staaten und mit den multinationalen Konzernen, denn seit dem Anfang der Republik waren die besten Landstücke Eigentum nordamerikanischer Konzerne, die sich das Land einfach angeeignet oder sehr billig gekauft hatten. Das Gesetz schien uns nicht besonders radikal. Es setzte eine Höchstgrenze von 400 Hektar Land fest, mit Ausnahme von Landgütern, auf denen intensive Landwirtschaft betrieben wurde, die sehr gut organisiert waren und eine hohe Produktivität aufwiesen. Hier wurden bis zu 1 200 Hektar zugestanden. Ich bezweifle, daß es in China nach der Revolution noch irgendeinen Landeigentümer mit 400 oder 1 200 Hektar Land gab. Hier indessen wurde das Gesetz als sehr radikal betrachtet; allerdings gab es auch nordamerikanische Konzerne, die bis zu 200 000 Hektar Land besaßen.

Von diesem Gesetz wurde sogar das Land meiner eigenen Familie berührt und auf 400 Hektar begrenzt. Sie verlor die Hälfte des eigenen Landes und das gesamte gepachtete Land. Das Gesetz betraf rund 100 Konzerne und 1 000 Landeigentümer. Zahlenmäßig waren es deshalb nicht mehr, weil es viele große Latifundien gab. Die privilegierten Sektoren begannen zu glauben, daß es sich um eine wirkliche Revolution handelte, und die Nordamerikaner begriffen, daß es tatsächlich eine andere Regierung gab. Was wir eigentlich am Anfang nur taten, war die Umsetzung des Programms von Moncada — dieses Programm, von dem ich schon gesprochen habe und das ich seit 1951 im Kopf hatte. Ich hatte es 1953 verbreitet aus Anlaß des Angriffes auf die Kaserne. Es handelte von der Landreform und einer Reihe sozialer Maßnahmen, die wir dann in der ersten Phase der Revolution umsetzten. Vielleicht waren viele Leute überzeugt gewesen, daß keines dieser Programme wirklich erfüllt werden würde. Man hatte in Kuba schon oft von Programmen gesprochen, wenn die Regierungen dann aber an die Macht gelangten, wurden sie niemals in die Tat umgesetzt.

Die angepaßtesten Schichten jedoch wehrten sich gegen die Vorstellung von einer Revolution in unserem Land, nur neunzig Meilen von den Vereinigten Staaten entfernt. Sie dachten, die Vereinigten Staaten würden eine Revolution in unserem Land niemals zulassen. Sie hielten das für Fieberträume jugendlicher Revolutionäre. Unversehens aber wurde all diesen Sektoren, die an die Verwaltung der Regierung gewöhnt waren, klar, daß unsere Regierung anders war und von ihnen eben nicht verwaltet werden konnte — eine Regierung, die es nicht zuließ, von den Vereinigten Staaten kontrolliert zu werden, und die auf der Basis von Rechtschaffenheit und Gerechtigkeit zu handeln begann. Das Volk begriff, daß es eine Regierung gab, die es verteidigte und sich wirklich mit seinen Interessen identifizierte. Wenn auch alle das unterstützten und applaudierten, so war doch am Anfang eher eine allgemeine Sympathie als eine revolutionäre Militanz des ganzen Volkes vorhanden. Mit den ersten revolutionären Gesetzen verlor die Revolution ein wenig an Kraft, was die Quantität anbetraf: Die Unterstützung von 95 oder 96% der Bevölkerung ging auf 92 oder 90% zurück. Allerdings gewann die Revolution langsam an Tiefe. Die 90% wurden kämpferischer und revolutionärer und engagierten sich immer stärker für die Revolution.

Es wurden also eine Reihe von Maßnahmen ergriffen, die ich schon erwähnt habe: das Ende der Rassendiskriminierung, die Wiedereinstellung der Arbeiter, die zur Zeit Batistas entlassen worden waren, die Senkung der Mieten, der Schutz der Arbeiter, die Landreform. Das alles tat seine Wirkung. Mit dem Sieg der Revolution begannen die Arbeiter, die unterdrückt worden waren, wieder Forderungen zu erheben, und viele Industrielle, die sich mit uns gut stellen wollten, gingen dazu über, ihnen in vielen Punkten entgegenzukommen. Mehr noch als wir in der Regierung waren es eigentlich die Arbeitgeber selbst, die den verschiedenen Forderungen der Arbeiter nachgaben. In den ersten Zeiten gelang vor allem den Gewerkschaften aus eigener Initiative die Realisierung unzähliger Arbeitsforderungen. Ich mußte mich beispielsweise mit den Arbeitern der Zuckerrohrfabriken zusammensetzen, die die vierte Arbeitsschicht forderten, denn es gab bisher nur drei. Viele Arbeiter waren arbeitslos, von daher stellte sich diese Forderung verschärft. Alle Vertreter waren in einem Theater versammelt und verteidigten nachdrücklich diese Forderung, unterstützt von Leuten aus unserer Organisation. Eine ganze Nacht lang sprach ich mit ihnen und erklärte den Grund, weshalb das aus unserer Sicht keinen Weg zur Lösung des Problems der Arbeitslosigkeit darstellte. Dies war nicht leicht, die Fabriken waren noch in Privatbesitz, und es gab offensichtlich einen Widerspruch zwischen den Interessen der Fabrik und denen der Arbeiter. Wir erklärten, daß die eingesparten Geldmittel und die Gewinne, die sie erzielten, in die Entwicklung des Landes reinvestiert werden müßten und daß wir nicht zuließen, daß diese Mittel außer Landes gebracht würden, statt in die Entwicklung des Landes investiert zu werden. Wenn ich auch schon eine sozialistische Konzeption hatte, so war dies nicht der Augenblick, mit der Anwendung eines sozialistischen Programmes zu beginnen.

Es ist wesentlich einfacher, dem Arbeiter eine Erklärung aus sozialistischer Optik zu geben und ihn um Verständnis und Opfer zu bitten, als in einer Situation, in der er einen Widerspruch sieht zwischen seinen Interessen und denen der Firma und deren Besitzer und er sich vorstellt, daß jeder Peso weniger in seiner Lohntüte einen Peso mehr für den Besitzer bedeutet. Unter diesen Umständen war es nicht leicht, den Arbeitern die Probleme deutlich und objektiv zu erklären, aber wir gaben uns die größte Mühe, dabei nicht in Demagogie zu verfallen. Andere Maßnahmen wie die Senkung der Mieten wirkten sich wirtschaftlich gesehen inflationär aus, sie setzten viel Geld frei. Es handelte sich jedoch um eine alte Forderung, da die Bevölkerung wirklich Opfer einer horrenden Erpressung durch überhöhte Mieten war.

Fidel tritt zurück

Frei Betto: Worin bestanden die Spannungen mit der Kirche zu dieser Zeit?
Fidel Castro: Nun, die Spannungen mit der Kirche begannen, als die Revolution mit den privilegierten Schichten zusammenprallte. Das ist die historische Wahrheit. Sogar der Erzbischof von Havanna, der später zum Kardinal ernannt wurde — ich glaube, sie ernannten ihn noch vor der Revolution zum Kardinal —, hatte ausgezeichnete offizielle Beziehungen zur Diktatur Batistas.
Frei Betto: Wie hieß er?
Fidel Castro: Manuel Arteaga.[26] Die Beziehungen zu Batista waren eines der Dinge, die man an ihm kritisierte. Ich erinnere mich, daß wir in den ersten Tagen der Revolution alle Autoritäten begrüßten. Viele suchten um Audienz bei mir nach, und aus Liebenswürdigkeit oder aus Höflichkeit versuchte ich, alle zu empfangen, die mich sehen wollten. Ich fing an, die sogenannte Elite zu empfangen: den Präsidenten des Industrieverbandes, den Präsidenten der Handelskammer und all der anderen Vereinigungen, die hohe kirchliche Hierarchie und ähnliche Institutionen. Drei oder vier Wochen später, als es uns schon gelungen war, eine gewisse Ordnung ins Haus zu bringen, fand sich in meinem Terminkalender eine schier endlose Reihe von Audienzen. Mir wurde klar, daß ich das unfruchtbarste Leben der Welt führte, denn so wie die Dinge liefen, hätte ich mich ausschließlich dem Empfang von Autoritäten zu widmen. Dabei besaß ich gar keine exekutive Funktion in der Regierung. Die Regierung funktionierte, und meine Aufgabe war die des Chef-Kommandanten des Rebellenheeres. Ich war sehr vorsichtig, mich nicht in die Regierungsgeschäfte einzumischen.
Frei Betto: Der Präsident war Urrutia?

---

[26] Manuel Arteaga y Betancur, Kardinalerzbischof von Havanna, unterstützte Batista nach seiner Machtübernahme 1952. Er unterschied sich darin grundlegend von Pérez Serantes, Erzbischof von Santiago de Cuba. Pérez berief 1958 ein geheimes Bischofstreffen ein, auf dem er aber mit seiner Forderung nicht durchdrang, der kubanische Episkopat solle Batista zum Rücktritt auffordern.

Fidel Castro: Ja, es gab einen vorläufigen Präsidenten. Urrutia war ein Richter, der sich Verdienste und Ansehen erworben hatte durch sein lobenswertes Verhalten in Santiago de Cuba, wo er einige Revolutionäre freigesprochen hatte.[27] Obgleich er selbst am revolutionären Prozeß überhaupt nicht beteiligt gewesen war, entschieden wir, ihn mit diesem Amt zu beauftragen. Wir wollten deutlich machen, daß es uns bei dem Kampf nicht um öffentliche Ämter für uns selbst gegangen war. Als dann die Revolution tatsächlich siegreich verlief, übertrugen wir ihm die Regierung. Der kritische Punkt bestand darin, daß dieser Mann mit dem Kopf über den Wolken schwebte. Vom ersten Tag an machte er Probleme, die sogar so weit gingen, daß er Maßnahmen gegen die Arbeiter anordnete. Er brachte uns in schwierige Situationen, ich mußte mich mit den Arbeitern treffen, um die Dinge aufzuklären und sie um Geduld zu bitten. Ich versammelte mich auch mit dem Ministerrat, um ihn davon in Kenntnis zu setzen, daß sich politische Probleme entwickelten.

Wenn es auch keine Schwierigkeiten mit den ersten Revolutionsgesetzen gegeben hatte, so war dieser Richter doch eher einer, den man als einen Präsidenten der Rechten bezeichnen könnte, der in einem bestimmten Augenblick einen ernsten Konflikt heraufbeschwor. Gegenüber den reaktionärsten Sektoren und Zeitungen begann er, antikommunistische Erklärungen abzugeben, spielte das Spiel der Vereinigten Staaten mit und provozierte später Spaltungen unter den revolutionären Kräften. Ich fragte mich: Was sollen wir tun? Das Volk stand auf unserer Seite, die Revolution hatte zu der Zeit mehr als 90% im Volk hinter sich. Das Volk unterstützte die Revolution, das Rebellenheer, die revolutionäre Führung, aber es unterstützte Urrutia nicht. Dann aber hatte Urrutia den Eindruck, diese Unterstützung gelte ihm, und das befremdete mich sehr. Er handelte jedoch auch so, und dies schürte den Konflikt noch weiter. Ich dachte darüber nach, wie eine solche Situation gelöst werden könnte. Was tun, wenn der Widerspruch zwischen der revolutionären Kraft und dem Präsidenten uns dazu zwang, ihn zu entlassen? Das hinterließe fast den Eindruck eines neuen Staatsstreiches in diesem Land. Ich dachte viel über diese Situation nach. Es war schon einige Monate her, schon vor der Verabschiedung der Revolutionsgesetze, daß ich auf Bitten der Minister zum Premierminister ernannt worden war. Es war auch der Wunsch des vorherigen Premierministers, der meine Ernennung noch gemeinsam mit Urrutia und der Versammlung des Ministerrates in die Wege geleitet hatte. Vor der Amtsüber-

---

[27] Fidel Castro und seine Revolutionsarmee stellten nach ihrem Sieg über Batista zunächst bürgerliche Politiker an die Spitze der Regierung der nationalen Einheit. So wurde Manuel Urrutia zum Präsidenten ernannt und José Miró Cardona zum Ministerpräsidenten.

nahme stellte ich nur eine Bedingung: Um das Amt des Premierministers anzunehmen, wollte ich die Verantwortlichkeit für die einzuschlagende Politik, d. h. für die Revolutionsgesetze übernehmen, die verabschiedet werden sollten. Als Premierminister war ich der Verantwortliche für die Bekanntgabe der Revolutionsverordnungen. Es wurden in der Folge eine Reihe von Revolutionsgesetzen verabschiedet, und erst später ergab sich ein institutioneller Widerspruch zwischen dem Premierminister und dem Präsidenten der Republik. Ich dachte viel darüber nach, versuchte jede Art von Provokation zu vermeiden und entschied mich zurückzutreten. Ich sagte den compañeros: Lieber trete ich von diesem Amt zurück, als daß ich es zulasse, daß so etwas Ähnliches passiert wie ein Staatsstreich. Vor dem Fernsehen und den Zeitungen erklärte ich die Gründe für meinen Rücktritt. Während Präsident Urrutia im Palast saß, befand ich mich in der Sendezentrale des Fernsehens.
Frei Betto: Zu welchem Zeitpunkt geschah das, wie lange nach dem Sieg?
Fidel Castro: Wenn ich mich nicht irre, fünf Monate später.
Frei Betto: Aber noch im Jahr 1959?
Fidel Castro: Monate später, aber noch 1959.
Als Urrutia mich im Fernsehen sah, rief er sofort die Journalisten zusammen, um eine Erklärung abzugeben. Ich war noch auf Sendung, als man mich darüber informierte, und ich schlug vor: «Bringt das Fernsehen in den Palast, und wir werden öffentlich vor dem ganzen Volk darüber diskutieren! Das akzeptierte er nicht, und Stunden später trat er dann aufgrund des Drucks der Öffentlichkeit zurück. Der Ministerrat ernannte einen compañero von großem öffentlichen Ansehen, der an der Revolution teilgenommen hatte, zum Präsidenten. Weil ich nicht von neuem das Amt des Premierministers annehmen wollte, war ich eine Zeitlang an der Regierung nicht beteiligt. Keinesfalls wollte ich den Eindruck erwecken, als sei mein Rücktritt nur reine Taktik gewesen, um dieses Problem aus der Welt zu schaffen. Meine Entscheidung war einfach: «Bevor wir gezwungen sind, Gewalt anzuwenden, trete ich lieber zurück.» Ich wollte damit nicht der Revolution entsagen. Ich legte das Amt nieder, weil es unter den damaligen Bedingungen keine Möglichkeit gab, es weiterhin auszuüben. Denn wir hatten uns entschieden, keine Gewalt anzuwenden, um diesen Widerspruch zu lösen. Der Widerspruch wurde vom Volk gelöst, das durchaus in der Lage ist, viele Probleme zu lösen. Ich wehrte mich dagegen, das Amt wieder zu übernehmen, aber angesichts des Drucks von seiten der compañeros und des Volkes sah ich, daß das keinen Sinn hatte. So übernahm ich wieder das Amt des Premierministers und trug die Hauptverantwortung in der Regierung.

Konflikte mit der Kirche

Frei Betto: Sie wollten von den Kontakten zu dem Kardinal sprechen?
Fidel Castro: Nun, ich hatte Ihnen erzählt, daß ich in den ersten Tagen — ich glaube, es war schon im Februar — bemerkte, daß die Erfüllung protokollarischer Aufgaben und die Empfänge für Persönlichkeiten mein Leben zum unnützesten und unfruchtbarsten Leben der Welt machen würden. Unter all diesen Leuten, die mehr als einmal erschienen und um Audienz baten, waren zwei untersetzte Gestalten. Ich fragte empört: «Wer sind sie?» «Es sind die Neffen des Kardinals.» Nach zwei oder drei Audienzen, die ich ihnen gewährte, dachte ich: Wenn das so weitergeht, werde ich mich mit nichts anderem beschäftigen, als die Neffen des Kardinals zu empfangen. Sie wollten irgendwelche Geschäfte mit mir besprechen, waren aber vor allem daran interessiert, in den Zeitungen zu erscheinen und sich gesellschaftliches Ansehen zu verschaffen. Die Zeitungen schrieben am darauffolgenden Tag: Es wurden die Herren X und Y empfangen. Das war die Art von Arbeit, die mich nur langweilte, und glücklicherweise konnte ich mich bald davon befreien. Ich entschied: Ich werde nur noch die Leute sehen, die mich wirklich interessieren, und ich werde mich nicht mehr zum Sklaven machen von Leuten, die absolut nichts produzieren und keine Probleme lösen, sondern nur kommen, um mich zu sehen. Ich änderte das Verfahren. Aber ich erinnere mich wirklich gut an diese dicken, wohlgenährten Leute, die immer wieder um eine Audienz baten. Ich hatte den Eindruck, sie hatten einfach nichts anderes zu tun. Der Kardinal unterhielt ebenfalls sehr gute offizielle Beziehungen zur Revolutionsregierung. Von daher gab es überhaupt keine Probleme. Die entstanden erst mit den Revolutionsgesetzen zur Stadt- und Landreform.
Frei Betto: Das Problem der Schulen... Wann wurden die Schulgesetze verabschiedet?
Fidel Castro: Am Anfang passierte gar nichts. Es gab kein Programm zur sofortigen Verstaatlichung der Privatschulen. Das rangierte nicht unter den ersten Maßnahmen. Unser Programm war es, eine Alphabetisierungskampagne durchzuführen und Lehrer in alle Ecken unseres Landes zu schicken. Gleichzeitig begannen wir, Straßen, Krankenhäuser und Polikliniken in den Bergen, Gesundheitsposten und viele Schulen zu bauen. Wir schufen 10 000 neue Arbeitsplätze für Lehrer. Sie wurden im ganzen Land mobilisiert. Die Revolutionsgesetze schufen Konflikte, die bürgerlichen Sektoren und die Großgrundbesitzer änderten ihre Haltung und entschieden sich, zur Revolution in die Opposition zu gehen. Mit ihnen begannen die Institutionen, die ihren Interessen dienten, Kampagnen gegen

die Revolution einzuleiten. So entstanden auch die ersten Konflikte mit der Kirche, denn die bürgerlichen Sektoren versuchten, die Kirche gegen die Revolution zu instrumentalisieren.
Weshalb sie dies überhaupt versuchen konnten? Aus einem Grund, der nur für Kuba zutrifft, wo die Situation anders ist als in Brasilien, Kolumbien, Mexiko, Peru oder in vielen anderen lateinamerikanischen Ländern: Die Kirche in Kuba war keine volksnahe Kirche, nicht eigentlich eine Kirche des Volkes, keine Kirche der Arbeiter, der Bauern, der Favelabewohner, der einfachen Sektoren in der Bevölkerung. Hier in unserem Land hat es niemals Priester gegeben, die mit den Favelabewohnern arbeiteten, mit den Arbeitern oder auf dem Land, wie es in einigen Ländern schon Praxis war und dann in ganz Lateinamerika üblich wurde. In diesem Land, wo 70% der Bevölkerung Bauern waren, gab es nicht eine einzige Kirche auf dem Land! Das ist doch eine interessante Zahl: kein einziger Priester dort, wo 70% der Bevölkerung lebten! An allen Orten war es so wie dort, wo ich geboren bin. Es gab überhaupt keine evangelische oder apostolische Arbeit, sagen wir einmal — ich weiß nicht, wie Sie das nennen — von religiöser Unterweisung der Bevölkerung.
Frei Betto: Evangelisierung.
Fidel Castro: Ja, Evangelisierung. Wie ich schon sagte, die Gesellschaft hielt sich für katholisch, es war üblich, die Kinder zu taufen, aber eine Anleitung und Praxis der Religion gab es nicht. Die Religion wurde in Kuba hauptsächlich über die Privatschulen verbreitet, die von den Ordensmännern und Ordensschwestern geleitet wurden und nur von den Kindern der reichsten Familien des Landes besucht werden konnten, von Kindern der Aristokratie oder von denen, die sich für aristokratisch hielten, von den Klassen der oberen Mittelschicht oder zum Teil von der Mittelschicht allgemein. Wie ich ebenfalls gestern schon gesagt habe, konnte ein Arzt seine Kinder vielleicht extern auf eine solche Schule schicken und die entsprechenden 10 Dollar dafür bezahlen. Das war das hauptsächliche Instrument zur Verbreitung der Religion in unserem Land, und folglich erhielten nur diese Menschen eine religiöse Erziehung und nahmen an religiösen Aktivitäten teil, wenn auch auf eine nicht sehr planmäßige oder strenge Weise. Vielleicht lag es daran, weil eines der Kennzeichen dieser Klassen der nachlässige Umgang mit solchen Gebräuchen war und es ihnen an Disziplin bei der Ausübung der Religion mangelte. Einige gingen beispielsweise nicht zur Messe. Ein wirklich überzeugter Katholik läßt den sonntäglichen Kirchbesuch nicht aus. Andere dagegen gingen zur Sonntagsmesse aus rein gesellschaftlicher Angewohnheit, es war so etwas wie guter Geschmack, und danach genossen sie ihr Wohlergehen und ihren

Reichtum. Es waren jedenfalls keine Menschen, die sich auszeichneten durch eine konsequente Praxis der Prinzipien ihrer Religion.

Der hauptsächliche Kern der katholischen Kirche in unserem Land war geprägt von solchen Sektoren der Gesellschaft. Diese hatten die meisten Verbindungen zu den Pfarreien, die sich im allgemeinen in den Vierteln der Reichen befanden. Vor langer Zeit gab es auch einige Kirchen in den normalen Stadtteilen. Aber die beeindruckendsten Kirchen wurden in den neuen Gebieten errichtet, in denen sich die Wohnviertel des hohen Bürgertums und der reichen Leute entwickelten. Für sie war der «Service» garantiert, im Gegensatz zu den Vierteln der Bedürftigen, der Armen, der Bauern und der Arbeiter. Normalerweise unterhielten die reichen Klassen auch Beziehungen familiärer Art zu den Bischöfen und der hohen Hierarchie.

Außerdem war der größte Teil des Klerus ausländisch, wie ich schon erwähnt habe, als wir von den Jesuiten sprachen. Es waren vor allem Spanier, die von reaktionären Ideen durchdrungen waren, Rechte, spanische Nationalisten und auch Franquisten. Die ersten Konflikte mit der Kirche entstanden, als diese Leute begannen, die Kirche als ein Instrument gegen die Revolution zu benutzen. Natürlich hatte nicht nur die katholische Kirche Privatschulen, auch die protestantischen Kirchen besaßen einige Schulen von beachtlichem Ansehen. Ich erinnere mich an eine Schule in El Cristo, in der Provinz Oriente, dort ging meine kleine Schwester in die Schule. Es war eine sehr angesehene protestantische Schule. Sie war nicht sehr teuer, sondern erschwinglich, vielleicht wurde sie von der Kirche unterstützt. In Cárdenas gab es die «Progressive Schule», ebenfalls protestantisch und von gutem Ruf. Viele ihrer Schüler sind bei der Revolution dabeigewesen, wie der compañero Pepín Naranjo. Der bekannteste Direktor dieser Schule, Emilio Rodríguez Busto, der die Revolution immer unterstützt hat, lebt noch. Das war der bescheidenste Sektor, und es gab überhaupt keine Probleme. Auch in Havanna gab es protestantische Schulen, einige mit einem englischen Namen. Wenn ich mich nicht irre, hieß eine von ihnen «Candler College», eine sehr luxuriöse Schule. Ich erinnere mich deswegen noch gut daran, weil sie unsere Rivalen im Basketball und Baseball waren, als ich noch auf dem Colegio Belén war. Es gab daneben auch noch laizistische Privatschulen. Allerdings war mit wenigen Ausnahmen die Mehrheit der Schulen katholisch wie die, in die ich zuletzt ging — die größte des Landes mit 1 000 Schülern! Heute haben wir eine ganze Reihe von Schulen mit mehr als 4 500 Internatsschülern pro Schule. Von diesen 1 000 Schülern der berühmtesten Schule des Landes waren nur 150 bis 200 Internatsschüler.

Die Kirche rekrutierte sich hauptsächlich aus diesen Schulen. Ohne überhaupt ein Auge für das zu haben, was wir als Volksglauben bezeichnen könnten: die inbrünstige Verehrung der Jungfrau der Nächstenliebe und des Heiligen Lazarus, für den viele Kerzen angezündet wurden, oder die Tatsache, daß die Mehrheit der Bevölkerung getauft war.

Die Volksreligiosität

Frei Betto: Dann leugnen Sie also nicht, daß es eine weit verbreitete Religiosität in der Kultur des kubanischen Volkes gibt? Zum Beispiel findet sie sich in den Werken von Martí. Wenn auch das Volk hier immer ein weltliches Volk gewesen ist, so gibt es doch heute Leute, die den Eindruck vermitteln wollen, daß es keinerlei religiöse Tradition gegeben hat. Soweit ich aber das Land kennengelernt habe, denke ich, daß die Religionen afrikanischen Ursprungs und die Heiligenfrömmigkeit einen Einfluß gehabt haben und daß in der Kultur dieses Landes eine verbreitete Religiosität existiert. Bestätigen Sie das? Wie sieht es aus?
Fidel Castro: Eben das versuchte ich, Ihnen schon zu erklären: den Kult um die Jungfrau der Nächstenliebe, um den Heiligen Lazarus und die verschiedenen Gottheiten. Es gab verschiedene Formen von Glauben. Auch der Spiritismus hat sich hier ausgebreitet. Uns blieb außerdem das Erbe Afrikas erhalten, das Erbe der animistischen Religionen, die sich später mit der katholischen Religion vermischt haben. Sie erwähnen eine verbreitete Religiosität. Nun, ich glaube, daß es in der menschlichen Geschichte kein einziges Volk gegeben hat, das nicht eine diffuse Art von Religiosität gehabt hätte. Als Kolumbus hier mit seiner Kirche landete, der katholischen Kirche, brachte er das Schwert und das Kreuz: Mit dem Schwert heiligte er das Recht auf Eroberung und mit dem Kreuz segnete er sie. Auch die Indios, die hier lebten, hatten alle ihre religiösen Überzeugungen.
Als Cortés in Mexiko ankam, waren sowohl die Religiosität als auch die Kultur weiter verbreitet als in Spanien. Ich bin überzeugt, daß die Azteken religiöser waren als die Spanier, und zwar bis zu einem solchen Grad, daß es uns immer noch überrascht zu sehen, wie stark sich die Priester ihrer Religion weihten, einer Religion, in der es sogar Menschenopfer gab. Die Regierungen waren theokratisch geprägt. Es gibt umfangreiche Literatur über diese Systeme. Dann kamen die Christen mit ihrer Moral und hielten die Azteken für grausam. Stellen Sie sich vor, ein Azteke kommt nach Spanien und findet es sehr grausam, daß die Priester bei der Sommerhitze Soutane tragen müssen. Es gibt viele Dinge, die sie als grausam hätten bezeichnen können. Wären sie die Richter gewesen, dann hätten sie sicher die

spanischen Ketzer bei lebendigem Leib verbrannt, die wie Barbaren den Göttern keine Opfer darbrachten. Man muß das ganz genau analysieren, wie viel an Barbarei und Grausamkeit es bei den einen oder den anderen wirklich gegeben hat. Die Azteken jedenfalls opferten ein menschliches Leben nicht als einen Akt der Grausamkeit gegenüber der menschlichen Person, sondern betrachteten es als ein großes Privileg für das Opfer. So wie es in bestimmten asiatischen Religionen als ein Privileg angesehen wird, wenn die Ehefrau gemeinsam mit dem toten Ehemann eingeäschert wird. Für ihre Götter aus Stein geopfert zu werden, dies bedeutete für sie ein großes Glück und die höchste Belohnung.

Man findet nur schwer ein religiöseres Volk als die Azteken oder die Mayas. Sie füllten Mexiko mit Pyramiden und anderen religiösen Bauwerken. Wenn man sich fragt, wem diese Pyramiden oder Bauwerke dienten, kommt man immer dahin, daß alles einen religiösen Sinn hatte. Die Religiosität der Azteken war tiefer als die der Spanier. Auch die Religiosität der Inkas in Peru war tiefer als die von Pizarro und seinen Leuten. Pizarro dachte wesentlich mehr an das Gold als an die Bibel. Alle Eroberer dachten hauptsächlich an das Gold. Sie kritisierten die Indios, weil sie Steine anbeteten, sie selbst aber beteten das Gold an. Sie kritisierten diejenigen, die den Steingöttern Menschenopfer darbrachten, sie selbst hingegen opferten Tausende von Menschenleben den Göttern des Reichtums und des Goldes. Sie töteten Millionen von Indios bei der Arbeit in den Minen. Sie nahmen sogar Atahualpa gefangen und führten ihn in die Irre: Obwohl sie von ihm das Lösegeld erhalten hatten, das in einem ganzen Saal voller Gold bestand, ermordeten sie ihn. Man kann also nicht wirklich behaupten, daß die Eroberer dieser Halbkugel eine größere Religiosität gehabt hätten. Um die Wahrheit zu sagen, ich glaube nicht, daß die Eroberer sehr religiös waren.

Wenn man sich mit der Geschichte Indiens, Chinas und Afrikas beschäftigt, ist das erste, was einem auffällt, die Religiosität. Und sie begegnet einem dort in einer enormen Reinheit, selbst wenn man sie nicht versteht oder ihre Methoden und Eigenarten barbarisch oder absurd erscheinen. Oft hört man: Das sind Barbaren, sie glauben an den Mond, an ein Tier oder irgendein anderes Objekt! Was also als erstes in der menschlichen Geschichte auf der ganzen Welt ins Auge springt, ist diese diffuse, weit verbreitete Religiosität. Dies ist kein Prinzip, das bloß auf ein spezielles Volk angewandt werden könnte, sondern es gilt auf die eine oder andere Weise für alle Völker. Es besteht kein Zweifel daran, daß es diese Religiosität auch in Kuba gab. Aber ich kann Ihnen versichern, daß es nicht eine Tradition der organisierten, systematischen, methodischen Religion gab oder

die Praxis und engagierte Umsetzung einer Religion. Es gab eine große Mischung von Religionen, außerdem einen Geist, der ganz allgemein beeinflußt ist von religiösen Gedanken und Überzeugungen.
Ich glaube, daß da keine Gesellschaft eine Ausnahme macht. Meinetwegen ist in Mexiko dieses religiöse Empfinden noch stärker gewesen als hier. Ich habe den Eindruck, daß es in anderen lateinamerikanischen Ländern ebenso ist. Selbst in Spanien hat sich das religiöse Empfinden, das Sie erwähnten, in tausend verschiedenen Formen geäußert, nicht in der systematischen Praxis einer Religion.
Frei Betto: Gut. Ich möchte dennoch auf die Frage der beginnenden Spannungen zurückkommen. Zum Beispiel das Problem des Schulunterrichts. Ich stelle mir vor, das dürfte einer der konfliktreichsten Punkte gewesen sein in den Beziehungen zwischen der Revolution und der Kirche.
Fidel Castro: Als die Konflikte begannen, handelte es sich tatsächlich um Klassenkonflikte. Ich habe Ihnen erklärt, daß die Klasse der Reichen das Kirchenmonopol besaß und versuchte, die Kirche zu instrumentalisieren und die Bischöfe, Priester und Katholiken zu konterrevolutionären Positionen zu verleiten. Dies provozierte eine entgegengesetzte Reaktion bei den katholischen Sektoren sowohl der Mittelschicht als auch des Volkes, die diese konterrevolutionäre Linie nicht akzeptierten. Eine aktive Gruppe von Katholiken, zum größten Teil bestehend aus Frauen — ein Sektor, der immer sehr viel Gespür für das revolutionäre Werk besaß —, gründete eine Organisation, die sich «Mit dem Kreuz und mit dem Vaterland» nannte und die Revolution entschieden unterstützte. Viele von ihnen waren Gründerinnen der «Vereinigung Kubanischer Frauen» (FMC). Auf der anderen Seite konnte man einen Unterschied im Verhalten der evangelischen Kirche feststellen. Aufgrund meiner Beobachtungen verbreiteten sich die evangelischen Kirchen stärker in den ärmeren Sektoren der Bevölkerung. Sie praktizierten ihre Religion wesentlich entschiedener, es gab mehr Disziplin in den evangelischen Kirchen, was ihre Konzeptionen anging, ihren Stil, ihre Methoden, ihre Frömmigkeit.
Frei Betto: Das stimmte alles überein?
Fidel Castro: Ja, sie waren viel konsequenter in ihrer christlichen Praxis. Sie waren zwar nicht zahlreich, aber wer zu diesen evangelischen Kirchen gehörte oder in eine ihrer Schulen ging, war im allgemeinen viel disziplinierter, viel konsequenter in seinen Gefühlen und religiösen Überzeugungen als die Katholiken. Auf diese Weise gab es keine Probleme mit den evangelischen Sektoren. Im Gegenteil, im allgemeinen waren die Beziehungen zu ihnen sehr gut und problemlos. Ebensowenig gab es Probleme mit den animistischen Religionen oder mit anderen religiösen Überzeu-

gungen. Es gab ja nicht einmal direkt Probleme mit dem katholischen Glauben, sondern nur mit den katholischen Institutionen, und das ist nicht dasselbe.

Innerhalb der evangelischen Kirchen hatte die Revolution Probleme mit bestimmten Kirchen aufgrund ihrer spezifischen Eigenarten, wie es etwa der Fall war bei den Zeugen Jehovas. Aber ich habe schon gelesen, daß diese Leute überall Probleme bereiten.

Frei Betto: Überall, sogar den brasilianischen Militärs.

Fidel Castro: Sie traten in Konflikt zu den patriotischen Symbolen, zur Schule, zur Gesundheit, zur Verteidigung des Landes und zu vielen anderen Dingen. Wenn sie uns dann mit einer Predigt kommen, die sich gegen den Militärdienst wendet, sind wir sehr betroffen, angesichts der Bedrohung durch die Vereinigten Staaten und der Notwendigkeit, eine starke Verteidigung organisieren zu müssen. Die Konflikte beruhten nicht einfach auf den religiösen Überzeugungen, sondern eher auf den politischen Konzeptionen. Es gab zwei oder drei solcher Fälle mit der evangelischen Kirche. Natürlich gab es Konflikte und politische Auseinandersetzungen mit den katholischen Institutionen. Allerdings war keiner davon gewalttätig. Am Anfang war es weder geplant, noch wurde davon gesprochen, die Privatschulen zu verstaatlichen. Natürlich wollten wir die öffentlichen Schulen weiterentwickeln — schon aus revolutionären Prinzipien; sie sollten ebensogut oder noch besser werden als die besten Privatschulen. Ich denke, dieses Prinzip haben wir verwirklichen können. Jetzt haben wir Tausende von Schulen. Außer Kinderkrippen und halbinternen Schülern und Stipendiaten zählt das Land gegenwärtig mehr als eine Million Schulplätze, die neu eingerichtet wurden. Wie ich schon sagte, umfaßt eine unserer größten Berufsschulen 4 500 Schüler. Sie hat mehr interne Schüler als es früher im ganzen Land gab. Die meisten Schüler zu früheren Zeiten hatten das Colegio in Belén mit 200 und das Colegio Dolores in Santiago de Cuba mit 30 Schülern. Ich spreche hier von denen, die ich kannte. Ich bezweifle aber, daß es in der Vergangenheit mehr als 2 000 interne Schüler gegeben hat. Heute haben wir 600 000 interne Schüler, die nicht nur Bildung, Unterkunft und Verpflegung erhalten, sondern auch Kleidung, Bücher, medizinische Versorgung und Transport. Das bedeutet, daß wir dreihundertmal mehr Schüler haben, als die Bourgeoisie und die Großgrundbesitzer damals an internen Schülern unterbringen konnten. So gibt es heute eine gesicherte Ausbildung für die Kinder eines einfachen Bauern, einer armen Familie aus den Bergen oder der Sierra, und zwar zu besseren Bedingungen, als sie früher die Kinder der privilegierten Minderheit hatten.

Heute gibt es bei uns die Einrichtung der Kinderkrippe, die hier «circulo infantil» genannt wird und die es vor der Revolution nicht gegeben hat. Wir verfügen über rund 1 000 Kinderkrippen. Weiterhin stehen 42 000 Plätze zur Verfügung in speziellen Schulen für taube, blinde, stumme Schüler oder Schüler mit anderen Arten von Behinderungen. Wir haben viele Vorschulzentren. An den Universitäten gibt es Tausende von Studenten mit Wohnheimplätzen. Das bedeutet, daß es uns in den 26 Jahren der Revolution gelungen ist, den ärmsten Familien bessere Schulen zugänglich zu machen, als sie früher den privilegierten Familien zur Verfügung standen. Das wird ermöglicht von der Gesellschaft, durch den sozialistischen Staat.
Nun, ohne die Konflikte wäre es nicht nötig gewesen, die Schulen zu verstaatlichen. Es ist wahrscheinlich, daß viele Leute den Besuch einer öffentlichen Schule vorgezogen hätten. Vielleicht hätte es einen stimulierenden Wettbewerb zwischen den Privatschulen und den unseren gegeben. Die Verstaatlichung der Privatschulen war nicht vorgesehen. Die Konflikte aus der damaligen Zeit, als es die neuen Schulen noch nicht gab, machten die Verstaatlichung vor allem der katholischen Privatschulen notwendig, weil sie von den Kindern der Familien besucht wurden, die sich der Revolution widersetzten und diese Institutionen in Zentren konterrevolutionärer Aktivitäten verwandelten. Dies machte es notwendig, alle Privatschulen zu verstaatlichen, ob katholisch, protestantisch oder weltlich, ohne Ausnahme. Alle wurden sie verstaatlicht.
Soweit ich mich erinnere — unter Berücksichtigung der Tatsache, daß wir hier ein improvisiertes Gespräch führen — war dies der Faktor, der den Prozeß auslöste. Man könnte ihn sicher noch besser analysieren. Wenn Sie mich jetzt fragen würden: Und nun, 26 Jahre danach, könnten jetzt solche Schulen existieren? — Vielleicht ja. Ich fordere nicht, daß die Privatschulen notwendigerweise verstaatlicht werden müssen, wenn es keine Konflikte gibt zwischen den Familien, die ihre Kinder auf diese Schulen schicken, und der Revolution und wenn sich die Schulen nicht in Nester konterrevolutionärer Aktivitäten verwandeln und es dann zu Gewalttätigkeiten kommt. Wenn sie sich jedoch mit den Aggressionen der Vereinigten Staaten verbünden, mit den Sabotageakten und den Bomben des CIA und der Wirtschaftsblockade, die das Land dazu zwingen, sich zu verteidigen, dann gibt es keine andere Alternative. Unter Voraussetzung harmonischer Beziehungen innerhalb einer Gesellschaft jedoch könnte man von wirtschaftlichen Gesichtspunkten her sagen: Von 300 Millionen Pesos, die für Erziehung bestimmt sind, könnte man 200 Millionen den Teilen der Bevölkerung zukommen lassen, die die Schule nicht bezahlen können. Die restli-

chen 100 Millionen brauchten nicht ausgegeben werden für diejenigen, die die Schule selbst bezahlen können, sie stünden der öffentlichen Gesundheit, dem Bau von Wohnungen und der wirtschaftlichen Entwicklung zur Verfügung. Es gibt auch heute Familien in Kuba, die eine Privatschule bezahlen könnten, nicht weil sie Fabrikbesitzer oder Großgrundbesitzer sind, sondern weil sie ein monatliches Einkommen von über 1 000 Pesos haben. Es sind Arztfamilien, Familien von Ingenieuren oder Arbeitern. Eine Reihe von Familien hat ein monatliches Einkommen von über 1 000 Pesos, weil viele Familienmitglieder arbeiten und sie deshalb 50 oder 100 Pesos bezahlen könnten, damit ein Kind die Schule besucht.

Selbst der sozialistische Staat könnte Schulen haben, in denen Schulgeld bezahlt wird, wenn er es für angemessen hält und wenn das nicht einen Mangel oder eine Verschlechterung für die meisten Kinder bedeutet. Wenn es private, konfessionelle Schulen gibt in einem Land, das seine Revolution beginnt, müßte man darüber nachdenken, welchen Dienst sie bei der Erziehung des Landes leisten und in welchem Maß sie dazu beitragen, die Kosten auf diesem Gebiet zu verringern. Die Länder der Dritten Welt, die sehr viele Bedürfnisse und nur wenig Geld für ihre Entwicklung zur Verfügung haben, könnten feststellen: Diese 100 Millionen sind für andere Zwecke besser angelegt.

Weit davon entfernt, die Verstaatlichung der Privatschulen als eine dogmatische Notwendigkeit anzusehen, betrachte ich diese Schulen als einen Beitrag bestimmter Sektoren zur Wirtschaft des Landes und als eine Möglichkeit, daß Geldmittel anderen, ebenfalls wichtigen Bedürfnissen des Landes zur Verfügung stehen. Ich betrachte ihre Verstaatlichung nicht als ein Dogma der Revolution. Dabei spreche ich von unserer speziellen Erfahrung, die eben eine andere war. Uns ist es gelungen, ein Ideal zu verwirklichen: allen Kindern dieses Landes dieselbe Möglichkeit einer qualifizierten Ausbildung zu geben.

Die Kirche und die Revolutionsprozesse

Frei Betto: Kommandant, in meiner Kindheit hörte ich gewisse Priester sagen, daß wir gegen den Kommunismus und den Sozialismus kämpfen müßten, denn wenn der Sozialismus käme, würden die Kirchen geschlossen, die Priester ermordet, Ordensschwestern vergewaltigt und die Bischöfe gehängt. Ich frage Sie: Wurden in Kuba die Kirchen geschlossen, die Priester erschossen und die Bischöfe gefoltert, so wie es in Brasilien während des Militärregimes geschehen ist? Wie ist es hier gewesen?

Fidel Castro: Ich werde Ihnen das erklären. Ich glaube, es hat in den klassi-

schen Revolutionen der Geschichte ernsthafte Konflikte zwischen den politischen Bewegungen und der Kirche gegeben, einige Male auch mit der katholischen Kirche. Oder ich denke an die Konflikte mit der orthodoxen Kirche im alten Reich der Zaren.
Frei Betto: Und in der mexikanischen Revolution.
Fidel Castro: Ja, ich wollte sie noch erwähnen, aber zuvor möchte ich mich auf noch weiter zurückliegende Epochen beziehen. Sogar in der Zeit der Reformation, als die Bewegung von Luther und Calvin sowie die verschiedenen protestantischen Kirchen aufkamen, gab es gewalttätige Konflikte, die sogar zum Blutvergießen führten. Schon als Kind hörte ich von der Nacht des heiligen Bartholomäus in Frankreich. Das ist geschichtlich eine Tatsache: Aufgrund religiöser Konflikte wurden Tausende von Menschen ermordet: Die Gewalt ist also nicht spezifisch für politische oder soziale Konflikte, sondern sie kam auch in großem Ausmaß und mit großer Intensität in den religiösen Bewegungen vor. Ich weiß nicht, ob irgend jemand einmal ausgerechnet hat, wie viele Menschen aus solchen Gründen geopfert wurden.
Frei Betto: Durch die Inquisition.
Fidel Castro: Ja, seit der Inquisition haben sowohl die eine wie die andere Seite Gewalt angewandt. Manchmal war es der Staat, dann wieder die Kirche. So kam es nicht nur in den politischen Konflikten zu Gewalt zwischen der Kirche und einer politischen Bewegung, sondern auch – und das will ich sagen – in den religiösen Bewegungen selbst. Man braucht nur zu erwähnen, daß während der Entstehung des Christentums Millionen von Christen im Namen der alten heidnischen Kirche von Rom geopfert wurden. Wer weiß schon, wie viele Christen in den dreihundert Jahren des Römischen Reiches hingerichtet wurden, von Christus angefangen, welcher der erste war, bis zum letzten, bevor die Kirche dann offizielle Staatsreligion des Reiches wurde. Es gab also Gewalt und sehr viele Opfer auch in den kirchlichen Kämpfen. So gesehen ist die Tatsache gar nicht unbedingt absurd, daß sich zwischen der revolutionären politischen Bewegung und der Kirche Gewalt entwickelt hat.
In den klassischen Revolutionen, beispielsweise der Französischen Revolution – ein Ereignis von großer historischer Bedeutung –, existierte Gewalt seitens eines Teils der Kirche. Man darf nicht vergessen, wie die Französische Revolution entstanden ist. Sie begann in einer Versammlung, in der es drei gesellschaftliche Stände gab: den Adel, den Klerus und den bürgerlichen Stand, d. h. Geschäftsleute, Freiberufliche und Künstler, also das, was man auch als Mittelschicht bezeichnen könnte. Es war vor allem der niedere Klerus – wenn dabei auch einige Bischöfe nicht fehlten –,

welcher die Mehrheit des bürgerlichen Standes bestimmte. Sogar einige Adelige unterstützten die mittleren Sektoren der Bevölkerung. Wer die Mehrheit garantierte, das waren also der Klerus, besonders der niedere Klerus, einige Erzbischöfe und auch einige Adelige. Man darf nicht übersehen, daß Lafayette und andere die Revolution unterstützten. Es war die erste klassische Revolution der Moderne, und sie verlief gewalttätig. Auf der einen wie auf der anderen Seite gab es Priester und Bischöfe, die ihr Leben ließen. Man darf nicht vergessen, daß die Priester eine entscheidende Rolle beim Ausbruch der Französischen Revolution spielten.

In gewisser Weise wiederholen sich diese Konflikte in der zweiten großen Revolution unseres Zeitalters, der Russischen Revolution. Ich habe nicht viele Daten, aber ich stelle mir vor, daß es, wie in jeder Revolution, Konflikte mit der Kirche gegeben hat, mag sein, daß sogar Priester erschossen wurden. Ich will mich da nicht festlegen, denn in der Tat widmet man diesen Daten in den großen historischen Prozessen wenig Aufmerksamkeit. Ich weiß mehr davon, was in der Französischen Revolution geschah, über die viele Bücher geschrieben wurden.

Von den Revolutionen auf unserer Halbkugel war die mexikanische eine soziale Revolution – keine sozialistische, sondern eine soziale Revolution, in der fast alles vorkam; ein Teil der Kirche war auf seiten der Revolution, ein anderer dagegen. Die Konflikte waren blutig. Auch im Spanischen Bürgerkrieg gab es Gewalt auf beiden Seiten. Es wurden Priester und wahrscheinlich auch Bischöfe umgebracht.

Unsere Revolution dagegen ist eine tiefgreifende soziale Revolution, und deshalb gab es keinen einzigen Fall, in dem ein Bischof oder ein Priester erschossen worden wäre, aber auch keinen einzigen Fall eines physisch schlecht behandelten oder gefolterten Geistlichen. Nun, das ist wirklich sehr bemerkenswert, daß es keinen Fall dieser Art gab, weder bei einem Geistlichen noch bei einem Laien. Denn seit wir in der Sierra Maestra die Gesetze gegen die Folterer und die Mörder gemacht hatten, von denen ich Ihnen schon berichtet habe, sorgten wir bei unseren Kämpfern für ein tiefes Bewußtsein des Respektes gegenüber dem menschlichen Leben und der menschlichen Person sowie der Ablehnung von Willkür, Ungerechtigkeit und physischer Gewalt gegenüber den Gefangenen und anderen Personen.

Wir haben den Krieg nicht nur in der Schlacht gewonnen, sondern auch wegen unserer Politik in bezug auf die Gefangenen. Es gab keinen einzigen Fall, in dem ein feindlicher Soldat, der gefangengenommen worden war, erschossen wurde; kein einziger Gefangener wurde gefoltert, nicht einmal, um ihm eine wichtige Information zu entlocken. Wir hatten unsere Ge-

setze, und wenn wir einen Spion entlarvt hatten, konnten wir ihn laut Gesetz richten, verurteilen und sogar töten. Aber niemals haben wir ihn gefoltert, um irgend etwas aus ihm herauszubekommen! Normalerweise geben diese Leute schnell entmutigt auf, und wir würden nur unsere eigenen Hände beschmutzen, wenn wir so etwas täten. Wenn sich unsere eigenen Leute am Haß, an der Folter und am Verbrechen begeisterten, dann würden wir uns damit selbst demoralisieren. Wir gäben unseren Soldaten das Beispiel der Folter und des Verbrechens. Wer nicht begreift, daß in einer Revolution die Moral der grundlegende Faktor ist, der ist verloren und gescheitert.
Es sind die Werte und die Moral, die einen Menschen geistig rüsten. Sie werden verstehen, daß wir unabhängig von der religiösen Überzeugung einen revolutionären Kämpfer nicht motivieren mit der Idee von einer Belohnung in einer anderen Welt oder damit, daß er ewige Glückseligkeit gewinnen wird, falls er stirbt. Selbst wenn diese Männer keine Christen waren, so waren sie bereit, für Werte zu sterben, die es ihnen wert waren, ihr Leben dafür zu opfern, auch wenn es nach diesem Leben nichts geben würde. Wie kann man also erreichen, daß ein Mann so handelt, wenn nicht auf der Basis bestimmter Werte, die man nicht widerlegen und die man nicht zerstören kann?
In unserem Krieg kam es kein einziges Mal vor, daß ein gefangener Soldat erschossen worden wäre. Das war sehr hilfreich, denn es flößte den revolutionären Kräften Respekt, Autorität und Moral ein angesichts eines Feindes, der im Gegensatz dazu sehr wohl folterte, tötete und jede Art von Verbrechen beging. Wir hielten diese Tradition über einen Zeitraum von mehr als 26 Jahren aufrecht, in all diesen Jahren der Revolution, als eine sichere und entschiedene Politik. Niemals tolerierten wir das Gegenteil. Es ist nicht wichtig, was die Feinde überall erzählten. Sie berichteten von Grausamkeiten, aber das ist uns gleichgültig. Wenn man die internationalen Telegramme liest, nimmt man sie irritiert und wütend zur Kenntnis, denn sie können keinen einzigen Beweis dafür erbringen, daß die Revolution nur einen Mord begangen, einen einzigen Menschen gefoltert hat oder irgend jemanden verschwinden ließ. In 26 Jahren fanden sie keinen einzigen Beweis dafür. Ich sage Ihnen, das ist eine sehr disziplinierte Revolution gewesen, sie hat sich in großer Ordnung entwickelt.
Wir waren sehr radikal, allerdings ohne Exzesse. Wir haben es niemals zugelassen, daß einer der Werte, auf die sich die Revolution stützte, verletzt wurde. So wurde hier also niemand Opfer solcher Methoden, weder ein einziger Priester noch ein Bischof noch der schlimmste Feind noch diejenigen, die – unter Anleitung des CIA – Hunderte von Attentaten gegen

die Führer der Revolution organisierten. Es gab eine Zeit, in der hier dreihundert konterrevolutionäre Organisationen existierten. Jedesmal, wenn sich fünf oder sechs Leute trafen, waren sie eine neue Organisation. Bei ihnen fanden sich alle Arten von Opportunisten. Sie waren davon überzeugt, daß die Revolution der Unterstützung, der Stimulation und der Inspiration, die diese Leute aus den Vereinigten Staaten erhielten, nicht standhalten würde. Jeder dieser Typen, die verantwortlich waren für Taten von erheblicher Gefährlichkeit, hätte erschossen werden können aufgrund der vorgängigen Gesetze, der Verurteilungen und der unwiderlegbaren Beweise für ihre Handlungen. Ich spreche von dreihundert Organisationen. Wir wußten besser als sie selbst, was sie taten, vor allem deswegen, weil unsere Sicherheitsorgane nicht folterten, sondern sich zu sehr effizienten Institutionen entwickelten und nach anderen Mitteln suchten, um sich einzuschleusen und herauszufinden, was der Feind tat. Es reicht zu sagen, daß ab einem gewissen Augenblick fast alle Chefs dieser konterrevolutionären Organisationen unsere eigenen Leute waren – Revolutionäre, die eine vorzügliche, perfekte Arbeit leisteten. Wir wählten eine Form des Kampfes, welche die physische Gewalt gegen Menschen ausschloß, um sich Informationen zu beschaffen. Wir wußten, was ein Konterrevolutionär an jedem Tag des Monats Januar 1961 getan hatte, wo und mit wem er sich versammelt hatte. Wir besaßen alle Informationen. Wenn er darauf im Jahre 1962 gefangengenommen wurde, als er sich zu einem gefährlichen Element entwickelt hatte, und er sich nicht genau daran erinnern konnte, was er an dem und dem Tag im Januar getan hatte und mit wem er sich getroffen hatte, dann hatten unsere Archive das alles registriert. Es waren keine Leute mit tiefen Überzeugungen, sie ließen sich im allgemeinen sehr schnell entmutigen und gaben auf, sie hatten eine egoistische Mentalität, materielle Interessen und Ambitionen. Weil sie keine Moral hatten und sie sich mit der Tatsache auseinandersetzen mußten, auf eine Revolution zu stoßen, die eine sehr hohe Moral besaß, hielten sie das nicht aus und gaben auf, sobald sie gefangengenommen waren und man ihnen zeigte, daß einem alles bekannt war. Sie gestanden dann sofort. Aber durch physische Gewalt entlockten wir niemals jemandem eine Erklärung oder eine Information. Man könnte jetzt fragen: Gab es einen Priester, der aufgrund von konterrevolutionären Verbrechen erschossen wurde? Ich antworte: Nein! War es gesetzmäßig möglich? Ja, wenn sie schwere Verbrechen begangen hätten.
Frei Betto: Es gab drei Priester bei der Invasion in der Schweinebucht.
Fidel Castro: Ich müßte das nachprüfen, aber ich bin fast sicher, daß es drei waren. – Technisch gesehen begingen alle Invasoren das Delikt des Vaterlandsverrats. Wenn man nämlich in ein Land geht, das mit dem eigenen

Land verfeindet ist, und nach Anweisung dieses Landes in sein eigenes Land auf Kosten von Blut und Leben seiner Mitbürger eindringt, dann ist das technisch gesehen Verrat. Fast alle Gesetzesbücher verurteilen dies mit Todesstrafe.
Es gab auch Fälle von Mittäterschaft bei schwerwiegenden konterrevolutionären Aktivitäten, die zu Strafen mit ernsten Sanktionen wie der Erschießung hätten führen können. Allerdings gab es keinen einzigen Fall dieser Art, weil wir versuchten, so etwas zu vermeiden. Unter keinen Umständen wollten wir das Spiel der Reaktion und des Imperialismus spielen und den Eindruck einer Revolution vermitteln, die Priester ermordet. Davor haben wir uns immer gehütet. Schwere Delikte wurden auch von Priestern begangen, und dennoch wandten wir darauf niemals die Höchststrafe an. Aber es waren nicht viele. Die politische Opposition, die politische und ideologische Unterstützung, die man der Konterrevolution gewährt, ist eine Sache, etwas ganz anderes ist die Verwirklichung von Sabotageakten oder schweren konterrevolutionären Verbrechen. In der Tat geschahen nicht viele, aber selbst bei denen, welche die Todesstrafe gerechtfertigt hätten, versuchte man, sie zu vermeiden. Die Priester wurden immer mit spezieller Rücksichtnahme behandelt. Es gab Fälle, in denen sie wegen konterrevolutionärer Aktionen zu Gefängnisstrafen verurteilt wurden; selbst dann mußten sie niemals die Strafe absitzen, wir hatten ein Interesse daran, daß sie entlassen wurden und nur ein Minimum der Zeit gefangen waren. Wir wollten in der Öffentlichkeit nicht das Bild von einem gefangengehaltenen Priester oder das Bild einer Revolution abgeben, die Priester gefangennimmt. Auch wenn bei ihnen die Strafe gerechtfertigt gewesen wäre.
Viel Einfluß in dieser Hinsicht hatte ein sehr intelligenter und fähiger Nuntius, den wir hier hatten, Monsignore Zacchi, ein außerordentlich konstruktiver Mann, der die Unannehmlichkeit der Konflikte zwischen der Kirche und der Revolution erkannte und half, sie zu vermeiden. Ich glaube, er leistete einen wichtigen Beitrag, um zu verhindern, daß sich diese Konflikte vertieften. Durch seine Vermittlung entließen wir die Geistlichen in den wenigen Fällen, von denen ich gesprochen habe, wieder in die Freiheit.
Frei Betto: Wurden denn Kirchen geschlossen und Priester ausgewiesen?
Fidel Castro: Nein, niemals wurde in diesem Land auch nur eine einzige Kirche geschlossen. Zu einem bestimmten Zeitpunkt, als die politische Auseinandersetzung sehr heftig wurde und einige Priester eine militante politische Haltung einnahmen, vor allem die Priester spanischen Ursprungs, da gab es Fälle, in denen wir sie aufforderten, das Land zu ver-

lassen, oder wir hoben ihr Dauervisum auf. Ja, solche Fälle hat es gegeben. Allerdings wurde genehmigt, daß andere Priester kamen, um diejenigen zu ersetzen, die das Land verlassen hatten. Aber wir können sagen, es war die einzige Maßnahme, die ergriffen werden mußte, und das auch nur ein einziges Mal. Danach normalisierten sich die Beziehungen.

Frei Betto: Und der Fall des Kardinals, der im Augenblick der Invasion von Girón in die argentinische Botschaft flüchtete?

Fidel Castro: In der zweiten Hälfte des Aprils 1961, während der Invasion von Girón[28], schien der Kardinal einen Schock bekommen zu haben. Wir kennen die Gründe nicht, die ihn so verängstigt haben, jedenfalls zog er in das Haus des Botschafters von Argentinien. Der Kardinal war schon im fortgeschrittenen Alter. Im Februar 1962, als Argentinien seine Beziehungen zu uns abbrach, überzeugte ihn der Beauftragte des Heiligen Stuhls davon, in Kuba zu bleiben. Er wurde in ein Altenheim im Stadtteil Marianao gebracht und lebte dort bis zu seinem Tod. So war das mit dem Kardinal.

Ich erzähle Ihnen einige Beispiele darüber, was hier geschah: Ein Verwandter des Kardinals organisierte einen bewaffneten Aufstand in der Provinz Oriente. Er logierte im Priesterseminar del Cobre in Santiago de Cuba und ging von da aus in die Berge, wo er eine konterrevolutionäre Guerilla organisierte. Er wurde ausgemacht, eingekreist und gefangengenommen. Trotz der Schwere des Verbrechens wurde er nur zu einer Gefängnisstrafe verurteilt. Stellen Sie sich vor, was da passiert ist! Ein Verwandter des Kardinals mit einer konterrevolutionären Position gebraucht ein katholisches Seminar, organisiert eine Guerilla, gelangt zu Waffen und benutzt sie gegen die Revolution in den schwierigen Tagen der Bedrohungen und Aggressionen seitens der Nordamerikaner. In diesem Fall waren wir nicht sehr streng. Das ist es, was ich weiß! In der Tat könnte ich Ihnen nicht sagen, aus welchem Grund der Kardinal in einer Botschaft Zuflucht suchte. Einen Grund dafür hatte er nicht. Selbst wenn er ein Komplize seines Verwandten gewesen wäre, hätten wir ihn aus politischen Gründen nicht verhaftet. Ich hätte mit ihm gesprochen und ihn gewarnt. Selbst wenn er Komplize der Invasoren von Girón gewesen wäre, hätte er

---

[28] Die Invasion von Girón ist unter dem Namen «Invasion in der Schweinebucht» in die Geschichte eingegangen. Am 17. April 1961 wurde von Miami (USA) aus, wohin viele Mitglieder der Oligarchie und der Bourgeoisie geflüchtet waren, an der «Playa Girón» eine Invasionstruppe an Land gesetzt. Nach 72 Stunden war sie geschlagen. Die Vereinigten Staaten hatten damit in Lateinamerika eine empfindliche Niederlage erlitten. Der Jahrestag des Sieges (19. April) ist in Kuba ein offizieller Feiertag.

kein Asyl aufsuchen oder Schutz suchen müssen, denn wir hätten keine drastischen Maßnahmen gegen ihn ergriffen.

Der sozialistische Charakter der Revolution

Frei Betto: Wurde der sozialistische Charakter der Revolution nach dem Ereignis am Strand von Girón 1961 erklärt?
Fidel Castro: Nicht danach, sondern am gleichen Tag, an dem die Invasion begann.
Frei Betto: Am Anfang gab es die «Vereinigten Revolutionären Organisationen» (ORI), ein Zusammenschluß der drei revolutionären Bewegungen: der Bewegung des 26. Juli, des Revolutionären Direktoriums des 13. März 1957 und der Sozialistischen Volkspartei (PSP) – das war damals der Name der Kommunistischen Partei Kubas. 1965 waren die Vereinigten Revolutionären Organisationen dann der Ursprung für die Kommunistische Partei Kubas, die PCC.[29]
Fidel Castro: Ja.
Frei Betto: Man läßt jedoch in der Kommunistischen Partei Kubas keine Christen als Mitglieder zu?
Fidel Castro: Das ist wahr, sie sind nicht zugelassen.
Frei Betto: Richtig. Es handelt sich um eine Partei auf der Grundlage eines Bekenntnisses, insofern sie eine atheistische Partei ist, welche die Nicht-Existenz Gottes proklamiert. Ich frage Sie: Bestehen Möglichkeiten, daß die Partei sich in Zukunft nicht mehr konstitutiv auf diese Grundlage stützt? Und gibt es zweitens Möglichkeiten, daß in Zukunft ein revolutionärer kubanischer Christ Mitglied der Partei werden kann?
Fidel Castro: Nun, ich glaube, das ist eine der interessantesten und wichtigsten Fragen, die Sie mir im Hinblick auf die Themen der Religion und der Revolution gestellt haben.
Ich erzählte Ihnen, daß ich schon vor 1951 nicht nur eine revolutionäre Ausbildung hatte, sondern auch eine marxistisch-leninistische und sozialistische Konzeption des politischen Kampfes besaß. Außerdem hatte ich ein strategisches Konzept ausgearbeitet, wie wir das alles in Etappen verwirklichen wollten. Ich habe Ihnen ebenfalls schon gesagt, daß der engere Zirkel derjenigen von uns, welche die Bewegung des 26. Juli organisiert hatten, dieselbe Ausbildung besaß. In einer ersten Etappe verfolgten wir ein Programm, das wir technisch die nationale Befreiung oder die natio-

---

[29] Der Werdegang der PCC wird von H. M. Enzensberger sehr detailliert beschrieben in: H. M. Enzensberger, Palaver. Politische Überlegungen (1967–1973), Frankfurt 1974, 55–90.

nale Unabhängigkeit nennen könnten. Es bestand aus einer Reihe von fortgeschrittenen sozialen Reformen, denen später, in einer nächsten Phase, neue Maßnahmen folgen sollten, die schon von sozialistischem Charakter sein konnten.

Natürlich, wir unterhalten uns jetzt im Jahre 1985. Stellen Sie sich vor, wie es 1956, 1958, 1959 und 1960 war, als wir noch nicht diese aktuelle Erfahrungsgrundlage besaßen, die wir heute haben. Wir hatten die richtigen Grundideen, was wie in welchem Augenblick möglich und daher zu tun war. Wenn Sie mich fragen, ob wir den Tag, das Jahr und den genauen Zeitabschnitt geplant hatten, in dem wir je eine bestimmte Sache taten, dann würde ich Ihnen antworten: Nein! Wir hatten eine Grundidee davon, wie eine soziale Revolution unter den Bedingungen unseres Landes zu verwirklichen und in den verschiedenen Etappen zu steuern wäre, wie sie begleitet sein müßte von der Erziehung des Volkes und von der Verbreitung der Ideen, damit das Volk zu seinen eigenen Schlußfolgerungen gelangen konnte, wie es dann auch tatsächlich geschehen ist.

Was hier außerordentlich zum politischen Vormarsch und zur politischen Erziehung unseres Volkes beitrug, waren die Revolutionsgesetze. Denn vom ersten Augenblick an sah das Volk, daß es eine Regierung hatte, die endlich seine eigene Regierung war. Im Verlaufe der Geschichte – und da kann man bei der Eroberung Kubas durch die Spanier beginnen – hatte das Volk keine Regierung, die seine Regierung gewesen wäre. Die spanische Regierung hier, die Regierung des Diego Velázquez, des Panfilo de Narváez und der anderen, die Kuba eroberten, Städte gründeten und die Regionen des Landes verwalteten, waren nicht eine Regierung der Indios.[30] Die Indios waren die Arbeiter, die Sklaven, die Goldkörner in den Flüssen suchten; die Indios arbeiteten in den Minen und unter der brennenden Sonne. Auf diese Weise rotteten die Kolonisatoren 90 % der indianischen Bevölkerung aus. Sie rotteten die Indios fast vollständig aus, Hunderttausende von Afrikanern wurden aus ihrer Heimat verschleppt und zu Sklaven gemacht, damit sie in den Minen und auf den Zuckerrohr- und Kaffeeplantagen unter der sengenden Sonne in der Hitze und der tropischen Feuchtigkeit arbeiteten. Aus der Mischung von Spaniern mit Indios und Schwarzen entstanden die Mestizen, die, wenn sie Kinder von Sklaven waren, weiterhin Sklaven blieben.

Dann bildete sich im Verlauf der Jahrhunderte eine eigene Nationalität heraus. Es entstand der Begriff des Kubaners unter den Nachkommen von

---

[30] Diego Velázquez wurde Ende 1510 von König Ferdinand von Spanien auf die Reise geschickt, um in Kuba Gold zu suchen. Die Spanier gingen gegen die 100 000–200 000 Ureinwohner derart brutal vor, daß die Insel 1537 bloß noch 5500 Indios zählte.

spanischen Weißen, den Mestizen und den freien Nachkommen von Schwarzen und Indios, aber die Regierung war weiterhin eine Regierung der Spanier. 1898, gegen Ende des letzten Unabhängigkeitskrieges, geschah die Intervention und Okkupation des Landes durch Truppen der Vereinigten Staaten. Sie dauerte bis 1902, als man hier eine Regierung der Vereinigten Staaten einsetzte – genauer: einen Mann, der zum Bürger der Vereinigten Staaten geworden war und als Kandidat von den Vereinigten Staaten unterstützt wurde. Von da an bis 1959 bildeten alle Nachfolger eine Regierung der Großgrundbesitzer, der Reichen, der Privilegierten, der ausländischen Konzerne und der Vereinigten Staaten. Zum ersten Mal in seiner Geschichte – und das hat in der Geschichte eines Volkes immer eine außerordentliche Wirkung – gab es 1959 eine Regierung des Volkes. Das war eine Neuheit, denn zuvor waren Staat und Volk, Regierung und Volk, immer zwei verschiedene Dinge gewesen.
Von dem Augenblick an, als die Bedrohungen durch die Vereinigten Staaten aufkamen, organisierte sich das Volk, bewaffnete sich und begann zu begreifen, daß es selbst die Autorität, die Staatsgewalt war. Davor hatte es ein Heer gegeben, das vom Volk losgelöst war, ein Berufsheer, mit dem sich das Volk nicht identifizierte. Wenn ein Mann ein Gewehr trug, dann diente es dazu, Streiks zu unterdrücken, Kundgebungen von Studenten oder Landarbeiterbewegungen niederzuschlagen, immer auf der Seite der Macht.
Mit der Revolution begann das Volk, Soldat, Funktionär und Verwalter zu sein. Es begann, Teil der sozialen Ordnung zu sein, des Staates und der Autorität. Wenn nach dem Grundgesetz des 18. Jahrhunderts ein absolutistischer König in Frankreich sagen konnte: «Der Staat, das bin ich!», dann kann seit 1959, als die Revolution siegreich verlief und das Volk an die Macht kam, der normale Bürger dieses Landes sagen: «Der Staat bin ich.» Die Revolutionsgesetze und die Maßnahmen für soziale Gerechtigkeit eroberten die Zuneigung der Bevölkerung. Sie trugen dazu bei, das Bewußtsein unseres Volkes zu vertiefen und ein sozialistisches politisches Bewußtsein zu entwickeln.
Nun gut, seit der Gründung der Bewegung des 26. Juli für den Kampf gegen Batista ging unsere Bewegung von einem Führungszirkel aus. Ich unterstützte die Schaffung eines Zirkels mit einer Gruppe von sehr fähigen und verdienstvollen compañeros. Aus diesem weiteren Zirkel wurde ein kleiner Exekutivrat von drei compañeros ausgewählt für die Ausführung der geheimeren und delikateren Aufgaben. Das waren Abel Santamaría, ein anderer compañero, der sich Raúl Martínez nannte, und ich.
Frei Betto: Und wo ist Martínez jetzt?

Fidel Castro: Er war bei der Aktion von Bayamo dabei. Nach Moncada hat er sich von der Bewegung getrennt. Zweifellos war er ein aktiver, organisierter Mann, voller Initiative; er liebte vor allem die Aktion und war ideologisch nicht besonders entwickelt. Abel dagegen war aktiv, fähig und hatte darüber hinaus fortschrittliche revolutionäre Konzeptionen. Innerhalb dieser Organisation hatte ich meine wohldefinierten Verantwortlichkeiten und Aufgaben. Seit ich mich entschieden hatte, eine Organisation für den Kampf aufzubauen, war meine erste Initiative die Einrichtung einer kollektiven Führung.
Dann kam der Krieg. Ich war der Chefkommandant der Rebellenarmee. Eine Zeitlang war ich auch Chefkommandant meiner selbst und der anderen beiden compañeros, des kleinen Exekutivrates also, bis wir die Sache besser organisiert hatten. Dann war ich Chefkommandant einer Gruppe von sieben oder acht compañeros. Die erste siegreiche Schlacht ereignete sich mit zweiundzwanzig bewaffneten compañeros am 17. Januar 1957, wenn ich mich nicht täusche. Oder anders: eineinhalb Monate, nachdem sie unsere ursprüngliche Truppe völlig zersprengt hatten, stellten wir uns zur ersten siegreichen Schlacht. Ich war der Chef dieser Truppe. In einer Truppe, die sich im Kampf befindet, befehligt man die Einheiten, das ist ein Prinzip; es gibt nur die Unterordnung unter ein Kommando. Aber wir gehörten gleichzeitig zu einer Bewegung, zur Bewegung des 26. Juli, deren Nationalleitung vollständig funktionierte.
Bei dieser Führung lag die gesamte Verantwortlichkeit für die Bewegung in der Stadt und auf dem Land. Als wir in Mexiko waren und die Expedition organisierten, lag die gesamte Verantwortung für die Bewegung in Kuba bei dieser Führung. Während wir in den Bergen kämpften, leitete sie die Bewegung im übrigen Land. Wenn es irgendeine Angelegenheit von großer Bedeutung gab, wurden wir konsultiert. Wir diskutierten und trafen die grundsätzlichen Entscheidungen. Die ganze Zeit über gab es eine Nationalleitung, die funktionierte, die Befugnisse besaß – manchmal übertriebene Befugnisse. Denn da die Führung die Billigung der Mehrheit besaß, erkannten wir sie vollständig an. Wir hatten die Befehle auszuführen, es gab keinen anderen Weg. Manchmal analysiere ich das historisch und stelle fest, daß ein von der Mehrheit entschiedenes Kriterium nicht immer gerecht war. Aber dennoch, unser Embryo von einer Armee befolgte die Anweisungen dieser Nationalleitung.
Seit der Gründung unserer Organisation – schon vor Moncada – hat es immer das Konzept einer kollektiven, kleinen, eingeschränkten Führung mit großem Vertrauen gegeben, die in der Lage war, Verantwortlichkeiten aufzuteilen. Es gibt keine andere Form, eine politische Bewegung auszu-

lösen: das Konzept eines Führungskerns und einer kollektiven Führung. Als die Revolution am 1. Januar 1959 siegte, hielt die Rebellenarmee, die eine beträchtliche Rolle gespielt hatte, 3 000 Männer unter Waffen. Mit nur 3 000 Männern hatten wir in der Provinz Oriente 17 000 Soldaten eingekesselt und die Insel in zwei Teile geteilt. Das Regime war liquidiert, das Heer Batistas konnte keinen Widerstand mehr leisten. Dies bedeutet, daß die Kampfeinheiten der Rebellenarmee auf dem Höhepunkt des Krieges eine entscheidende Rolle spielten.
Zweifellos war die Unterstützung des Volkes ein entscheidender Faktor. Es stellte sie unter Beweis, als die hohen Offiziere der Armee von Batista einen Staatsstreich versuchten und dabei ein Abkommen brachen, das sie mit uns getroffen hatten. Der Befehlshaber der feindlichen Operationen hatte mich um eine Begegnung gebeten. Er bekannte, daß der Krieg verloren war und er mit uns zu einer Übereinkunft gelangen wollte. Ich selbst habe ihm vorgeschlagen: «Lassen Sie uns einen eleganten Ausweg suchen, wir werden so viele Offiziere retten.» Nicht alle Offiziere waren nämlich Mörder, wenn auch leider viele der wichtigsten Führer der Streitkräfte sehr grausam waren. Es war dieser Befehlshaber der Militäroperationen, der die letzte Offensive in der Sierra Maestra durchführte: 10 000 Männer gegen 300. Eine bemerkenswerte Tatsache, denn den 10 000 Männern gelang es in 70 Tagen Kampf nicht, die 300 zu besiegen. Am Ende waren die 300 auf 805 bewaffnete Kämpfer angestiegen, wir hatten mehr als 1 000 Verluste verursacht, die Offensive zurückgeschlagen, die besten Truppen des Feindes besiegt und eine große Anzahl von Waffen angeeignet, die unsere Kraft verdreifachten. Der Mann, der diese Truppen befehligte, war ein Offizier von einigem Ansehen, ein sehr fähiger Mann, kein Krimineller.
Wir respektierten ihn, auch wenn er alle Truppen befehligte, die gegen uns gekämpft hatten. Fast gegen Ende des Krieges setzte er sich mit mir zusammen und sagte: «Wir haben den Krieg verloren.» Ich schlug ihm vor, daß wir gemeinsam einen Waffenstillstand verkünden sollten: «Wir könnten viele gut ausgebildete und wertvolle Offiziere retten, die nicht in die Verbrechen verwickelt sind.» Er stimmte zu, bestand aber darauf, nach Havanna zu gehen. Ich empfahl ihm, das nicht zu tun: «Es ist riskant!» Er erwiderte, er habe gute Kontakte, und man könne ihm nichts anhaben. Dann stellte ich ihm drei Forderungen: «Wir wollen keinen Kontakt zur nordamerikanischen Botschaft, keinen Staatsstreich in der Hauptstadt, und wir wollen Batista nicht entkommen lassen.» Nachdem er diesen Punkten zugestimmt hatte, aufgrund derer dann die Feuereinstellung der Truppen am 31. Dezember erfolgte, stimmte irgendwer diesen Mann unterwegs um, und er tat dann unglücklicherweise genau die drei Sachen, die zu

unterlassen er versprochen hatte: Er setzte sich mit der nordamerikanischen Botschaft in Verbindung, führte einen Staatsstreich in der Hauptstadt durch und verabschiedete sich von Batista auf dem Flughafen.
Am folgenden Tag richteten wir uns an das Volk mit der Aufforderung zu einem Generalstreik und instruierten alle Truppen, das Feuer nicht einzustellen. Innerhalb von 72 Stunden war der Rest des Heeres entwaffnet. Ich will damit sagen, daß die Rebellenarmee eine entscheidende Rolle spielte. Hinter der Armee, in der die Bewegung zu diesem Zeitpunkt ihren hauptsächlichen Ausdruck fand, stand der Strom des Volkes. Ich habe damals den Satz gesagt: «Das Volk ist wie der Amazonas in einem zu kleinen Flußbett, das eine so große Volksmasse gar nicht organisieren und fassen kann.» Hinter der Revolution stand ein Amazonas des Volkes und eine relativ kleine politische Organisation, die selbstverständlich ihre inneren Strömungen und Widersprüche aufwies, eher Rechte und eher Linke. Ich verstand sehr wohl, daß die Masse, die die Revolution unterstützte, sehr viel größer und breiter war als unsere Bewegung und daß wir keine Sektierer werden durften. Wir können schon sagen, daß wir die völlige Unterstützung besaßen infolge der Führung, die unsere Bewegung übernommen hatte, aber wir verwarfen die Idee einer politischen Vormachtstellung! Wenn wir gewollt hätten, hätten wir die Möglichkeit gehabt, eine totale Hegemonie zu übernehmen. Ich frage mich, wie viele politische Führer angesichts der Bedingungen, unter denen wir uns auf Kuba befanden, wohl der Idee einer Hegemonie entsagt hätten!

Kampf gegen Sektierertum

Frei Betto: Wenn Sie davon sprechen, kein Sektierer zu sein, frage ich mich, ob das ein Teil Ihrer Haltung ist, mit der Sie den häufigen Gebrauch von klassischen Begriffen des Marxismus-Leninismus zu vermeiden suchen. Ich will dieser Frage einen Eindruck hinzufügen. Wenn man das erste Mal nach Kuba kommt, ist es überraschend festzustellen, daß man im Gegensatz zu dem Eindruck, den uns der Imperialismus vermittelt, auf den Straßen fast keine Bilder von Marx oder Lenin sieht, sondern immer nur der Figur von Martí begegnet. Ich frage also, ob diese nicht-sektiererische Position auch die Freisetzung der nationalen Werte einschließt und der Symbole, die in der Kultur des Volkes eine Bedeutung haben, eine Position, die sorgfältig umgeht mit Dingen, die wichtig sind und die man oft nicht leicht begreift.
Fidel Castro: Ich bringe dies nicht unbedingt damit in einen Zusammenhang, denn das hängt schon von anderen Faktoren, anderen Kriterien und

anderen Ideen ab. Ich spreche in diesem Fall von Sektierertum hinsichtlich unserer Bewegung, die eine grundlegende Rolle im Kampf und im Sieg übernommen hatte. Sie besaß die Unterstützung des ganzen Volkes und hätte sich also gegen die meisten Organisationen durchsetzen und sich zum Mittelpunkt der Revolution machen können. Wir hätten sagen können: Nun, wir sind stärker als alle anderen Organisationen, und wir werden die Verantwortung allein übernehmen, ohne sie mit irgendwem zu teilen. Das ist unzählige Male in der Geschichte so geschehen, es gibt fast keine Ausnahme. Wir allerdings entschieden uns nicht für diesen Weg. Ich glaube, dem jeweiligen Ausgang einer Revolution gehen in vielen Fällen korrekte, ernsthafte und weise Lösungen voraus.

Die erste Art von Sektierertum, gegen die ich zu kämpfen hatte, war das Sektierertum derjenigen, die in den Bergen gekämpft hatten, denn sie betrachteten jene ganz anders, die in der Stadt gekämpft oder im Untergrund geblieben waren. Ich sagte: «Nein, auch sie haben gekämpft, sie waren Gefahren ausgesetzt, oft sogar größeren Gefahren als wir.» Vielleicht sind sie nicht so viel marschiert, wie wir marschiert sind, und sie haben nicht die Berge erklommen, die wir erklommen haben. Aber auch sie waren jeden Tag in Gefahr. Wenn wir ein bestimmtes Gebiet schon unter Kontrolle hatten, konnten natürlich die Flugzeuge kommen und uns im Morgengrauen, beim Dunkelwerden oder mitten am Tag ausmachen; das waren Gefahren, die wir vorauszusehen wußten. Aber die compañeros im Untergrund waren unzähligen Risiken ausgesetzt, und viele von ihnen starben. Es ist wahrscheinlich, daß es im Untergrund mehr Tote gegeben hat als in der Guerilla. Denn der Guerillero oder Kämpfer erwirbt in einer militärischen Einheit mehr Disziplin oder kollektiven Geist. Der Mann im Untergrund ist stärker ein Individualist, er ist im allgemeinen eher ein Einzelkämpfer und ist isolierter. Ich würde sagen, der offene Kampf hilft bei der Ausbildung eines Geistes der Brüderlichkeit, der Disziplin und der Kollektivität stärker als der Untergrundkampf.

Die zweite Tendenz zum Sektierertum, die überwunden werden mußte, betraf unsere Organisation im Verhältnis zu den anderen, die weniger Kraft hatten und kleiner waren. Dies galt nicht nur für das Verhältnis zur Sozialistischen Volkspartei, die nach der Bewegung des 26. Juli diejenige Partei war, die die meisten Kräfte organisiert hatte und die den stärksten Einfluß in den Sektoren der Industriearbeiter besaß, wenn auch unsere Bewegung und die Guerillaarmee unter den Arbeitern des Landes großes Ansehen genossen (obwohl die Gewerkschaftsleitungen allesamt in den Händen Batistas gewesen waren).

Am 1. Januar 1959, als der Staatsstreich in der Hauptstadt durchgeführt wurde, verbreiteten wir die Anweisung zum revolutionären Generalstreik. Es war genau dasselbe, was wir fünfeinhalb Jahre zuvor geplant hatten, als wir Moncada angriffen, dieselbe Grundidee. Wir wiesen die Truppen an, sich dem Vormarsch anzuschließen, und die Arbeiter des Landes, das Volk, baten wir, alle Aktivitäten einzustellen. Mit beeindruckender Disziplin legten sie alles still. Nichts bewegte sich mehr im Land. Die Arbeiter der Radio- und Fernsehstationen ihrerseits schalteten «Radio Rebelde», den Sender des Generalkommandos, mit allen Radios und Fernsehen des Landes gleich. Nur in diesem Sektor gab es keinen Streik, so daß wir zum ganzen Volk sprechen konnten. Wir hatten einen sehr großen moralischen Einfluß auf die Arbeiter.

Schließlich war die Sozialistische Volkspartei die Organisation, die mehr Parteierfahrung hatte, mehr politische Organisation und mehr alte Militante. Wir, die wir diesen Kampf geführt hatten, waren eine kleinere Gruppe neuer Aktivisten, obwohl in unseren Reihen sehr viele junge compañeros waren, die sich in dieser Etappe viele große Verdienste erworben hatten. Dann kam noch das Revolutionäre Direktorium dazu, eine Organisation der Studenten, deren Führer José Antonio Echeverría war. Nach seinem Tod wurde er von einem anderen compañero, Faure Chomón, ersetzt. Das waren schon drei Organisationen, die am Kampf beteiligt gewesen waren. Wir riefen außerdem alle anderen Parteien und Organisationen zusammen, die sich gegen Batista gestellt hatten, auch wenn sie am bewaffneten Kampf nicht teilgenommen hatten. Ich sprach mit allen, ebenso mit den alten und in Mißkredit geratenen Parteien, die der Macht enthoben worden waren. Nicht einmal von diesen wollten wir uns absetzen, als wir die Einheit aller Kräfte auf unsere Fahnen schrieben.

Wir können sagen, wenn 95 % des Volkes auf der Seite der Revolution standen und die Bewegung des 26. Juli auf 85 oder 90 % des Volkes zählen konnte, außer den 10 oder 15 %, die zu den anderen Organisationen gehörten, dann fehlten noch 5 % zur Einheit. In einer Revolution jedoch ist die Einheit nicht nur eine quantitative, sondern auch eine qualitative Frage. Ich habe nicht gefürchtet, daß die anderen Parteien auf 10 oder 15 % der Kraft kommen könnten. Wichtig war, daß sie der Revolution das Qualitätsmerkmal der Einheit verliehen. Wenn das Einheitsprinzip sich nicht durchgesetzt hätte, dann hätten sich nicht nur die meisten Parteien gespalten, sondern sie hätten auch Spaltungen auf seiten unserer eigenen Organisation hervorgerufen, wenn erst einmal Tendenzen, Kriterien, Antagonismen und vielleicht sogar Klassen entstanden wären. Unsere Bewegung war nämlich sehr viel heterogener; sie war dadurch gekennzeichnet, daß sie die große Masse hinter sich vereinigte, sie war der Amazonas des

Volkes in einem kleinen Flußbett. In diesem Amazonas gab es Leute aus allen Bereichen und Sektoren.

Wir wandten das Prinzip der Einheit auf alle Organisationen an. Sie können sicher sein, daß nur derjenige nicht bei der Revolution blieb, der wirklich nicht wollte – nicht etwa aus Mangel an Gelegenheit. Allen wurde diese Gelegenheit gegeben. Die mangelnde Übereinstimmung jedoch, die Ambitionen und Frustrationen begannen, sich auszuwirken. Zur gleichen Zeit setzten die spalterische und subversive Politik der Vereinigten Staaten und die Interessenskonflikte ein; logischerweise begannen viele dieser Parteien, sich den Interessen der Vereinigten Staaten und der Reaktion zuzuwenden.

Es blieben dann hauptsächlich drei Organisationen übrig, die das größte Ansehen im Kampf erreicht hatten: die Bewegung des 26. Juli, die Sozialistische Volkspartei (die alte Kommunistische Partei) und das Revolutionäre Direktorium, die politische Organisation der Studenten. Wir begannen, unsere Arbeit zu koordinieren. Das war nicht einfach, denn es gab sektiererische Tendenzen, die Diskussionen und Kritiken Platz gaben und es notwendig machten, sie in einem gewissen Moment radikal auszumerzen. Wir hatten in der Bewegung gegen unser Sektierertum gekämpft, aber die Sozialistische Volkspartei hatte nicht wirklich gegen das ihre gekämpft. Im Direktorium gab es sektiererische Äußerungen nur in den ersten Tagen. So entwickelte sich zwischen diesen Kräften eine Zusammenarbeit, sowohl auf der Ebene der Basis wie auch unter den Führern, so daß wir wenige Monate nach der Revolution eine kollektive Führung bildeten, in der die verschiedenen Kräfte vertreten waren. In dieser Organisation waren die wichtigsten Kader vertreten wie Che, Raúl, ich, eine Gruppe compañeros aus der Rebellenarmee und aus dem 26. Juli sowie compañeros der anderen Organisationen.

Das Prinzip der kollektiven Führung setzte sich ebenfalls schnell nach dem Sieg der Revolution durch und folgte damit der Tradition, so daß wir schon von den ersten Tagen der Revolution an eine kollektive Führung hatten, auch wenn die Organisationen noch nicht auf organische Weise integriert waren. Fast alle Maßnahmen wurden in dieser Führung analysiert und diskutiert. So schufen wir ein Führungsorgan von Anfang an, und dieses Prinzip hat sich bis heute erhalten. Danach kam der Augenblick der Integration aller Kräfte, die Auflösung der verschiedenen Organisationen und die Gründung einer einzigen, der Vereinigten Revolutionären Organisationen (ORI). Auch in dieser Phase gab es sektiererische Tendenzen. Was dieses Sektierertum ausgelöst hat?

Die Sozialistische Volkspartei (PSP) verfügte über eine wesentlich homo-

genere Organisation als wir, denn sie war in der Arbeiterklasse verankert und mit ihrer politischen Erziehung schon weiter. Unsere Organisation dagegen war heterogener und hatte mit gewissen Schwierigkeiten und Tendenzen innerhalb ihrer selbst zu kämpfen. Das war zur gleichen Zeit, als die Offensive des Imperialismus begann. Weil wir nur über eine relativ kleine Anzahl von Kadern verfügten und es manchmal nötig war, jemanden für eine bestimmte politische Aufgabe zu benennen, die sehr viel Vertrauen verlangte, wandten wir uns damit manchmal an die alten kämpferischen Kommunisten, die uns mehr Sicherheit gaben als die jüngeren compañeros mit ihrer geringen Ausbildung. Sie brachten uns sehr wertvolle Kader, jedoch keine Massen; ihre Anhänger waren nicht vergleichbar mit dem Umfang der Massen, die unsere Bewegung schon hatte. Aber sie leisteten uns eine große Hilfe bei den Kadern. Bitte behalten Sie in Erinnerung, daß unsere Bewegung von der Gründung bis zum Sieg nur sechs Jahre zur Verfügung hatte. Wir konnten nicht auf alte Militante mit 15, 20 oder 25 Jahren Erfahrung zurückgreifen... Die Sozialistische Volkspartei war schon seit Jahrzehnten organisiert und hatte ideologisch gut geschulte Aktivisten. Natürlich besaß auch unsere Bewegung viele Kader (sie machten die Mehrheit aus), aber sie kamen auch aus der Sozialistischen Volkspartei und dem Direktorium, die uns sehr wertvolle Leute überließen.
Parteimitglieder anderer Organisationen blieben ebenfalls bei der Revolution. Die Parteichefs verschwanden, aber die einfachen Leute an der Basis blieben. Von der sehr reduzierten Zahl von Sympathisanten, die sie überhaupt noch hatten, folgte ein Teil der Revolution. Ich sage «sehr reduziert», weil der revolutionäre Prozeß mit dem Meer von Volk, das er hinter sich herzog, praktisch alle traditionellen Parteien auslöschte. Einige konnten sagen: Ich habe hundert oder zweihundert Leute, die mir noch folgen. Die Revolution aber hatte Millionen, die sich ihr anschlossen. Trotzdem wendeten wir die Grundprinzipien von Einheit und kollektiver Führung an.
Es gab Probleme, wie ich Ihnen schon erzählt habe. In einem bestimmten Augenblick gab es sektiererische Tendenzen von seiten der alten Kommunistischen Partei, der Sozialistischen Volkspartei, die uns vertrauenswürdige Kader zugeführt hatte. Es handelte sich nicht um ein Problem, das erst mit der Einheit entstanden war, sondern um ein sehr viel früheres aus der Zeit des Untergrundkampfes gegen Batista. Leute mit unkorrekten Ambitionen und Methoden warfen diese Probleme auf; es waren Leute, die begonnen hatten, exzessive Befugnisse zu übernehmen, indem sie die Bedingungen des heimlichen Kampfes ausnutzten. Als man die Integration

erreichte, waren diese Elemente dabei. Aber sie wurden ohne Schwierigkeiten oder Probleme korrigiert, denn ich habe das Sektierertum immer bekämpft: zuerst dasjenige der Guerilla, dann das Sektierertum unserer Bewegung, schließlich dasjenige anderer Organisationen. Wenn es Sektierertum seitens der Sozialistischen Volkspartei gab, dann deswegen, weil auch die anderen Sektierer waren. Es war ein unermüdlicher Kampf um die Aufrechterhaltung der Einheit und den Sieg über jede Form von Sektierertum. Und so schritten wir vorwärts bis zur Gründung der Partei 1965. Wie wir schon gesagt haben, wurde der Sozialismus 1961 proklamiert, anläßlich der Invasion in der Schweinebucht. Zu diesem Zeitpunkt hatten wir infolge der nordamerikanischen Maßnahmen wie des Warenembargos und der Wirtschaftsblockade gegen Kuba bereits viele Gesetze verabschiedet. Wir antworteten darauf, indem wir nordamerikanische Industrien nationalisierten. Sie setzten die kubanische Zuckerquote aus, und wir nationalisierten alle Zuckerfabriken und einige Industrien. Das waren Maßnahmen gegen Maßnahmen. Dies alles beschleunigte den Prozeß der Nationalisierung.

Dann begann die große antikommunistische Kampagne. Das war das erste Hilfsmittel, auf das sie zurückgriffen, mit dem Ziel, die politische Unwissenheit eines großen Teils des Volkes zur Explosion zu bringen, das Fehlen der politischen Vorbereitung und das Fehlen einer politischen Kultur auszunutzen, um so alle Vorurteile, die sie in Jahrzehnten gesät hatten, zu Kapital zu machen. Sie dachten sich infame Dinge aus. Bei den Kampagnen etwa, die sie zur Förderung des Exodus aus dem Land unternahmen, erfanden sie eines Tages ein Dekret, das komplett gefälscht war; sie sagten, jemand habe es aus dem Ministerium entwendet, es handle sich um ein Projekt, wodurch die Regierung per Dekret der Familie ihre elterliche Gewalt entziehen wolle. Sehen Sie, was für absurde Sachen! Aber wie man weiß, flößen gerade diese absurden Sachen Angst und Schrecken ein, denn sie appellieren nicht an die Vernunft, sondern an den Instinkt. Ein denkender Mensch könnte das niemals für Wahrheit halten. Aber wenn eine Mutter hört: sieh mal, sie wollen dir dein Kind wegnehmen... Und sie sagten weiter, die Kinder würden in die Sowjetunion geschickt... Dinge dieser Art. Ich habe mich oft gefragt: Wurden diese Dinge gegen uns erfunden? Nachdem ich «Der stille Don» gelesen habe und eine Reihe weiterer Werke von Solochow, der den Nobelpreis für Literatur gewann, da entdeckte ich, daß dieses Verhalten so alt war wie die Russische Revolution. In der damaligen Zeit hatten sie dieselben Dinge erfunden, die sie über vierzig Jahre später gegen uns benutzten. Sie waren alt, nicht einmal die Früchte einer neueren Phantasie. Und so wurden viele Kampagnen gegen Kuba geführt.

Die Invasion in der Schweinebucht

Frei Betto: Viele dieser Dinge haben sie schon von den Christen der ersten Jahrhunderte gesagt. Zum Beispiel, daß sie Menschenfleisch verzehrten.
Fidel Castro: Das ist wahr, Sie haben ein gutes Beispiel genannt. Manchmal erinnere ich mich an die Verleumdungskampagnen, die gegen die Christen der damaligen Zeit geführt wurden. Ich stelle mir vor, daß sie dieselben Dinge während der Französischen Revolution erfunden haben. Und an vielen anderen Orten. Hier bei uns taten sie es, um unter anderem den Exodus auszulösen. Die Vereinigten Staaten begannen, zu rufen und ihre Tore zu öffnen für den, der dorthin gehen wollte, um uns die Lehrer, die Professoren, die Ärzte, die Ingenieure und Techniker wegzunehmen. Damit setzte der Exodus der qualifizierten Fachleute ein, denen sie hohe Löhne anboten; sie verbreiteten Angebote, wie sie das noch nie zuvor getan hatten. Wir nahmen die Herausforderung an und verboten diesen Leuten die Ausreise nicht. Wir entschieden: Wir werden neue Generationen von Technikern und Fachleuten ausbilden, die besser sind als die, die gegangen sind. Mit denen, die geblieben sind, werden wir beginnen, unsere Universitäten zu entwickeln.
Frei Betto: Wie viele Menschen sind damals ausgereist?
Fidel Castro: Um Ihnen ein Beispiel zu nennen: es gab 6 000 Ärzte in unserem Land, und 3 000 sind gegangen, die Hälfte der Ärzte des Landes. Heute nehmen wir in medizinischer Versorgung unter allen Ländern der Dritten Welt den ersten Rang ein und liegen noch besser als viele entwickelte Länder. Wir nahmen unser Gesundheitsprogramm mit der Hälfte der Ärzte in Angriff, die es im Land gab. Heute haben wir 20 500 Ärzte, und in den nächsten Monaten werden noch einmal 2 436 ihren Abschluß machen. Die Anzahl wird sich in den nächsten Kursen erhöhen, so daß wir ab 1988 weiteren 3 000 Ärzten das Diplom verleihen, ab 1990 sogar 3 500 pro Jahr. In den nächsten fünfzehn Jahren werden wir 50 000 neue Ärzte haben. Die USA zwangen uns, die Herausforderung anzunehmen, so wie wir viele Herausforderungen angenommen haben; ich glaube, daß wir auch deswegen heute hier stehen.
Der Feind benutzte Vorurteile, Lügen und seine Kampagnen, um Leute damit irrezuleiten, zu verwirren und zu verletzen. Das Volk verfügte noch nicht über eine solide politische Kultur, aber es war auf der Seite der Revolution, vertraute ihr und wußte, daß sie eine Regierung auf der Seite des Volkes bedeutete. Wir verwirklichten unser Programm Stück für Stück. Alle diese Aggressionen beschleunigten den revolutionären Prozeß. Ob sie die Ursachen waren? Nein, es wäre ein Irrtum, das anzunehmen. Ich be-

haupte nicht, daß die Aggressionen die Ursache für den Sozialismus in Kuba gewesen sind. Das ist falsch. Hier in Kuba sollte der Sozialismus so geordnet wie möglich errichtet werden, in einem vernünftigen Zeitraum, mit einer möglichst geringen Anzahl von Schocks und Problemen. Die Aggressionen des Imperialismus jedoch beschleunigten den revolutionären Prozeß.

Sie verbreiteten ebenfalls die These, es sei eine verräterische Revolution, wir sagten dem Volk *eine* Sache, täten aber etwas ganz anderes. Wer meine Verteidigungsrede beim Prozeß von Moncada liest, die später unter dem Titel *Die Geschichte wird mich freisprechen* veröffentlicht wurde, wird sehen, daß dort schon das Programm deutlich wurde, das wir verfolgten. Was wir aber zweifellos nicht einkalkuliert haben bei der Erarbeitung dieses Programms, war die Aussetzung der Zuckerquote durch die USA und die Tatsache, daß sie aggressive Maßnahmen ergreifen und sogar versuchen würden, die Revolution mit Waffen zu vernichten und eine Invasion unseres Landes zu initiieren. Vielleicht litten wir zu der Zeit noch an der idealistischen Überzeugung, daß wir ein souveränes Land seien, wo wir gerechte Dinge taten, die von aller Welt respektiert werden müßten. Wir erhielten eine praktische und deutliche Lektion, daß der Imperialismus keine gesellschaftlichen Veränderungen zuläßt und versucht, sie mit Gewalt zu zerstören. Die Entscheidung, die wir in diesem Moment zu treffen hatten, war ebenfalls grundlegend. Wenn wir gezögert hätten, uns hätten einschüchtern lassen und zurückgewichen wären, so wären wir verloren gewesen.

Dann erfolgte die Invasion: Am 15. April 1961 wurden im Morgengrauen überraschend alle unsere Luftbasen bombardiert, um die wenigen Flugzeuge zu zerstören, die wir besaßen. Ich hatte die ganze Nacht wach auf dem Kommandoposten verbracht, weil wir die Nachricht erhalten hatten, daß von Osten her eine feindliche Truppe an Land gehen würde, die in der Nähe der Küste ausgemacht worden war. Raúl war in Oriente. Almeida war ins Zentrum des Landes geschickt worden, Che befand sich im Westen und ich in Havanna. So verteilten wir uns jedesmal über das Land, wenn von einer Invasion der Vereinigten Staaten die Rede war. Natürlich verfügten wir damals nicht über eine solche Organisation, wie wir sie heute haben. Ich erhielt die Nachricht von einer möglichen Invasion, blieb auf Wachtposten, und im Morgengrauen sah ich einige Flugzeuge, die sehr nah am Kommandoposten vorbeiflogen, der in einem Haus im Stadtteil Vedado untergebracht war. Innerhalb weniger Sekunden feuerten sie Raketen gegen die Luftbasis von Ciudad Libertad. Sie griffen verschiedene Basen an und töteten dabei einige Kämpfer.

Dabei geschah etwas Bemerkenswertes. Ein Mann wurde verletzt, und völlig blutüberströmt schrieb er mit seinem Blut kurz vor seinem Tod meinen Namen auf die Wand, auf eine Tafel. Sie ist bis heute erhalten, sie muß im Museum sein. Das gibt die Haltung der Leute wieder: ein junger Milizsoldat, der im Sterben lag und aus Protest meinen Namen mit seinem Blut schrieb.

Der Angriff löste eine schreckliche Empörung aus. Am 16. April beerdigten wir die Toten. Zehntausende von bewaffneten Milizionären und Einheiten der Rebellenarmee begleiteten den Akt. Das Heer war zwar noch klein, und der größere Teil der Kämpfer wurde vom bewaffneten Volk gebildet: von Industriearbeitern, Bauern, Studenten. An diesem Tag gab ich die Antwort, nicht nur militärisch, sondern auch politisch: Ich proklamierte den sozialistischen Charakter der Revolution noch vor den Kämpfen am Strand von Girón.

Am selben Tag, um Mitternacht, begannen die Landungen, in der Nacht vom 16. auf den 17. April. Sie hatten versucht, die Luftwaffe zu zerstören, um den Luftraum vollständig zu beherrschen. Aber uns blieben noch mehr Flugzeuge, als wir Piloten hatten: acht Flugzeuge und sieben Piloten! Mit diesen wenigen Flugzeugen hatten wir bei Tagesanbruch des 17. Aprils alle Schiffe versenkt oder in die Flucht geschlagen. Die ganze Flotte. Bei Tagesanbruch waren sie in der Luft und flogen Richtung Girón, als wir bemerkt hatten, daß dies die Hauptrichtung des Angriffs war. Dort fanden dann die Kämpfe statt, ich werde nicht davon sprechen. Aber an jenem Tag wurde der sozialistische Charakter der Revolution proklamiert. Unser Volk kämpfte angesichts der Invasion, die von den Yankees organisiert worden war, also bereits für den Sozialismus. Wenn es seit 1956 zuerst für die Verfassung, dann für den Sturz Batistas und ein fortschrittliches Sozialprogramm gekämpft hatte, das allerdings noch nicht sozialistisch war, so kämpfte es in diesem Moment für den Sozialismus. Das hat eine große symbolische Bedeutung, denn Tausende von Männern stellten sich zur Verfügung, um dem entgegenzutreten, was kommen würde. Man darf nicht vergessen, daß sich die Kämpfe in Girón unter der Anwesenheit des nordamerikanischen Geschwaders ereigneten, das drei Meilen vor der Küste lag mit seinen Kriegsschiffen, Kreuzern und Flugzeugträgern. Währenddessen kämpften Tausende von Menschen mit großer Entschlossenheit, und mehr als hundert starben. Die Anzahl derjenigen, die starben, ist bei weitem nicht so hoch im Vergleich zur Zahl derjenigen, die bereit gewesen wären zu sterben, wenn die Truppen der Vereinigten Staaten in unserem Vaterland an Land gegangen wären. Die blitzartige und siegreiche Gegenattacke gab ihnen keine Zeit, um die geplanten politischen Mindestvoraussetzungen zu schaffen, die eine Intervention gerechtfertigt hätten. Also schon ab dem 16. April – und das wurde dem Volk am Vorabend der entscheidenden Kämpfe gesagt – wurde für den Sozialismus in unserem Land gekämpft.

Die Christen und die Kommunistische Partei

Nun zur Frage im Hinblick auf diejenigen, die in die Partei eintreten. Dieser Konflikt ist im Zusammenhang zu sehen mit all den Konflikten, die ich Ihnen vorher schon erklärt habe. Was geschah? Alle die privilegierten gesellschaftlichen Klassen, die in der Kirche das Monopol besaßen, waren gegen die Revolution, so daß wir bei der Gründung der Partei nicht eigentlich Katholiken ausschließen wollten, wohl aber potentielle Konterrevolutionäre – dies soll jetzt nicht heißen, daß alle das gewesen wären. Wir mußten sehr streng sein hinsichtlich der ideologischen Anforderungen und der Lehre, sehr streng. Wir verlangten nicht eigentlich, daß die Mitglieder Atheisten sein müßten, und diese Haltung nährte sich auch nicht aus einer antireligiösen Absicht. Was wir verlangten, war die vollkommene und vollständige Zustimmung zum Marxismus-Leninismus. Diese Strenge war bestimmt von jenen Umständen, in denen uns kein anderes Mittel blieb, als über die ideologische Reinheit der Partei zu wachen. Es ist klar, daß das unter unseren Bedingungen politisch möglich war, denn die große Masse der Bevölkerung, der Arbeiter und der Bauern waren nicht so entschieden katholisch. Ich weiß nicht, ob vom einzelnen verlangt wurde: um in die Partei eintreten zu können, mußt du deiner religiösen Überzeugung entsagen. Es wurde vorausgesetzt, daß er die Partei akzeptierte, die Politik und die Lehre der Partei in allen ihren Aspekten.
Hätte das in einem anderen Land so geschehen können? Nein. Wenn in unserem Land die große Masse Christen gewesen wären, also der größte Teil der Arbeiter, Bauern und Universitätsstudenten engagierte christliche Positionen vertreten hätte, dann hätten wir keine revolutionäre Partei mit diesen Prämissen aufbauen können – vielleicht nicht einmal eine Revolution, wenn die einfache Masse des Volkes konterrevolutionär gewesen wäre, was man allerdings niemals von ihr erwarten darf. Weil aber die Mehrheit der engagierten Katholiken grundsätzlich aus der reichen Klasse kam, welche die Konterrevolution unterstützte und zu einem großen Teil das Land verließ, konnten und durften wir so handeln, d. h. eine rigorose und orthodoxe Norm aufstellen: Man muß den Marxismus-Leninismus in allen seinen Aspekten akzeptieren, nicht nur politisch und programma-

tisch, sondern auch philosophisch. Von derartigen Umständen her erklärt sich eine solche Norm.
Sie können mich jetzt fragen: Muß das so sein? Ich antworte Ihnen: Nein, es muß nicht so sein; ich habe nicht den geringsten Zweifel daran, daß es nicht so sein muß und daß es auch historisch nicht immer so gewesen ist. Es gibt Länder, wie etwa Polen, wo die Katholiken die große Mehrheit in der Bevölkerung ausmachen; die polnische kommunistische Partei hat viele Katholiken in ihren Reihen. Das liegt allerdings nicht in der Tradition der revolutionären Bewegung und existiert auch in Lateinamerika so nicht.
Frei Betto: Sehen Sie als Mitglied der Kubanischen Kommunistischen Partei die Möglichkeit, daß auf dem Dritten Parteitag jetzt im Februar 1986 darüber entschieden wird, daß das Bekenntnis zum Atheismus nicht mehr eine Grundlage der Partei darstellt? Und besteht die Möglichkeit, daß revolutionäre Christen in Zukunft in die Partei eintreten können?
Fidel Castro: Der Parteitag ist schon sehr bald, und ich glaube, daß die Bedingungen dafür in unserem Land noch nicht gegeben sind. Das darf ich Ihnen ganz offen sagen. Sie sprechen von einem Termin in nächster Zukunft – im Februar! Sie und ich, wir haben viel über diese Themen diskutiert und sprechen immer noch darüber.
Die Etappe, in der wir uns im Augenblick befinden, ist die der Koexistenz und des gegenseitigen Respektes zwischen der Partei und den Kirchen. Mit der katholischen Kirche hatten wir seit Jahren Schwierigkeiten, die inzwischen überwunden wurden. Alle Probleme, die wir zu einem bestimmten Zeitpunkt hatten, sind überwunden. Solche Probleme hat es mit den protestantischen Kirchen nicht gegeben, unsere Beziehungen zu diesen Institutionen waren stets ausgezeichnet und sind es immer noch. Nicht nur die Katholiken, sondern auch viele Engagierte der protestantischen Kirchen, die uns immer unterstützt haben, können sagen: Diese Formel, die uns diskriminiert, ist nicht gerecht. Natürlich sind in unserem Land die Katholiken zahlreicher als die Gläubigen der protestantischen Kirchen, aber diese schließen eine wichtige Anzahl von Personen ein, die immer ein ausgezeichnetes Verhältnis zur Revolution gehabt haben.
In unseren Gesprächen haben wir gesehen, daß es notwendig ist, etwas mehr zu tun, als in Frieden nebeneinander zu existieren. Es müßte engere, bessere Beziehungen geben, auch eine Zusammenarbeit zwischen der Revolution und den Kirchen. Denn schließlich können sie nicht länger die Kirchen der Großgrundbesitzer, der Bourgeoisie und der Reichen sein. Mit dieser Kirche der Mächtigen war es unmöglich, eine Annäherung oder eine Zusammenarbeit zu entwickeln.
Wir könnten in dieser Hinsicht Selbstkritik üben, wir ebenso wie die kirch-

lichen Institutionen, daß wir in diesen Jahren nicht in eine solche Richtung gearbeitet haben, daß wir uns damit abgefunden haben, nebeneinander zu leben und uns gegenseitig zu respektieren. Wie Sie sehr wohl wissen, ist in der Verfassung unserer Republik größter Respekt gegenüber den religiösen Überzeugungen der Bürger festgehalten und garantiert.

Das politische Prinzip des Respektes gegenüber den Christen ist korrekt und keine bloße politische Taktik, wenn man berücksichtigt, daß wir in einer Welt mit vielen Christen leben. Die Konfrontation der Revolutionen mit den religiösen Glaubensüberzeugungen ist nicht angemessen, selbst wenn die Reaktion und der Imperialismus die Glaubensüberzeugungen als Waffen gegen die Revolutionen einsetzen könnten. Warum gebrauchen sie die religiöse Überzeugung eines Arbeiters, eines Bauern, eines Elendsviertelbewohners oder eines einfachen Menschen aus dem Volk gegen die Revolution? – Wir könnten sagen, daß das politisch gesehen nicht richtig ist. Aber wir betrachten dies nicht nur als einen politischen Gesichtspunkt, sondern auch als ein Prinzip. Wir meinen, daß das Recht des Bürgers auf seine religiöse Überzeugung respektiert werden muß, wie auch seine Gesundheit, sein Leben, seine Freiheit und alle anderen Rechte respektiert werden müssen. Wie viele andere Rechte ist es ein unveräußerliches Recht des Individuums, sein philosophisches Denken, seine religiöse Überzeugung zu haben oder auch nicht zu haben. Das ist also keine reine Frage politischer Taktik.

Nun fragen Sie mich, ob die Bedingungen gegeben sind. Ich glaube nicht, denn wir haben nicht dafür gearbeitet; wir müßten mehr in diese Richtung arbeiten.

Wenn Sie mich fragen: ist das lebenswichtig für die Revolution?, dann antworte ich Ihnen: Es ist nicht lebensnotwendig in dem Sinne, daß unsere Revolution eine enorme politische und ideologische Kraft besitzt. Wenn wir aber dieses Klima nicht erreichen, können wir auch nicht behaupten, daß unsere Revolution ein perfektes Werk ist. Denn solange Bedingungen existieren, daß Individuen – aufgrund bestimmter religiöser Überzeugungen – nicht dieselben Vorrechte haben, die wir besitzen, während sie ihre gesellschaftlichen Pflichten ebenso wie alle anderen erfüllen, solange ist unser revolutionäres Werk noch nicht vollständig.

Frei Betto: Natürlich, aber das setzt voraus, daß der Bekenntnischarakter der Partei beseitigt wird.

Fidel Castro: Nun, ich kann nicht akzeptieren, was Sie über den Bekenntnischarakter der Partei gesagt haben, wenn ich auch verstehe, daß Ihre Weise der Fragestellung eine gewisse Basis, ein gewisses Fundament hat. Aber in unserer Philosophie gibt es keine Bekenntnisformel. Ich sage

Ihnen, was ich zu dieser Frage denke. Wie ich Ihnen schon erklärte, ergibt sich dies alles aus einer Notwendigkeit, aus einer historischen Lage der Dinge, und wir haben nicht die Absicht, das als ein Paradigma hinzustellen. In Wirklichkeit ziehe ich es auch vor, daß alle diejenigen, die revolutionäre Tugenden haben, eng mit der Revolution verbunden sind, den anderen gleich, unabhängig von ihren religiösen Überzeugungen.
Deshalb versichere ich Ihnen, daß eine solche Einstellung nicht bekenntnishaft sein kann noch, wie Sie sagen, eine Art von Religion darstellen darf, die den Unglauben wie eine Philosophie oder den Atheismus wie eine Religion praktiziert. Das haben wir wirklich nicht so gedacht.
Ich habe Ihnen die Geschichte beschrieben, an der ich beteiligt war. Den Umständen entsprechend waren diese Kriterien nicht die anderer Leute, sondern meine eigenen. Ich übernehme die Hauptverantwortung für diese Strenge und leugne sie nicht. Ich bin es gewesen, der vorgeschlagen hat: Nein, unter solchen Umständen ist das korrekt, und wir müssen eine völlige Reinheit verlangen. Wir müssen sie verlangen, weil die Vereinigten Staaten gegen uns sind und uns bedrohen. Deshalb brauchen wir also eine sehr einheitliche Partei, in der es nicht den kleinsten Riß gibt. Wir brauchen eine sehr starke Partei, denn wir stehen einem sehr mächtigen Feind gegenüber, der versucht, uns zu spalten. Wir haben einen Feind, der versucht, die Religion zu benutzen als Ideologie gegen unsere Revolution.
Ich habe das in die Wege geleitet; heute übernehme ich dafür die Verantwortung, denn ich habe diese Position mit Argumenten verteidigt, so wie ich auch jetzt meine Kriterien und meine Gesichtspunkte einbringe, die historischen Gründe dafür und die Notwendigkeit, daß wir wirklich dazu beitragen, Bedingungen zu schaffen für gewisse Fortschritte auf diesem Gebiet. Schließlich sind schon 26 Jahre nach dem Sieg der Revolution vergangen. Wir müssen Selbstkritik üben, ebenso wie die Kirchen in Kuba – vor allem die katholische Kirche. Wir haben nicht für Bedingungen gearbeitet, welche die Spuren und die Schatten jener Umstände verschwinden lassen, die uns in der Vergangenheit zu dieser Strenge bei der Auswahl der Mitglieder für die Partei gezwungen haben.

Die Diskriminierung der Christen

Frei Betto: Zu einer internen Frage Kubas: stimmen Sie darin mit mir überein, daß ein Christ, der sich in den revolutionären Prozeß integrieren will, in seinen beruflichen Aktivitäten, in der Schule und an der Universität diskriminiert und als ein «Abweichler» angesehen wird?
Fidel Castro: Schon aus Prinzip kann ich mit keiner Art von Diskrimine-

rung einverstanden sein. Das bekenne ich ganz offen. Wenn Sie mich fragen, ob es eine subtile Diskriminierung in bezug auf die Christen gibt, dann antworte ich mit Ja. Ehrlicherweise muß ich bekennen, daß dies eine Sache ist, die wir bisher noch nicht überwunden haben. Sie erfolgte nicht vorsätzlich, sie ist nicht absichtlich oder programmatisch. Sie existiert, und ich denke, daß wir diese Phase überwinden müssen. Es ist notwendig, die Vertrauensgrundlagen zu schaffen in einer Lage, in der uns der Imperialismus immer noch bedroht und viele Leute, die sich in der Kirche treffen, der alten Bourgeoisie angehören: die Großgrundbesitzer und die privilegierten Klassen. Sie haben die Religion in eine konterrevolutionäre Ideologie verwandelt.

Wir werden diejenigen, die sich dort treffen, Imperialisten und ihre Klientel, nicht darum bitten, mit uns zu kooperieren. Es ist jedoch notwendig, Bedingungen zu schaffen, damit ihr Gebrauch der Religion als eines konterrevolutionären Instruments aufgehoben wird in einer Brüderlichkeit und in einem Vertrauen, das unter allen Revolutionären innerhalb unseres Landes existiert.

Ich sage Ihnen, was ich denke: Ich bin gegen jede Art von Diskriminierung. Im Hinblick auf Ihre Frage, ob wir das schon auf unserem nächsten Parteitag ändern können, sehe ich, daß dies noch nicht geht; es muß den alten Mitgliedern erklärt und unter ihnen diskutiert werden. Wir wenden hier nicht die Methode der Proklamation von oben nach unten an: Das ist so und damit erledigt! Wir können die Frage auch nicht auf einer Sitzung des Politbüros entscheiden oder auf einer Versammlung des Zentralkomitees. Denn solange die Bedingungen dazu und das Bewußtsein nicht existieren, kann ich das nicht in die Wege leiten oder den Leuten sagen: Nun, wir werden erlauben, daß die Christen Mitglieder der Partei werden. Vorher müssen die Mitglieder der Partei eine Erklärung dazu erhalten, die sie verstehen. In dieser Hinsicht könnt ihr Christen uns auch helfen. Sie können uns helfen mit den Vorträgen, die Sie hier gehalten haben. Viele fortschrittliche Priester unserer Hemisphäre können ebenfalls helfen, ebenso der Teil der Kirche, der sich auf die Seite der Armen Lateinamerikas gestellt hat – mit ihrem Beispiel, das sie im Kampf für die Armen in vielen Ländern geben. Was in Ihrem Land geschieht, in Nicaragua, in El Salvador und in anderen Ländern, kann, so glaube ich, dazu beitragen, daß die kubanischen Kirchen ebenfalls in diese Richtung arbeiten. Damit solche Probleme gelöst werden, reicht es nicht aus, was Sie und ich denken. Das muß notwendigerweise von Ihnen, von mir, von unseren Mitgliedern, von den Kadern, von unserem Zentralkomitee, von unserem Volk und auch von den kubanischen Kirchen noch weiter überdacht werden. Aber ich

glaube, daß wir weiterarbeiten müssen. Die Gespräche, der Austausch von Eindrücken, die Sie und ich hatten, scheinen mir eine sehr bedeutende Anstrengung in dieser Richtung zu sein.
Frei Betto: Ja, ich weiß schon, daß die Dinge hier in Kuba nicht von oben nach unten laufen. Bevor ich Ihnen diese Frage stellte, habe ich Sie deshalb darauf aufmerksam gemacht, daß ich mich an das Parteimitglied gewandt habe und nicht an den Generalsekretär.
Fidel Castro: Korrekt, und ich habe als Parteimitglied geantwortet, als Revolutionär und auch als Vorsitzender und Generalsekretär der Partei.

Es ist wenige Minuten vor 22 Uhr, als ich den Kassettenrekorder ausschalte. Der Kommandant muß danach noch bei einem Abendessen im Hause des Botschafters von Argentinien erscheinen. Bevor er geht, überreicht er mir ein wertvolles Geschenk: eine Reproduktion des ersten Plakates der Bewegung des 26. Juli, mit einem Bild von Fidels Gesicht und einem Gewehrlauf im Vordergrund. Das Original stammt aus dem Jahr 1959. Auf dieses Plakat schreibt er folgende Widmung: Es ist noch nicht erreicht worden. Wenn aber irgend jemand aus mir einen gläubigen Menschen machen kann, dann ist das Frei Betto. Ihm widme ich dieses Bild aus den ersten Jahren der Revolution. Brüderlich, Fidel Castro.

Dritter Teil: 25. Mai

Begegnung mit christlichen Studenten

Am Samstagnachmittag, 25. Mai, nehme ich an der Versammlung einer Gruppe junger Christen teil. Es sind ungefähr vierzig Aktive des Universitätsverbandes der «Christlichen Studentenbewegung», die in unserem Konvent in Havanna stattfindet. Es geht um die Meditation eines Textes von Lukas, der von Jesus in der Synagoge von Nazareth erzählt, wie er einen Abschnitt des Propheten Jesaja auslegt (Lukas 1,16–19):
So kam er auch nach Nazareth, wo er aufgewachsen war, und ging, wie gewohnt, am Sabbat in die Synagoge. Als er aufstand, um aus der Schrift vorzulesen, reichte man ihm das Buch des Propheten Jesaja. Er schlug das Buch auf und fand die Stelle, wo es heißt: «Der Geist des Herrn ruht auf mir; denn der Herr hat mich gesandt, damit ich den Armen die gute Nachricht bringe; damit ich den Gefangenen die Entlassung verkünde und den Blinden das Augenlicht; damit ich die Zerschlagenen in Freiheit setze und ein Gnadenjahr des Herrn ausrufe.»
Das «Gnadenjahr» alle fünfzig Jahre war das Jahr, in dem alle Juden ihre Schulden begleichen oder erlassen sowie ihre Sklaven freilassen mußten. Es war ein Symbol der Gerechtigkeit und der Barmherzigkeit Gottes.
Der Leiter der Versammlung schlägt vor, daß sich die Jugendlichen in Gruppen aufteilen, um zu analysieren, welche Bedeutung der Text für das Leben heute in der kubanischen Realität hat. Ich schließe mich einer der Gruppen an und schreibe mit, was dort gesagt wird.
«In Kuba gibt es Christen, welche die gesellschaftliche Befreiung in Frage stellen aus einer sehr egoistischen Sichtweise heraus. Sie legen sich keine Rechenschaft darüber ab, was in der Welt und in Lateinamerika geschieht. Sie begreifen nicht die Ernsthaftigkeit der Befreiung. Sie denken, die Befreiung, die Christus verkündet hat, sei nur eine Befreiung der Seele, und sie vergessen dabei, daß sie die Pflicht haben, nicht nur die Seele, sondern den ganzen Menschen zu befreien. Die Verpflichtung des Christen besteht sowohl dem Glauben als auch der Gesellschaft gegenüber. Gott kam für alle Menschen, Arme und Reiche. Aber er forderte, daß die Menschen ihre Güter teilen sollten. Er verkündete den Armen die ganzheitliche Befreiung, ihre Entwicklung als Menschen.»

Damit endet der Kommentar des Leiters der Gruppe, und es folgt ein langes Schweigen. Die sechs Jugendlichen, die mich umgeben, scheinen blockiert zu sein. Ich bemerke, daß das in den anderen Gruppen nicht der Fall ist, die in der Nähe sitzen.
«Wenn ihr wollt, verlasse ich die Gruppe, und ihr könnt sprechen», sage ich scherzhaft.
Ein Junge durchbricht das Schweigen.
«Christus kam, die Befreiung zu verkünden. Aber warum wird der Prophet in seinem eigenen Land nicht gehört?»
Niemand antwortet, aber alle scheinen zu verstehen, daß hinter seiner Nachfrage ein gewisses Unbehagen deutlich wird, das viele jugendliche Christen in Kuba fühlen, weil sie von ihren Schul- oder Arbeitskollegen als «Abweichler» betrachtet werden – als sei der Glaube in sich eine ideologische Verirrung.
Ich gebe meinen bescheidenen Beitrag: «Ja, Jesus ist gekommen, uns die ganzheitliche Befreiung zu bringen. Für ihn gab es keine Trennung in Körper und Seele, und man konnte sich den einzelnen nicht getrennt von der Gesellschaft vorstellen. Wenn er Kranke heilte, dann machte er ganz deutlich, daß die Parteinahme Gottes die Parteinahme für das Leben ist. Gott will nicht die Krankheit und findet kein Vergnügen an der Armut. Unser Glaube ist von daher, in sich selbst, subversiv. Wenn wir glauben, daß es nur einen einzigen Gott gibt, welcher der Vater ist, dann sind wir alle Brüder, und deshalb ist keinerlei Unterscheidung, weder rassischer noch gesellschaftlicher Art für uns gerechtfertigt. Für die Gleichheit kämpfen, das bedeutet für die Verwirklichung der Brüderlichkeit kämpfen, die von Gott gewollt ist. Wir verleugnen die Vaterschaft Gottes, wenn wir davon ablassen, gegen die Hindernisse zu kämpfen, die die Menschen noch trennen.»
Ein anderer Junge ergreift das Wort: «Heute haben wir in Kuba eine sozialistische Gesellschaft, wo wir zweifellos eine erste Zeit der Konfrontation durchgemacht haben, die nicht sehr positiv verlief. Viele Christen aber wußten Gehässigkeiten und Trennungen zu überwinden und einen Dialog mit den Nicht-Gläubigen zu beginnen. Dieser Dialog basiert auf der Tatsache, daß in unserem Land niemand an Hunger stirbt. Der eine oder andere beklagt sich zwar über die ‹libreta› (Zuteilungen für rationierte Lebensmittel), aber selbst während der eisernen Blockade mußte hier niemand hungern. Wir brauchen keine Schlangen zu bilden, damit wir unsere Gesundheitsprobleme lösen können, wir verfügen über Polikliniken und Hospitäler. Es ist nicht so wie in anderen Ländern, wo diejenigen bevorzugt werden, die über Geld verfügen, um einen Arzt zu bezahlen. Trotz der

Demokratie, von der man sagt, sie existiere in diesen Ländern, gibt es Ungleichheiten, und viele Leute leben im Elend. Hier in unserer Gesellschaft haben wir diese Probleme nicht. Aber viele Christen vergessen das. Heute steht Lateinamerika dem großen Problem der Auslandsschuld gegenüber. In dem Text, den wir lasen, spricht Christus von dem Jubeljahr, das die Juden alle fünfzig Jahre begingen, als alle Schulden gelöscht wurden und Gerechtigkeit hergestellt wurde. Fidel wiederholte in einem Interview mit der Zeitschrift *Excelsior* das, was Christus sagte, als er noch einmal bestätigte, daß die Auslandsschulden unbezahlbar seien. In diesem Interview fordert er ein neues Jubeljahr. Und es ist immerhin ein Marxist, der eine solche Aufforderung zur Gerechtigkeit formuliert. Manchmal verbringen wir Kubaner das Leben damit, uns zu beklagen; wir übersehen, daß unsere Sorgen – verglichen mit den Problemen anderer Nationen – banale Dinge sind.»

Ich nehme auch am Plenum teil, das dieselben Ideen noch einmal aufnimmt, und ich höre eine kurze Ansprache eines jungen Protestanten über «Die kulturelle Erneuerung der Kirche». Dann bitten sie mich, ein wenig über die Situation in Brasilien zu sprechen. Ich wiederhole einige Daten, die Joelmir Beting dem Kommandanten gegeben hatte und füge noch andere Informationen hinzu. Wenig später werde ich zum Telefon gerufen. Es ist das Sekretariat des Revolutionspalastes. Sie geben mir Bescheid, den dritten Teil des Interviews zu beginnen.

Es ist fast 20 Uhr abends, als ich das Arbeitszimmer des kubanischen Führers betrete.

«Dieses Interview ist schlimmer als die Exerzitien», sagt Fidel gutgelaunt und humorvoll.

«Der Unterschied, Kommandant, besteht darin, daß Sie bei den Exerzitien der Jesuiten nur zuhören mußten, und hier bin ich es, der hinhört.»

Wir nehmen am Tisch Platz.

Der Besuch der nordamerikanischen Bischöfe in Kuba

Frei Betto: Kommandant, heute beginnen wir den dritten Teil unserer Gespräche. Verlassen wir jetzt für einen Augenblick die Geschichte Ihres Kampfes für die Kubanische Revolution, und werfen wir einen Blick auf die innere Lage der Beziehungen zwischen Kirche, Regierung und Staat in Kuba! Zwei Fragen habe ich: Wie verlief Ihre Begegnung mit den nordamerikanischen Bischöfen hier in Kuba im Januar dieses Jahres? Wie ge-

stalten sich im Augenblick die Beziehungen zur kubanischen Bischofskonferenz?
Fidel Castro: Ich denke, das Treffen mit den nordamerikanischen Bischöfen war gut. Die Bischöfe hatten einen Besuch in unserem Land geplant, und wir haben ihnen jede nur mögliche Hilfe angedeihen lassen, damit sie an die verschiedensten Orte der Insel kommen konnten. So waren sie in Santiago de Cuba; sie haben auch ein Programm gehabt, das von den kubanischen Bischöfen organisiert worden war. Wir waren übereingekommen, einen Tag für ein Programm freizuhalten, das die Regierung zusammenstellen sollte. So besuchten sie die Altstadt von Havanna, die im Moment restauriert wird und die die UNESCO zu einem Kulturdenkmal der Menschheit erklärt hat. Weiter haben sie ein modernes Krankenhaus gesehen, das erst jüngst in dieser Stadt eröffnet worden ist. Dann haben sie eine Berufsschule am Stadtrand mit 4 500 Schülern und eine Landschule besucht. Wir haben etwa 600 solcher Landschulen; sie waren in einer Schule, die als eine der ersten gebaut worden war. Das heißt: Sie hatten einen umfassenden Kontakt mit unserer Schuljugend.
Am Nachmittag hatten wir eine Begegnung von mehreren Stunden. Da zwischenzeitlich ein Empfang geplant war, zu dem auch alle kubanischen Bischöfe und einige Ordensfrauen eingeladen waren, die in sozialen Einrichtungen tätig sind, unterbrachen wir das Treffen, fuhren zu dem Empfang und setzten nachher das Gespräch fort.
Frei Betto: Seit wann hatten Sie die kubanischen Bischöfe nicht mehr getroffen?[31]
Fidel Castro: Das letzte Mal, daß ich einige Bischöfe gesehen habe, war anläßlich des Besuches von Jesse Jackson in Kuba, als die evangelischen Kirchen eine Gedenkveranstaltung für Martin Luther King hielten, an der auch die katholische Kirche beteiligt war. Jesse Jackson hatte mich eingeladen, die Rede anzuhören, die er halten wollte. Man bat mich, auch ein paar Worte zu sagen. Ich nahm das Angebot gerne an und benutzte die Gelegenheit, um verschiedene Kirchenführer zu begrüßen, unter ihnen auch einige der katholischen Kirche, soweit sie anwesend waren.
Ich kannte die Haltung der katholischen Kirche in den USA. Der Episkopat dort ist großartig und vertritt in einer Reihe wichtiger Fragen unserer Zeit Positionen, die unserer Meinung nach richtig und mutig sind.

---

[31] Fidel Castro traf sich am 8. September 1985, am Tag der «Madonna der Nächstenliebe», Schutzpatronin Kubas, zum ersten Mal mit einer Delegation der kubanischen Bischofskonferenz. Die freundschaftliche Unterredung leitete den Prozeß des direkten Dialoges zwischen Regierungsvertretern und den Bischöfen ein.

Ich nenne zum Beispiel das Engagement für den Frieden und sein Eintreten gegen den Rüstungswettlauf. Außerdem hat er bestimmte moralische Thesen zum Einsatz von Atomwaffen, insbesondere gegen Städte und gegen die Zivilbevölkerung verfaßt. Auch im Blick auf die Armut, unter der noch Millionen von Nordamerikanern leiden, macht er sich ernsthaft Sorgen und nimmt eine angemessene Haltung ein. Zugleich widersetzen sich die nordamerikanischen Bischöfe der Interventionspolitik gegenüber Lateinamerika. Hinzu kommt noch ihre Sorge um die Armut und alle Probleme der unterentwickelten Welt. Sie sind sich des großen Elends bewußt, das Millionen von Menschen in der Dritten Welt geißelt. Nach meiner Meinung sind diese Fragen von fundamentaler Wichtigkeit. Ich war daran interessiert, mich mit ihnen über diese und andere Themen, die sie gerne besprochen hätten, umfassend und offen zu unterhalten. Was Kuba anlangt, wünschten sie zu erfahren, wie sich das Verhältnis zwischen Kirche und Regierung gestaltet und was wir dazu denken, denn es war ihre Absicht, zu einer größeren Annäherung und einem besseren Verständnis zwischen der Kirche und der Revolution beizutragen. Also stellte ich ihnen die Ursachen des Konfliktes dar, ähnlich wie ich sie Ihnen beschrieben habe. Mit großer Offenheit trug ich ihnen auch bestimmte geschichtliche Analysen zur Entwicklung der politisch-revolutionären Ereignisse vor und verglich diese mit der geschichtlichen Entwicklung der katholischen Kirche. Nach meiner Ansicht, so sagte ich ihnen, gebe es viele Berührungspunkte zwischen den Lehren der Kirche und der Revolution.
Frei Betto: Welche zum Beispiel?
Fidel Castro: Zunächst hob ich die kritischen Punkte hervor und sagte ihnen: Bisweilen sind wir dogmatisch gewesen, aber Sie sind ja wohl auch dogmatisch und, in gewissen Momenten, sogar dogmatischer als wir. Im Laufe der Geschichte ist keine Institution so dogmatisch gewesen wie die katholische Kirche. Weiter sagte ich, oft genug seien die Revolutionen unflexibel gewesen, aber im Laufe der Geschichte sei ja auch keine Einrichtung rigider und unflexibler gewesen als die katholische Kirche. Durch die Jahrhunderte hindurch hätte ihre Rigidität, Starrheit und Intoleranz ein solches Ausmaß erreicht, daß sie sogar Institutionen schuf, die viele Menschen auf den Scheiterhaufen brachten, weil sie Ansichten vertraten, die mit denen der Kirche nicht übereinstimmten. Ich erinnerte sie an die Machenschaften eines Torquemada und an die Fälle von Wissenschaftlern und Denkern, die lebendig verbrannt wurden, weil sie anderer Meinung waren als die Kirche.
Frei Betto: Torquemada war Dominikaner – wie ich. Aber mein Trost ist, daß ich Mitbruder auch von Giordano Bruno, Tomás de Campanella, Sa-

vonarola und anderen Dominikanern bin, die wie Bartolomé de las Casas für die Befreiung gekämpft haben.[32]
Fidel Castro: Weil Campanella Dominikaner war, werden Sie doch kein utopischer Kommunist werden ...
Frei Betto: Nein, ich hoffe, kein Utopist zu werden ... Trotzdem glaube ich, daß im Kommunismus viel Utopisches steckt. Theologisch nennen wir diese Utopie Reich Gottes. Denn: sobald die Widersprüche aufgehoben sind und auch der Staat nicht mehr existiert, werden wir eine andere Sphäre spiritueller Qualitäten im menschlichen Leben erreichen.
Fidel Castro: Ganz meine Meinung. Es ist doch wahr, daß die Revolution Träume und Hoffnungen hat, Großes zu vollbringen. Möglicherweise kann sie nicht alle erfüllen, weil in der revolutionären Idee doch ein gewisser Prozentsatz an Utopie steckt. Im übrigen meine ich, daß auch das Christentum Elemente von Utopie beinhaltet – wie der Sozialismus und der Kommunismus. Allerdings könnte ich Ihnen aufgrund meiner eigenen Erfahrung mit der Entwicklung der letzten 26 Jahre in unserem Land sagen, daß das, was wir in Kuba geschaffen haben, unsere Träume noch übersteigt und daß wir nicht eine utopische, sondern eine subutopische Phase erreicht haben. Das heißt: In den Träumen blieben wir hinter der Utopie zurück, und in den Werken haben wir sie übertroffen. – Ich habe nicht gewußt, daß Torquemada aus demselben Orden war wie Sie. Aber Sie zitieren da etliche Namen, die alle Hochachtung verdienen – was mich sehr freut.
Das Klima, in dem das Gespräch mit den Bischöfen stattfand, war weder polemisch noch kritisch. Vielmehr war es eine Meditation über geschichtliche Erfahrungen und Ereignisse. Ich wollte ihnen zeigen, daß es zwischen uns viel Gemeinsames gibt, daß wir nahezu alle Gebote Gottes voll unterschreiben können. Die sind nämlich sehr verwandt mit den unseren. Wenn die Kirche verlangt: «Du sollst nicht stehlen!», dann wenden wir das Prinzip mit derselben Konsequenz an. Eines der Kennzeichen unserer Revolution ist, daß wir Diebstahl, Raub, Verschwendung und Korruption ausgemerzt haben. Wenn die Kirche fordert: «Du sollst deinen Nächsten lieben wie dich selbst!», dann ist das genau das, was wir durch den Geist der menschlichen Solidarität, die ja den Kern von Sozialismus und Kommunismus ausmacht, predigen; oder es entspricht dem Geist der Brüderlichkeit, der ja auch eines unserer ganz ähnlichen Ziele ist. Wenn die Kirche

---

[32] Vgl. etwa den Bericht, den Bartolomé de las Casas an den spanischen Hof schickte, um die Greueltaten der Konquistadoren anzuprangern: Bartolomé de las Casas, Kurzgefaßter Bericht von der Verwüstung der westindischen Länder. Nachdruck der Ausgabe von 1790, hrsg. von H. M. Enzensberger, Frankfurt 1960.

sagt: «Du sollst nicht lügen!», dann gehört die Lüge zu den Dingen, die auch wir am heftigsten und nachdrücklichsten verurteilen, kritisieren und ablehnen. Wenn die Kirche verlangt: «Du sollst nicht deines Nächsten Weib begehren!», dann vertreten wir als einen der ethischen Grundfaktoren im Verhalten der Revolutionäre untereinander gerade das Prinzip der Achtung vor der Familie und vor der Frau des compañero oder – wie Ihr sagen würdet – vor der Frau des Nächsten. Wenn die Kirche zum Beispiel den Geist des Opfers und der Genügsamkeit predigt oder die Demut hochschätzt, dann schätzen wir genau dasselbe hoch, wenn wir sagen, die Pflicht des Revolutionärs sei es, zum Opfer sowie zum genügsamen und bescheidenen Leben bereit zu sein.

Frei Betto: Es gibt eine Definition der kleinen Therese vom Kinde Jesu, die ich sehr mag und die lautet: Demut ist das Engagement für die Wahrheit. Ich möchte noch hinzufügen, daß Ihr meiner Ansicht nach noch ein weiteres wichtiges Gebot erfüllt: «Du sollst seinen heiligen Namen nicht verunehren!» Denn der Name Gottes wird von Reagan und vielen anderen kapitalistischen Regierungen ja in nichtiger Weise angerufen. Da ist mir eine gerechte Politik, die im Namen menschlicher Prinzipien und mit ideologischen Begründungen gemacht wird, schon lieber als eine kolonialistische, imperialistische und faschistische Politik, die nicht selten im Namen Gottes gemacht wird.

Was mich beruhigt, ist das von der Bibel her motivierte Bewußtsein, daß es das religiöse Phänomen der Idolatrie gibt. Das heißt: Viele glauben an Götter, die im allgemeinen nichts mit dem Gott Jesu Christi zu tun haben. Oft genug frage ich mich, welche Ähnlichkeit der Gott, an den ich glaube und an den die lateinamerikanischen Landarbeiter, Kleinbauern und Industriearbeiter glauben, mit dem Gott Reagans oder der chilenischen Mördergeneräle wie Pinochet hat. Ähnlichkeiten gibt es da nicht; es sind einfach verschiedene Konzeptionen, und eine von ihnen ist reiner Götzendienst. Das evangelische Kriterium, das einen herausfinden läßt, welche Konzeption eben keine Idolatrie darstellt, ist gerade das Engagement der Liebe zum Nächsten und vor allem zu den Armen.

Fidel Castro: Ich denke, Sie haben einige sehr deutliche Beispiele angeführt. Man könnte sagen, in dem Ganzen stecke aber nicht nur eine gute Dosis Götzendienst, sondern auch Heuchelei. Denn ich habe Ihnen ja bereits erklärt, daß eines der Dinge, die wir verachten, die Lüge ist. Wir haben niemals zur Lüge gegriffen – weder gegenüber dem Volk noch gegenüber sonst jemandem; wer lügt, der entwürdigt, erniedrigt, prostituiert und demoralisiert sich selbst. Trotzdem beobachte ich, daß in der Politik der USA nicht nur Reagan, sondern beinahe alle Beamten täglich und systematisch zu überlegten und bewußten Lügen greifen. Nun, Sie erwähnten den Fall bestimmter Herren wie Pinochet. Pinochet ist ein vorgeblich frommer Mann, der den Tod Tausender von Ermordeten, Gefolterten und Verschwundenen auf dem Gewissen hat. Dem Volk, das schreckliche Unterdrückung zu erleiden hat, lastet er enorme Opfer auf. Chile ist heute das Land in Lateinamerika mit der größten Arbeitslosenrate, die wiederum auf dem höchsten Stand steht, den das Land je gehabt hat.

Vielleicht sind wir ja gar nicht imstande, uns das Leiden vorzustellen, das eine Politik im Dienst am Reichtum und an den Interessen des Imperialismus Millionen von Menschen aufbürdet. Der Krieg in Vietnam, in dem mehr Bomben als im ganzen Zweiten Weltkrieg geworfen wurden, hat Millionen von Menschen das Leben gekostet. Niemand zweifelt daran, daß das kein Beispiel für Christentum ist. Aber auch mit Lügen ist in dem Krieg operiert worden; ich erinnere nur an den Fall des Unglücks im Golf von Tonkin. Alle Vorwände, mit denen der Anfang des Krieges begründet werden sollte, waren vorfabriziert.

Dasselbe ist ständig in jeder Erklärung der US-Regierung zu Südamerika, El Salvador und Nicaragua zu beobachten – ganz zu schweigen von Kuba, über das sie seit sechsundzwanzig Jahren Lügen verbreiten. Tatsache ist, daß in diesen Leuten ein tiefer Hang zu Scheinheiligkeit steckt und daß sie nicht selten den Namen Gottes anrufen, um all diese Verbrechen zu begehen.

Missionare oder Internationalisten

Frei Betto: Wenn Sie erlauben, Kommandant, den Gott, den Ihr Marxisten-Leninisten leugnet, den leugne ich ebenfalls: den Gott des Kapitals, den Gott der Ausbeutung, den Gott, in dessen Namen Spanien und Portugal die missionarische Evangelisierung Lateinamerikas betrieben haben, einschließlich des Völkermords unter den Indios; den Gott, der die Verknüpfung der Kirche mit dem bürgerlichen Staat rechtfertigte und heiligte; den Gott, der heute Militärdiktaturen wie die von Pinochet legitimiert. Dieser Gott, den Ihr leugnet und den Marx in seiner Zeit angeklagt hat, den leugnen wir ebenfalls. Das ist nicht der Gott der Bibel, nicht der Gott Jesu. Die biblischen Kriterien dafür, herauszufinden, wer den Willen Gottes wirklich erfüllt, sind in Kapitel 25 des Matthäusevangeliums enthalten: Ich war hungrig, und du hast mir zu essen gegeben; ich war durstig, und du hast mir zu trinken gegeben. Heute können wir hinzufügen: Ich hatte keine Bildung, und du hast mir Schulen gegeben; ich war krank, du hast mir Gesundheit gegeben; ich war obdachlos, du hast mir eine Woh-

nung gegeben. Und dann schließt Jesus: Jedesmal, wenn du das einem der Geringsten getan hast, dann hast du es mir getan.
Ich komme gerade von einer Versammlung einer Gruppe von christlichen kubanischen Studenten. Sie baten mich, einige Worte zu sagen, und einer von ihnen fragte mich, was ich über das Christsein in einer Gesellschaft denke, in der viele Menschen Atheisten sind. Ich sagte ihm: Für mich ist das Problem des Atheismus kein Problem des Marxismus; zuerst einmal ist es ein Problem unter uns Christen. Der Atheismus existiert, weil wir Christen – historisch gesehen – nicht in der Lage gewesen sind, ein getreues Zeugnis unseres Glaubens abzulegen. Und da fängt die Sache an. Wenn man die Verkehrung analysiert, wonach die Religion die Ausbeutung auf der Erde mit der Vertröstung auf eine Belohnung im Himmel rechtfertigt, dann schafft diese dadurch die Grundlagen für den Atheismus.
Vom evangelischen Gesichtspunkt her verwirklicht die sozialistische Gesellschaft, indem sie Lebensbedingungen für das Volk schafft, dasselbe, was wir, die gläubigen Menschen, das Projekt Gottes in der Geschichte nennen.
Fidel Castro: Sie haben mir sehr interessante Dinge erzählt. Bei meinen Gesprächen mit den nordamerikanischen Bischöfen – die übrigens damit endeten, daß ein weiterer Ideenaustausch zwischen uns angeregt wurde – ging ich genau von diesen Dingen aus, die Allgemeingut in der christlichen Katechese sind und die sie uns beigebracht haben, als wir Kinder und Jugendliche waren. Zum Beispiel kritisierte die Kirche die Gefräßigkeit; der Sozialismus und der Marxismus-Leninismus kritisieren die Gefräßigkeit ebenfalls, fast auf dieselbe Weise. Eines der Dinge, die wir am schärfsten kritisieren, ist der Egoismus, der von der Kirche ebenfalls kritisiert wird. Der Geiz ist ein anderes Ziel der Kritik, wo wir dieselben Kriterien ansetzen.
Ich machte die Bischöfe sogar auf die Missionare aufmerksam, die sie haben und die beispielsweise in das Amazonasgebiet gehen und dort mit den indianischen Gemeinschaften zusammenleben, mit den Leprakranken arbeiten oder mit den Kranken in vielen Teilen der Welt. Wir haben dafür die Internationalisten, Tausende von Kubanern, die internationale Missionen erfüllen. Ich gab den Bischöfen das Beispiel unserer Lehrer, die nach Nicaragua gegangen sind, um dort unter schwierigsten Bedingungen mit den Bauernfamilien zusammen zu leben. Lehrer und Lehrerinnen – das ist das Interessante, fast 50% derer, die in Nicaragua waren, sind Frauen, viele von ihnen mit Familie und Kindern. Sie haben sich von ihnen für zwei Jahre getrennt, um in die entlegensten Orte in den Bergen und auf

das Land zu gehen, mit dem Volk unter denselben Bedingungen zusammenzuleben, in einfachen Baracken, und sich von dem zu ernähren, was die Leute essen. Ich weiß, daß in der Regel in ein und demselben Haus die Familie, das Ehepaar, die Kinder, die Lehrerin oder der Lehrer und die Tiere leben. Es gab Augenblicke, da haben wir uns Sorgen gemacht um die Gesundheit unserer Lehrer, um ihre Ernährung, und deshalb haben wir ihnen einige Nahrungsmittel zugeschickt. Aber das war unnütz, denn kein einziger Lehrer hat nach Erhalt seine Tafel Schokolade, das bißchen Kondensmilch oder Pulvermilch nur für sich verbraucht, sondern sofort mit den bedürftigen Kindern geteilt. Als wir in Kuba Freiwillige suchten, um Unterricht in Nicaragua zu erteilen, boten sich 29 000 Lehrer an. Und als einige von ihnen in Nicaragua von Konterrevolutionären umgebracht wurden, ließen sich 100 000 in die Listen eintragen.

Ich frage mich: Welche lateinamerikanische Gesellschaft kann heute 100 000 Lehrer mobilisieren für eine Arbeit unter solchen Bedingungen? Ich frage mich, ob sie 500 mobilisieren könnten oder 100, die ganz spontan unter diesen Bedingungen als Freiwillige arbeiten würden. Dieses kleine Land von 10 Millionen Einwohnern verfügt über 100 000 Männer und Frauen, die bereit sind, in Nicaragua zu unterrichten. Wir haben auch Professoren und Lehrer in afrikanischen Ländern wie Angola, Moçambique, Äthiopien; oder in Asien, wie in Südjemen zum Beispiel. Wir haben ungefähr 1 500 Ärzte, die in den entferntesten Orten der Welt Dienst leisten, in Asien und in Afrika. Tausende von Landsleuten übernehmen unzählige internationale Aufgaben.

Ich erinnerte die Bischöfe daran, daß die Kirche Missionare hat und wir die Internationalisten. Der Opfergeist und andere moralische Werte, die Ihr schätzt, sind dieselben Werte, die wir betonen und schätzen sowie unseren Landsleuten bewußtzumachen suchen. Und ich sagte ihnen noch etwas: Wenn die Kirche einen Staat auf der Grundlage dieser Prinzipien errichtete, dann würde sie einen Staat aufbauen wie den unseren.

Frei Betto: Ja, aber ich hoffe, daß die Kirche nicht von neuem die Absicht hat, nach der Christenheit der Rechten nun eine Christenheit der Linken zu errichten.

Fidel Castro: Ich habe den Bischöfen die Idee, einen Staat zu gründen, auch nicht direkt nahegelegt, aber ich habe ihnen gesagt, daß — wenn sie ihn nach christlichen Geboten organisierten, es ein Staat wäre, der unserem sehr ähnlich wäre. Ich sagte ihnen: «Mit Sicherheit würden Sie in einem Staat, der auf christlichen Prinzipien gegründet ist, keine Glücksspiele zulassen und sie mit allen Mitteln verhindern; hier haben wir der Glücksspielerei ein Ende gesetzt. Sie würden nicht zulassen, daß es Bettler

auf der Straße gibt; dies ist der einzige Staat in Lateinamerika, in dem keine Bettler existieren. Sie würden in Ihrem Staat keine verlassenen Kinder dulden; bei uns gibt es kein einziges verlassenes Kind. Sie würden nicht erlauben, daß ein Kind Hunger leiden müßte; in diesem Land hungert kein einziges Kind. Es gäbe in Ihrem Staat keine alten Leute ohne Hilfe und Unterstützung; in unserem Land genießen alle Alten diese Hilfe und Unterstützung. Sie würden sich die Idee eines Landes verbitten, das voller Arbeitsloser ist; hier bei uns gibt es keine Arbeitslosen. Sie würden die Drogen nicht dulden; wir haben die Drogen vernichtet. Sie würden Prostitution nicht zulassen, diese schreckliche Einrichtung, die Frauen dazu zwingt, ihren Körper zu verkaufen, um leben zu können; hier ist Schluß gemacht worden mit der Prostitution, die Diskriminierung ist abgeschafft, es wurden Arbeitsmöglichkeiten für die Frauen geschaffen und menschliche Lebensbedingungen, die sie gesellschaftlich eingegliedert haben.»
Wir haben Korruption, Diebstahl und Veruntreuung bekämpft. Also all das, wogegen wir kämpfen, alle diese Probleme, die wir gelöst haben, sind dieselben, welche die Kirche lösen wollte, wenn sie versuchte, einen Staat nach den Geboten des Christentums aufzubauen.
Frei Betto: Das einzige Problem ist, daß wir weiterhin Banken hätten, und mir gefällt die Idee nicht, daß die Kirche Banken besitzt.
Fidel Castro: Nun, die Bank wäre nicht die Bank der Kirche, sondern die Bank des Staates, der von der Kirche aufgebaut wurde. Sie würde dem Staat gehören und nicht eigentlich der Kirche.
In diesem Rahmen verliefen unsere Gespräche. Wir schnitten all die Fragen sehr grundlegend an. Auf praktischer Ebene zeigten die Bischöfe natürlich Interesse für die Sorgen und Fragen der Kirche und wollten wissen, wie sie der Kirche helfen und einige Mittel materieller Art liefern könnten.
Ich erklärte ihnen, daß wir im allgemeinen bei der Renovierung und dem Unterhalt der verschiedenen katholischen Kirchen zusammenarbeiten, denn die Kirchen würden hier als Kulturdenkmäler betrachtet, wir hätten allerdings nichts dagegen einzuwenden, diese Zusammenarbeit auch auf andere religiöse Bauwerke auszudehnen. Sie zeigten vor allem Interesse an besseren Beziehungen zwischen der Kirche und dem Staat. Ich sagte ihnen etwas Ähnliches wie das, was ich Ihnen gestern erklärt habe: Es gab in der Tat in der ersten Zeit Probleme, die inzwischen überwunden sind. Wir haben uns aber nicht weiter darum gekümmert, in der Gestaltung unserer Beziehungen vorwärtszukommen, sondern fanden uns schlichtweg damit ab, nebeneinanderher zu existieren. Es liegt in der Verantwortung beider Seiten, hier Schritte nach vorn zu tun.

Die kubanischen Ordensfrauen

Ich erzählte Ihnen bereits von meiner Absicht, ein Treffen mit den kubanischen Bischöfen zu arrangieren. Beim Empfang mit den amerikanischen Bischöfen sprach ich mit ihnen darüber, daß ich mich in Kürze mit ihnen treffen wollte. Die Zusammenkunft hat bisher noch nicht stattgefunden, weil ich in den letzten Monaten so viel Arbeit hatte und mir für dieses Thema mehr Zeit nehmen wollte. Vielleicht reicht eine einzige Versammlung gar nicht aus. Wenn ich mich mit den katholischen Bischöfen treffe, so wäre es außerdem angemessen, mich ebenso mit den anderen Kirchen zusammenzusetzen. Ich schlug auch den Schwestern, die bei dem Empfang anwesend waren, die Idee einer Zusammenkunft vor, denn wir haben sehr häufig Kontakt zu den Ordensschwestern, die bestimmte soziale Dienste leisten. Es gibt hier Ordenskongregationen, die in Hospitälern und Heimen arbeiten. Wir haben auch eine Leprastation, auf der immer Schwestern ihren Dienst geleistet haben. Glücklicherweise ist die Lepra inzwischen in unserem Land praktisch ausgerottet. Es gibt Ordensschwestern, die in anderen Gesundheitseinrichtungen arbeiten. Eine beispielsweise widmet sich in Havanna der sehr schwierigen Arbeit mit anomalen Kindern, deren Krankheiten angeboren sind. Dort arbeiten, Seite an Seite, im selben Hospital Ordensschwestern und Kommunisten.
Ich bewundere die Arbeit der Ordensschwestern wirklich sehr. Das sage ich nicht nur Ihnen, ich sage es auch öffentlich. Manchmal stelle ich Vergleiche an. Es gibt Heime, in denen die Verwaltung der Schwestern ökonomischer und effizienter ist als unsere. Fehlen uns vielleicht Leute, die bereit sind, solange zu arbeiten, wie es notwendig ist? Nein. Es wäre ungerecht, nicht anzuerkennen, daß es Tausende von Krankenschwestern, Ärzten, Gesundheitspflegern und Krankenhausangestellten gibt, die eine erstklassige und schwierige Arbeit leisten, mit großem Einsatz, ebenso wie es die Schwestern der Barmherzigkeit tun. Die Schwestern der Barmherzigkeit und die Schwestern anderer Kongregationen arbeiten mit sehr viel Liebe, gleichzeitig sind sie ausgesprochen sparsam im Umgang mit Geldmitteln, und die Einrichtungen, die von ihnen verwaltet werden, funktionieren sehr wirtschaftlich. Ich hebe das hier deswegen hervor, weil wir diese Einrichtungen gerne unterstützen.
Die Einrichtungen der öffentlichen Gesundheit arbeiten mit Geldmitteln des Staates. Die Altersheime, die von Ordensschwestern geleitet werden, werden ebenfalls zu einem Teil aus der Kasse des Staates unterstützt; der Rest wird aus den Beiträgen der Alten finanziert, die schon pensioniert sind und einen Teil ihrer Rente an das Heim abgeben. Seit dem Sieg der Re-

volution erhalten alle Heime, die von Ordensschwestern betreut werden, jede nur mögliche Unterstützung von seiten des Staates, sie brauchen nichts zu entbehren. Ich persönlich habe an das Team der compañeros, die mit mir zusammenarbeiten, die Bitte herangetragen, daß sie die Krankenhäuser und Heime persönlich besuchen, alle Probleme kennenlernen und helfen, die Schwierigkeiten zu beseitigen. Ich habe eine compañera, die systematisch alle Heime besucht, in denen die Schwestern arbeiten, und jede Bitte von ihnen, egal ob es sich um Baumaterial, Transportmittel oder irgendwelche anderen Mittel handelt, um die sie sich im Verlauf der Jahre bemüht haben, muß ihnen umgehend erfüllt werden. Wenn es sich dagegen um einen Laienmitarbeiter oder um einen compañero handelt, der eine Einrichtung des Staates verwaltet und Mittel beantragt, dann kann er sogar ein Parteimitglied sein, ich analysiere den Antrag auf jeden Fall vorher und diskutiere über die Notwendigkeit. Ich habe jedoch noch niemals die Bitte einer leitenden Ordensschwester einer dieser Einrichtungen überprüft. Weshalb nicht? Weil sie niemals um mehr bitten, als sie wirklich benötigen; oft bitten sie sogar um weniger, sie arbeiten sehr wirtschaftlich. Als ich bei einer Sitzung der Nationalversammlung über die Heime sprach, stellte ich Vergleiche an über die Kosten und sagte, die Schwestern seien Vorbilder für die Kommunisten. Das wurde über das Fernsehen ins ganze Land übertragen. Ich habe die Haltung der Schwestern als Vorbild für die Kommunisten angeführt, denn ich glaube, daß sie Eigenschaften in sich vereinen, die wir uns für jeden kämpferischen Kommunisten wünschen. Außerdem verfügen sie über Erfahrung, und dies ist einer der Faktoren, der zu ihrer kostengünstigen Leitung eines Altenheimes noch hinzukommt – was nicht bedeuten soll, daß alle, die dort arbeiten, Ordensschwestern sind. Es gibt viele «weltliche» Arbeiter, Angestellte in der Küche oder solche, die auf dem Bau arbeiten und in den unterschiedlichen Bereichen helfen.
Zu Beginn der Revolution bestand eine der Maßnahmen, die sich fast spontan durchsetzte, in der Aufhebung der Mehrfacharbeit an einem bestimmten Arbeitsplatz. Vorher gab es an einem konkreten Arbeitsplatz Leute, die für eine bestimmte Arbeit angestellt worden waren, dann aber auch zu anderen Arbeiten herangezogen wurden. War jemand beispielsweise dafür angestellt worden, Wände zu reinigen, mußte er auch beim Tragen von Lasten und anderen Arbeiten helfen. Diese Angewohnheit fand dann ein Ende. Es mag sein, daß die Arbeitslosigkeit von entscheidendem Einfluß war und die Arbeiterorganisationen zusätzlich Druck ausgeübt haben in dem Sinne, daß sie die Arbeitsorganisation so übernahmen, daß die Zahl der Arbeitslosen verringert wurde.

Die Ordensschwestern dagegen blieben bei der Ausübung vielfältiger Dienste, sie sind sozusagen Modelle dafür. Ich kenne Schwester Fara, die Leiterin eines Heimes. Außer dieser Leitungsfunktion arbeitet sie als Krankenschwester, wofür sie eine angemessene Ausbildung hat, zusätzlich erteilt sie noch Unterricht. Wenn im Hause etwas repariert oder eine Leitung erneuert werden muß, dann macht sie auch das, egal ob in einem Bad oder in einem Zimmer der alten Leute. Dann fährt sie noch das Auto des Heimes. Ich erfuhr davon, als die zuständige compañera aus meinem Team diese Einrichtung besuchte, denn die Schwestern hatten um einen Lastwagen gebeten, um damit den Müll abtransportieren zu können, angesichts der Kosten, die die Miete eines Lastwagens regelmäßig verursachte. Ich hatte der compañera gesagt: «Bitte überprüfe diesen Antrag, denn die Zahl der Alten in dem Heim rechtfertigt vielleicht den Kauf eines Lastwagens nicht, dies wäre vielleicht teurer, als einen zu mieten.» Das ist vielleicht das einzige Mal gewesen, daß wir das Gesuch einer Schwester überprüft haben. Die compañera ging also dorthin und überprüfte den Fall. Es ging den Schwestern nicht nur um den Transport von Abfall, sondern auch um andere Notwendigkeiten wie den Transport von Baumaterial. Und der Wagen sollte nicht für das Heim allein sein, sondern noch für ein zweites. Also gaben wir den Lastwagen frei. Da entschied die Schwester sofort: «Ich werde meinen Führerschein machen.» Was wollte sie damit sagen? Daß sie tatsächlich die Fahrerlaubnis für den Lastwagen erlangen wollte. Verstehen Sie? Die Schwestern übertragen diese Arbeitsauffassung auf die anderen Angestellten des Heimes, so brauchen sie weniger Angestellte und arbeiten wirtschaftlicher.

Ich war an einer eingehenden Begegnung mit den Ordensschwestern interessiert im Anschluß an die Gespräche, die wir an diesem Tag geführt hatten. Sie gaben mir interessante Informationen über die Situation in ihrem Arbeitsgebiet. So machten sie mich darauf aufmerksam, daß in einigen Einrichtungen, in denen es Gemeinschaftspavillons gibt, ein Ehepaar getrennt werden muß – ein Ehepartner in dem einen Haus, der andere in dem anderen Haus. Sie fragten mich: «Wie kann man denn Menschen trennen, die so viele Jahre zusammengelebt haben?» Sie schlugen die Erweiterung eines Heimes vor und regten an, daß Einzelzimmer gebaut werden sollten, wo die Ehepaare zusammenbleiben könnten. In den Heimen, die in den letzten Jahren seit der Revolution auf der Grundlage eines modernen Projektes gebaut worden sind – zum Teil sind es eher Tourismushotels als Altenheime –, gibt es alle nur denkbaren Möglichkeiten, das ist in den älteren Heimen nicht möglich. Die Schwestern erzählten mir auch, daß die Nachfrage nach Heimplätzen steigt. Der Grund dafür liegt im Anstieg der durchschnittlichen Lebenserwartung. Die Menschen in unserem Land leben heute viel länger als noch vor zwanzig oder dreißig Jahren, und deshalb steigt auch die Zahl der alten Leute. Wenn wir schon viele Schulen, Krankenhäuser und Kindergärten gebaut haben, so haben wir doch noch nicht genügend Altenheime gebaut, entsprechend dem Bedarf, den wir heute haben. Weil uns das bewußt geworden ist, denken wir über eine Ausweitung der Einrichtungen nach. Es gibt durchaus Fälle, in denen die betreffende Person nicht unbedingt in einem Heim schlafen muß, denn sie kann noch zu Hause bei der Familie leben. Das Problem besteht darin, daß die Kinder tagsüber arbeiten müssen, und so bleiben sie den Tag über allein und haben niemanden, der für sie kocht oder ihnen bei anderen Sorgen behilflich ist. Es gibt alte Menschen, die nur einen Ort brauchen, wo sie tagsüber bleiben können und wo sie fachmännisch behandelt werden. Wir sind auf der Suche nach Alternativen, denn ein Heim im traditionellen Stil ist sehr teuer. In den Gesprächen mit den Ordensschwestern besteht mein Hauptinteresse darin, ihre Erfahrungen auf diesem Gebiet möglichst detailliert kennenzulernen und zu wissen, wo sie Formen, Methoden und Arbeitsweisen verbessert haben, die für uns sehr nützlich und aufschlußreich sind.

Die konterrevolutionären Gefangenen

Frei Betto: Sie haben jetzt erzählt, wie die Begegnung mit den nordamerikanischen Bischöfen verlaufen ist. Was beabsichtigen Sie mit der Zusammenkunft, die es zwischen Ihnen und den kubanischen Bischöfen geben wird?
Fidel Castro: Ich werde nicht nur mit den Bischöfen zusammentreffen, sondern auch mit den Vertretern der evangelischen Kirchen, um nicht den Eindruck zu erwecken, daß sie vergessen werden, und ebenfalls mit den Ordensschwestern aus den Heimen. Das sind drei Zusammenkünfte. Es war mir noch nicht möglich, sie in den letzten Wochen abzuhalten, das hatte ich schon gesagt. Die Teilnehmer wissen, daß diese Treffen stattfinden werden, und sie sind über diese Aussicht sehr erfreut. Wir haben vor, ernsthafte, tiefgehende Diskussionen über Fragen von allgemeinem Interesse zu führen.
Ich muß aber noch ergänzen, daß sich die nordamerikanischen Bischöfe sehr für die Fälle von einigen konterrevolutionären Gefangenen interessiert haben, die ihren Informationen zufolge Probleme mit ihrem Alter oder ihrer Gesundheit haben sollten. Die Bischöfe brachten Listen mit, und ich versprach ihnen, alle Fälle zu untersuchen, ob es sich tatsächlich

um Gesundheitsprobleme handelte. Ich erklärte den Bischöfen, aus welchem Grund einige Konterrevolutionäre weiterhin ihre Strafe absitzen müssen. Sie in die Freiheit zu entlassen und in die Vereinigten Staaten auszuliefern, dies würde bloß bedeuten, die Zahl jener Elemente zu vergrößern, die Aktionen, Sabotageakte und Verbrechen gegen Kuba ausführen oder die das gleiche in Nicaragua oder in anderen Ländern tun könnten. Manchmal verwenden sie einige dieser Konterrevolutionäre in Nicaragua und in El Salvador. Sie haben auch dort Greueltaten begangen. Wir halten diejenigen, die konterrevolutionäre Verbrechen begangen haben, nicht aus reiner Rache im Gefängnis, sondern nur aus der Notwendigkeit heraus, die Revolution verteidigen zu müssen. Wir können nicht einfach Individuen in die Freiheit entlassen, die dann von neuem Instrumente der Vereinigten Staaten gegen Kuba sein werden. In dieser Hinsicht tragen wir die Verantwortung. Wenn es sich aber um Leute handelt, die ernste Gesundheitsprobleme haben und aus unserer Sicht nicht mehr für gewalttätige Aktionen gegen die Kubanische Revolution oder gegen die anderen Länder eingesetzt werden können, dann werden wir den Fall überprüfen.
Ich sprach mit ihnen auch noch über einige Gefangene aus der Zeit Batistas, alte Militärs, die gefoltert haben und Verbrechen begangen haben, dafür verurteilt wurden und noch viele Jahre Gefängnis absitzen müssen. Ich sagte zu den Bischöfen: «Sehen Sie, niemand kümmert sich um diese Menschen; die größere Sorge gilt den Konterrevolutionären, die von den Vereinigten Staaten rekrutiert wurden und denen gegenüber sie sich jetzt verpflichtet fühlen.» Ich sicherte ihnen zu, daß wir die Fälle dieser gefangenen Ex-Militärs überprüfen und ihnen dann einen Vorschlag unterbreiten würden hinsichtlich der Ältesten und derjenigen, die sich in einer prekären gesundheitlichen Situation befinden, falls sie nach ihrer Entlassung in den Vereinigten Staaten aufgenommen würden. Ich konnte sofort bestätigen, daß es unter den Männern, für die sich die Delegation der nordamerikanischen Kirche interessierte, eine ganze Anzahl von Batista-Anhängern gab.
Wir erhielten die Liste und überprüften sie in Übereinstimmung mit diesen Kriterien. Ebenso prüften wir die Situation der alten Militärs. Bereits vor einiger Zeit schickten wir eine Mitteilung zurück bezüglich all jener Fälle, bei denen wir zu einer Lösung bereit sind. Es handelt sich insgesamt um 72 oder 73 Personen. Wir sind bereit, sie in die Freiheit zu entlassen, sobald die Bischöfe für sie und ihre Angehörigen ein Visum für die Vereinigten Staaten erwirkt haben. Das Problem einiger Gefangenen, die unter Batista Soldaten oder höhere Militärs gewesen sind sowie Menschen gefoltert und ermordet haben, besteht darin, daß das Volk trotz der vergangenen 26

Jahre diese Tatsache nicht vergißt. Von daher können Schwierigkeiten entstehen, wenn sie nach der Entlassung dort auftauchen, wo die Kinder, Eltern, Geschwister oder andere Verwandte der Opfer leben. Ihre Strafen sind sehr hoch, einige von ihnen sind schon älter und haben viele Jahre im Gefängnis hinter sich. Die revolutionären Sanktionen waren aber niemals von einem Rachegefühl motiviert gewesen, sondern es ging ausschließlich darum, Handlungen nicht straflos durchgehen zu lassen, die unserem Volk Trauer und Schmerz bereitet haben, und natürlich auch darum, die Revolution gegen ihre Feinde zu verteidigen. Bedauernswerterweise sind viele von ihnen ohne Strafe entkommen und von den Vereinigten Staaten mit offenen Armen empfangen worden.
Deshalb schlugen wir den Bischöfen vor: «Es ist besser, wenn Sie versuchen, das Visum für diejenigen Fälle zu erhalten, bei denen wir zu einer Lösung bereit sind. Hier wird es schwer werden, eine Lösung für sie zu finden.» Vor kurzem hat der Leiter der kubanischen Interessenvertretung in den Vereinigten Staaten zu den Bischöfen Kontakt aufgenommen, die uns besucht haben, und ihnen die Entscheidung mitgeteilt, die wir getroffen haben. Das hat sie mit Sicherheit befriedigt. Nun muß die nordamerikanische Kirche nur noch die Visa beschaffen.

Christen in Lateinamerika

Frei Betto: Kommen wir zu etwas anderem. Kommandant, das erste Mal trafen wir uns genau am ersten Jahrestag der Sandinistischen Revolution, am 19. Juli 1980, im Haus von Sergio Ramírez, dem gegenwärtigen Vizepräsidenten von Nicaragua. Eingefädelt hatte das Treffen unser gemeinsamer Freund, Pater Miguel D'Escoto. Ich erinnere mich, daß wir an diesem Abend Gelegenheit hatten, fast zwei Stunden lang über Religion und Kirche in Lateinamerika zu sprechen; Sie gaben mir einen interessanten Überblick über die Religion und die Revolution in Kuba.
Damals stellte ich Ihnen folgende Frage: Welche Haltung gedenkt die kubanische Regierung gegenüber der Kirche einzunehmen? In meinen Augen gab es drei Möglichkeiten. Die erste: mit Kirche und Religion Schluß machen. Die Geschichte hat jedoch gezeigt, daß das nicht nur unmöglich ist, sondern auch noch dazu beiträgt, die Kampagne des Imperialismus zu unterstützen, zwischen Christentum und Sozialismus herrsche eine ontologische Unvereinbarkeit.
Die zweite wäre die, Kirche und Christen an den Rand des Geschehens zu drängen. Ich erwähnte, solch ein Verhalten unterstütze aber nicht nur die imperialistische Politik darin, alles das anzuprangern, was in den soziali-

stischen Ländern passiert, sondern trüge in gewisser Weise auch dazu bei, gläubige Menschen in den sozialistischen Ländern als potentielle Konterrevolutionäre gelten zu lassen.
Die dritte Möglichkeit wäre ein Sich-Öffnen dafür, daß auch die Christen sich am Prozeß des Aufbaus einer gerechten und brüderlichen Gesellschaft beteiligen können.
Im Laufe dieser Jahre trafen wir uns glücklicherweise noch einige Male, und Sie haben mich zu einer Reihe von Gesprächen über das Thema von Religion und Kirche eingeladen, denn seitens der kubanischen Regierung besteht ein Interesse daran, sich in dieses Thema weiter zu vertiefen. Zur Einladung erlaubte ich mir einen Gegenvorschlag: Ich wollte die Einladung annehmen, insofern ich auch die Möglichkeit zu einer Kontaktaufnahme mit der Kirche in Kuba hätte.
Im Februar 1983 hatte ich dann die Gelegenheit, an der Versammlung der Kubanischen Bischofskonferenz teilzunehmen. Bei der Gelegenheit sagte ich den Bischöfen: «Ich habe nach wie vor keine Ermächtigung durch die Kirche, trotzdem bin ich bereit, im Rahmen des Möglichen zum Prozeß der Annäherung zwischen Kirche und Staat in der kubanischen Wirklichkeit beizutragen.»
So, jetzt kennen Sie meine Liebe zur Kirche und meine Hingabe an sie. Ich muß Ihnen gestehen, daß ich eine Versuchung zur Politik spüre, aber ich weiß um meine Berufung zur Pastoral. Aus Gründen der Pastoral bin ich hier, und aus Gründen der Pastoral möchte ich bei dieser Arbeit mitmachen.
Ich möchte Sie fragen: Welches Interesse habt Ihr – die kubanische Regierung und auch der Sozialismus – daran, eine aktive Kirche und eine partizipierende christliche Gemeinde zu haben? Oft genug behauptet doch die Propaganda des Imperialismus, der Sozialismus sei radikal gegen jede und jedwede religiöse Äußerung. Ich frage Sie nun: Wie sehen Sie das?
Fidel Castro: Ja. Sie sprechen von unserer Begegnung in Nicaragua, als wir uns im Haus von Sergio Ramírez kennenlernten, anläßlich des ersten Jahrestages des Sieges der Sandinistischen Revolution. Man hatte mich eingeladen, und ich hatte zugesagt, obwohl ich ein dichtgedrängtes Programm hatte. In den frühen Morgenstunden – von Nacht konnte schon fast keine Rede mehr sein – brachte man mich dann zu Sergio Ramírez, wo wir uns über diese Themen unterhielten.
Schon damals hatte ich ausführlich von meinen Begegnungen mit den Christen für den Sozialismus in Chile berichtet – Sie werden sich daran erinnern –, als ich 1971 unter der Regierung Allende das Land besuchte. Das Treffen mit der Gruppe von Priestern und Christen – es waren eine ganze

Menge Leute, an die zweihundert; einige kamen sogar aus anderen Ländern – war für mich angenehm und höchst interessant. Kurz zuvor hatte ich Kontakt mit Pater Cardenal gehabt, dem Sandinisten, Schriftsteller und Dichter.
Frei Betto: Von ihm gibt es ein großartiges Buch über Kuba.[33]
Fidel Castro: Genau einen Tag vor meiner Reise nach Chile traf ich ihn. Am Abend fuhr ich zu ihm, zwei Stunden lang sind wir dann im Auto spazierengefahren und haben uns über die Lage in Nicaragua und andere Dinge unterhalten. Ich war beeindruckt, wie es dieser Mann binnen weniger Wochen fertig gebracht hat, das, was wir besprochen hatten, mit großer Genauigkeit zu veröffentlichen und dazu noch mit solcher Schönheit darzustellen. Wir wollten uns auch in Chile treffen, was allerdings nicht geklappt hat. Dafür hatte ich in Chile ein langes Gespräch mit den Christen für den Sozialismus, aber das ist schon über dreizehn Jahre her.
Später war ich dann zu Besuch auf Jamaica. Dort traf ich mich auch mit den Ordensleuten mit Vertretern der verschiedenen christlichen Gemeinden. Das war im Oktober 1977. In einem langen und ernsten Gespräch trug ich ihnen einige meiner Thesen vor, in denen ich vom Bündnis zwischen Christen und Marxisten spreche. «Ein *taktisches* Bündnis?» fragte man mich. «Nein», antwortete ich, «ein *strategisches* Bündnis, in dem wir die gesellschaftlichen Veränderungen in die Tat umsetzen, die notwendig sind für unsere Völker.» Schon in Chile hatte ich davon gesprochen.
Kontakt hatte ich weiterhin mit wichtigen Vertretern des Weltkirchenrates, die allesamt sehr an den Problemen der Dritten Welt, am Kampf gegen Diskriminierung und Apartheid und an einer Reihe weiterer Fragen, in denen wir voll übereinstimmten, interessiert waren.
Bei der Entwicklung dieser Ideen besaß eine Bewegung, die in der lateinamerikanischen Kirche entstanden war, großen Einfluß. Mittlerweile hatte sich die Kirche den Problemen der Arbeiterschaft, der Kleinbauern, Landarbeiter und Armen zugewandt und angefangen, über die Notwendigkeit von Gerechtigkeit in unseren Ländern zu predigen und dafür zu kämpfen. So entstand eine Bewegung, die jedoch unterschiedliche Formen annahm. In Chile waren es die Christen für den Sozialismus. Diese Bewegung brach nach dem Sieg der Kubanischen Revolution, das heißt in den letzten fünfundzwanzig Jahren, an verschiedenen Stellen in Lateinamerika hervor. Wir sind uns dessen bewußt, daß sich innerhalb der katholischen Kirche wie auch anderer Kirchen Lateinamerikas ein Bewußtsein davon entwickelt hatte, wie groß die sozialen Probleme und wie schrecklich die Be-

---

[33] Vgl. E. Cardenal, Kubanisches Tagebuch. Bericht von einer Reise, Gütersloh [4]1983.

dingungen waren, in denen das Volk lebte. So entschieden sich viele Christen für den Kampf zugunsten der Armen. Das zeigt sich auch an der Haltung der nicaraguanischen Christen, an ihrem wichtigen Beitrag im Kampf gegen Somoza und im Einsatz für Reformen und soziale Gerechtigkeit in diesem Land.
Ich erwähnte, daß ich schon Jahre vor dem Sieg der Sandinistischen Revolution Pater Ernesto Cardenal kennengelernt hatte. Ich wußte, was er dachte, und bewunderte ihn als Schriftsteller und Dichter, vor allem aber auch als Revolutionär. Später lernte ich auch seinen Bruder, Fernando Cardenal, kennen und Miguel D'Escoto. So schloß ich nach und nach Bekanntschaft mit einer Reihe von bedeutenden Gestalten und Priestern, die sich mit dem Volk identifizierten, für das Volk kämpften und angesichts des vielfältigen Druckes durch den Imperialismus entschieden für die Revolution eintraten, weil sie ihre Sache war und weil es um eine sehr tiefgehende Bewußtseinsfrage ging. Deshalb habe ich mich bei meinem Aufenthalt in Nicaragua auch mit einer Gruppe religiöser Führer getroffen.
Frei Betto: Da war ich dabei.
Fidel Castro: Wie ich Ihnen damals schon sagte, hatte dieses Treffen einen anderen Charakter als das Treffen in Chile oder auf Jamaica. Es war sehr kurz, und die Zeit reichte nicht, um die Fragen gründlich zu diskutieren. Aber immerhin durfte ich bei der Begegnung eine Gruppe von Maryknoll-Schwestern kennenlernen: drei nordamerikanische Schwestern, die in Nicaragua arbeiteten. Ich war sehr beeindruckt von ihrer außergewöhnlichen Güte, ihrer Begeisterung und ihrer Würde. Sie waren sehr aufmerksam und liebenswürdig zu den Leuten.
Bereits in Nicaragua hatte innerhalb der Kirche die Bewegung für das Volk, für die Armen und für soziale Gerechtigkeit ein beträchtliches Ausmaß erreicht. Schon damals kämpften auch die Revolutionäre in El Salvador – obgleich unter sehr schwierigen Bedingungen – mit der Unterstützung zahlloser Christen, um den Verbrechen und der Tyrannei, die das Land seit Jahrzehnten zu ertragen hatte, ein Ende zu setzen. Besondere Aufmerksamkeit verdient die würdige und mutige Haltung von Monseñor Romero, dem Erzbischof von San Salvador, der all die Verbrechen anprangerte, was ihn dann ja das Leben kostete.
Später erhielt ich die schreckliche Nachricht, daß vier Schwestern aus dem Maryknoll-Orden, unter denen sich auch die drei befanden, die sich mit mir damals unterhalten hatten, in El Salvador barbarisch ermordet worden waren. Es wurde bekannt, wie das Ganze passiert war und wer die Schuldigen waren: Agenten des unterdrückerischen Regimes hatten mit Unterstützung der USA die vier Ordensfrauen beschimpft und umge-

bracht. So wie es dieselben, mit dem CIA und dem Imperialismus in Verbindung stehenden Agenten waren, die auf grausame und verräterische Weise Erzbischof Romero getötet haben.
Die Begegnungen, die ich mit christlichen Führern aus Lateinamerika und aus der Karibik hatte, waren überaus freundschaftlich. Sie verstanden, was ich dachte, und ich schätzte die Arbeit, die sie taten, außerordentlich. Das war gerade die Zeit, als wir uns zum ersten Mal trafen und als Sie mir die Arbeit erklärten, welche die Kirche in Brasilien vollbringt. Sie wußten bereits, wie ich denke, und Sie wußten mithin auch, daß es niemals mein Anliegen war, die Religion in unserem Land auszumerzen. Darüber habe ich lange mit Ihnen gesprochen. Dabei hatte ich nicht bloß politische Motive. Denken Sie daran, daß wir Revolutionäre sind, das heißt Politiker, und zwar im höchsten und reinsten Sinn des Wortes. Wer sich in politischen Realitäten nicht auskennt, hat kein Recht, ein revolutionäres Programm zu entwickeln, weil er weder sein Volk zum Sieg noch sein Programm zur Verwirklichung bringen wird. Was nun jedoch die Religion anlangt, denke ich – noch vor der Politik – an den moralischen Faktor und an die Prinzipien; niemand von uns will oder begreift eine tiefgreifende gesellschaftliche Veränderung wie den Sozialismus und Kommunismus als eine Bewegung, die sich in den privaten Bereich eines Menschen einmischt oder ihm das Recht bestreitet, eigene Auffassungen oder religiöse Überzeugungen zu haben. Wir meinen, das gehöre zum innersten Kern eines Menschen, und deshalb anerkennen wir in unserer sozialistischen Verfassung von 1975 auch diese Rechte. Für uns handelt es sich dabei auch nicht um eine rein politische Frage, sondern um eine Angelegenheit von größerer Tragweite, um eine Frage der Prinzipien und der Achtung vor dem Recht des Menschen, sich zu der Religion zu bekennen, zu der er will. Dieses Prinzip gehört zum Wesen des Sozialismus und des Kommunismus wie auch zu den revolutionären Konzeptionen bezüglich der religiösen Überzeugungen. Das Ganze liegt auf derselben Ebene wie die Achtung vor dem Leben, der persönlichen Würde und dem Recht des Menschen auf Arbeit, Wohlstand, Gesundheit, Erziehung und Kultur, die allesamt zu den Prinzipien der Revolution und des Sozialismus wesentlich dazugehören.

Das Verhältnis zwischen Kirche und Staat

In unserem Land hatte die Kirche jedoch nicht einen derartigen Einfluß und eine Linie in der Verkündigung wie in anderen lateinamerikanischen Ländern, weil sie – wie ich Ihnen bereits erklärt habe – bei uns eine Kirche der reichen Minderheit war, die im allgemeinen ausgewandert ist.

Trotzdem haben wir in unserem Land nicht eine einzige Kirche geschlossen oder irgendwelche Initiativen gegen die Institution ergriffen, obwohl diese Leute in militanter Weise gegen die Revolution Position bezogen hatten. Viele sind in die USA gegangen. Auch einige Priester haben dieselbe militante Haltung eingenommen; sie sind in die USA übergesiedelt und haben Aktionen in die Wege geleitet. Sie segneten sogar die verbrecherische Invasion der Söldner in der Schweinebucht, die Blockade gegen Kuba und alle anderen Verbrechen ab, die der Imperialismus gegen unser Land angezettelt hat – was meiner Ansicht nach in absolutem Widerspruch zu den Prinzipien des Christentums steht. Trotzdem haben wir nie irgendeine Maßnahme gegen die Kirche ergriffen. Hier geblieben sind nur wenige praktizierende Katholiken. Die Mehrzahl hat, angezogen vom imperialistischen Reichtum und von der imperialistischen Ideologie, das Land verlassen; diejenigen, die geblieben sind, waren zahlenmäßig nicht sehr viele und stellten auch keine politische Kraft dar. Nicht nur aus politischen, sondern vor allem aus strikt prinzipiellen Gründen haben wir uns konsequent an die revolutionären Normen gehalten, die uns Achtung vor den religiösen Glaubensansichten und Institutionen gebieten.
Wie ich Ihnen ebenfalls schon gesagt habe, konnten wir die Anfangsschwierigkeiten teilweise zumindest dank der Haltung des apostolischen Nuntius in Kuba in verhältnismäßig kurzer Zeit ohne irgendwelche Wunden überwinden. So entstand eine Situation, die nicht von Marginalität, sondern von bloßer Koexistenz zwischen Revolution und Kirche gekennzeichnet ist, vom gegenseitigen Respekt, ohne jeden Schritt darüber hinaus. Dies sind Überlegungen, die ich gestern bereits angestellt habe.
Dagegen waren die Beziehungen zu den übrigen evangelischen Kirchen im Laufe all dieser Jahre ausgezeichnet, ohne irgendwelche Konflikte. Ich erwähnte schon den Fall einiger Sekten, die überall Probleme schaffen, nicht nur dem Sozialismus oder der Kubanischen Revolution. Wenn man jedoch das Verhältnis zwischen Kuba und den Vereinigten Staaten betrachtet, dann kam das Verhalten der Sekten diesem Land sehr entgegen. Als ein sehr mächtiges Land, das uns bedroht, hatte es ein Interesse daran, daß eine Sekte hier predigte, «keiner solle zu den Waffen greifen, um das Vaterland zu verteidigen, keiner solle die Fahne ehren und die Nationalhymne singen». Objektiv ging das gegen die Integrität, die Sicherheit und die Absichten der Revolution und kam den Interessen des Imperialismus zugute. Ich weiß, daß einige dieser Sekten vielerorts Probleme geschaffen haben, bloß nicht in einem so mächtigen Land wie in den Vereinigten Staaten. Es ist besser, sie bleiben dort und ziehen gegen den «Krieg der Sterne» zu Felde. Damit könnten sie der Welt einen großen Dienst erweisen.

Die Möglichkeit einer Öffnung, von der wir sprachen, steckte als Idee auch in den Überlegungen, die ich in Chile und Jamaica vorgetragen habe. Allerdings war man da noch nicht sehr weit gekommen. Als aber das Treffen stattfand, waren schon alle Bedingungen dafür gegeben, daß wir uns gegenseitig unsere Absichten zu den Beziehungen zwischen Christentum und Revolution auch abnahmen. So fand unsere Begegnung in einem freundlichen und harmonischen Klima statt. Dann fingen Sie mit Ihrer regelmäßigen Arbeit hier an. Allerdings habe ich nicht alles mitbekommen, weil das tägliche Leben mit seinen Kämpfen und Schlachten mich nach unserem Zusammensein wieder geradezu aufgefressen hat. Später hörte ich, daß Sie erneut im Land und am Werk waren. Aber erst vor kurzem haben wir uns wiedergesehen. Aber ich gestehe, daß mir Ihr Nachdruck und Ihre Hartnäckigkeit in unserem Gespräch gefallen und mich begeistern. Ich habe weiter über die Dinge nachgedacht und sogar einige Dinge in diese Richtung ausgearbeitet. Bei unserem letzten Treffen, bei dem wir den gegenwärtigen Gedankenaustausch und das Interview, das Ihnen angebracht erschien, vereinbart haben, konnte ich das Ganze dann noch ein wenig vertiefen.

In diesem Geist wollen wir weitermachen. Die Begegnungen mit den kubanischen Bischöfen stehen nicht direkt in Zusammenhang mit dem Treffen, das ich mit den nordamerikanischen Bischöfen hatte. Diesen habe ich erklärt, was wir über die Fragen denken, und ich habe ihnen auch von meinem Vorhaben berichtet, mich mit dem kubanischen Episkopat zu treffen. Ich konnte sie darüber unterrichten, daß dank all dieser Kontakte, die wir gehabt haben, der Prozeß in Gang gekommen ist. Zuerst gewannen wir solche Vorstellungen, weil wir beobachteten, daß die Kirche und vor allem zahlreiche Christen – unter ihnen auch viele wertvolle Priester und Bischöfe – mit ihrem Engagement für Gerechtigkeit neue Fakten setzten. Viele Männer und Frauen der Kirche bezogen, wie ich sagen würde, eine gerechte Position und kämpften gegen Ausbeutung, Ungerechtigkeit, Abhängigkeit und für die Befreiung. Dies ist das Hauptphänomen, und es beeinflußte uns in unserer Weise, über die Dinge zu denken, wie dies dann auch bei unserem Treffen zum Ausdruck kam. Der Prozeß ist vor fünfzehn oder genauer vor dreizehn Jahren angelaufen. Allerdings sind wir jetzt an einem Punkt angelangt, wo es gilt, konkrete Schritte zu tun, und die werden in der Tat ja auch schon getan. So haben Fakten, Konzeptionen und wieder neue Fakten die Entwicklung dahin gebracht, daß wir uns heute in einem entscheidenden Augenblick treffen können, um einen weiteren Schritt zu tun.

Ich hatte Ihnen schon gesagt, daß es sich nicht bloß um eine Frage der

Prinzipien oder um eine Frage der Ethik handelt, sondern es geht in gewisser Weise auch um eine Frage der Ästhetik. Ästhetik in welchem Sinn? Ich denke, die Revolution ist ein Werk, das vervollkommnet sein will – kurz gesagt: die Revolution ist ein Kunstwerk.
Frei Betto: Das ist eine schöne Definition!
Fidel Castro: So können wir nicht zufrieden sein, wenn wir in einer Revolution eine Gruppe von Bürgern haben – egal wie viele, ob es zwei Millionen oder eine Million, fünfhunderttausend oder auch nur hunderttausend unter zehn Millionen oder gar nur ein Prozent der Bürger wären –, die sich aus religiösen Gründen mißverstanden oder in irgendeiner Form als Objekte religiöser Diskriminierung fühlen – wir sprachen bereits gestern im Zusammenhang mit dem Engagement in der Partei davon. Eine solche Diskriminierung kann mit anderen subtilen Formen von Diskriminierung Hand in Hand gehen: Man braucht sich in seinem sozialen Umfeld ja nur nicht verstanden zu wissen, und schon leidet man, was sich dann umgekehrt in schwierigen Formen des Mißtrauens äußert. Ich habe Ihnen erklärt, daß die Ursache dafür einzig in der Geschichte liegt. Die Revolution war entschlossen, zu überleben in einem Kampf gegen einen übermächtigen Gegner, der sie liquidieren wollte, auch wenn es Millionen von Kubanern das Leben gekostet hätte. Die Identifikation, zu der es anfänglich zwischen kirchlicher Hierarchie, Konterrevolution oder Imperialismus kam, ist der Ursprung für dieses Mißtrauen, das dann seinerseits zu Formen von Diskriminierung führt – wie zum Beispiel in der Frage der Parteimitgliedschaft oder anderer politisch schwieriger Aktivitäten, wenn man davon ausgeht, daß es zwischen einem bestimmten Glauben und den elementaren Pflichten eines Patrioten oder eines kämpferischen Revolutionärs Widerspruch geben kann.

Wenn man mir sagt: bei uns haben hunderttausend Christen – ihre genaue Zahl in Kuba weiß ich nicht – dieses Problem, aber es sind Leute, die nicht nur fähige Patrioten, sondern auch fähige Revolutionäre sind, hochherzige und engagierte Leute, die ihre Pflicht tun, dann wäre das für mich ein Grund, unzufrieden zu sein. Und wenn man mir sagt, daß es fünfzig- oder zehntausend sind oder auch nur ein einziger, dann ist das Kunstwerk der Revolution immer noch nicht vollkommen. Es ist so, als fühlte sich eine Bürgerin diskriminiert, nur weil sie eine Frau ist. Welches Land in Lateinamerika hat im Kampf gegen die Diskriminierung der Frau mehr erreicht als Kuba? Früher gab es bei uns Rassendiskriminierung. Wenn es auch nur einen einzigen Menschen gäbe, der wegen seiner Hautfarbe diskriminiert würde, wäre dies für uns ein Anlaß zu großer Sorge, und das Kunstwerk, als das wir die Revolution bezeichnen, wäre nicht vollkommen.

Zu diesen Konzeptionen, Kriterien und Prinzipien kommen noch politische Überlegungen hinzu. Wenn nämlich in einer Revolution, die so von Gerechtigkeit durchdrungen ist wie die sozialistische Revolution in Kuba, irgend jemand aus religiösen Gründen diskriminiert würde, käme das nur den Gegnern des Sozialismus und der Revolution zugute – denen, die die Völker Lateinamerikas und der Karibik ausbeuten, plündern, unterjochen, angreifen, belästigen, bedrohen und lieber ausrotten, als daß sie ihre Privilegien aufgeben. Also müssen wir auch die politischen Gesichtspunkte mitbedenken.

Ich glaube, die vorgetragenen Überlegungen legen die Basis unseres Denkens frei und erklären das Interesse, das wir aus prinzipiellen wie aus politischen Gründen – im umfassendsten Sinn des Wortes – daran haben. Solange wir uns von diesen Einschränkungen nicht befreien können, bleibt das Werk der Revolution in einigen Bereichen unvollständig.

Die Christen und die Linke in Lateinamerika

Frei Betto: Sehr gut, Kommandant.
Ich möchte Ihnen eine andere Frage stellen. Sie wissen – schließlich haben Sie das oft genug erwähnt –, daß nach dem Vatikanum II, das von Papst Johannes dem XXIII. einberufen wurde, und nach der lateinamerikanischen Version des Konzils, der Versammlung des lateinamerikanischen Episkopats 1968 in Medellín, viele Veränderungen in der Kirche unseres Kontinents begannen. Die Kirche näherte sich stärker den Armen, vor allem in Ländern wie Brasilien, die seit vielen Jahren von Militärdiktaturen regiert wurden. Ich pflege zu sagen, daß es nicht eigentlich die Kirche war, die eine Entscheidung für die Armen traf. Angesichts der Unterdrückung der Volksbewegung und der Gewerkschaftsbewegung waren es vielmehr die Armen, die eine Option für die Kirche trafen, in ihr also einen Raum suchten, wo sie sich weiterhin organisieren und artikulieren, Bewußtseinsarbeit betreiben und handeln konnten. Ich mache mit dieser Aussage kein Wortspiel, sondern wiederhole nur das, was ich von mindestens zwei Bischöfen Brasiliens gehört habe. In dem Maße, wie die Armen in die Kirche eindrangen, begannen die katholischen Priester und Bischöfe, sich zum Christentum zu bekehren. Heute gibt es in ganz Lateinamerika unzählige kirchliche Basisgemeinden. Allein in Brasilien sind es ungefähr 100000 Basisgemeinden, in denen sich so um die 3 Millionen Menschen versammeln, in ihrer Mehrheit Arbeiter, Landarbeiter und Marginalisierte. Weshalb das Phänomen der kirchlichen Basisgemeinden auf dem ganzen Kontinent?

Fidel Castro: Wie viele Millionen Menschen sagten Sie?
Frei Betto: Hunderttausend Gruppen mit ungefähr drei Millionen Menschen.
Weshalb dieses Phänomen? Augenblicklich gibt es Gemeinden in Chile, Bolivien, Peru, Ecuador, Guatemala und Nicaragua; sie spielen eine bedeutende Rolle im Befreiungsprozeß. Es gibt auch Gemeinden in Mexiko und in El Salvador, sogar in den von der Guerilla befreiten Gebieten. Wie läßt sich das erklären?
Wenn wir einen Bauern, einen Arbeiter oder ein Dienstmädchen in Lateinamerika fragten: Was ist Deine Sicht der Welt? Sie würden mit Sicherheit eine Antwort geben, die in eine religiöse Sprache gekleidet ist. Die elementarste Sichtweise des unterdrückten Volkes in Lateinamerika ist eine religiöse Sichtweise. Und aus meiner Sicht war es einer der schwersten Fehler der Linken in Lateinamerika – vor allem der Linken der marxistisch-leninistischen Tradition –, in ihrer Arbeit mit den Massen den Atheismus zu predigen.
Es geht nicht darum, das zu verschweigen, was man denkt, sondern es geht um ein Minimum an Sensibilität für diese religiöse Sichtweise des Volkes. Der begangene Irrtum verhinderte den Schulterschluß zwischen der vorgeschlagenen Politik und den Massen. Es ist nicht einfach, einem Arbeiter oder einem Bauern die Notwendigkeit des Kampfes für den Sozialismus bewußt zu machen. Aber sie verstehen, wenn wir sagen: «Wir glauben an den einen Gott, den Vater. Wenn das wahr ist, dann müssen wir alle wie Brüder leben. In dieser Gesellschaft jedoch, in der wir leben, gibt es nicht die Brüderlichkeit, die Gott will; sie wird geleugnet durch die Rassendiskriminierung und die Ungleichheit der Klassen, durch die wirtschaftlichen Gegensätze und durch die Tatsache, daß es wenige sehr reiche Menschen gibt und daneben eine Mehrheit sehr armer Menschen. So ist es unsere Aufgabe, uns, ausgehend von unserem Glauben, für diese Brüderlichkeit zu engagieren und gegen alle Verhältnisse zu kämpfen, die konkret und geschichtlich die gesellschaftliche Gleichheit, die Gerechtigkeit, die Freiheit und die volle Würde aller Menschen, unabhängig von ihrer Arbeit, ihrer Farbe und ihren Anschauungen, verhindern.» – Das ist der Grund, weshalb sich die kirchliche Arbeit in diesen Jahren so stark entwickelt hat.
Die Reflexion des Glaubens, die aus solchen Gemeinden hervorgeht und die als Licht wirkt, um die Menschen in Guatemala, Peru, Brasilien, El Salvador und in all den anderen Ländern in ihrem Kampf für die Befreiung zu ermutigen, ist das, was von den Theologen systematisiert wird und dann als Theologie der Befreiung bekannt geworden ist.
Ich würde gerne wissen, wie Sie die Basisgemeinden sehen. Es gibt gerade

zu diesem Zeitpunkt eine polemische Kampagne gegen die Theologie der Befreiung, die von Reagan und dem Dokument von Santa Fé als ein gefährlicher Faktor der Subversion eingestuft wird. Was denken Sie über die Theologie der Befreiung?
Fidel Castro: Ihre Darstellung war relativ lang, sehr interessant, und zum Schluß haben Sie mir nun diese Frage gestellt. Um sie zu beantworten, muß ich auf einige Punkte Ihrer Darlegungen zurückgreifen.
Sie halten die Form, wie mit dem religiösen Problem umgegangen wird, und die Predigt des Atheismus in Lateinamerika für einen Irrtum der politischen Bewegung, insbesondere der marxistisch-leninistischen Linken. Ich fühle mich wirklich nicht in der Lage zu wissen, wie jede Bewegung der Linken oder jede kommunistische Partei Lateinamerikas mit der Frage der Religion umgegangen ist. Die Gesprächsthemen oder Analysen mit diesen Bewegungen drehen sich immer um andere Probleme, wie etwa die wirtschaftliche Situation der Massen und ihr Elendszustand. Schließlich geht es hauptsächlich um politische Fragen, und ich erinnere mich wirklich nicht, ob bei den zahlreichen Gesprächen, die wir in diesen 26 Jahren mit Vertretern und Delegierten solcher Parteien geführt haben, dieser Punkt, den Sie erwähnten, zur Sprache gekommen ist. Deshalb kann ich nicht sagen, was sie denken. Aber Sie leben in einem lateinamerikanischen Land, reisen oft und dürften sicherlich mehr Informationen darüber haben als ich.
Ich denke also, daß die Analysen der politischen und revolutionären Bewegungen von den gegebenen Bedingungen auszugehen haben, die in einem bestimmten Augenblick existieren. Von daher haben sie ihre Strategie, ihre Taktik und ihre Einstellungen auszuarbeiten, nicht nur auf der Grundlage ihrer Lehren, auch wenn diese Doktrinen wichtig sind und in die Praxis umgesetzt werden müssen. Wenn nämlich die Strategie und die Taktik in der Anwendung des politischen Denkens nicht korrekt sind, dann kann dieses politische Denken noch so gut sein, es wird zur Utopie – nicht weil es objektiv nicht zu verwirklichen ist, sondern vor allem weil es auch subjektiv nicht umsetzbar ist.

Religion als Herrschaft

Ich verstehe die Widersprüche zwischen dem politisch-revolutionären Denken und der Kirche sehr gut. Wäre ich einer der alten Indios in Kuba, ein Siboney, und eines Tages kämen eine Reihe fremder Menschen mit Hakenbüchsen, Lasttieren, Schwertern, einer königlichen Standarte und einem Kreuz, und sie würden das Dorf angreifen, töten und gefangennehmen, wen sie wollen – was würde ich wohl davon halten? Eines der ersten Dinge, welche die Spanier – unter ihnen Kolumbus – taten, als sie nach Europa zurückkehrten, bestand darin, daß sie einen Schaukasten mit Indios von hier mitnahmen. Das war eine offenkundige Verletzung der Grundrechte der Indios, die hier lebten. Niemand hatte sie um Erlaubnis gefragt, sie als Trophäen nach Europa mitnehmen zu dürfen. Sie waren ebenso gefangengenommen worden, wie man einen Wolf, einen Löwen, einen Elefanten oder einen Affen fängt, genau so. Ich glaube allerdings, daß die Menschenrechte im Bewußtsein der Menschen schon seit einiger Zeit eine Aufwertung erfahren haben, egal ob es sich dabei um Weiße, Indios, Asiaten, Schwarze oder Mestizen handelt. Wenn Sie heute einen mexikanischen Indianer unter denselben Bedingungen fragen würden, was er darüber denkt, so fiele seine Antwort über die Eroberer und ihre religiösen Überzeugungen wohl nicht sehr ehrerbietig aus. Sie kamen mit dem Schwert und dem Kreuz, um die «Ungläubigen» zu unterwerfen, zu Sklaven zu machen und auszubeuten, obwohl sie doch eigentlich auch als Geschöpfe Gottes hätten betrachtet werden müssen. So eroberten sie den Kontinent. Messianischen Glauben gaben sie vor, um uns mit Blut ihre Religion und die abendländische Zivilisation aufzuzwingen. Wer sich zum Besitzer einer Wahrheit macht, hat noch lange nicht das Recht, sie auf der Grundlage von Töten und Versklavung ganzer Völker zu verbreiten.

Die objektivere Wahrheit, der sich die von den entwickelten Nationen eroberten Völker gegenübersahen, waren der Verlust ihrer Freiheit, Mißbrauch, Ausbeutung, Gefängnis und zum Teil sogar die Ausrottung. Es muß hier allerdings unbedingt betont werden, daß es damals schon Priester gab, die sich gegen diese unerhörten Verbrechen auflehnten, wie zum Beispiel Bartolomé de las Casas.

Frei Betto: Er lebte hier und war ebenfalls Dominikaner.

Fidel Castro: Der Orden kann stolz auf ihn sein, er war eines der geachtetsten Vorbilder, denn er verurteilte und widersetzte sich den Horrortaten, die der Eroberung folgten.

Jahrhundertelang hat sich der Kolonialismus gehalten; die Welt, ganze Kontinente wurden unter den europäischen Großmächten aufgeteilt: Asien, Afrika und Amerika wurden erobert, jahrhundertelang besetzt gehalten und ausgebeutet. Sie brachten uns auch ihre Religion, die auf gewisse Weise die Religion der Eroberer, der Sklavenhalter und der Ausbeuter war. Trotz der Widersprüche, die zwischen den Taten und der Wirklichkeit der Eroberer und dem Wesen ihrer Religion bestand, wurde diese Religion aufgrund ihres eigentlichen Inhalts, ihres menschlichen Gehaltes sowie ihres edlen und solidarischen Kerns schließlich wie im alten Rom zur

Religion der Sklaven. Auf unserem Teil des Kontinents, den die Spanier dreihundert Jahre nicht verlassen haben – hier in Kuba sind sie sogar fast vier Jahrhunderte lang geblieben, denn wir waren die ersten, die erobert wurden, und die letzten, die befreit wurden –, war die Religion der Eroberer weit verbreitet.

In Asien ist das nicht so gewesen, dort gab es schon andere tief verwurzelte Religionen und widerstandsfähigere alte Kulturen. Die Religionen der Ureinwohner waren der Hinduismus, der Buddhismus und andere Religionen mit einem sehr reichen Gehalt. Das Christentum sah sich mit anderen Religionen und anderen Philosophien konfrontiert; sein Einfluß war geringer, weniger universal, und es gelang ihm nicht, die Vorherrschaft zu übernehmen. Als Konsequenz setzte sich in der arabischen Welt und im Mittleren Orient der Islam durch, trotz der Kreuzzüge sowie der später folgenden Eroberungen und der Vorherrschaft der Westeuropäer. In den südostasiatischen Ländern oder in Indien überwogen der Hinduismus und der Buddhismus trotz der Kolonisation dieser Länder durch Europa. In den ostindischen Ländern und in anderen Teilen Asiens wie in China behaupteten sich ebenfalls die autochthonen Religionen – gegen die europäische Herrschaft.

Im Europa der Feudalzeit, wo die Adeligen und die Feudalherren praktisch Eigentümer der Ländereien und der Menschen waren, war die Kirche zweifelsohne mit dem System der Ausbeutung fest verbunden, auch wenn sie den armen Seelen Trost spendete. Zwischen dem gesellschaftlichen System und der Lehre der Kirche bestand ein Widerspruch. Im Zarenreich existierte ein enges Bündnis zwischen dem Reich (Adelige, Feudalherren, Großgrundbesitzer) und der Kirche. Diese unbestreitbare historische Realität dauerte viele Jahrhunderte lang.

Ganz Afrika wurde mit Waffengewalt erobert, mit Ausnahme eines Landes: Äthiopien. In einigen Ländern blieben die Eroberer länger, in anderen kürzer. Die kulturelle Assimilation war geringer, und in Afrika war dem Christentum kein Triumph beschieden. In Nordafrika setzten sich der Islam und im übrigen Afrika die animistischen Religionen durch. Jahrhundertelang widmeten sich die Europäer in Afrika nicht vorrangig der Predigt des Christentums, sondern der Produktion von Sklaven. Ich weiß nicht, ob überhaupt jemand genau sagen kann, wie viele Millionen freier Menschen die Europäer in Afrika gefangennahmen, zu Sklaven machten und dann nach Lateinamerika, in die Karibik und nach Nordamerika transportierten, um sie dort wie Ware zu verkaufen. Vielleicht waren es 100 Millionen. Es gibt bestimmt Untersuchungen darüber. Man rechnet, daß wenigstens 50 Millionen lebend ankamen, denn die vermutlich größere

Zahl starb bei der Gefangennahme und dem Transport über den Atlantik.
Frei Betto: In Brasilien sind 4 Millionen lebend angekommen.
Fidel Castro: Stellen Sie sich vor, wie viele haben sterben müssen, weitab von dem Ort, an dem sie geboren sind, von ihren Familien getrennt und aus allem herausgerissen! Dieses Schreckenssystem hat fast vier Jahrhunderte lang gedauert. Die technische, wirtschaftliche und militärische Vorherrschaft des westlichen Europas konnte sich einfach jahrhundertelang gegen die Völker durchsetzen, die heute die Dritte Welt bilden.
Die Indios wurden in vielen Ländern ausgerottet. In Kuba praktisch alle, während ihnen das in anderen Ländern nicht ganz gelang, weil die Indios entweder zu zahlreich waren oder als Arbeitskräfte besser geschützt wurden. Die Afrikaner wurden ohne irgendeinen Unterschied jahrhundertelang als Sklaven gehalten. Sogar nach der Unabhängigkeit der Vereinigten Staaten ging die Sklaverei noch weiter, trotz der feierlichen Erklärung der unveräußerlichen Menschenrechte, die als «vom Schöpfer gewährt» und als «unwiderlegbare Wahrheiten» betrachtet wurden. Noch fast ein Jahrhundert lang lebten Millionen afrikanischer Schwarzer und ihre Nachkommen als Sklaven. Das war die einzige Wahrheit und das einzige Recht, die ihnen von den Schöpfern des Kapitalismus und der Sklaverei zugestanden wurden. In unserem Land hier wurden noch nach der Unabhängigkeit Indios von europäischen Christen und ihren Nachkommen einfach ausgerottet. Viele Menschen hielten sich dabei für religiös. Auch diejenigen, die Indios jagten und ihnen den Skalp über den Kopf zogen, um sich in den Besitz ihrer Reichtümer und ihrer Ländereien zu bringen, hielten sich für Christen. Das ist eine unbestreitbare historische Realität. Selbst in Argentinien zur Zeit von Rosas drangen die Christen nach dem Beispiel der Vereinigten Staaten in die Gebiete der Indios ein und rotteten sie aus. In vielen Orten war die Vernichtung der Ureinwohner die gängigste Vorgehensweise.
Ebenso gab es in Europa die Feudalherren, die Adeligen und die kirchlichen Hierarchen; jahrhundertelang hielten sie in enger Einheit die Ausbeutung ihrer Diener und der Bauern aufrecht. Im Zarenreich geschah dasselbe bis fast zum Ende des vergangenen Jahrhunderts.
Man kann einfach nicht leugnen, daß die Kirchen historisch gesehen auf der Seite der Eroberer, der Unterdrücker und der Ausbeuter gestanden hat. Es hat niemals wirklich eine entschiedene und kategorische Verurteilung der Sklaverei gegeben, die unserem heutigen Bewußtseinsstand nach als etwas Schreckliches gilt. Niemals im Verlaufe dieser langen Zeit wurde die Versklavung der Schwarzen oder der Indios verdammt, ebensowenig die Ausrottung der Urbevölkerung und all die erbarmungslosen Dinge, die

gegen diese Bevölkerung unternommen wurden, der Raub ihres Landes, ihrer Reichtümer, ihrer Kultur, ja sogar ihres Lebens. Keine Kirche hat dieses System je verurteilt, jahrhundertelang nicht.

So liegt eigentlich nichts Befremdliches in der Tatsache, daß das revolutionäre Denken, das in einer regelrechten Kraftanstrengung gegen diese weltlichen Ungerechtigkeiten Sturm lief, einen antireligiösen Geist in sich barg. Es gibt eine reale und historische Erklärung für ein solches Denken der revolutionären Bewegung, das schon in der bürgerlichen Französischen Revolution zum Ausdruck kam und ebenso in der Russischen Revolution. Zum ersten Mal wurde es deutlich im Liberalismus. Schon die Philosophie Jean-Jacques Rousseaus und der französischen Enzyklopädisten offenbarte einen antireligiösen Geist. Aufgrund dieser historischen Wurzeln tauchte er nicht nur im Sozialismus auf, sondern kam später auch im Marxismus-Leninismus zum Ausdruck. Niemals hat es eine Verurteilung des Kapitalismus gegeben. Wer weiß, ob in der Zukunft, in hundert oder zweihundert Jahren, wenn das kapitalistische System schon nicht mehr existiert, nicht irgend jemand dann bitter feststellt: Jahrhundertelang haben die Kirchen weder das kapitalistische System noch den Imperialismus verurteilt – so wie wir heute sagen, daß sie jahrhundertelang weder die Sklaverei noch die Ausrottung der Indios noch das kolonialistische System verurteilt haben.

Derzeit kämpfen die Revolutionäre gegen das herrschende System der Ausbeutung, das ebenso unbarmherzig ist. Von daher gibt es eine Erklärung für das, was Sie in Ihrer Frage als Irrtümer bezeichnet haben. Es kann sich dabei tatsächlich um Irrtümer handeln, denn es geht um die Frage, wie eine Idee oder ein sozialrevolutionäres Programm in der Praxis realisiert wird. Wenn Sie mir nun sagen, daß es unter den aktuellen Bedingungen Lateinamerikas ein Fehler ist, die philosophischen Differenzen mit den Christen zu betonen, die als mehrheitlicher Teil des Volkes massive Opfer des Systems sind, statt die Kraft auf die Bewußtseinsbildung zu konzentrieren, um im gleichen Kampf alle diejenigen zu vereinen, die dasselbe Streben nach Gerechtigkeit in sich tragen, dann würde ich Ihnen sogar recht geben. Und Sie haben auch recht, wenn man die Bewußtwerdung der Christen – oder eines Teils davon – in Lateinamerika beobachtet. Wenn wir von dieser Tatsache und von den konkreten Bedingungen ausgehen, ist es absolut korrekt und gerecht zu fordern, daß die revolutionäre Bewegung diese Frage angemessen behandelt und auf alle Fälle eine doktrinäre Rhetorik vermeidet, welche die religiösen Empfindungen der Bevölkerung, vor allem der Arbeiter, der Bauern und der Mittelschicht verletzen und nur dazu dienen würde, das System der Ausbeutung zu unterstützen.

Ich würde auch sagen, daß es angesichts der neuen Realität eine Veränderung in der Behandlung der Frage und in den Umgangsweisen der Linken geben müßte. Darin stimme ich mit Ihnen völlig überein. Das ist für mich gar keine Frage.
Aber während eines langen historischen Zeitraumes, in dem der Glaube als Instrument der Herrschaft und der Unterdrückung mißbraucht wurde, war es unvermeidbar, daß die Menschen, die dieses ungerechte System verändern wollten, in Konflikt kamen mit den religiösen Überzeugungen.
Meiner Meinung nach liegt die historische Bedeutung dessen, was Sie Theologie der Befreiung oder Kirche der Befreiung nennen, eben in deren tiefen Rückwirkung auf die politischen Auffassungen der Christen. Ich würde sogar noch weiter gehen: Die Bedeutung liegt in der Wiederbegegnung der Christen von heute mit den Christen von gestern, mit den Christen der ersten Jahrhunderte im Anschluß an den Auftrag Christi.

Die Theologie der Befreiung

Ich könnte die Kirche der Befreiung oder die Theologie der Befreiung als eine Wiederbegegnung des Christentums mit seinen Wurzeln definieren, mit den schönsten, den anziehendsten, heldenhaftesten und glorreichsten Teilen seiner Geschichte. Das geht in einer solchen Gewaltigkeit vor sich, daß es die gesamte Linke Lateinamerikas dazu zwingt, dies als eines der fundamentalsten Ereignisse unserer Epoche zu betrachten. Wir können das so sagen, denn es beraubt die Ausbeuter, die Eroberer, die Unterdrücker, die Eindringlinge und die Plünderer unserer Völker, diejenigen also, die uns in Unwissenheit, Krankheit und Elend halten, ihres vielleicht wertvollsten Instrumentes, auf das sie zählen konnten, um die Massen irrezuleiten, sie zu täuschen, sie zu entfremden und die Ausbeutung damit aufrechtzuerhalten.
Im Verlauf dieses langen historischen Zeitraumes, den ich erwähnt habe, hat der merkantilistische und christliche Westen sogar darüber diskutiert, ob der Indio, der Schwarze oder der Asiat überhaupt eine Seele haben. Die einzige Sache, die ihnen im Verlauf von Jahrhunderten voller Schrecken, Ausbeutung und Verbrechen jeder Art zugestanden wurde, bestand darin, daß sie tatsächlich eine Seele haben. Aber dennoch wurde ihnen damit kein einziges Recht zugestanden, außer dem Recht auf Sklaverei, Ausbeutung, Plünderung und dem Recht auf den Tod. Selbst die bürgerliche Revolution, die die unveräußerlichen Rechte des Menschen proklamierte, in Frankreich wie auch in den Vereinigten Staaten und überall sonst, anerkannte diese Rechte für den Indio, den Schwarzen, den Asiaten und den

Mestizen nicht. Es waren unveräußerliche Rechte nur für die Weißen. Die Rechte auf Freiheit, auf Unversehrtheit und auf Leben, denen wir noch das Recht auf Gesundheit, auf Erziehung, auf Kultur sowie auf einen anständigen und frei gewählten Arbeitsplatz hinzufügen können – diese Rechte hat die große bürgerliche Revolution nur für die weißen Europäer proklamiert. Die Geschichte ist ein bitterer und unwiderruflicher Zeuge, daß keines dieser Rechte für die Völker der Dritten Welt gedacht war. Und unser Lateinamerika befindet sich nun einmal in der Dritten Welt. Sagen wir die Wahrheit: Für zehn oder hundert Millionen arme Bauern und Arbeiter, die von einem miserablen Mindestlohn leben, oder Slumbewohner, die sich in den Vierteln am Rande aller Städte des Kontinents befinden, ist bis heute das einzige, was ihnen zugestanden wurde, die Anerkennung, daß sie eine Seele haben. Wenn wir dies jedoch als Ausgangspunkt nehmen, wenn wir wirklich Ernst machen mit der Anerkennung, daß sie eine Seele haben, dann glaube ich, daß die Positionen, die von Christen wie Ihnen übernommen werden, darin bestehen, dieselben Rechte für alle zu proklamieren und zu fordern. Diese Haltungen konstituieren aus meiner Sicht ein historisches Geschehen von größter Transzendenz.
Frei Betto: Seele und Körper, Kommandant, eine Einheit: der Mensch.

Papst Johannes XXIII.

Fidel Castro: Wenn man aber anerkennt, daß die Armen und die Reichen, die Schwarzen und die Weißen, die Landarbeiter ohne Land und die Großgrundbesitzer im Geiste gleich sind, dann bedeutet das auch anzuerkennen, daß alle diese Menschen, die schließlich ebenso wie die Weißen und die Reichen eine Seele und einen Körper haben, zwangsläufig auch dieselben Rechte haben wie die anderen.
So jedenfalls interpretiere ich im wesentlichen den Kampf, den Ihr begonnen habt, und von daher ist es auch nicht befremdlich, daß das Imperium und seine Regierung, seine Theoretiker und Sprecher einen hartnäckigen Kampf gegen die Theologie der Befreiung führen und sie als subversiv denunzieren, denn schließlich liegt ihnen daran, die Praxis des Prinzips aufrechtzuerhalten, wonach wir nicht einmal eine Seele haben. Denn wenn sie zugeben, daß wir eine Seele und einen Körper haben, dann müssen sie zwangsläufig auch unser Recht auf Leben, Ernährung, Schutz der Gesundheit, Erziehung, Wohnung, Arbeitsplatz und auf ein Leben in Würde anerkennen, ebenso das Recht, daß sich die Frauen und Töchter der Arbeiter nicht zu prostituieren brauchen oder daß eine Familie anders als

vom Glücksspiel, von Drogen, Diebstahl oder vom Betteln in einem Elendsviertel leben kann.
Es ist nur logisch, daß eine Theorie oder eine religiöse Position, die an das Beste in der Geschichte des Christentums anknüpft, in absolutem Widerspruch steht zu den Interessen des Imperialismus. Ich bin davon überzeugt, daß die Herren, die Theoretiker des Imperialismus, die das Dokument von Santa Fé verfaßt haben, zwar theoretisch zugeben, daß wir eine Seele haben. Im Grunde genommen glauben sie aber nicht daran, daß auch Schwarze, Indios, Mestizen oder einfach Bürger der Dritten Welt diese Seele haben. Darin liegt das eigentliche Problem, und deshalb verstehe ich ihre maßlose Opposition vollkommen, wie ich ebenso glaube, daß ich die historische Bedeutung dieser Option für die Armen, wie sie ein bedeutender Teil der lateinamerikanischen Kirche getroffen hat, positiv bewerten kann.
Sie haben sehr schön ausgedrückt, daß die Armen in die Kirche eingedrungen sind. Ich denke, es waren der Schmerz und die unbeschreibliche Tragik der Massen, die damit ihren Weg in die Kirche gefunden haben. Ihr Schmerzensschrei hat die Kirche erreicht, vor allem die Hirten, die näher bei der Herde sind und ihre Schreie, ihre Leiden und ihre Schmerzen hören können. Das Echo hat sich ausgeweitet: bei Bischöfen, Kardinälen und sogar bei einem Papst, bei Johannes XXIII. Die Dritte Welt und die Revolutionäre der Dritten Welt spürten die Wirkung der grundlegenden Äußerungen von Johannes XXIII., an den sich alle Menschen hier in unseren Ländern, auch die Marxisten-Leninisten, mit Respekt und Sympathie erinnern.
Ich glaube, in den Predigten von Johannes XXIII. liegt zweifelsohne der Grundstein für den Impuls dieser Option und der Haltung vieler Priester und Bischöfe zugunsten der Armen in der Dritten Welt und vor allem in Lateinamerika.
Frei Betto: Johannes XXIII. war ein Bauernsohn, der Papst geworden ist.
Fidel Castro: Wahrscheinlich hat dieser Faktor einen großen Einfluß auf sein Denken gehabt. Wir können nicht von der Bewegung der Kirche in Lateinamerika sprechen, von dieser Annäherung an das Volk, ohne Johannes XXIII. zu erwähnen. Nicht einmal wir hatten damals diese Veränderungen bemerkt. Sie, Frei Betto, haben von dem erzählt, was seit 1968 geschehen ist. Erst durch die Ereignisse haben wir den Einfluß begriffen, den das Denken von Johannes XXIII. auf die Entwicklung der katholischen Kirche und das Auftreten dieser Bewegung hatte. Deswegen behaupte ich, daß die Beeinflussung gegenseitig gewesen ist: Die Armen dringen in die Kirche ein und beeinflussen sie, und die Kirche ihrerseits

dringt als Reflex oder Echo auf dieses Leiden tiefer in die Welt der Armen ein. Ich kann Ihnen versichern, daß die Kirche in dieser Hälfte des Kontinents noch niemals das Ansehen und die Autorität gehabt hat, die sie in dem Moment erreichte, als sich viele Priester und Bischöfe mit der Sache der Armen zu identifizieren begannen.

Frei Betto: Sie wissen, daß derzeit viele in Europa glauben, die Theologie der Befreiung sei eine rein marxistische Beeinflussung der Kirche. Selbst innerhalb der Kirche gibt es Leute, die so denken.

Ich identifiziere mich so vollständig mit der Theologie der Befreiung, Kommandant, daß ich fast sagen würde, dank dieser Theologie der Befreiung hat mein christlicher Glaube heute mehr Tiefe.

Die europäische Kirche war ebenso wie die europäische Gesellschaft jahrhundertelang das Zentrum der Welt. Die Kirche hatte sich daran gewöhnt, in die übrigen Teile der Welt nicht nur ihr Modell von Kirche, sondern auch ihre Theologie zu exportieren. Ich vertraue auf die Theologie. Sie ist die Reflexion, die aus dem Glauben der christlichen Gemeinschaft heraus erwächst. In diesem Sinn treibt jeder Christ Theologie, auch wenn noch nicht jeder Christ gleich ein Berufstheologe ist. Theologen sind diejenigen, die die wissenschaftlichen Grundlagen und Kenntnisse besitzen, welche für die Theologie notwendig sind. Gleichzeitig aber haben sie auch Kontakt zu den Gemeinden. Dies erlaubt ihnen, ihre Reflexion sowohl zu praktizieren als auch zu systematisieren – eine Reflexion, die aus dem christlichen Volk erwächst.

Wir wissen, daß die Theologie, die Europa produziert hat, die liberale Theologie, durchaus ihren Wert hat. Aber wie jede Theologie reflektiert sie die spezifische Problematik der europäischen Wirklichkeit. Und was waren die wichtigsten Ereignisse dieses Jahrhunderts in der europäischen Wirklichkeit? Es waren die zwei großen Kriege. Diese Ereignisse haben in der gesamten europäischen Kultur die ängstliche Frage über den Wert der menschlichen Person, den Sinn des Lebens usw. aufgeworfen. Betrachten wir die Philosophie Heideggers oder Sartres, die Filme von Fellini und Buñuel, die Bilder Picassos, die Literatur von Camus, Thomas Mann oder James Joyce! Wir werden sehen, daß sie alle eine Antwort suchen auf die beunruhigende Frage: Welchen Wert hat die menschliche Person? Gerade in dieser existentialistischen Philosophie fand die europäische Theologie die notwendige Vermittlung für ihr Verhältnis zur Wirklichkeit.

Und die wichtigste Tatsache der Geschichte Lateinamerikas in diesem Jahrhundert? War es ein Krieg? Nein! Wir hatten zwar regionale Kriege, aber keiner hat sich auf den ganzen Kontinent ausgeweitet. Die Tatsache oder das wichtigste Problem der gegenwärtigen Geschichte Lateiname-

rikas ist die brutale Tatsache der Verelendeten. Unser Problem ist kein philosophisches Problem der menschlichen Person. Unsere angstvolle Frage lautet: Warum existiert in einer Welt, die einen derart unvorhergesehenen technologischen Fortschritt erzielt hat, hier in Lateinamerika kollektiv und mehrheitlich ein Nicht-Mensch? Über die Hälfte der Lateinamerikaner befindet sich in einer Situation des Nicht-Menschseins in dem Sinne, daß sie schlechtere Lebensbedingungen haben als Tiere. Das brasilianische Vieh besitzt eindeutig bessere Lebensbedingungen als die Mehrheit der brasilianischen Bevölkerung. Um diese Situation hinreichend analysieren zu können, reicht der Theologie nicht die Kooperation mit der Philosophie. Es ist vielmehr unbedingt notwendig, die Ursachen einer solchen Situation zu kennen, und deshalb kann man nicht auf die Kooperation mit den Sozialwissenschaften verzichten. Innerhalb der Sozialwissenschaften schließlich kann niemand den Beitrag des Marxismus außer acht lassen.
In dem Moment, als sich die Theologie der Befreiung aufgrund des Bedürfnisses nach Gerechtigkeit für dieses Volk sowie aufgrund des Bedürfnisses nach Wahrheit wissenschaftlich auf eine solche Weise artikuliert, ruft sie eine heftige Reaktion seitens eines Teils der Kirche hervor. Das führt dann dazu, daß einige unserer Kollegen wie der brasilianische Theologe Leonardo Boff, Sanktionen zu erleiden haben, weil er sein elementarstes Recht als Theologe dieser Kirche ausgeübt hat: im Lichte des Glaubens die Realität und die Geschichte seines Volkes zu reflektieren.
Ich würde gerne von Ihnen, der Sie täglich verfolgen, was in der Welt geschieht, Ihre Meinung zu diesem Problem hören. Welche Wirkung und welchen Widerhall finden bei Ihnen die Angriffe auf die Theologie der Befreiung? Wie reagieren Sie darauf? Löst das bei Ihnen ein gewisses Interesse aus, irgendeine persönliche Reaktion als Mensch oder als Politiker? Dazu würde ich gerne etwas hören.

Zum Verhältnis zwischen Christentum und Marxismus

Fidel Castro: Ihre Aussagen und die Frage, die Sie mir stellen, sind außerordentlich schwierig und delikat. Ich sehe mich abermals gezwungen, auf einige Punkte Ihrer Ausführung zurückzukommen, und will gleich bei der Idee von einer Instrumentalisierung der Kirche beginnen.
Wir haben schon einmal darüber gesprochen, allerdings noch nicht im Rahmen dieses Interviews. Damals habe ich Ihnen folgendes gesagt: Nirgendwo verdienen Menschen Respekt, die zu manipulieren versuchen, und sie haben damit noch niemals Erfolg gehabt. Solche Menschen sind wie winzige Schiffe, die von Wind und Wellen hin- und hergeworfen werden.

Manipulation ist gleichbedeutend mit Opportunismus. Sie hat keinen Halt und keine Wurzeln. Wahrscheinlich hätten Sie keinerlei Respekt vor mir, wenn Sie wüßten, daß ich jemand bin, der andere manipuliert. Und ebenso hätte kein Revolutionär Respekt vor Ihnen oder denjenigen, die ähnlich denken wie Sie, wenn er merken würde, daß es sich bei Ihnen um Personen handelt, die manipuliert werden können. Meiner Ansicht nach gibt es Respekt, Freundschaft, ernsthafte Analyse, Verständnis, all diese Dinge nur unter wirklich glaubwürdigen Menschen. Hätten Sie nicht einen so tiefen Glauben, Ihre Ideen wären ohne jede Wirkung auf uns geblieben. Ich gestehe Ihnen, was mir persönlich am stärksten Respekt Ihnen gegenüber eingeflößt hat, war Ihre tiefe religiöse Überzeugung und Ihr Glaube. Ich bin mir sicher, daß Ihnen darin die Menschen der Kirche ähnlich sind, die sich mit denselben Problemen beschäftigen. Wenn wir Revolutionäre nicht wirklich von der Vorstellung ausgehen würden, daß Ihr tatsächlich glaubwürdig seid, dann hätte nichts von dem bisher Gesagten irgendeinen Sinn, weder die Konzeptionen, über die wir diskutiert haben, noch die Idee von einem Bündnis oder sogar von einer Einheit zwischen Christen und Marxisten wie in Nicaragua.

Ein wirklicher Marxist würde einem falschen Christen mißtrauen, ebenso wie ein wirklicher Christ einem falschen Marxisten kein Vertrauen entgegenbringen könnte. Nur diese Überzeugung kann die Basis abgeben für ein festes und dauerhaftes Verhältnis.

Nun, wir beschäftigen uns nicht allzuviel damit, denn ein volkstümliches Sprichwort sagt: «Es ist leichter, einen Lügner zu entlarven als einen Krüppel.» So wie ein Christ oder ein Revolutionär seinen Glauben nicht simulieren kann, so kann er auch die Lüge nicht verbergen. Deshalb verstehe ich auch, warum diejenigen, die über einen derart starken Glauben bei Euch und bei uns besorgt sind, zu einer so vereinfachten Argumentation Zuflucht nehmen.

Wenn ich Sie über Europa sprechen höre, über die liberale Theologie, die historischen Tatsachen und die bedeutenden Ereignisse, die bei den Ideen der großen europäischen Denker eine Rolle gespielt haben, dann stelle ich fest, daß Sie über diese Fragen viel nachgedacht haben. Ihre Ausführungen über den Unterschied unserer Situation zur europäischen Wirklichkeit haben mich sehr beeindruckt, wenn Sie dabei von dem Massenelend sprechen als einer fundamentalen und entscheidenden Tatsache in diesem Teil des Kontinents. Und das war nicht nur in den letzten 40 oder 50 Jahren so, sondern es wird jedes Jahr und jeden Tag von neuem bestätigt. Wenn schon die Wirtschaftskrise 1930 eine der schwersten wirtschaftlichen und sozialen Tragödien Lateinamerikas gewesen ist, als die lateinamerikanische Bevölkerung noch 100 Millionen Einwohner betrug, dann ist die derzeitige Krise noch viel schwerwiegender, denn heute ist die Bevölkerung Lateinamerikas auf über 400 Millionen angewachsen, und sowohl die natürlichen Ressourcen wie auch die Ressourcen für den Lebensunterhalt sind knapper geworden.

Ich weiß gar nicht, wie die Menschen ursprünglich einmal gelebt haben, obwohl es darüber bestimmt Theorien gibt. Man sagt, daß sie von der Jagd gelebt haben, vom Fischen und vom Sammeln der Früchte, damals, als es noch viele wilde Tiere gab und viele Fische in den Flüssen und Seen. Die Erde war noch nicht so verschmutzt, es gab genügend Holz, um sich am Feuer zu wärmen, es gab Wurzeln und natürliche Früchte, von denen sich der Mensch ernährte. Diese natürlichen Ressourcen wurden immer geringer, sie verschwanden, die Verschmutzung nahm zu, oder es gab eifersüchtig über ihren Besitz wachende Eigentümer, während sich gleichzeitig die Zahl der Menschen unendlich vervielfacht hat.

Heute kann der Mensch nicht mehr vom Jagen und Sammeln leben, er muß von Intensivlandwirtschaft, von Fischzucht, von der Fischerei, die mit den angemessenen technischen Hilfsmitteln betrieben wird, und von der Industrie leben. Man kann heute nicht mehr leben ohne angemessene Ausbildung und medizinische Versorgung. Damals überlebten durch natürliche Auslese nur diejenigen, die die beste physische Verfassung und die größte Widerstandsfähigkeit besaßen. Heute muß der Mensch das Maximum aus der Erde herausholen, und er braucht elementare Güter, die nicht einfach der umliegenden Natur entnommen werden können. Das Auftreten des Massenelends ist eine Folge der Verknappung von Lebensmitteln für Millionen von Menschen in diesem Teil der Erde. Deshalb stimme ich völlig mit Ihnen überein, wenn Sie von dem «Nicht-Menschen» sprechen.

In dem Gespräch mit Joelmir Beting hat dieser uns erklärt, daß es in Brasilien bei einer Bevölkerung von 135 Millionen Einwohnern nur 32 Millionen gibt, die einen annähernden Konsum haben wie die Belgier. Andere 30 Millionen liegen darunter, 40 Millionen leben auf dem geringsten Subsistenzniveau, und 30 Millionen leben noch unter diesem Existenzminimum. Zu welcher Kategorie zählen alle die Menschen, die in den Elendsvierteln leben, die keine Arbeit haben, nicht zur Schule gehen können und über keine Mittel zur Sicherung ihrer Existenz verfügen? Zweifelsohne gehören sie alle in die Kategorie der «Nicht-Menschen». In der Mehrheit der Länder Lateinamerikas gehört mehr als die Hälfte der Bevölkerung zur Kategorie der «Nicht-Menschen», während vielleicht 15 oder 20 % auf dem Niveau der Einwohner Belgiens leben, mit den Möglichkeiten und

Konsummitteln, die dazugehören. So müssen wir sagen, daß 250 bis 300 Millionen Einwohner dieser Hälfte des Kontinents oder annähernd 3/4 der Bevölkerung mehr oder weniger zur Kategorie des «Nicht-Menschen» zu zählen sind.

Mit dem, was Sie gesagt haben, bin ich völlig einverstanden. Mit großem Interesse habe ich auch Ihre Ausführungen über die Ursachen dieser Situation verfolgt. Es würde sicher zu lange dauern, diese Ursachen weiter zu erklären, aber die Geschichte bewahrt sie in ihrem Innern wie alles das, was mit dem Kolonialismus und der Sklaverei zusammenhängt. Die Reichtümer, die man diesem Kontinent entzogen hat, dienten dazu, die Entwicklung der industriellen Großmächte in Europa und den Vereinigten Staaten zu finanzieren.

Gleichzeitig ist dies die Basis für Unterentwicklung, Neokolonialismus sowie für die verschiedenen Formen der Ausplünderung durch ungleiche Handelsbeziehungen, eine protektionistische Politik, Dumpingpreise, die unbarmherzige Ausbeutung der natürlichen und der menschlichen Ressourcen dieser Welthälfte, überzogene Zinsforderungen, eine Geldpolitik und ein umfangreiches Methodenarsenal der Ausbeutung, welche die Länder der Dritten Welt in Abhängigkeit und Unterentwicklung und Armut halten. Das macht sich in Lateinamerika noch stärker bemerkbar, denn wir besitzen eine höhere Ebene der sozialen, politischen, ausbildungsmäßigen und kulturellen Entwicklung, mehr Informationen über die westlichen Konsumgesellschaften, für die man hier bei uns so viel Propaganda macht. Daher besitzen wir auch ein stärkeres Bewußtsein von der Ungleichheit und der Armut als die anderen Regionen der Dritten Welt, wie Afrika und Asien; aus politischer und sozialer Sicht erhöht sich dadurch der potentiell gefährliche und explosive Charakter dieser Situation.

Ich finde es sehr interessant und stimme Ihnen in der Beobachtung zu, daß der Marxismus einen wichtigen Beitrag zur Entwicklung der Sozialwissenschaften leistet. Diejenigen, die sich aufgrund einer religiösen Haltung mit diesen Fragen beschäftigen, benutzen auf der Suche nach Erklärungen und bei ihren Untersuchungen auf gewisse Weise den Marxismus als ein Analyseinstrument, schon weil jede Untersuchung eine wissenschaftliche Grundlage und Methode haben muß. Sie benutzen den Marxismus nicht zur Erklärung theologischer, metaphysischer oder philosophischer Probleme, sondern zur Erklärung ökonomischer, gesellschaftlicher und politischer Phänomene. Das ist so, wie wenn jemand für die Diagnose einer Krankheit ein wissenschaftliches Hilfsmittel oder eine Ausrüstung gebraucht, wobei es keine Rolle spielt, ob sie in den Vereinigten Staaten, in Frankreich, in der Sowjetunion, in Japan oder in irgendeinem anderen

Land hergestellt wurde. Ein wissenschaftliches Instrument, ein Medikament, eine medizinische Ausrüstung oder eine industrielle Anlage, eine Maschine ist nicht per se mit einer Ideologie besetzt. Allerdings kann eine wissenschaftliche Interpretation Anlaß sein für eine bestimmte politische Ideologie; damit spreche ich aber noch nicht von einer religiösen Überzeugung.

Wer benutzt nun den Marxismus heute als ein Werkzeug? Alle Befreiungstheologen oder nur einige? Ich bin nicht in der Lage zu beurteilen, in welchem Maße die Theologen der Befreiung die Methode der Analyse oder das Instrumentarium des Marxismus als einer Wissenschaft für die gesellschaftlichen Untersuchungen verwenden. Ich weiß aber, daß er von praktisch allen Wissenschaftlern benutzt wird. Ich lese beispielsweise viele wissenschaftliche Studien und Werke nicht nur über gesellschaftliche Fragen, sondern Studien über Biologie, Astronomie, das Leben, die Botanik und die Mineralien. Alle diese Leute nehmen eine wissenschaftliche Analyse vor, unabhängig von ihrer religiösen Überzeugung. Es gab eine Zeit, da wurde die Evolutionstheorie geleugnet, und eine Reihe von Wissenschaftlern wurden scharf gemaßregelt, weil sie diese Theorie für brauchbar hielten. Davor wurde die Theorie geleugnet, daß die Erde rund ist, daß sie sich um sich selbst dreht und die Sonne umkreist. Wenn es um den wissenschaftlichen Fortschritt der Menschen geht, dann gibt es zahlreiche Beispiele dafür, wie wissenschaftliche Wahrheiten auf sehr absolute Weise verworfen wurden. Heute bedient sich jeder Wissenschafter, sei er nun katholisch, evangelisch, moslemisch, hinduistisch, buddhistisch, sei er Nordamerikaner, Japaner, Chinese oder aus irgendeinem anderen Land, völlig unabhängig von der jeweiligen religiösen Überzeugung, der Wissenschaft, um mit ihrer Hilfe ein bestimmtes Problem zu analysieren. Nur deshalb sind Wissenschaftler überhaupt so weit gekommen, und nur deshalb ist es ihnen gelungen, die genetischen Gesetze zu entdecken oder gerade erst eine phantastische Tat zu realisieren, nämlich die Möglichkeit der Veränderung von Zellstrukturen und der künstlichen Schaffung neuer Zellen. Es war ja sogar ein Mönch, ich weiß nicht genau, ob er Benediktiner war – Mendel –, der die genetischen Gesetze entdeckt hat. Andere forschten noch weiter und entdeckten die Mutationen und ihre Ursachen; wieder andere erforschten die Zellen, die Zellkerne, ihre Chromosome und analysierten die DNS. Dabei entdeckten sie dann den genetischen Code einer Zelle. Schließlich gelang es ihnen sogar, einige dieser Gene zu manipulieren und sie von einer Zelle in die andere zu übertragen.

Dasselbe geschah mit denen, welche die phantastische Energie der Atome erforschten, auf der Basis von mathematischen Berechnungen und physi-

kalischen Untersuchungen. Es sei auch auf diejenigen verwiesen, die den Weltraum erforschten und seine Eroberung möglich machten, oder diejenigen, die die moderne Pharmazie entwickelten und denen es sogar gelang, Moleküle aufzubauen, die es in der Natur nie gegeben hat. Diese wurden in Laboratorien gezüchtet, so daß ein Antibiotikum, das 30 Jahre lang mit Schwammkulturen hergestellt wurde, heute synthetisch produziert werden kann, eine moderne Pharmazie also, die Medikamente herstellt, die perfekter und wirksamer sind als die auf natürliche Weise hergestellten.
Mit dieser langen Ausführung wollte ich sagen, daß es zur Analyse irgendeines gesellschaftlichen Problems notwendig ist, auf die Wissenschaft zurückzugreifen; viele der Wissenschaftler haben dabei Methoden benutzt, die in nichts von der marxistischen Konzeption abweichen. Sie haben sie angewandt zur Interpretation von Naturphänomenen oder chemischen und physikalischen Phänomenen, jedoch nicht zur Interpretation philosophischer oder theologischer Fragen. Heute benutzen die Wissenschaftler die Evolutionstheorie und alle Gesetze, die von den Astronomen entdeckt wurden, die physikalischen Gesetze von der Schwerkraft bis zu den Gesetzen, welche die Bewegung der Milchstraße erklären. Unter den Wissenschaftlern, die in diesen Bereichen arbeiten, sind viele der weltweit bekannten Protestanten, Katholiken, Moslems, Juden, Hindus, Buddhisten oder Anhänger anderer Religionen; es sind sogar Atheisten, Nicht-Gläubige oder Agnostiker unter ihnen. So ist der Gebrauch der Wissenschaft bei den Forschungen nicht allein den Befreiungstheologen eigen, sondern er ist ein Merkmal aller Forscher in allen Bereichen menschlichen Wissens. So kann ich einwandfrei behaupten, daß der Gebrauch dieser wissenschaftlichen Methoden nicht im Widerspruch steht zum religiösen Glauben.
Ich sagte Ihnen schon, daß ich zur Vorbereitung auf dieses Interview gerne mehr Zeit zur Verfügung gehabt hätte, denn ich hätte noch intensiver Informationen und Kenntnisse über die Befreiungstheologen oder die Theologie der Befreiung zusammengetragen und noch mehr über Leonardo Boff und Gustavo Gutiérrez gewußt. Ich erhielt eine Bibliographie über sie, und es ist mir gelungen, die wichtigsten Werke von Boff, Gutiérrez und anderen zusammenzutragen. Ich habe trotz meiner vielen Arbeit ein Interesse daran, mich zu informieren und gründlich kennenzulernen, was sie denken.
Es war eben so, daß weder Sie die Möglichkeit hatten, innerhalb der nächsten Zeit nach Kuba zurückzukehren, noch ich über sehr viel Zeit verfüge. Trotzdem besitze ich eine gewisse Vorstellung und Information, denn ich

lese jeden Tag als erstes morgens einen dicken Band internationaler Fernschreiben. Anhand des Inhaltsverzeichnisses sortiere ich aus, was es an interessanten politischen, wirtschaftlichen, wissenschaftlichen und medizinischen Informationen gibt, zur Zeit auch jene Informationen, die mit der Theologie der Befreiung zusammenhängen, sowie die Fragen und die Polemiken, die sie aufwirft. Allerdings ist es für mich nicht leicht, eine Meinung zu diesen Fragen zu äußern. Ich kann wesentlich leichter zu Fragen Stellung nehmen, die mit der revolutionären Bewegung zusammenhängen oder mit politischen Themen im allgemeinen, denn das ist der Bereich, in dem sich meine Aktivitäten bewegen, in dem ich auch das Recht habe und mich frei fühle, meine Meinung zu sagen. Wenn es sich aber um ein Problem dieser Art handelt, um Fragen, die etwas mit der Kirche und ihrer internen Politik zu tun haben, dann spüre ich eine Verpflichtung zu großer Vorsicht. Ich will vermeiden, Stellung zu beziehen und damit Polemiken oder Spaltungen innerhalb einer religiösen Strömung auszulösen oder Partei zu ergreifen für eine der Fragen, die zur Diskussion stehen. Für Sie und für viele Christen und Katholiken ist das wesentlich einfacher. In den internationalen Fernschreiben lese ich verschiedene Äußerungen aus Europa, Lateinamerika und anderen Teilen der Welt. Wenn wir dann den besonderen Charakter dieser Frage im Auge haben, vermeiden wir es, Bewertungen abzugeben oder uns einzumischen. Das bedeutet allerdings nicht, daß wir nicht unsere eigenen Einschätzungen der Fakten und der Äußerungen vorgenommen hätten. Doch ich denke folgendes: Die Kirche ist eine sehr alte Institution, sie ist fast 2 000 Jahre alt.
Frei Betto: Die älteste Institution, die existiert.
Fidel Castro: Ich denke, die Buddhisten und die Hindus sind noch älter.
Frei Betto: Ja, aber nicht als Institution.
Fidel Castro: Richtig, als Institution, das kann sein. Mag sein, daß die Kirche die älteste Institution ist, sie hat viele schwierige Prüfungen bestanden: Schismen und Spaltungen, aus denen andere Kirchen, wie etwa die Orthodoxe Kirche, hervorgegangen sind. Oder später in der Reformationszeit haben sich weitere Kirchen gebildet.
Zweifelsohne ist der Fels des Petrus, auf den die katholische Kirche gebaut ist, ein sehr starker und widerstandsfähiger Fels. Im Verlauf der Geschichte hat die Institution Erfahrung und Weisheit bewiesen wie auch Fähigkeit zur Anpassung an die Realitäten in der Welt. Sie hatte viele Herausforderungen zu bestehen, von dem Moment an, als Galilei verurteilt wurde, bis hin zum Atomzeitalter und den Weltraumflügen, den Theorien der Planeten, den Evolutionsgesetzen und der Entdeckung der modernen Biologie, deren Verdienste ich schon erwähnte. Aber immer wieder gab es

die Bemühungen der Theologen und neue theologische Kriterien; ebenso wurden kluge Maßnahmen getroffen, um die Institution an alle bedeutenden politischen, wirtschaftlichen und gesellschaftlichen Veränderungen anzupassen sowie an die großen wissenschaftlichen Entdeckungen, die es in der Welt gegeben hat.

Kirche und Geburtenkontrolle

Aus meiner Sicht steht die Kirche derzeit vor schweren Herausforderungen, die bedeutsame Anpassungen erforderlich machen. Ich könnte nicht sagen, daß ich völlig einverstanden bin mit bestimmten Positionen, welche die Kirche als Institution zu einer Reihe von Problemen einnimmt. Ich nenne ein Beispiel: Ich glaube, daß es nötig ist, die sehr ernste Frage nach dem unkontrollierten Bevölkerungswachstum noch weiter zu vertiefen. Ich weiß, daß die Kirche sich jetzt stärker mit dieser Frage beschäftigt, und ich weiß auch, daß sich ihre derzeitige Position gewandelt hat gegenüber der Zeit, als ich noch zur Schule ging. Von damals bis heute hat es beachtliche Veränderungen von bestimmten Konzepten gegeben. Ich fördere damit nicht so sehr Vorstellungen oder Normen, die sich von den Grundsätzen der katholischen Kirche oder von ihren theologischen Konzepten abwenden, sondern ich halte es für notwendig, die wichtigsten Fragen unserer Zeit auf eine realistischere Weise anzugehen. Dazu gehört auch die Frage, wie mit der Dringlichkeit einer Geburtenkontrolle umgegangen werden kann, was in einigen Ländern zu Meinungsverschiedenheiten und sehr ernsthaften politischen Konflikten geführt hat.
Ich habe einmal mit einem afrikanischen Kardinal, dem Erzbischof von Benin, der sich in Rom aufhält, darüber gesprochen, und ich sagte zu ihm: «Sehen Sie, es ist doch gut, daß die katholische Kirche keinen so großen Einfluß in China und in Indien hat.» Denn in diesen Ländern – eines besitzt mehr als 1 Milliarde Einwohner, das andere rund 700 Millionen, beide weisen jedoch relativ begrenzte Ressourcen auf – muß man sich ernsthaft mit der Geburtenkontrolle auseinandersetzen. Dies sind derart lebenswichtige Fragen, daß sie nicht in den Widerspruch zu den religiösen Überzeugungen führen dürfen; die Kirche muß komplexe Probleme lösen und traumatische Widersprüche zwischen dem Glauben der Katholiken und ihrer Realität vermeiden.
Frei Betto: Eine kleine Korrektur, Kommandant. Im Prinzip akzeptiert die Kirche derzeit die Geburtenkontrolle innerhalb eines Konzepts von verantworteter Elternschaft. Das bedeutet: Den Eltern kommt die Entscheidung über die Anzahl der Kinder zu, die sie haben wollen und für die sie die Ver-

pflichtung übernehmen, ihnen eine umfassende Verwirklichung des Lebens zu ermöglichen. Die Diskussion in der Kirche betrifft die Methoden der Geburtenkontrolle. Allerdings besteht eine politische Sorge, die mir sehr wichtig und gerecht erscheint. Sie zielt darauf ab, die Geburtenkontrolle nicht übermäßig zu erleichtern, ohne eine umfassende Diskussion zu führen; wer nämlich die Vorherrschaft über diese Kontrolle übernehmen will, das sind die Weltbank und die nordamerikanische Politik der Sterilisation armer Frauen in den Gesundheitszentren. Geht eine Frau dort hin mit Kopfschmerzen oder einem Schwangerschaftsproblem, wird sie sofort sterilisiert. Aufgrund dieser Verflechtung also müssen wir vorsichtig sein.
Fidel Castro: Es ist doch klar, daß ich niemals einverstanden sein werde mit den Initiativen des Imperialismus und mit seinen Methoden, die Herrschaft über unsere Länder aufrechtzuerhalten. Ich betrachte ohnehin die erzwungene Sterilisation als eine der brutalsten Verletzungen, die man einem Menschen zufügen kann. Damit bin ich ganz und gar nicht einverstanden. Ich biete hier auch keine Lösungen an, sondern deute nur auf ein wirkliches Problem unserer Zeit hin. Ich weiß nicht, wann dieses Kriterium, dieser Begriff der verantworteten Elternschaft eingeführt wurde. Wann war das?
Frei Betto: Nach dem Zweiten Vatikanischen Konzil 1965 verstärkte sich die Diskussion.
Fidel Castro: Und wann wurde dieser Begriff geprägt?
Frei Betto: Während des Pontifikats Pauls VI. in der Enzyklika *Humanae Vitae.*
Fidel Castro: In welchem Jahr?
Frei Betto: Daran kann ich mich nicht genau erinnern, denn das Pontifikat von Paul VI. dauerte fünfzehn Jahre.
Fidel Castro: Sind es mehr als zehn Jahre?
Frei Betto: Ja, so ungefähr.
Fidel Castro: Dann existierte also dieser Begriff schon, als ich mit dem Kardinal von Benin gesprochen habe?
Frei Betto: Wann war dieses Gespräch?
Fidel Castro: Vor mehr als zehn Jahren. Er sagte mir nichts von diesem Konzept der verantworteten Elternschaft, als ich meine Besorgnis zu diesem Thema zum Ausdruck brachte. Ich nannte eine Reihe von realen Problemen, die ich in der Dritten Welt beobachte, und ich sprach von den möglichen Gewissenskonflikten zwischen der Notwendigkeit, das Bevölkerungswachstum kontrollieren zu müssen, und der traditionellen Position der Kirche zum Gebrauch von Verhütungsmitteln, was für viele Länder früher oder später verhängnisvolle Konsequenzen haben könnte.

Kein Entwicklungsland kann Bevölkerungswachstumsraten von über 2 oder 3 % pro Jahr verkraften. Niemals wird es so aus dem Abgrund von Armut und Leid, die sich seit Jahrhunderten angesammelt haben, herauskommen. Meiner Meinung nach muß die Kirche eine realistische, zweckmäßige und vernünftige Position einnehmen angesichts dieser Probleme, die so viele politische, ökonomische, gesellschaftliche und sogar moralische Aspekte in sich bergen.

Man muß dabei auch die Zahl der Kinder berücksichtigen, die Jahr für Jahr in der Dritten Welt aus Mangel an Lebensmitteln sterben. Es sind Tausende, die im ersten Lebensjahr sterben und zwischen einem und fünf Jahren oder zwischen fünf und fünfzehn. Millionen von denen, die dieses Alter überleben, wachsen heran mit körperlichen oder geistigen Schäden, als Folge der Unterernährung. Diese Tatsache ist wirklich unmenschlich, grausam und tragisch. Die Hölle braucht man sich nicht schlimmer vorzustellen. Man kann doch nicht Jahrhunderte darauf warten, bis sich riesige Menschenmassen, die keinen Zugang zur Schule oder zu sonst irgend jemandem haben, der ihnen das beibringen könnte, bis sich also diese Massen ausgefallene moralische Kenntnisse angeeignet haben und als Ehepaar sexuelle Abstinenz mit derselben Zucht und Disziplin praktizieren wie in einem Konvent. Das ist nicht realistisch. Ich glaube, Theologie, Religion und Kirche dürfen diese Tragödie nicht einfach ignorieren. Wenn die Kirche keine politische Theorie darüber besitzt, wie sie technisch, wissenschaftlich und gesellschaftlich das Problem der Ernährung, der Erziehung, der Gesundheit und der Lebensgarantie für alle Menschen lösen will, dann muß sie wenigstens vernünftige moralische Vorstellungen haben über die Form, wie eine christliche Familie unter diesen Bedingungen mit der Frage umgehen soll.

Es gibt immer noch Meinungsverschiedenheiten in diesen Themen, wenn sich auch die Kriterien, die ich von früher kannte, in einem rationaleren und gangbareren Sinn verändert haben, was ja zweifellos für unsere Völker von großem Wert und von großer Bedeutung ist. Ich meine damit nicht eigentlich religiöse oder theologische Fragen, sondern Probleme von immenser Tragweite im politischen und gesellschaftlichen Bereich für alle Länder der Dritten Welt und im besonderen für Lateinamerika, wo die katholische Kirche einen so bedeutenden Einfluß hat.

Ich würde es begrüßen, wenn die Kirche über diese Probleme nachdenken würde, wenn sie sich einmal ernsthaft und umfassend Gedanken machte über die wirtschaftlichen und sozialen Probleme der Länder Lateinamerikas und der Dritten Welt. Die schwere ökonomische Krise und die Schulden der Dritten Welt, die Ausbeutung und die Plünderung, der unsere Völker unterworfen sind aufgrund eines unverschämt egoistischen und ungerechten Systems der internationalen Wirtschaftsbeziehungen, stellen eine ungeheure Tragödie dar. Mich würde eine konstruktive und solidarische Position der Kirche zu diesen Problemen, unter denen unsere Völker leiden, freuen. Es wäre ein außerordentlich wertvoller Beitrag zu Frieden und Wohlergehen in der Welt. Die wirtschaftlichen Ressourcen, die man unseren Völkern wegnimmt, werden für Militärausgaben verwendet.

Wir wollen nicht Spaltungen im Schoß der Kirche provozieren – und können das auch gar nicht wollen. Was wir aber wollen, ist eine Kirche, welche die gerechten Forderungen der Völker der Dritten Welt und der gesamten Menschheit – insbesondere aber Lateinamerikas – unterstützt, wo jetzt schon oder wenigstens in Kürze bei gleichbleibendem Rhythmus des Bevölkerungswachstums die Mehrheit der Katholiken der Welt, aber auch die Mehrheit der Ärmsten leben werden. Es scheint mir nicht korrekt, daß wir außerhalb der Kirche die Absicht hegen, sie reformieren oder verbessern zu wollen. Ebensowenig scheint mir die Absicht korrekt, von außerhalb Spaltungen in der Kirche zu verursachen. Dagegen ist politisch, sowohl für sie als auch für uns, die Solidarität mit einer Kirche angebrachter, die sich mit den tiefgreifendsten Bestrebungen der Menschheit vereinigt. Ich kann Ihnen noch sagen, daß ich die Hoffnung habe, daß solche Probleme auf vernünftige Art und Weise gelöst werden können.

Frei Betto: Und ich möchte noch hinzufügen, auf christliche und demokratische Weise.

Fidel Castro: Ich glaube, ein solches Verständnis ist in vernunftmäßigem Denken enthalten; wenn die Form nämlich nicht demokratisch ist, so ist sie auch nicht vollständig vernünftig.

Für mich wäre es sehr befremdlich, wenn der Papst etwa sagen würde, wie wir unsere Parteien zu organisieren haben, ob wir den demokratischen Zentralismus anzuwenden haben oder nicht oder wie der Marxismus-Leninismus zu interpretieren ist. Sie könnten das vielleicht tun, wenn Sie wollten, und ich kann über das sprechen, wovon ich wirklich etwas verstehe.

So besteht die Hoffnung darin, daß die spezifischen Probleme der Kirche auf eine vernünftige Art und Weise gelöst werden. Die Hoffnung besteht weiter darin, daß die Kirche die ernsten und dramatischen Herausforderungen begreift, die unsere Länder derzeit betreffen, und daß sie diese dabei unterstützt. Man muß nicht sehr scharfsinnig sein, um zu verstehen, daß wir – was nur absolut konsequent ist nach all dem, was wir gesagt haben – mit der Option der Kirche für die Armen durchaus sympathisieren. Dies ist auch konsequent im Hinblick auf die historische Analyse, die ich vorhin gemacht habe, als ich sagte, daß während all der Jahrhunderte des Feudalismus, des Kolonialismus, der Sklaverei, der Ausrottung und der Ausbeutung der Menschen die Kirche keine Stellung bezogen hat gegen diese großen historischen Ungerechtigkeiten. Niemand kann glühender Partei dafür ergreifen als ich, daß die Kirche eine gerechte Position einnimmt im Hinblick auf die schwerwiegenden gesellschaftlichen Probleme unserer Zeit und daß sich die Unterlassung der vergangenen Jahrhunderte nicht wiederholt. Ich sagte Ihnen schon, mit wieviel Bewunderung und Befriedigung ich die Priester und Bischöfe beobachte, die sich den Armen Lateinamerikas nähern und sich deren Problemen annehmen als wären es ihre eigenen. Zweifelsohne waren die Theologen der Befreiung die Pioniere dieser Annäherung der Kirche an die Armen und an das Volk. Es ist überflüssig auszudrücken, daß ich mit Sympathie die Anstrengungen beobachte, die solche Menschen – die wir als Erleuchtete ansehen können – in dieser Richtung auf sich nehmen.

Von daher ist es gar nicht mein Interesse, die Maßnahmen zu bewerten, die gegen einige der Befreiungstheologen ergriffen wurden, noch will ich mich selbst in das Problem einmischen; was ich aber vorhabe, ist das gründliche Studium ihrer Werke.

In den vergangenen Tagen habe ich versucht, das Material zu sammeln. Dabei verfüge ich inzwischen nicht nur über praktisch alle Werke von Boff und Gutiérrez. Ich habe mich auch mit großem Interesse um die Kopien der Reden des Papstes bei seiner letzten Reise nach Lateinamerika bemüht, und ich habe sie auch erhalten, vor allem die Reden in Guyana, vor den Basisgemeinden der Eingeborenen in Ecuador und vor den Bewohnern der Elendsviertel in Peru.

Als Politiker und Revolutionär, der ich bin, habe ich mit großer Aufmerksamkeit die Aufzeichnungen seiner Reden gelesen, vor allem jene Passagen, in denen er sagte, daß die Bauern Land benötigen, daß alle Menschen dreimal am Tag etwas zu essen haben müssen, daß Familienväter Arbeit und alle Kinder Gesundheit brauchen. Eine Notiz besagte, daß sich der Bewohner eines Elendsviertels in Lima dem Papst genähert hatte, um mit starkem Glauben die Gefühle seiner Nachbarn auszudrücken. Er bat den Papst um Unterstützung und beklagte sich darüber, daß sie alle keine Arbeit hätten, ihre Kinder hungern müßten und krank seien, daß sie keine Medizin hätten und ihre Frauen an Tuberkulose litten.

Ich bin davon überzeugt, daß dem Papst auf diesen Reisen durch Lateinamerika der Unterschied aufgegangen ist – der Unterschied zwischen der Fülle der materiellen Güter und der Verschwendung einerseits, die sich in

den Konsumgesellschaften des reichen und entwickelten Europa ausmachen lassen, ablesbar an den prächtigen Städten wie Rom, Paris, London, Amsterdam und Madrid, und der schrecklichen Armut und dem massiven Elend andererseits, das Sie erwähnten und das der Papst in den lateinamerikanischen Städten und auf dem Land gesehen hat, wo Millionen von Menschen die elementarsten Dinge zum Leben fehlen. Seine Äußerungen interessierten mich, und ich ließ die vollständigen Texte besorgen, denn ich will wissen, was das Oberhaupt der Kirche zu diesen Problemen denkt. Man kann ihre enorme Bedeutung nicht übersehen. Und ich gestehe Ihnen, daß ich zufrieden bin über die Sorgen, die der Papst auf diesem Gebiet geäußert hat.
Ich habe mir vorgenommen, das ganze Material zu lesen, und in Zukunft könnte ich umfassender auf politischer Ebene über diese Themen sprechen. Ich mag es nicht, ein künstliches Urteil darüber zu äußern; und wenn ich diese Themen anspreche, dann tue ich das selbstverständlich aus einer politischen Sichtweise heraus und habe nicht die Absicht, die theologische Perspektive mit abzudecken.

Wir beschließen die Arbeit gegen 23 Uhr. Der Kommandant nimmt die Einladung an, im Haus, in dem wir untergebracht sind, mit uns zu essen. Es gibt Maisbrei mit Schweinerippe und Schweinelendchen, von meiner Mutter gekocht, und «Bobó de Camarão», den ich zubereitet habe. Es waren noch andere Freunde anwesend, ungefähr fünfzehn Personen insgesamt, Kubaner, Brasilianer, Argentinier und Chilenen. Das Gespräch verläuft ungezwungen, es dreht sich vor allem um die kulinarischen Genüsse der Küche Kubas und der von Minas Gerais. Bei der Wahl des Getränkes bleibt Fidel bei seinem kleinen Kelch mit «Velho Barreiro», den ich ihm mitgebracht hatte. Dona Stella hat einen Nachtisch zubereitet, der «Warten auf den Ehemann» heißt, eine Köstlichkeit, und sie wird sehr dafür gelobt. Der Kommandant bittet sie um das Rezept; am nächsten Tag schickt sie ihm ein Tablett mit dieser Süßigkeit.

Vierter Teil: 26. Mai

Am Sonntag, 26. Mai 1985, findet der vierte und letzte Teil des Interviews statt. Ich betrete das Arbeitszimmer Fidels gegen 19 Uhr, die Sonne steht noch hoch über Havanna. Der kubanische Führer überreicht mir eine kleine Erinnerung, eine Fotokopie aus seinem Album vom Abschluß des Gymnasiums im Jesuitenkolleg Belén. Neben dem Foto des 18jährigen Fidel ohne Bart ein Kasten:

FIDEL CASTRO RUZ
(1942–1945)

Hervorgetan hat er sich in allen Fächern, die mit Geisteswissenschaften zu tun haben. Er war ein hervorragender Athlet und verteidigte mit Mut und Stolz die Fahne des Kollegs. Er wußte die Bewunderung und die Zuneigung aller zu gewinnen. Jetzt wird er die Juristenlaufbahn einschlagen, und wir hegen keinen Zweifel daran, daß er das Buch seines Lebens mit brillanten Seiten füllen wird. Fidel hat das Holz, und der Künstler wird nicht ausbleiben. Fidel besitzt das Zeug dazu, und der Künstler wird nicht versagen.
– Ich stelle die erste Frage unserer letzten Arbeitsphase.

Der Besuch des Papstes

Frei Betto: Heute, Kommandant, an diesem freundlichen und sehr sonnigen Nachmittag in Havanna, beginnen wir den vierten Teil unserer Gespräche über die Religion. Gestern, gegen Ende unseres Dialogs, sprachen Sie von Ihrem Interesse an einer genaueren und detaillierten Kenntnis der Reden, die Papst Johannes Paul II. während seiner letzten Südamerikareise gehalten hat. In den letzten Monaten wurde in der internationalen Presse über die Möglichkeit einer Begegnung zwischen Ihnen und Johannes Paul II. spekuliert. Sogar die Zeitschrift *Trenta Giorno*, offiziöses Sprachrohr der neuen Rechten der Kirche Italiens, hat dieser Hypothese eine Reportage gewidmet und auf dem Titelblatt eine Fotomontage gebracht, in der Sie vor dem Papst stehen.
Ich frage Sie erstens: Gibt es tatsächlich eine konkrete Initiative in dem Sinne, daß Sie eine Einladung an den Papst ausgesprochen haben, nach Kuba zu kommen? Und zweitens, wenn es zu einer Begegnung käme, was würden Sie dem Papst gerne sagen?

Fidel Castro: Ja, schon seit geraumer Zeit spricht man von der Möglichkeit eines Papstbesuches in Kuba. Alle wissen, daß Papst Johannes Paul II. ein sehr aktiver und außerordentlich mobiler Mann ist, der schon zahlreiche Länder besucht hat. Ich vermute, diese Beweglichkeit des Papstes, seine Reisen in die verschiedenen Länder und sein Kontakt zu den Massen sind etwas Neues, Ungewöhnliches. Der Papst bekleidet einen doppelten Rang: Er ist das Oberhaupt der Kirche und das Oberhaupt des Vatikanstaates. In gewisser Weise hat seine Aktivität also nicht nur pastoralen, sondern auch politischen Charakter.
Ich möchte sagen, als Politiker beobachte ich seine Fähigkeit zu politischer Aktion mit großem Interesse, seine Fähigkeit also, sich durch die Welt zu bewegen und mit den Völkern in Kontakt zu treten. Aus einer politischen Optik heraus ist das eindeutig eine Qualität des Papstes. Ich stelle mir auch vor, daß die Aktivitäten und die Kontakte des Papstes zu den verschiedenen Völkern unter dem religiösen Gesichtspunkt und dem Gesichtspunkt der Kirche sehr wertvoll sind. Aber ich habe Ihnen ja schon gesagt, daß ich mich zu diesem Bereich nicht weiter äußern will.
Ich beschränke mich auf die streng politische Betrachtungsweise. Da muß ich anerkennen, daß der Papst ein hervorragender Politiker ist, gerade aufgrund seiner Aktivitäten, seiner Mobilität und seiner Kontakte zu den Massen. Wir Revolutionäre tun genau dasselbe, wir versammeln uns mit den Massen, sprechen zu ihnen und vermitteln ihnen eine Botschaft. Für ein Oberhaupt der katholischen Kirche ist das allerdings ein neuer Stil.
In diesem Zusammenhang wurde von der Möglichkeit eines Papstbesuches in Kuba gesprochen, aber Konkreteres ist noch nicht in Sicht. Ich erinnere mich an die Situation, als der Papst zu Besuch in Mexiko war ...
Frei Betto: Aus Anlaß der Bischofskonferenz in Puebla Anfang 1979.
Fidel Castro: Ich glaube, es war ungefähr zu jener Zeit. Bei seiner Rückkehr nach Rom mußte der Papst eine Zwischenlandung machen. Wir ersuchten ihn, diese Zwischenlandung hier nach Kuba zu legen, aber gleichzeitig baten ihn die Bürger kubanischer Herkunft, die nach Miami ausgewandert waren, dort in Miami zwischenzulanden. Es scheint, daß sich der Papst angesichts dieser Situation entschieden hat, weder in Havanna noch in Miami zwischenzulanden. Er zog die Bahamas vor, wo es allerdings nur äußerst wenige Katholiken geben dürfte, denn als alte englische Kolonie ist die Kirche auf den Bahamas wohl eher protestantisch.
Damals hatte die Möglichkeit zu einem Kontakt mit uns bestanden. Ich gebe offen zu, daß uns seine Entscheidung damals nicht zufriedengestellt hat, denn wir verstehen uns als *die* kubanische Nation. Das hier ist Kuba, und in Miami leben diejenigen, die auf die kubanische Nation verzichtet

haben und in ihrer großen Mehrheit amerikanische Staatsbürger geworden sind. Wir haben gedacht – und das erscheint mir vollkommen logisch –, daß ein Besuch in Miami kein Besuch in Kuba wäre, sondern ein Besuch in den USA und bei denjenigen, die fühlen und denken wie Nordamerikaner. Das sind all die Menschen, die in der Zeit Batistas schreckliche Verbrechen und Foltern begangen haben und denen es gelungen ist zu entkommen. Dort leben all die Betrüger, die unser Land beraubt, ausgebeutet und sich danach von ihm abgewandt haben. Ich sage ja nicht, daß alle, die in Miami leben, Großgrundbesitzer sind, Häscher aus Batistas Zeiten, Diebe oder Betrüger. Nicht alle, die dort sind, sind auch Häscher, Betrüger oder Diebe; aber alle Häscher, Betrüger und Diebe, denen die Flucht gelungen ist, befinden sich dort.

Es gibt auch eine große Gruppe der Mittelschicht, Ärzte, Lehrer, Verwaltungsleute, Ingenieure und auch einige Facharbeiter, welche die – realen oder illusorischen – materiellen Vorteile vorgezogen haben, die sie in den Vereinigten Staaten erhalten konnten. Man darf dabei nicht übersehen, daß es sich um das reichste und entwickeltste Land der Welt handelt, das logischerweise über einen sehr viel größeren Reichtum verfügt als wir – schlecht verteilt zwar, aber immerhin viel größer als unser Reichtum. Wir sind weniger reich, dafür ist der Reichtum hier viel besser verteilt. Es gibt eine Reihe sozialer Aspekte, die in diesem Zusammenhang von größter Bedeutung sind: Hier bei uns ist ein Bürger in seinem Haus sicher, es besteht kein Risiko, daß ihm gekündigt wird; er kann der Hilfe gewiß sein, die er von dieser Gesellschaft erhält, die Pension beispielsweise und ähnliche Dinge; er kann sich sicher fühlen, was die Erziehung der Kinder und die Gesundheit der gesamten Familie angeht. Es sind dies alles Dinge, die in Miami noch längst nicht gewährleistet sind, wo viele sich Sorgen machen, wie viel sie verdienen oder wie sie sich ein billiges Auto aus zweiter Hand leisten können. Es gab Leute, die sich aus diesen Gründen entschieden hatten, in die Vereinigten Staaten zu gehen. Ich habe Ihnen schon erzählt, daß sie sogar einige Mütter getäuscht haben, indem sie ihnen erzählten, wir wollten das elterliche Sorgerecht außer Kraft setzen. So in die Irre geführt, schickten die Eltern ihre Kinder in die USA und reisten später nach. Unglücklicherweise sind viele dieser Söhne und Töchter heute Kriminelle, Prostituierte, sie landeten im Gefängnis oder leben vom Glücksspiel und den Drogen.

Auch als wir hier die ersten Maßnahmen gegen das Glücksspiel ergriffen, gingen viele, die von diesem Geschäft lebten, in die Vereinigten Staaten, wo sie mit offenen Armen empfangen wurden, ebenso wie diejenigen, die von der Ausbeutung der Frauen und den Bordellen oder dem Drogenhandel

lebten. Das alles sind Aktivitäten, die wir hier völlig unterbunden haben. In die Vereinigten Staaten, das muß ich mit der gleichen Offenheit sagen, ist auch eine beträchtliche Zahl von Lumpen ausgewandert, Leute, die nicht arbeiteten und nicht arbeiten wollten und die letztendlich wie Parasiten lebten. Sie gingen ebenfalls als Dissidenten ... Dabei waren sie nicht Dissidenten, sondern nutzten diese gut belohnte Bezeichnung aus – auch wenn sie eigentlich Dissidenten einer Revolution waren, die die Arbeit über alles schätzte. Als sich allerdings die Arbeit zu einer wesentlichen Grundbedingung des Lebens verwandelte, da gingen sie in die USA, um dort als Parasiten zu leben. Einige gingen zum CIA, andere wurden für verschiedenste Dienste angeheuert. Man kann sicher nicht alle über den gleichen Kamm scheren, aber die kubanische Nation repräsentieren sie nicht. Diese wird verkörpert von denen, die hiergeblieben sind, die gekämpft und sich tapfer geschlagen haben, die ihr Land verteidigt und für seine Entwicklung gearbeitet haben sowie für die Lösung der materiellen und sozialen Probleme, die sich im Laufe der Jahrhunderte hier angesammelt hatten.
Offen gestanden, es hat uns nicht gefallen, daß der Papst damals keine kurze Zwischenlandung in unserem Land gemacht hat. Dies ermuntert uns nicht gerade, darauf zu bestehen oder die Einladung an den Papst zu einem Besuch in Kuba zu wiederholen.
Allerdings sind das Dinge, die inzwischen schon vergangen sind, jetzt sind die Umstände ganz anders. Aus Fragen, die dem Papst kürzlich vorgelegt wurden, und aus seinen Antworten, ist ein gewisses Interesse an der Kontaktaufnahme zu unserem Volk erkennbar.
Was wir davon halten? Aufgrund dessen, was der Papst repräsentiert und was Kuba repräsentiert, kann ein solcher Besuch unmöglich improvisiert werden. Es scheint mir nicht so, als könnte das ein gewöhnlicher Routinebesuch werden wie in jedes andere beliebige Land, denn schließlich symbolisiert Kuba doch einen Staat, der für soziale Gerechtigkeit und gegen den Imperialismus kämpft. Kuba ist ein revolutionäres, sozialistisches Land und insofern von seiner Situation her sehr verschieden von den übrigen lateinamerikanischen Ländern.
Ich kann Ihnen jedoch auch sagen, daß uns das Interesse des Papstes an einem Besuch unseres Landes ehrt, das steht außer Zweifel. Darüber hinaus halten wir das für eine mutige Tat, denn glauben Sie nicht, daß sich jeder beliebige Staatschef oder jeder beliebige Politiker trauen würde, Kuba zu besuchen, schließlich müssen sie immer bedenken, was die Vereinigten Staaten dazu meinen. Sie fürchten wirtschaftliche und politische Repressalien, sie haben Angst davor, die USA zu verärgern, weil sie schließlich deren Hilfe brauchen oder die Kredite der Weltbank oder der

Interamerikanischen Entwicklungsbank oder des Weltwährungsfonds usw. Wir wissen von vielen Leuten, daß sie die Aktivitäten Kubas sogar mit Sympathie betrachten, aber dennoch gezwungen sind, all diese Interessen zu bedenken, bevor sie die fast heroische Entscheidung treffen, hierherzukommen. Ein Besuch Kubas wird damit zu einem Bekenntnis der Unabhängigkeit. Und wir halten zweifelsohne den Vatikan für eine Institution oder einen Staat mit einem hohen Grad von Unabhängigkeit. Trotzdem wissen wir den Mut zu schätzen, den es bedeutet, unser Land zu besuchen. Wir haben uns gedacht, daß dieser Besuch unter günstigeren Bedingungen stattfinden müßte, so daß er sowohl für die Kirche und das, was sie repräsentiert, nützlich sein kann, wie auch für unser Land und das, was es repräsentiert. Ich bin absolut überzeugt davon, daß der Besuch des Papstes nützlich und positiv wäre für die Kirche, für Kuba und für die Dritte Welt insgesamt. In vielerlei Hinsicht wäre er nützlich für alle Länder, jedoch bliebe zu prüfen, ob die Bedingungen für dieses Treffen günstig und geeignet sind.

Wir unterhalten bereits relativ gute diplomatische Beziehungen zum Vatikan. Ich erzählte Ihnen schon, wie ein Nuntius des Papstes uns in den ersten Jahren der Revolution geholfen hat, Schwierigkeiten zu lösen, die mit der katholischen Kirche entstanden waren. Viele unserer aus wirtschaftlicher und gesellschaftlicher Sicht wichtigen Dokumente, die sich auf Probleme der Dritten Welt beziehen, werden regelmäßig an die Regierungen, die Staatschefs der Dritten Welt und an die Staatschefs der industrialisierten Länder geschickt – mit einigen Ausnahmen, denn es bringt nichts, Dokumente an die Apartheidregierung Südafrikas zu schicken oder an Pinochet in Chile. An die anderen Regierungen werden sie geschickt, auch die Dokumente, die mit meinem Auftritt bei der Versammlung der Vereinten Nationen nach der Sechsten Gipfelkonferenz der Blockfreien zusammenhängen, das Plädoyer zur internationalen Wirtschaftskrise und ihre Auswirkung auf die Dritte Welt, vorgestellt 1983 in New Delhi, schließlich einige Dokumente, in denen ich die Auslandsschulden analysiere sowie die wirtschaftliche und gesellschaftliche Tragödie der Länder Lateinamerikas und der Dritten Welt. Selbstverständlich schicke ich diese Dokumente immer auch an den Heiligen Stuhl, mit noch größerem Interesse, seit ich die Äußerungen des Papstes näher analysiert habe. So dürfte meiner Meinung nach – und ich denke, es wird eine Übereinstimmung zwischen dem Vatikan und uns geben, was die Kriterien anbelangt – ein Besuch des Papstes möglich sein, wenn die Minimalbedingungen dafür gesichert sind, daß eine Begegnung sowohl für die Kirche wie auch für unser Land nützlich und fruchtbar ist. Ein Besuch des Papstes wäre sicher nicht

nur reine Protokollsache. Zweifelsohne werden wir alle Fragen diskutieren, die den Papst über die Katholiken und die Kirche in Kuba interessieren. Ich bin sicher, daß das eines der Themen ist, für die er sich interessiert, wie es bestimmt auch in seinem Interesse liegt, mit unserem revolutionären Volk in Kontakt zu treten und es kennenzulernen.
Unsererseits möchte ich sagen, besteht das Hauptinteresse darin, die Fragen zu diskutieren, die für die unterentwickelten Länder Lateinamerikas, Asiens und Afrikas von größter Bedeutung sind, die Probleme, die unsere arme Welt betreffen, die von den kapitalistischen industrialisierten Ländern ausgebeutet und ausgeplündert wird, und die Millionen von Menschen beeinträchtigen. Es ist einleuchtend, daß ein Treffen mit dem Papst in unserem Land auch mit den Problemen zu tun hat, die für die gesamte Menschheit von grundlegendem Interesse sind – Fragen, die mit dem Rüstungswettlauf und dem Frieden zusammenhängen. Bei uns spielen mehrere Kategorien eine Rolle: Wir sind ein Land der Dritten Welt, ein Land, das sich in Entwicklung befindet, aber auch ein revolutionäres und außerdem ein sozialistisches Land.
Frei Betto: Und ein Land, gegen das eine Blockade verhängt wurde.
Fidel Castro: Von diesen vier Kategorien sind zwei sehr ähnlich, denn ein revolutionäres Land und ein sozialistisches Land wecken gemeinsame Vorstellungen. Außerdem – ohne daß ich damit jetzt andere Aspekte ansprechen will – ist es wichtig hinzuzufügen, daß Kuba ein Land ist, das entschlossen für seine Unabhängigkeit kämpft, für seine Befreiung und für sein Überleben angesichts der Blockade und einiger anderer Tatsachen in dieser Richtung. In Anbetracht all der Fragen, vor allem aber der Fragen des Friedens, glaube ich, daß es zwischen dem Papst und uns einen sehr nützlichen, fruchtbaren, interessanten und ernsten Dialog geben könnte; auch gerade angesichts unseres Respekts vor dem Vatikan, dem Heiligen Stuhl, der katholischen Kirche, denn zu keiner Zeit haben wir sie unterschätzt. Unter diesen Umständen hätte ein Besuch des Papstes in unserem Land eine große Bedeutung. Ich stelle auch Analysen und Betrachtungen darüber an, welche Kriterien der Vatikan haben könnte. Auch sie dürften darüber nachgedacht haben und werden ihre Gesichtspunkte zu einem geeigneten Zeitpunkt darstellen.
Bis jetzt gibt es mit Sicherheit noch nichts Konkretes, und ich kann nur meine Überzeugung wiederholen, daß ein Austausch unter den genannten Bedingungen sehr nützlich wäre. Ich denke, das Friedensthema ist zentral, nicht weil es nur für uns wichtig wäre, die Suche nach Frieden ist unerläßlich für die Welt. Ich glaube, sie ist es auch für die Kirche, denn wenn es noch einmal zur Katastrophe eines Weltkrieges kommen sollte, ist wahr-

scheinlich, daß die Kirche ihre Herden und die Herde ihre Hirten verlieren wird. Das ist nicht nur für eine Kirche von Bedeutung, sondern für alle Kirchen dieser Welt, in der man heute schon darüber diskutiert, ob die Menschheit einen thermonuklearen Krieg vielleicht überleben kann. Auf die eine oder andere Weise können wir alle dazu beitragen, diese Katastrophe zu verhindern. Ich denke, daß die Kirche großen Einfluß ausüben kann. Auch wir wollen mit unseren Kenntnissen, unserer Information, unserer Erfahrung, unseren Konzeptionen und unseren Gesichtspunkten bescheiden zum gleichen Ziel beitragen.
Ich glaube, damit auf beide Punkte Ihrer Frage geantwortet zu haben. Natürlich müßte man auch herausbekommen, worüber der Papst gerne diskutieren möchte, auch wenn ich vermute, daß ihn alle diese Themen interessieren. Auf besondere Weise ist dies vielleicht die Frage der Beziehungen zwischen Staat und Kirche in einem Land, das eine umfassende Revolution durchlaufen hat – was auch in vielen anderen Ländern der Dritten Welt geschehen könnte.

Die Gestalt Jesu

Frei Betto: Ich möchte gerne Ihre Meinung hören über einen anderen Menschen, einen sehr viel bedeutenderen und universaleren Menschen als der Papst, einen Menschen, über den noch mehr diskutiert wird und der noch mehr geliebt wird als der Papst. Wie sehen Sie die Person Jesu Christi?
Fidel Castro: Nun, ich habe Ihnen die Geschichte meiner Erziehung, meiner Kontakte zur Religion und zur Kirche bereits erzählt. Seit ich denken kann, war mir der Name Jesu Christi zu Hause und in der Schule, während meiner Kindheit und Jugend einer der vertrautesten. Wie ich ebenfalls schon gesagt habe, ist es mir im Verlauf meines revolutionären Lebens nicht gelungen, einen religiösen Glauben zu entwickeln, denn ich widmete meine ganze Kraft und Aufmerksamkeit der Annahme eines politischen Glaubens, zu dem ich aufgrund meiner eigenen Überzeugungen gelangte. Auf eigene Faust war es mir nicht möglich, eine religiöse Vorstellung zu gewinnen. Ich erwarb allerdings eine politische und revolutionäre Überzeugung. In diesem politischen und revolutionären Bereich habe ich niemals einen grundlegenden Widerspruch bemerkt zwischen den Vorstellungen, die ich vertrete, und den Vorstellungen dieser außerordentlichen Gestalt, die mir so vertraut ist. Meine Aufmerksamkeit richtete sich immer wieder auf die revolutionären Aspekte der Lehre und des Denkens Christi. Mehr als einmal im Verlauf dieser Jahre hatte ich die Gelegenheit, die Übereinstimmung zwischen dem christlichen und dem revolutionären

Denken unter Beweis zu stellen. Oft habe ich Beispiele verschiedenster Art angeführt; manchmal habe ich jenen Satz von Christus zitiert, in dem es heißt: «Leichter geht ein Kamel durchs Nadelöhr als ein Reicher in den Himmel.» Ich habe schon einige Personen, auch einige Ordensleute sagen hören, daß Christus gar nicht die kleine Nähnadel gemeint habe, die wir kennen, denn es wäre schließlich unmöglich für ein Kamel, dieses Loch zu passieren, sondern die Nadel bedeute eine andere Sache und folglich müßte der Satz ganz anders interpretiert werden.

Frei Betto: Einige Bibelforscher sagen, die Nadeln seien die engen Straßenecken von Jerusalem oder von Beirut, wo die Kamele nur sehr schwer um die Ecken biegen konnten. Allerdings bestreitet niemand die Schwierigkeit für einen Reichen, in das Himmelreich zu kommen...

Vom theologischen Gesichtspunkt her, Kommandant, bedeutet das nicht, daß Jesus die Reichen diskriminierte, sondern nur, daß er eine Option für die Armen traf. Gott hatte sich entschieden, in Jesus Christus Mensch zu werden, in einer Gesellschaft, die von sozialer Ungleichheit geprägt war. Er hätte in Rom geboren werden können, in einer Herrscherfamilie, oder in einer jüdischen Familie eines Landbesitzers oder in den mittleren Schichten der Pfarrkinder. Er entschied sich jedoch, unter den Armen geboren zu werden, als Sohn eines Handwerkers, der mit Sicherheit an der Erbauung des Brasilia seiner Zeit gearbeitet hat, an der Stadt Tiberias, zur Ehre des Kaisers Tiberius Caesar, in dessen Regierungszeit Jesus geboren war. Tiberias liegt am See Genezareth, um den herum Jesus einen großen Teil seines Lebens und seiner Aktivitäten verbracht hat. Das Merkwürdige daran ist, daß er nach dem Evangelium nicht ein einziges Mal in diese Stadt gegangen ist.

In Jesus begegnet uns eine uneingeschränkte Option für die Armen. Gesprochen hat er zu allen, den Reichen und den Armen, allerdings von einem spezifischen gesellschaftlichen Ort aus: dem gesellschaftlichen Ort der Armen. Folglich war seine Rede nicht neutral, allgemeingültig, abstrakt, sondern sie war ein Spiegel der Interessen der Unterdrückten seiner Zeit. Damit ein Reicher einen Platz an der Seite Jesu erhalten könnte, müßte er zuerst eine Option für die Armen treffen. Im gesamten Evangelium gibt es kein einziges Beispiel dafür, daß Jesus einen Reichen in seiner Nähe hatte, von dem er nicht zuvor, quasi als Bedingung, die Entscheidung für die Armen abverlangt hätte.

Ich gebe drei Beispiele. Das erste: der reiche Jüngling, der ein Heiliger war, weil er alle Gebote erfüllte. Dennoch sagte Jesus zu ihm: «Dir fehlt noch eines, geh, verkauf deinen ganzen Besitz, gib das Geld den Armen und dann komm und folge mir nach.» Ich glaube, daß viele Priester heute sagen würden: «Wenn du alle Gebote erfüllst, dann komm zu uns, bleib, und mit der Zeit wirst du dich bessern.» Jesus war ein Stück radikaler als wir. Er verlangte von diesem Jüngling: «Übernimm zuerst deine Verpflichtung den Armen gegenüber und dann komm.»

Das zweite Beispiel ist das Beispiel des reichen Mannes, der Jesus in sein Haus einlud. Jesus hatte keine Vorurteile und ging in das Haus von Zachäus – nicht, um dort die persische Töpferkunst zu würdigen oder die ägyptischen Skulpturen, die jener besaß, sondern um ihm zu sagen: «Zachäus, du bist ein Dieb und hast die Armen beraubt.» Und Zachäus, der mit Jesus Frieden halten wollte, sagte: «Noch heute werde ich die Hälfte meiner Güter an die Armen verteilen und viermal soviel denen geben, die ich bestohlen habe.» Die Praxis der Gerechtigkeit ist also die erste Bedingung für die Nachfolge Jesu.

Das dritte Beispiel ist die Predigt Johannes des Täufers, der das Kommen Gottes vorbereitete. Seine Predigt setzt ein bei der Praxis der Gerechtigkeit, und diejenigen, die sich bekehren wollen, fragen nicht, was sie glauben müssen, sondern was sie tun müssen. Und Johannes antwortet: «Wer zwei Mäntel hat, gibt dem einen ab, der keinen hat; wer einen Teller zu essen hat, gibt die Hälfte dem, der Hunger leidet.» In diesem Sinn ist die Allgemeingültigkeit der Predigt Jesu eine Allgemeingültigkeit in einem sehr spezifischen Sinn: ausgehend von einer Option sowie einem gesellschaftlichen und politischen Ort, der die Sache der Armen ist.

Fidel Castro: Mit großem Interesse habe ich Ihren Ausführungen zugehört, und ich sehe, daß der Inhalt stark ist. Aber, wenn Sie erlauben, ich habe einen mathematischen Einwand: Ein Reicher könnte niemals viermal soviel zurückgeben, wie er gestohlen hat, weil alles, was ein Reicher besitzt, gestohlen ist – wenn nicht von ihm selbst, dann waren es seine Eltern oder Großeltern. Es ist also unmöglich, die Rückzahlung zu vervierfachen, es sei denn, er raubt noch viermal mehr, um das Versprechen zu erfüllen.

Frei Betto: Sie wiederholen damit einen Satz des heiligen Ambrosius aus den ersten Jahrhunderten.

Fidel Castro: Es freut mich, daß ich mit ihm übereinstimme. Aber was ich davon halte? Vielleicht war das eine schlechte Übersetzung der Bibel, vielleicht war es die Schuld der Übersetzer, die nicht darüber nachgedacht haben, was Nadelöhr auf Spanisch bedeutet. Ich verstehe, daß viele Ausdrücke der Bibel verknüpft sind mit dem Umfeld, den Gebräuchen und der Gesellschaft, in der sie entstanden ist, aber ich weiß nicht, wie man das in diesem Fall klarmachen könnte. Jemand, der sich in Religion und Sprache auskannte, muß das auf einer gewissen Grundlage so interpretiert haben, daß es sich dabei um das Nadelöhr handelte, das in unserem Sprachge-

brauch alle kennen; in den Ländern der spanischen Sprache kennt man ja nicht einmal Kamele, auch wenn man eine gewisse Vorstellung davon hat, wie sie aussehen.
Auf gewisse Weise stellt mich die Interpretation der Bibelgelehrten zufrieden, die Sie erwähnten. Ich denke, sie stimmt mit allem überein, was Christus gepredigt hat. Wie Sie sagten, berief Christus nicht die Reichen, um seine Lehre zu verkünden, sondern er wählte zwölf arme und einfache Fischer, er wählte also die Arbeiter, die Proletarier seiner Zeit, oder bestenfalls bescheidene Leute, die auf eigene Faust mit kleinen Booten fischten. So manches Mal habe ich auf die Wunder Christi angespielt und gesagt: Christus hat die Brote und die Fische vermehrt, um dem Volk zu essen zu geben. Das ist genau das, was wir mit der Revolution und dem Sozialismus wollen: die Fische und die Brote vermehren, um das Volk zu ernähren; Schulen, Lehrer, Krankenhäuser und Ärzte vervielfachen; Fabriken und bebaute Felder, Arbeitszentren und die industrielle Produktivität, die Landwirtschaft, Forschungszentren und wissenschaftlichen Studien steigern.
Manchmal erzähle ich das Gleichnis von dem Reichen, der drei Arbeiter anstellte und dem einen abends einen Denar bezahlte, weil er den ganzen Tag gearbeitet hatte; dem anderen bezahlte er ebenfalls einen Denar, weil er einen halben Tag gearbeitet hatte, und auch dem dritten bezahlte er noch einen Denar, weil er einen halben Nachmittag gearbeitet hatte. Die Parabel enthält eine Kritik an denjenigen, die mit einer solchen Verteilung nicht einverstanden sind. Ich denke, hier handelt es sich ganz exakt um eine kommunistische Formulierung, die noch über das hinausgeht, was wir im Sozialismus erreicht haben, denn im Sozialismus wird verteilt nach Fähigkeit und Arbeit, dagegen lautet die Formel im Kommunismus: jedem nach seinen Bedürfnissen. Die Auszahlung eines Denars für jeden, der an jenem Tag gearbeitet hat, bedeutet eine Verteilung nach den Bedürfnissen, es handelt sich also um eine klassische kommunistische Formulierung.
Ich glaube, auch andere Passagen der Predigt Christi, wie etwa die Bergpredigt, können nicht anders interpretiert werden als in der Richtung, die Sie Option für die Armen genannt haben. Wenn Christus sagte: «Selig, die hungern und dürsten nach Gerechtigkeit, denn sie werden gesättigt werden; selig, die leiden, denn sie werden getröstet werden; selig die Erniedrigten, denn sie werden Land erhalten; selig die Armen, denn ihrer ist das Himmelreich», dann ist klar, daß Christus das Himmelreich nicht den Reichen, sondern den Armen zugedacht hat. Ich glaube nicht, daß in dieser Predigt ein Übersetzungs- oder ein Interpretationsfehler vorliegt. Ich denke, Marx hätte die Bergpredigt unterschreiben können.

Frei Betto: In der Version des heiligen Lukas werden nicht nur die Armen seliggepriesen, sondern es werden auch noch die Reichen verdammt.
Fidel Castro: Ich weiß nicht, ob das in einer Version dieser Predigt so steht. Sie sagten, es steht bei Lukas. Ich kann mich nicht daran erinnern, daß die Reichen verdammt werden.
Frei Betto: Sie kennen die Version des heiligen Matthäus, die auch die bekannteste ist.
Fidel Castro: Vielleicht paßte diese Version am besten in unsere Zeit, um uns in einem konservativen Geist zu erziehen. Sie haben etwas Grundlegendes gesagt, daß es nämlich schwer vorstellbar ist, wie ein Reicher ins Reich Gottes gelangt, wenn man viele Dinge bedenkt, welche die Mentalität eines Reichen charakterisieren: Fehlen von Solidarität, mangelnde Sensibilität, Egoismus und schließlich die Sünden der Reichen auf allen anderen Gebieten. Ich glaube, es wird auf sehr deutliche Weise gezeigt, was ein Reicher tun muß, um ein guter Christ zu werden und das Himmelreich zu gewinnen. Dies wird in der Predigt Christi wiederholt deutlich gemacht.

Christliche und kommunistische Märtyrer

Man muß auch bedenken, daß wir unzählige Bücher über Geschichte und Literatur gelesen haben – einige von Laien geschrieben, andere von Geistlichen –, die das Martyrium der Christen in den ersten Jahrhunderten schildern. Jedermann kennt diese Geschichten, und ich erinnere mich noch sehr gut daran, daß während meiner Schulzeit das Martyrium der ersten Jahrhunderte eines der Dinge war, auf die die Kirche sehr stolz war. Es besteht kein Zweifel – dies ist nicht nur eine Frage der Interpretation –, daß das Christentum die Religion der Sklaven, der Unterdrückten und der Armen gewesen war, die in den Katakomben lebten und Objekte grauenvoller Strafen waren. Sie wurden in den Zirkus gebracht und dort von den Löwen und anderen wilden Tieren zerfleischt, sie erlitten jahrhundertelang jede nur denkbare Art von Verfolgung und Unterdrückung. Das Christentum war eine Lehre, die vom Römischen Reich als revolutionär betrachtet wurde und von daher Ziel grausamster Verfolgungen war. Im nachhinein habe ich das immer mit der Geschichte der Kommunisten verglichen: Seit der Kommunismus als politische und revolutionäre Lehre aufkam, waren seine Vertreter ebenfalls Opfer grausamer Verfolgungen, Folterungen und Verbrechen. Historisch gesehen ist es wahr, daß auch die kommunistische Bewegung in ihren Kämpfen um die Veränderung eines ungerechten gesellschaftlichen Systems eine ganze Legion von Märtyrern in ihren Reihen hat. Überall waren die Kommunisten ebenso wie die ersten

Christen Ziel fürchterlicher Verleumdungen und unbändiger Unterdrückung.
Wir wissen, was historisch in der Pariser Kommune geschah, als die französischen Arbeiter gegen Ende des vergangenen Jahrhunderts in ihrem Land den Sozialismus einzuführen versuchten. Es gibt unzählige Werke mit genauen Daten über den Heroismus dieser Leute und die Tausende von Kommunisten, die gefoltert und ermordet wurden von der Bourgeoisie und den Klassen der Unterdrücker, mit Unterstützung des Deutschen Reiches, das danach in Frankreich einmarschierte.
Die Geschichte hält weiterhin fest, wie viele Kommunisten, Sozialisten, Kämpfer und Aktivisten der Linken erschossen wurden: in Spanien nach dem Bürgerkrieg, im Nazideutschland und in allen Ländern Europas während der Besetzung durch die Nazis. Sie töteten nicht nur Millionen Juden auf der Basis von ungerechten und schändlichen Rechtfertigungen über eine sogenannte höhere Rasse und auf der Basis ungerechter Anklagen und Haßgefühle, die bar jeder Vernunft waren – aus meiner Sicht basierten sie einzig auf beschämenden historischen Vorurteilen –, sondern sie warfen ins Gefängnis, folterten und töteten jeden, der auch nur den Geruch eines Kommunisten an sich hatte. Selten gelang es einem Kommunisten, der in die Hände von Nazis gefallen war, zu überleben. Die Mehrheit von ihnen kämpfte und starb heldenhaft.
In der Sowjetunion ermordeten die Nazis Millionen von Menschen, sogar Alte, Frauen und Kinder, einfach aufgrund der simplen Tatsache, daß sie Bürger eines sozialistischen Landes waren. Allerdings haben nicht nur die Nazis Kommunisten in Europa getötet; die kapitalistische Repression folterte und tötete überall: Kommunisten sowie Männer und Frauen der Linken in Südafrika, in Südkorea, in Vietnam, in Chile, in Argentinien, in Paraguay, in Guatemala, in El Salvador, im Sudan, in Indonesien, hier in Kuba vor der Revolution, in Dutzenden von Ländern, in denen die herrschenden und ausbeuterischen Klassen im Verlaufe der letzten 150 Jahre um den Verlust ihrer Privilegien fürchteten, genauso wie sie es mit den Christen der ersten Jahrhunderte gemacht haben. Von daher glaube ich, daß man die Verfolgung der religiösen Ideen, die im Grunde auch politische Ideen der Sklaven und der Unterdrückten Roms gewesen sind, durchaus vergleichen kann mit der systematischen und brutalen Form der Verfolgung in der Gegenwart, von Leuten, die politische Ideen vor allem an Arbeiter und Bauern weitergeben und als Kommunisten ausgemacht werden. Wenn es überhaupt einen Namen gegeben hat, den die Reaktionäre noch mehr gehaßt haben als den des Kommunisten, dann war es – in einer anderen Zeit – der des Christen.

Frei Betto: Ich selbst habe einen Freund verloren, Frei Tito, ein Dominikaner, der im Exil an den Folgen der grausamen Folterungen, die er in Brasilien erlitten hat, gestorben ist. Heute wird er als Symbol für die Opfer von Folterungen betrachtet. Die Folterer hatten sich in seinem Geist praktisch festgesetzt, und in seinem Exil in Frankreich hat er sie überall gesehen, bis er sich dann nach einer langen, leidvollen Zeit erhängt hat. Er wußte keinen Ausweg, und er hat niemals über seine Folter gesprochen. Die Folterer hatten zu ihm gesagt: «Nein, wir werden dich nicht töten; dein ganzes Leben lang wirst du den Preis für dein Schweigen bezahlen.»
Ich möchte Sie darüber informieren, daß es schon ein Martyriologium gibt über die Märtyrer Zentralamerikas und Südamerikas unter den Militärdiktaturen. Das sind unsere Volksheiligen. In Brasilien gab es sogar einen Arbeiter, der zufälligerweise Santo Díaz (Heiliger Tag) hieß und ermordet wurde, als er sich an einem Streik beteiligte. Heute steht sein Bild in vielen Kirchen.
Fidel Castro: Sie haben mir die Geschichte von dem Dominikaner, der Opfer der Foltern wurde und mit viel Mut all diesen Leiden widerstand, schon einmal erzählt. De facto geschehen diese Dinge nicht nur in den Ländern Europas, Lateinamerikas oder der Dritten Welt, sondern sogar in den USA. Wir können den «McCarthyismus» nicht vergessen, die Verfolgungen der Kommunisten, den Ausschluß von ihren Arbeitsstellen und unzähligen Aktivitäten. Sie wurden eingekerkert, unterdrückt, verleumdet und in einigen Fällen zum elektrischen Stuhl verurteilt. Andererseits dürfen wir nicht übersehen, daß der 1. Mai entstanden ist als Konsequenz der Ermordung von Arbeitern in Chicago, die einen Streik zur Verteidigung ihrer Forderungen organisiert hatten. Kürzlich noch erinnerte sich die Menschheit bewegt an die brutale Ermordung des Ehepaares Rosenberg.
In diesem Sinn habe ich immer eine große Ähnlichkeit gesehen zwischen der Repression, unter der moderne Revolutionäre litten, und derjenigen der Urchristen. Ich konnte keinen Unterschied ausmachen zwischen dem Verhalten der Unterdrücker der damaligen Zeit und dem Verhalten der Unterdrücker von heute. Der Entwicklungsstand der jeweiligen menschlichen Gesellschaften ist ein anderer, einmal geht es um eine Sklavenhaltergesellschaft, das andere Mal um die kapitalistische Gesellschaft. Ich könnte keinen Widerspruch ausmachen zwischen den Predigten, die in der damaligen Zeit soviel Kraft hatten, und den unsrigen heute. Ich spüre sogar große Sympathie für diese Ideen, für diese Predigten; ich bewundere das Verhalten und die Geschichte dieser Christen, in denen ich Ähnlichkeiten sehe zur Haltung der Kommunisten unserer Zeit. Das habe ich so ge-

sehen, und ich werde es auch weiterhin so sehen. Wenn ich Ihre Anstrengungen und Ihre Arbeit beobachte, Ihre Kämpfe, Ihre Konferenzen und die Bemühungen vieler anderer Ordensleute in Amerika, dann stärkt sich meine Überzeugung noch mehr.

Frei Betto: Sie sagten einmal, wer sich von den Armen entfernt, entfernt sich von Christus. Ich weiß nicht, ob Ihnen bewußt ist, daß dieser Satz nicht nur ein sehr berühmter Satz ist, sondern auch als Fundament der Theologie der Befreiung gelten kann. Und indem Sie das sagen, stimmen Sie mit einem Satz von Johannes Paul II. aus seiner Enzyklika *Laborem Exercens* überein, die von der menschlichen Arbeit handelt und in der er nochmals versichert, daß die Treue der Kirche zu Christus sich in ihrem Engagement für die Armen bewahrheitet.

Fidel Castro: Ich habe das vor 25, vielleicht 26 Jahren, gesagt, in den ersten Jahren der Revolution, als die Schwierigkeiten auftraten, die ich erwähnte, denn die privilegierten Klassen wollten die Kirche gegen die Revolution benutzen. Mehr als einmal habe ich mich auf diese Probleme und die christliche Botschaft bezogen, wie die Reden belegen. Bei einer Gelegenheit habe ich tatsächlich einen Satz formuliert, den ich heute wiederholen und bestätigen kann. Es ist der Satz, den Sie eben nannten: Wer den Armen verrät, der verrät Christus.

Ist die Religion Opium des Volkes?

Frei Betto: Kommandant, ich möchte Ihnen gerne eine andere Frage stellen.
In der Vergangenheit hat es in der Kommunistischen Partei Leute gegeben, die einen Satz von Marx aus seinem Beitrag *Zur Kritik der Hegelschen Rechtsphilosophie* gebrauchten, in dem es heißt, daß die «Religion Opium des Volkes» sei. Dieser kleine Satz wurde zu einem endgültigen, absoluten, metaphysischen Dogma, jenseits jeder Dialektik.
Im Oktober 1980 veröffentlichte zum ersten Mal in der Geschichte eine revolutionäre Partei, die an der Macht ist, die Sandinistische Befreiungsfront, ein Dokument über die Religion, worin sie Kritik übt an dieser Behauptung, die wie ein absolutes Prinzip gehandhabt wird. Wörtlich heißt es in diesem Dokument: «Einige Autoren haben behauptet, die Religion sei ein Mechanismus der Entfremdung der Menschen und diene dazu, die Ausbeutung einer Klasse durch eine andere zu rechtfertigen. Eine solche Behauptung hat zweifellos ihren historischen Wert in Anbetracht der Tatsache, daß in verschiedenen Epochen die Religion als theoretische Basis für politische Herrschaft gedient hat. Es reicht, an die Rolle zu erinnern,

die die Missionare beim Prozeß der Unterwerfung und Kolonisierung der Indios in unserem Land gespielt haben. Die Sandinisten verweisen auf ihre Erfahrung und versichern, daß die Christen, unterstützt von ihrem Glauben, sehr wohl in der Lage sind, auf die Bedürfnisse des Volkes und seine Geschichte einzugehen, und daß ihre eigenen religiösen Überzeugungen sie zu revolutionärer Entschiedenheit führen. Unsere Erfahrung zeigt, daß man gleichzeitig Christ und konsequenter Revolutionär sein kann und daß es keinen unlösbaren Widerspruch zwischen den beiden Dingen gibt.»

Kommandant, glauben Sie daran, daß die Religion Opium des Volkes ist?
Fidel Castro: Gestern habe ich Ihnen ausführlich die historischen Umstände erklärt, unter denen der Sozialismus, die sozialistische Bewegung und die Ideen des wissenschaftlichen Sozialismus, der Marxismus-Leninismus, entstanden sind. Ich habe Ihnen auch erläutert, wie in der damaligen Klassengesellschaft, einer Gesellschaft grausamer und unmenschlicher Ausbeutung − wo jahrhundertelang Kirche und Religion als Herrschafts-, Ausbeutungs- und Unterdrückungsinstrumente benutzt wurden − Tendenzen aufkamen mit harten, aber gerechtfertigten Kritiken an der Kirche und an der Religion selbst. Versetzen Sie sich an die Stelle eines Revolutionärs, dem diese Situation bewußt wird und der sie verändern will. Und stellen Sie sich auf der anderen Seite die bürgerlichen Institutionen vor, die Grundeigentümer, die Adeligen, das Bürgertum, die Reichen, die großen Geschäftsleute, die Kirche selbst − sie alle haben sich praktisch miteinander verbündet, um gesellschaftliche Veränderungen zu verhindern. In Anbetracht der Verwendung der Religion als Herrschaftsinstrument ist es nur logisch, daß die Revolutionäre eine antiklerikale und sogar antireligiöse Reaktion zeigten. Ich glaube, dies erklärt die Lage, in der ein solcher Satz entstanden ist.

Aber als Marx die Internationale der Arbeiter ins Leben rief, befanden sich darunter viele Christen. Auch in der Pariser Kommune gab es viele Christen unter denen, die kämpften und starben. Es gibt keinen einzigen Satz von Marx, der die Christen von der historischen Aufgabe ausschließt, die soziale Revolution voranzutreiben. Wenn wir weitergehen, und uns alle die Diskussionen um das Programm der russischen Arbeiterpartei in Erinnerung rufen, die von Lenin gegründet wurde, dann findet sich nicht ein einziges Wort, das Christen aus der Partei ausschließt. Die hauptsächliche Forderung ist die Anerkennung des Parteiprogramms als Bedingung für die Mitgliedschaft. − So hat der Satz also einen historischen Wert und ist für einen bestimmten Zeitpunkt absolut berechtigt.

Auch zum jetzigen Zeitpunkt kann es noch Situationen geben, in denen er

Ausdruck einer Realität ist. Wir dürfen uns nicht wundern, wenn in irgendeinem Land, in dem die katholische Hierarchie oder die einer anderen Kirche eng mit dem Imperialismus, dem Neokolonialismus, der Ausbeutung von Völkern und Menschen sowie mit der Repression liiert ist, jemand wiederholt, daß die Religion Opium des Volkes ist. So wie man auch die Nicaraguaner völlig verstehen kann, die – ausgehend von ihren Erfahrungen und den Positionserklärungen der nicaraguanischen Geistlichen – zu einem aus meiner Sicht sehr richtigen Schluß gekommen sind, daß die Christen aufgrund ihres Glaubens sehr wohl eine revolutionäre Haltung einnehmen können, ohne daß es einen Widerspruch gäbe zwischen ihrer Rolle als Christen und als Revolutionäre. Der genannte Satz darf keinesfalls den Charakter eines Dogmas oder einer absoluten Wahrheit für sich beanspruchen. Es ist eine Wahrheit, die an bestimmte historische Bedingungen geknüpft ist. Ich glaube, diese Schlußfolgerung ist absolut dialektisch und marxistisch.

Meiner Meinung nach ist die Religion in sich selbst aus politischer Sicht weder Opium noch Wunderheilmittel. Sie kann Opium sein oder ein Heilmittel in dem Maße, wie sie dazu dient, entweder die Unterdrücker und die Ausbeuter oder die Unterdrückten und die Ausgebeuteten zu verteidigen. Das hängt von der Form ab, wie sie die politischen, sozialen und materiellen Probleme des Menschen angeht, der schließlich – unabhängig von Theologien oder religiösen Glaubensüberzeugungen – in diese Welt geboren wird und hier zu leben hat.

Von einem streng politischen Gesichtspunkt aus – und ich glaube, ich verstehe etwas von Politik – denke ich, daß man Marxist sein kann, ohne das Christsein aufzugeben, und daß man vereint mit den marxistischen Kommunisten für die Veränderung der Welt arbeiten kann. Das Entscheidende in beiden Fällen ist, daß die Beteiligten ernsthafte Revolutionäre sind, die sich bereit erklären, die Ausbeutung des Menschen durch den Menschen zu überwinden und für eine gerechte Verteilung des gesellschaftlichen Reichtums zu kämpfen, für die Gleichheit, für die Brüderlichkeit und für die Würde aller Menschen. Sie sollen also Träger eines fortschrittlichen politischen, ökonomischen und gesellschaftlichen Bewußtseins sein, auch wenn dieses im Fall der Christen von einer religiösen Konzeption ausgeht.

Die Liebe als revolutionäre Forderung

Frei Betto: Kommandant, ist die Liebe eine revolutionäre Forderung?
Fidel Castro: Selbstverständlich, im weitesten Sinn des Wortes. In gesellschaftlichen Begriffen gesprochen: was sind denn Solidarität und der

Geist der Brüderlichkeit anderes? Wenn wir auf die erste große soziale Revolution der letzten Jahrhunderte zurückgehen, die Französische Revolution, dann sehen wir, daß drei Begriffe zu Forderungen erhoben wurden: Freiheit, Gleichheit und Brüderlichkeit. Die Freiheit wurde nur sehr relativ verwirklicht. Sie bedeutete Freiheit für die Bourgeoisie und die Weißen, nicht aber für die schwarzen Sklaven. Die französischen Revolutionäre haben sogar, nachdem sie ihre Ideen in der Welt verbreitet hatten, ihre Armee nach Haiti geschickt, um dort den Aufstand der Sklaven niederzuschlagen, die die Freiheit wollten. Auch nach der Unabhängigkeit der Vereinigten Staaten, die schon vorher erfolgt war, blieben die Schwarzen weiterhin Sklaven, die Ausrottung der Indianer und andere Grausamkeiten gingen weiter. So beschränkte sich die Französische Revolution auf die Befreiung der Bourgeoisie und der Weißen, sie errichtete keine Gleichheit, soviel man auch über die behauptete Gleichheit in einer Klassengesellschaft philosophieren oder argumentieren mag. Die vermeintliche Gleichheit zwischen einem Multimillionär und einem Bettler von New York oder zwischen einem Millionär und einem Arbeitslosen kommt über eine rein metaphysische Gleichheit nicht hinaus. Ich glaube nicht, daß irgendeine Art von Brüderlichkeit besteht zwischen dem nordamerikanischen Multimillionär und dem Bettler, dem diskriminierten Schwarzen, dem Arbeitslosen und dem verlassenen Kind. Das ist reine Phantasie. Und ich glaube wirklich, daß – zum ersten Mal in der Geschichte der Menschen – die Begriffe wirklicher Freiheit, Gleichheit und Brüderlichkeit in ihrer vollen Bedeutung nur im Sozialismus existieren können. Dieses Gebot der Nächstenliebe, von dem die Kirche spricht, realisiert sich in sehr konkreter Form in der Gleichheit, der Brüderlichkeit und der menschlichen Solidarität, die der Sozialismus ermöglicht, außerdem in einem internationalistischen Geist.
Die Kubaner, die als Lehrer, Ärzte, Ingenieure, Techniker oder Facharbeiter in anderen Ländern arbeiten (Tausende sind dazu bereit, selbst unter schwierigsten Bedingungen und manchmal auf Kosten des eigenen Lebens – ein Beweis der Treue zu ihren Prinzipien und ein hohes Maß an Solidarität), sind Ausdruck der praktischen Anwendung des Respektes, der Hochachtung und der Liebe. Die sozialistische Revolution hat, wie mir scheint, diesen Begriff zu seiner höchsten Entfaltung gebracht, und die kommunistische Gesellschaft wird ihn noch weiterbringen; denn der Sozialismus erreicht noch nicht die volle Gleichheit – ich habe gestern schon darüber gesprochen, als es um den Lohn ging –, aber er bietet wesentlich mehr Möglichkeiten als der Kapitalismus. Hier in Kuba konnten beispielsweise nur die Kinder zur Schule gehen, deren Familien die entsprechenden

Mittel dafür hatten. Heute gibt es kein einziges Kind, in noch so abgelegenen Ecken des Landes, das nicht die Gelegenheit hätte, die besten Schulen des Landes zu besuchen. Es gibt kein Kind, das nicht genügend Lehrer hätte oder nicht die Möglichkeit besäße, die besten Bildungseinrichtungen zu besuchen, auf die Universitäten zu gehen und so weit voranzukommen, wie es ihm sein Talent erlaubt. Das ist eine reale, objektive Möglichkeit, keine theoretische oder metaphysische. Es ist uns gelungen, in unserer Gesellschaft diese wirkliche Gleichheit der Möglichkeiten zu verwirklichen. Allerdings können wir bei der Bezahlung des Lohnes für die Arbeit noch nicht behaupten, daß es die volle Gleichheit gibt, denn die einen sind körperlich stärker als andere, einige haben mehr Talent als andere oder verfügen über größere geistige Fähigkeiten. Die sozialistische Formel für den Arbeitslohn: jedem nach der Qualität seiner Arbeit, ist noch nicht die kommunistische Formel. Deshalb sagte Marx in der «Kritik des Gothaer Programmes», daß diese Formel die engen Grenzen des bürgerlichen Rechts noch nicht überwunden hat und daß die volle Gleichheit erst in der kommunistischen Gesellschaft verwirklicht wird.
Frei Betto: Wird in der sozialistischen Gesellschaft und in der kommunistischen Gesellschaft auch die geistige Entwicklung des Menschen gesucht?
Fidel Castro: Natürlich, wir streben nach der materiellen und geistigen Entwicklung des Menschen im weitesten Sinn. Das meine ich, wenn ich von Erziehung und Kultur spreche. Sie könnten noch die geistige Entwicklung im religiösen Sinn hinzufügen. Es ist ein Grundsatz von uns, daß der Mensch diese Freiheit und diese Möglichkeit haben muß.
Ich glaube, daß unsere Gesellschaft eine wirklich brüderliche Gesellschaft ist. Als wir den Menschen von der Ausbeutung, der Unterdrückung und der Versklavung durch bestimmte gesellschaftliche Verhältnisse befreit haben, haben wir ihm nicht nur die Freiheit ermöglicht, sondern auch die Ehre, die Würde, die Moral, insgesamt also die Bedingungen für wahres Menschsein. Ich kann nicht von Freiheit in einer Klassengesellschaft sprechen, wo schreiende Ungleichheiten bestehen und nicht einmal die Bedingungen für ein wirklich menschliches Leben gesichert sind. Fragen Sie das den Bewohner eines Elendsviertels in Lateinamerika, einen Schwarzen in den USA oder einen Armen in den heutigen kapitalistischen Gesellschaften!
Dies sind meine tiefsten Überzeugungen. Ich verstehe die Nächstenliebe als Solidarität.

Klassenhaß

Frei Betto: Kommandant, es gibt zwei Begriffe, mit denen Christen einige Schwierigkeiten haben: erstens der marxistische Begriff des Klassenhasses, zweitens der Begriff des Klassenkampfes. Ich möchte Sie bitten, etwas dazu zu sagen.

Fidel Castro: Die Existenz gesellschaftlicher Klassen ist eine geschichtliche Realität seit den Zeiten des Urkommunismus, als die Menschen begannen, Reichtümer, Land und Produktionsmittel anzuhäufen, um die Arbeit anderer Menschen auszubeuten. Die gesellschaftlichen Klassen, die in der Zeit des Urkommunismus noch nicht existierten, als allen alles gemeinsam war, entstehen als Folge der Entwicklung der menschlichen Gesellschaft. Dann entwickelte sich die Ausdifferenzierung der Klassen wie in Griechenland und Rom, Gesellschaften, die geschichtlich bekannt geworden sind und irrtümlicherweise als Prototypen der Demokratie bezeichnet werden. Ich erinnere mich, als wir von der Demokratie Athens sprachen, deren Volk sich auf dem Marktplatz versammelte, um die politischen Probleme zu diskutieren. Wir bewunderten das: Wie wunderbar, was für eine beispielhafte und direkte Demokratie hat es in Griechenland gegeben! Aber die geschichtlichen Untersuchungen zur Vertiefung der Kenntnisse über eine solche Gesellschaft haben aufgedeckt, daß sich auf dem Marktplatz nur eine unbedeutende Minderheit von Bürgern versammelte. Ich hatte mich schon gefragt, wie sich überhaupt alle Bürger auf dem Marktplatz versammeln konnten, zu einer Zeit, in der es noch keine Lautsprecher und Mikrophone gab!

Als ich noch ein Kind war, gab es in meinem Haus einen sehr gelehrten Buchhalter, der verschiedene Sprachen sprechen konnte: Französisch, Latein, etwas Griechisch, Deutsch und Englisch. Wir hielten ihn für einen Gelehrten. Er war sehr nett zu mir, und wenn ich Ferien hatte, unterhielten wir uns, und er erzählte mir viele Geschichten von Demosthenes und Cicero, den großen Rednern in Griechenland und Rom. Ich bin nicht sicher, ob ich es von ihm weiß, daß Demosthenes Sprachschwierigkeiten hatte und ein halber Stotterer war. Er hatte aber die Willenskraft und die Disziplin; er legte sich ein Steinchen unter die Zunge, und es gelang ihm, so sein Problem zu überwinden. Der Buchhalter erzählte mir die Geschichten von den Politikern aus der Antike, ich interessierte mich für die Literatur und fand sogar eine Sammlung der Reden des Demosthenes. Scheinbar hatten einige dieser Reden den Brand der Bibliothek von Alexandria überlebt, sie widerstanden den Invasionen der sogenannten Barbaren und allen anderen geschichtlichen Schicksalsschlägen und wurden dann von irgend jemandem verwahrt und bearbeitet. Ich hatte Reden von Demosthenes, Cicero und anderen Rednern und Schriftstellern der Antike. Ich glaube, irgendwie hatte dieser Buchhalter – er war ein Spanier aus Asturien namens Alvarez – mein Interesse für diese Fragen geweckt. Ich erinnere mich, daß ich noch sehr jung war, als ich einige Bücher dieser geschichtlichen Persönlichkeiten las.

Wenn ich das heute genauer betrachte, muß ich gestehen, daß mir diese Rhetorik nicht mehr gefällt, sie war übertrieben, hatte eine hochtrabende Ausdrucksweise und gebrauchte zu sehr Wortspiele. Später habe ich Werke von anderen Rednern gelesen. Das Thema interessierte mich so sehr, daß es nur wenige Redner in der Geschichte geben dürfte, von denen ich nicht irgendein Buch gelesen habe. Als Ergebnis dieser Lektüre tat ich später praktisch das Gegenteil von dem, was die großen und berühmten Redner getan haben. Ich erinnere mich etwa, daß ich Kontakt hatte zu Castelar. Wie wunderbar sind die Parlamentsreden von Castelar! Aber ich denke, heute wäre Castelar in jedem Parlament ein kompletter Reinfall.

Auch Demosthenes und Cicero hätten heute sicherlich Probleme, wenn sie mit der konkreten Aufgabe konfrontiert wären, diese Gesellschaft zu erklären. Damals bewunderte ich die Athener Demokratie, ich bewunderte sogar Rom mit seinem Kapitol, seinen Senatoren und all diesen Persönlichkeiten der römischen Institutionen, die Modelle zu sein schienen. Danach habe ich dann begriffen, daß es in Griechenland eine kleine Gruppe von Aristokraten war, die sich auf dem Marktplatz versammelte, um Entscheidungen zu treffen, und daß es unter ihnen eine bedeutende Masse von Bürgern gab, die jeglicher Rechte beraubt waren – ich glaube, sie wurden Metöken genannt –, auf einer noch niedrigeren Stufe schließlich gab es die große Menge der Sklaven. Das war die Athener Demokratie, die mich sehr an die kapitalistische Demokratie heute erinnert.

Auch Rom war Modell. Heute erinnert mich das nordamerikanische Imperium daran. In allen Dingen bestehen Ähnlichkeiten, bis hin zum Kapitol: Die Amerikaner haben das römische Kapitol kopiert. Sie haben ebenfalls ihre Senatoren, die mächtigen Herren, die Diskussionen führen. Und manchmal ermorden sie sogar ihre Caesaren. Sie haben Militärbasen, Geschwader und Interventionstruppen überall auf der Welt.

Frei Betto: Und sie haben ihren Nero, der einen Scheiterhaufen in Philadelphia anzündet.[34]

---

[34] Zum Zeitpunkt des Interviews steckte die Polizei von Philadelphia (USA) ein ganzes Stadtviertel in Brand, um eine Gruppe von schwarzen Ökologisten aus einem Haus zu verjagen.

Fidel Castro: Ja, Sie meinen das, was die Polizei dort kürzlich getan hat. Wir können sagen, sie sind Mini-Neros, die auf die Unterstützung durch die Autoritäten zählen können.
Sie verfügen über Heere, Militärbasen, Geschwader und Truppen in allen Teilen der Welt mit großartiger technologischer Ausstattung. Sie veranlassen Interventionen, aggressive Kriege und den Rüstungswettlauf, sie haben gleichzeitig Multimillionäre und Bettler, berauben die Schwarzen ihrer Rechte und schließen Bündnisse mit allen reaktionären Regierungen der Welt.
Und in Rom? Es gab ebenfalls Klassen: die Patrizier, die Plebejer und die Sklaven, und alle lagen miteinander im Kampf. Dann im Mittelalter die Adeligen, die Bourgeoisie und die Bediensteten. Wer wollte das leugnen? Es gab den Kampf, weil es Klassen gab. Die Bourgeoisie fand sich nicht damit ab, ihr ganzes Leben als Bürger zu verbringen, die zwar die Produktion vorantreiben, aber ihrer Rechte beraubt sind. Nach der Französischen Revolution gab es Bürger und Proletarier: Menschen, die Besitzer der Produktionsmittel waren, und Menschen, die ihre Arbeitskraft verkaufen mußten. Dann gab es noch die Mittelklassen.
Während eines langen geschichtlichen Zeitraumes war die Sklaverei eine offizielle Einrichtung. Das hat sich erst vor kurzem geändert. Wann endete die Sklaverei in Kuba? Wenn ich mich nicht irre 1886.
Frei Betto: Und in Brasilien zwei Jahre später.
Fidel Castro: In den Vereinigten Staaten wurde sie im vergangenen Jahrhundert abgeschafft, in den 60er Jahren, zu Beginn des Bürgerkrieges. Und es gab Länder, in denen sie aufrechterhalten blieb, weil die Leute aufgrund von Schulden weiterhin versklavt waren. – In Rom und Griechenland beispielsweise wurden die einzelnen zu Sklaven, wenn sie ihre Schulden nicht bezahlen konnten.
Weder Marx noch der Marxismus hat die Klassen oder den Klassenkampf erfunden, sie haben einfach diese historische Realität analysiert und die Existenz von Klassen aufgezeigt. Sie entdeckten die Gesetze, die diese Kämpfe und die Weiterentwicklung der menschlichen Gesellschaft steuern. Man kann dem Marxismus nicht die Erfindung der Klassen und des Klassenkampfes zuschreiben. Die Schuldige ist die Geschichte, sie trägt die Hauptverantwortung für dieses Problem.
Und nun zum Klassenhaß: wer ihn erzeugt, das ist nicht der Marxismus-Leninismus; er predigt nicht eigentlich den Klassenhaß, sondern stellt nur fest: Es gibt die Klassen, den Klassenkampf, und diese Kämpfe erzeugen Haßgefühle. Was wirklich den Haß hervorruft, ist die Ausbeutung, die Unterdrückung und die Marginalisierung des Menschen. Es ist die soziale

Ungerechtigkeit, die objektiv gesehen den Haß erzeugt, es ist nicht der Marxismus. Dem Marxismus geht es nicht darum, den Klassenhaß zu predigen, sondern die gesellschaftliche Wirklichkeit zu erklären. Der Marxismus erläutert den Haß, der existiert, sobald jemand ein Bewußtsein davon hat, daß er ausgebeutet wird. Ich habe Ihnen meine persönliche Erfahrung erzählt und sogar gesagt, daß ich keinen Haß empfinde gegenüber den Menschen damals, keinen Haß für die Dinge, die ich erlitten habe, nicht einmal dafür, daß ich als Kind gehungert habe. Eigentlich freut es mich sogar, denn es hat mich geformt und auf das Leben vorbereitet. Es ist die Wahrheit, daß ich keinen Haß verspüre.

Wenn Sie das revolutionäre Denken Kubas und unsere Revolution analysieren, dann stellen Sie fest, daß wir das Wort Haß niemals hervorgehoben haben. In unseren Reihen hatten wir einen hochkarätigen Denker: Martí. Mit 17 Jahren veröffentlichte er ein Dokument, *Das politische Zuchthaus in Kuba*. Es sind Erzählungen seiner Leiden und Dokumentationen seiner Streitschriften an die spanische Republik, die dem spanischen Volk Rechte einräumte, die sie dem kubanischen Volk verweigerte, die Freiheit und Demokratie in Spanien auf ihre Fahnen schrieb, sie aber Kuba vorenthielt. In diesem Dokument stehen ganz außerordentliche Sätze wie dieser: «Weder unter dem Peitschenhieb noch unter den Beleidigungen noch unter dem Lärm der Gefängnisse habe ich hassen gelernt; aber ich will euch verachten, wenn ich schon niemanden hassen kann.» Im Verlauf seines Lebens predigte Martí den Kampf für die Unabhängigkeit, für die Befreiung, aber keinen Haß gegenüber den Spaniern.

Die Erfahrung Martís zeigt, wie es möglich ist, den Kampfgeist zu predigen, ohne dabei Haß zu verbreiten gegen jene, die er seine «spanischen Eltern» nannte. Ich versichere Ihnen, daß unsere Revolution stark von den Ideen Martís geprägt ist. Wir haben als Revolutionäre, Sozialisten und Marxisten-Leninisten keine Philosophie des Hasses gepredigt. Das bedeutet nicht, daß wir irgendeine Sympathie für das System des Unterdrückers empfinden oder daß wir gegen ihn nicht mit dem größten Einsatz kämpfen würden. Ich glaube jedoch, daß wir eine sehr bedeutende Prüfung bestanden haben: Wir haben den gewaltigen Kampf gegen den Imperialismus aufgenommen, der uns jede Art von Aggression und Beleidigungen zufügt. Dennoch kann ich sagen: Wenn ein nordamerikanischer Bürger dieses Land besucht, behandeln ihn alle hier mit großem Respekt und viel Hochachtung. Wir können den nordamerikanischen Bürger nicht hassen, wenn wir auch Abneigung und sogar Haß dem System gegenüber empfinden. Nach meinem Verständnis, und ich denke es ist dasselbe wie das der marxistischen Revolutionäre, geht es nicht um Haß gegenüber In-

dividuen, sondern gegenüber einem ungerechten System der Ausbeutung. Martí haßte das spanische System, er trieb das Volk an, dagegen zu kämpfen, sprach aber dennoch nicht vom Haß gegenüber den Spaniern. Sehen Sie, viele tapfere Kubaner kämpften und starben auf dem Schlachtfeld unter unbeschreiblichen Grausamkeiten. Was wir also predigen, das ist die Ablehnung, die Verachtung und den Haß gegenüber einem System von Ausbeutung und Ungerechtigkeit.
Wir predigen keinen Haß unter den Menschen, denn sie sind zweifellos die Opfer des Systems. Wir müssen das System bekämpfen, das wir hassen, und die Menschen, die dieses System repräsentieren. Ich glaube, darin besteht überhaupt kein Widerspruch zur christlichen Lehre. Denn wenn jemand sagt: «Ich hasse das Verbrechen, die Ungerechtigkeit, den Mißbrauch und die Ausbeutung», dann sehe ich nicht, warum die christliche Lehre ihn dafür kritisieren sollte. Verbrechen zu verurteilen, Ungerechtigkeit, Ausbeutung, Mißbrauch und Ungleichheit unter den Menschen zu bekämpfen... ich glaube nicht, daß das gegen die christliche Botschaft und die Religion ist. So wie es auch nicht gegen die Religion wäre, für Rechte zu kämpfen oder eine gerechte Sache zu verteidigen. Wir haben doch die letzten Tage schon über die biblische Geschichte gesprochen, in der sogar Kämpfe zwischen den Engeln im Himmel beschrieben werden. Wie kann man dann die Kämpfe auf Erden übersehen?
Frei Betto: Jesus hat die Pharisäer scharf verurteilt und Herodes eine Hure genannt. Jesus hat gesagt, daß wir unsere Feinde lieben sollen, aber er hat nicht gesagt, daß wir keine Feinde haben dürften. Es gibt keine größere Liebe gegenüber einem Unterdrücker, als ihm die Möglichkeit zu nehmen, andere weiterhin zu unterdrücken.
Fidel Castro: Sie können sicher sein, daß ich Ihrer Interpretation nicht widersprechen werde, auf keinen Fall. Wir sind erzogen worden in der Vorstellung, daß es einen ständigen Kampf zwischen dem Guten und dem Bösen gibt. Das Böse muß verurteilt werden. Wenn ich auch nicht sagen könnte, daß ich daran glaube, so haben sie uns doch beigebracht, daß in der Hölle diejenigen bestraft werden, die verantwortlich waren für Verbrechen, Ungerechtigkeit, für das Böse und für alle diese Dinge, die wir bekämpfen. Kann man das als eine Äußerung des Hasses ansehen? Ich sage Ihnen, was ich denke: Ich habe niemals persönlichen Haß anderen gegenüber verspürt; ich will nicht sagen, daß ich die Feinde liebe, so weit bin ich noch nicht gekommen, ich liebe sie wirklich nicht. Bei der Analyse geschichtlicher Abläufe und der gesellschaftlichen Stellung des Individuums habe ich festgestellt, wie viele Faktoren seinen Status als Feind vorherbestimmen und die eigentliche Ursache dafür sind, daß er ein Feind ist. Es

können sogar genetische oder biologische Erklärungen sein bei einem Individuum, das mit Erbkrankheiten oder anderen Krankheiten auf die Welt gekommen ist. Ich glaube es gibt viele Verbrecher, die hochgradige Psychopathen sind. Ich vermute, daß Hitler krank war, denn ich kann mir nicht vorstellen, daß er wirklich ein gesunder Mensch gewesen sein soll. Alle diejenigen, die Millionen von Menschen in die Krematorien gebracht haben, müssen Geisteskranke gewesen sein.

Ich stimme dem Haß gegenüber dem Nazismus und seinen verabscheuungswürdigen Methoden zu. Ich glaube sogar, daß die Verantwortlichen dafür bestraft werden mußten, daß sie ins Gefängnis gehörten oder sogar erschossen werden sollten, da sie dem menschlichen Wesen eine so unvorstellbare Schande bereitet haben. Schon oft habe ich deutlich gemacht: Wenn wir einen Menschen für eine Bluttat bestrafen oder einen Konterrevolutionär oder einen Verräter der Revolution, dann tun wir das doch nicht aus einem Rachegefühl heraus, denn Rache macht keinen Sinn. An wem rächt man sich? An der Geschichte, an der Gesellschaft, die solche Monster hervorbringt, an den Krankheiten, die dieses Individuum dazu gebracht haben, solch schreckliche Dinge zu tun? – Wir nehmen an niemandem Rache. In den vergangenen Jahren haben wir viel gekämpft und gestritten, aber wir können nicht sagen, daß es hier ein Gefühl des Hasses gegen das Individuum gibt. Dieses ist leider oft die Frucht eines Gesamtzusammenhanges von Situationen und Umständen, und es gibt einen beträchtlichen Grad von Vorherbestimmung im menschlichen Verhalten.

Ich erinnere mich an die ersten Philosophiestunden im Gymnasium. Eines der Themen, die wir dort diskutierten, lautete, inwieweit das Individuum immer schon dazu bestimmt ist, bestimmte Dinge zu tun, ob es sich der Bedeutung und des Elends, das es erzeugt, immer schon bewußt war und ob deshalb die Taten auch von ihm selbst verantwortet werden müssen. Darüber haben wir viel diskutiert. Die Tendenz zur Zeit Jesu war jene – und darin stimmte die Erziehung der Jesuiten überein –, keine Vorausbestimmung anzunehmen und alles in der persönlichen Verantwortung zu belassen. Ich glaube, daß die beiden Dinge oft miteinander vermischt werden: Es gibt wichtige Faktoren, die das Verhalten der Menschen bestimmen, es gibt aber auch die Faktoren der Verantwortung und der Schuldfähigkeit, mit Ausnahme der Fälle von schwerer Geisteskrankheit. Denn es gibt Menschen, die als Geisteskranke töten, es ist dann schwierig, ihnen die Verantwortung für diesen Fall zuzuschreiben.

Es gibt aber auch Menschen, die eine bestimmte Erziehung oder Ideologie vermittelt bekommen haben. Sie gelangen dadurch zu Handlungen, die irgendwie schon vorausbestimmt sind. Dies war für uns – oder wenigstens

für mich persönlich – der Fall bei konterrevolutionärer oder reaktionärer Handlungsweise eines Individuums mit voller Zurechnungsfähigkeit oder bei solchen, von denen man annahm, sie seien voll zurechnungsfähig. Wenn es sich als notwendig erwies, einen Saboteur, einen Verräter oder einen Mörder zu verurteilen, dann taten wir das nicht aus Haß, sondern aus der Notwendigkeit heraus, die Gesellschaft verteidigen und das Überleben der Revolution sichern zu müssen mit allem, was sie für das Volk an Gerechtigkeit, Wohlergehen und Gütern bedeutete. So sehe ich dieses Problem.
Wenn wir die Reden von Martí und seine ganze Geschichte analysieren – er war ein großer, brillanter und edler Kämpfer –, so werden wir sehen, daß er niemals von Haß gesprochen hat. Er hat niemals gesagt: Wir müssen die Spanier hassen, die uns unterdrücken. Seine Worte lauteten: Wir werden sie besiegen mit allen unseren Kräften, aber wir dürfen die Spanier nicht hassen. Der Kampf richtet sich nicht gegen sie, sondern gegen das System. Ich glaube, darin liegt der Kern unseres politischen Denkens. Auch Marx hat keinen Menschen gehaßt, und wahrscheinlich hat Lenin nicht einmal den Zar gehaßt. Er haßte das zaristische Herrschaftssystem, die Ausbeutung der Landbesitzer und der Bürgerlichen. Auch Engels haßte das System. Sie haben aber alle nicht den Haß gegen Menschen gepredigt, sondern allein gegen das System. Das sind die Kriterien und die Grundlagen des Klassenkampfes und auch des sogenannten Klassenhasses, der kein Haß einiger Menschen gegen andere Menschen ist, sondern ein Haß gegenüber einem Klassensystem – und das ist ein Unterschied.

Die kubanische Demokratie

Frei Betto: Nun, Kommandant, in einigen Teilbereichen des christlichen Milieus existiert Bewunderung für die sozialen und wirtschaftlichen Errungenschaften der Kubanischen Revolution, wie zum Beispiel in der Frage der Erziehung und der Gesundheit. Aber sie sagen auch, daß es in Kuba keine Demokratie gibt, wie wir sie aus den Vereinigten Staaten oder aus Westeuropa kennen, wo das Volk an Wahlen teilnimmt und die Regierung wechselt. Was haben Sie dazu zu sagen? Gibt es in Kuba eine Demokratie oder nicht?
Fidel Castro: Sehen Sie, Frei Betto, darüber könnten wir sehr lange reden, aber ich denke, unser Interview hat sich schon hinreichend in die Länge gezogen, und ich darf weder Ihre Zeit noch die Geduld der Leser mißbrau-

chen. – In Wirklichkeit denke ich, daß die sogenannte Demokratie ein ungeheurer und gigantischer Betrug ist, im buchstäblichen Sinn.
Kürzlich hat mich ein Journalist gefragt ...
Frei Betto: Ein Journalist aus welchem Land?
Fidel Castro: Nordamerika. Eigentlich waren es zwei Interviewer, ein Parlamentarier und ein Universitätsprofessor, die verschiedene Artikel und ein Buch veröffentlichen wollten. Sie sagten: «Es gibt Leute, die Sie für einen grausamen Diktator halten.» Sie sagten noch mehr als das ... Um darauf antworten zu können, mußte ich auf die Logik zurückgreifen. Zuerst fragte ich sie, was denn ein Diktator sei. Ich antwortete: «Es ist jemand, der ausschließlich persönliche Entscheidungen trifft und per Verordnungen regiert.» Und ich fügte hinzu: «Reagan könnte man als Diktator anklagen.» Weiter sagte ich bei allem Respekt: «Man könnte sogar den Papst anklagen, ein Diktator zu sein, denn er regiert per Dekret, entscheidet über die Ernennung von Botschaftern, Kardinälen und Bischöfen. Das sind alles ausschließlich persönliche Entscheidungen, aber niemand hat den Papst je einen Diktator genannt.» Ich habe von der Kritik am internen System der Kirche vernommen, aber niemals jemanden sagen hören, der Papst sei ein Diktator.
Ich erklärte ihnen dann den Fall Kubas, daß ich keine Minister und keine Botschafter, nicht einmal die niedrigsten Funktionäre ernenne. Ich treffe keine einseitigen oder ausschließlich persönlichen Entscheidungen und regiere auch nicht per Verordnung. Ich habe vorhin schon erklärt, daß wir eine kollektive Führung haben, in der wir seit der Gründung unserer Bewegung alle grundsätzlichen Probleme diskutieren. Ich sagte ihnen weiter: «Mein Recht besteht darin, im Zentralkomitee, im Politbüro, im Exekutivkomitee des Ministerrates und in der Nationalversammlung zu sprechen und zu argumentieren. Und ich will nicht mehr Rechte.» Ich leugnete nicht, daß ich über Autorität und Ansehen verfüge in der Partei und beim Volk, so wie viele andere compañeros ebenfalls, auf die in unserem Land gehört wird. Und ich bin der erste, der sie anhört. Ich sagte: «Ich höre die anderen wirklich gerne an, um ihre Gesichtspunkte in Betracht zu ziehen.» Nachdem ich das alles erklärt hatte, fragte ich weiter: «Und was ist denn Grausamkeit?» Können denn Menschen grausam sein, die ihr ganzes Leben gekämpft haben gegen die Ungerechtigkeit, das Verbrechen, gegen den Mißbrauch, die Ungleichheit, den Hunger, das Elend, die Armut sowie die Vernichtung des Lebens von Kindern und Kranken – Menschen, denen es gelungen ist, allen Arbeitern eine Anstellung zu verschaffen und die Ernährung für alle Familien zu sichern. Dann sagte ich noch: «Was ist grausam? Wirklich grausam ist das kapitalistische System, das für die Exi-

stenz von so viel Elend und so viel Unheil verantwortlich ist. Grausam sind der Egoismus und die kapitalistische Ausbeutung.» Grausam ist der Imperialismus, der den Tod von Millionen von Menschen verursacht. Wie viele Menschen sind im Ersten Weltkrieg gestorben? Ich weiß nicht, ob es 14, 18 oder 20 Millionen waren. Und wie viele sind im Zweiten Weltkrieg gestorben? Mehr als 50 Millionen! Und wer verursachte diese Toten und die Katastrophen? Außer den Toten gibt es noch die Krüppel, die Blinden und die Invaliden, die in die Millionen gehen. Und wie viele wurden Waisen? Wie viele Güter wurden zerstört, wie viel menschliche Arbeit dem Erdboden gleichgemacht? Wer trug die Schuld daran? Das kapitalistische System in seinem Kampf um die Verteilung der Märkte und der Kolonien. Es war verantwortlich für Millionen Tote.

Wer also ist denn wirklich grausam: diejenigen, die für den Frieden kämpfen und dafür, dem Elend, der großen Armut und der Ausbeutung ein Ende zu setzen, diejenigen also, die gegen das System arbeiten, oder diejenigen, die es unterstützen und aufrechterhalten? In Vietnam haben die Yankees Millionen Menschen getötet und gegen dieses kleine Land, das um seine Unabhängigkeit kämpfte, mehr Bomben geworfen als insgesamt im Zweiten Weltkrieg eingesetzt wurden, wie ich schon gesagt hatte. Ist denn das nicht wirklich grausam? Kann man denn ein solches System demokratisch nennen?

Ich habe ihnen dann noch erklärt, daß Reagan nur von der Hälfte der Nordamerikaner gewählt wurde, mit 30 % der Stimmen der sogenannten Demokratie. Er verfügt über eine Macht, die die römischen Herrscher niemals gehabt haben, denn ein Verrückter wie Nero konnte zwar Rom anzünden – ich weiß nicht, ob das von Sueton Berichtete wahr oder erlogen ist, ob es geschichtliche Tatsache war oder eine Erfindung des Geschichtsschreibers, die besagt, er habe Rom in Flammen gesetzt und sich das, auf der Lyra spielend, angesehen. Es scheint sicher, daß die Imperatoren an den Zirkusspielen teilnahmen, wo sich die Kämpfer gegenseitig töteten und die Christen von den Löwen aufgefressen wurden. Die heutigen Imperatoren haben aber noch mehr Vollmachten. Reagan kann eine Atomrakete zünden, die viel schlimmer ist als das, was in Rom unter Nero geschah. Mit einer Atomrakete können Katholiken, Buddhisten, Moslems, Hindus, Anhänger von Konfuzius in China, aber auch Parteigänger von Deng Xiaoping und Mao Tsetung beseitigt werden. Reiche und Arme, Bettler und Multimillionäre, Junge und Alte, Kinder und Erwachsene, Männer und Frauen, Bauern und Großgrundbesitzer, Arbeiter und Angestellte, Intellektuelle und Freiberufliche, alle können mit dieser Atomrakete vernichtet werden. Ich glaube nicht, daß Reagan in diesem Augenblick Zeit hätte, auf der Lyra zu spielen, während die Welt in einem Atomfeuer brennt; denn die Wissenschaftler haben ja festgestellt, daß das Leben innerhalb weniger Stunden oder Minuten vom Angesicht der Erde verschwinden würde, mit Ausnahme einiger Insekten, die in der Lage sind, den radioaktiven Strahlungen zu widerstehen. Reagan hat die Macht, aus dieser Welt eine Welt der Kakerlaken zu machen. Er besitzt ein Köfferchen mit nuklearen Geheimcodes, und er weiß, daß er den Atomkrieg auslösen kann. Auf diese Weise haben die heutigen Herrscher wesentlich mehr Macht als die anderer Zeiten. Weil das von außen nichts Grausames an sich hat, sprechen sie von Demokratie. Alle diese Länder, die so viele Verteidigungsreden auf die Demokratie halten: England, die Bundesrepublik, Italien, Spanien usw., alle sind sie Mitglieder der NATO – eine Demokratie, die sich durch Arbeitslosigkeit kennzeichnen läßt: 3 Millionen Arbeitslose in Spanien, 3 Millionen in Frankreich, 3 Millionen in England und 2,5 Millionen in Westdeutschland.

Aber ich will nicht weiter in die Einzelheiten gehen, und ich schränke ein, daß es Fortschritte gegeben hat. Das heutige Europa ist nicht das Europa des Mittelalters und der Eroberungen, das Europa, das religiös Andersgläubige bei lebendigem Leib verbrannte, das Europa der Kolonien. Es ist das Europa des Neokolonialismus und des imperialistischen Systems. Aber selbst wenn ich einräume, daß es Fortschritte gegeben hat, dann weiß ich trotzdem nicht, worauf die Europäer so stolz sind, ob es vielleicht die seit einigen Jahren erreichten Fortschritte sind, seit sie vom Faschismus und den Massakern der letzten Weltkriege, die sie selbst ausgelöst hatten, befreit sind. Ich habe sie allerdings nie in eindeutiger und entschiedener Weise historische Kritik üben sehen an den Jahrhunderten der Sklaverei, der Ausbeutung und der Greueltaten, mit denen sie die Welt überzogen. Und ich sehe, daß sie die Welt immer noch einer großen Ausbeutung unterwerfen, angefangen damit, daß ihre Entwicklung von der Dritten Welt finanziert wird. Das alles wurde ermöglicht durch das Gold, das sie den alten Kolonien raubten, zusätzlich zu dem Blut und dem Schweiß der Männer, der Frauen und der Kinder, auf Kosten derer sie eine kapitalistische Gesellschaft errichteten, die, wie Marx sagte, im Blut entstand, das zu allen Seiten hervorsprudelte.

Ich weiß wirklich nicht, wie sie so stolz sein können und sich für demokratischer halten können, als wir es sind, die Sklaven, die Kolonisierten, die Ausgebeuteten von gestern, die Überlebenden derer, die gestern ausgerottet wurden, die wir auf diesem Land gelebt haben, das sich die großen Konzerne der Vereinigten Staaten und der anderen Imperialmächte angeeignet haben. In Kuba haben wir dann gekämpft und uns von all dem befreit; heute sind wir selbst die Herren unserer Reichtümer und der Frucht unserer Arbeit, die wir nicht nur selbst genießen, sondern auch mit anderen Ländern teilen. Wir sind nicht mehr die Sklaven, die Kolonisierten und Neokolonisierten, die Ausgebeuteten und Analphabeten, die Kranken und Bettler von gestern. Durch eine wirkliche gesellschaftliche Revolution haben wir das gesamte Volk geeint: Arbeiter, Bauern, Handwerker und Intellektuelle, Studenten, Jugendliche und Alte, Männer und Frauen. Weil wir unser Leben den Interessen des Volkes gewidmet haben, zählen wir immer auf die entschiedene Unterstützung und das Vertrauen der großen Mehrheit unserer Landsleute.

Man kann doch nicht sagen, daß die westlichen Regierungen, die sich so gerne selbst loben, auf die Mehrheit des Volkes zählen können. Vielleicht einige Tage nach der Wahl! Reagan zum Beispiel: Bei seiner ersten Wahl stimmten ungefähr 50 % der Wahlberechtigten ab, und weil es drei Kandidaten gab, erhielt er weniger als 30 % der Stimmen aller nordamerikanischen Wähler. So gelang ihm der Wahlsieg. Die Hälfte der Nordamerikaner stimmte nicht einmal ab, weil sie nicht daran glauben. In der zweiten Wahl schließlich erhielt Reagan nicht viel mehr als 30 % der Stimmen derer, die in den Vereinigten Staaten wahlberechtigt sind.

Andere werden mit einer Mehrheit von über 50 % der Wahlberechtigten gewählt, aber im allgemeinen dauert diese Unterstützung nicht länger als ein oder zwei Jahre und beginnt dann abzunehmen. Das ist der Fall bei der Premierministerin von England, dem französischen Staatspräsidenten, den Premierministern von Italien, Westdeutschland, Spanien usw. Schon wenige Monate nach den Wahlen gehen sie dazu über, nur mit der Unterstützung einer Minderheit des Volkes zu regieren. Dennoch werden sie als Modelle betrachtet.

Wahlen in Kuba

Eine Wahl alle vier Jahre! Diejenigen, die vor vier Jahren für Reagan gestimmt haben, konnten seitdem nicht wieder in die Politik der Vereinigten Staaten eingreifen, einfach deswegen, weil Reagan das Kriegsbudget selbst macht, den Krieg der Sterne vorbereitet, alle Arten von Raketen und Waffen produziert, jede Art von Komplikationen bereitet, in Ländern interveniert und sie invadiert, die Marines überall hinschickt, ohne daß er irgend jemanden vorher zu befragen hätte. Mit seinen ausschließlich persönlichen Entscheidungen – ohne daß er vorher seine Wähler um ihre Meinung bitten müßte – kann er die Welt in den Krieg führen. Ich versichere Ihnen, daß in diesem Land Entscheidungen zu wichtigen Fragen niemals ausschließlich persönlich getroffen werden, denn wir haben eine kollektive Führung, wo diese Fragen diskutiert und analysiert werden. An unseren Wahlen nehmen mehr als 95 % der Wähler teil. Die Kandidaten werden von der Basis aufgestellt, von den Delegierten der Wahlbezirke. In den großen Städten versammeln sich in jedem Wahlbezirk ungefähr 1 500 Bürger, in anderen Städten 1 000, in den ländlichen Gegenden oder in speziellen Wahlbezirken weniger als 1 000. Die Bürger wählen einen Delegierten, der von den Nachbarn vorgeschlagen wird. Es gibt im Land ungefähr 11 000 Bezirke, d. h. einen Delegierten für je 910 Bürger. Diese Delegierten werden nicht von der Partei aufgestellt, sondern direkt von der Versammlung der Nachbarn, die in jedem Bezirk mindestens zwei und höchstens acht Kandidaten aufstellen können. Gewählt ist, wer 51 % der Stimmen erhält; andernfalls gibt es einen zweiten Wahlgang. Die Delegierten ihrerseits wählen die Staatsorgane Kubas: die Vertreter für die Gemeindeversammlung und die Provinzversammlung sowie die Abgeordneten der Nationalversammlung.[35] Mehr als die Hälfte der Mitglieder der Nationalversammlung sind Abgeordnete, die als Kandidaten der Basis aufgestellt und gewählt wurden. Ich gehöre zum Beispiel zur Nationalversammlung; ich wurde aufgestellt und gewählt von den Basisdelegierten des Munizips Santiago de Cuba, genau dort, wo unser revolutionärer Kampf begonnen hat.

Diese Basisdelegierten sind die Sklaven des Volkes, denn sie müssen in Überstunden hart arbeiten und verdienen nichts über den Lohn in ihren gewöhnlichen Berufen hinaus. Alle sechs Monate müssen sie ihren Wählern Rechenschaft ablegen; sie können jederzeit von ihren Wählern wieder abgesetzt werden. Das setzt die Mehrheit des Volkes voraus. Wenn die Revolution nicht von der Mehrheit des Volkes unterstützt würde, könnte sich die revolutionäre Macht nicht halten.

Unser gesamtes Wahlsystem basiert auf der Mehrheit des Volkes. Unsere revolutionären Konzeptionen gehen von der Prämisse aus, daß diejenigen, die für das Volk kämpfen und arbeiten und die Aufgabe übernehmen, eine Revolution voranzubringen, immer die Unterstützung der großen Mehrheit des Volkes haben werden, denn unabhängig von dem, was andere sagen, gibt es niemanden, der dankbar wäre oder die Anstrengungen, die unternommen werden, eher anerkennen würde als das Volk. Wenn in anderen Ländern das Volk für eine große Menge von Leuten stimmt, die es nicht verdienen, daß sie gewählt werden, dann gewährt in einer Revolution,

---

[35] Zum Aufbau der politischen Organisation vgl. das Diagramm von M. Franzbach, Kuba. Materialien zur Landeskunde, Frankfurt ²1986, 68.

die sich mit dem Volk identifiziert, dieses Volk seine absolute Unterstützung immer jener Macht, die seine wirklichen Interessen vertritt. Wie ich Ihnen schon sagte, kann in Kuba der Bürger wirklich sagen: «Der Staat bin ich!», denn er ist der Verantwortliche, die Autorität, das Heer, er ist derjenige, der die Waffen hat und auch die Macht. Es ist daher unmöglich, daß hinter einer solchen Revolution nicht die Mehrheit des Volkes steht, was auch immer die Irrtümer sein mögen, die von den Revolutionären begangen wurden – insofern sie diese schnell und rechtzeitig zu korrigieren wußten. Es muß sich um rechtschaffene Männer und Frauen und um eine wirkliche Revolution handeln.

Deswegen sage ich Ihnen, daß alles, was über diese Revolution gesprochen wird, eine ungeheure und gigantische Lüge ist, denn es kann keine Demokratie und Freiheit geben ohne Gleichheit und Brüderlichkeit. Alles andere ist eine Fiktion, ist Metaphysik, so wie viele der sogenannten demokratischen Rechte, wie zum Beispiel das Recht der Pressefreiheit. Was tatsächlich existiert, das ist die Eigentumsfreiheit der Medien. In den berühmtesten Zeitungen der Vereinigten Staaten, der *Washington Post* oder der *New York Times,* darf kein wirklicher Dissident des Systems schreiben. Man kann jede der beiden Parteien analysieren, die abwechselnd die Vereinigten Staaten regieren und alle Ämter beanspruchen und monopolisieren, man wird bei ihnen keinen einzigen Kommunisten finden. Man wird auch keinen Kommunisten im Radio oder im Fernsehen sprechen hören, denn diejenigen, die tatsächlich vom kapitalistischen System abweichen, haben keinen Zugang zu den Medien. Das ist eine Freiheit für den, der innerhalb des Systems steht und damit übereinstimmt. Das sind diejenigen, welche die öffentliche Meinung bilden, einschließlich der politischen Überzeugungen der Bevölkerung. Und dennoch nennen sie sich Demokraten.

Wir sind da ein wenig ehrlicher, hier gibt es keinen Privatbesitz von Medien. Die Studenten, die Arbeiter, die Bauern, die Frauen, die Massenorganisationen sowie die Partei und der Staat haben ihre Organe zur Nachrichtenverbreitung. Wir entwickeln unsere Demokratie über unsere Wahlverfahren und vor allem über die ständige Kritik und Selbstkritik der kollektiven Leitung, unter weitestgehender und ständiger Beteiligung des Volkes. Ich möchte, daß Sie wissen, daß ich hier nicht einmal einen Botschafter ernenne – wenn ich auch meine Meinung zu einem Vorschlag äußern kann – oder einen Funktionär, denn wir haben ein Vorschlagssystem für Ämter und Verantwortlichkeiten, das auf der Basis von Kapazität und Verdienst funktioniert. Ich treffe keine ausschließlich persönlichen Entscheidungen, um einen bescheidenen Funktionär des Staates zu ernennen – das kann

ich nicht, und ich will es nicht. In aller Offenheit halte ich in der Tat unser System für tausendmal demokratischer als das kapitalistische oder imperialistische System der entwickelten Länder, einschließlich der Länder der NATO, die die Welt ausplündern und uns auf unverschämteste Weise ausbeuten. Unser System ist sehr viel gerechter und demokratischer. Das ist es, was ich dazu sagen kann, und ich bedauere, wenn ich irgend jemanden verletzt habe, aber Sie hatten mich verpflichtet, mit Klarheit und Aufrichtigkeit zu sprechen.
Frei Betto: Das ist gut, Kommandant, das sind christliche Tugenden.
Fidel Castro: Das ist ja prächtig, ich bin völlig damit einverstanden und unterschreibe sie.

Exportiert Kuba die Revolution?

Frei Betto: Eine andere Frage: exportiert Kuba die Revolution?
Fidel Castro: Darüber habe ich schon so oft gesprochen, Frei Betto. Aber ich werde das noch einmal zusammenfassen. Es ist nicht möglich, die Bedingungen zu exportieren, die eine Revolution begünstigen. Wie kann man eine Auslandsschuld von 360 Billionen Dollar exportieren? Wie kann man einen Dollar exportieren, der zwischen 30 und 50 % überbewertet ist? Wie kann man Zinsrückstände in Höhe von über 10 Billionen Dollar exportieren? Wie kann man die Maßnahmen des Internationalen Währungsfonds (IWF) exportieren? Wie kann man den Protektionismus exportieren, das Dumping, den ungleichen Handel, das Elend und die Armut, die in den Ländern der Dritten Welt noch herrschen? Und genau diese Faktoren bestimmen die Revolutionen. De facto können sie nicht exportiert werden, erst recht nicht von einem revolutionären Land. Die Politik der Vereinigten Staaten, Reagan, der Internationale Währungsfonds und das ungerechte System der internationalen Wirtschaftsbeziehungen sind grundlegende Faktoren der Subversion in Lateinamerika und in der Dritten Welt. Ich glaube, es ist zu einfach, künstlich und idealistisch von dem Export der Revolution zu sprechen. Man kann Ideen, Kriterien und Meinungen entwickeln und sie in der Welt verbreiten. Fast alle Ideen, die es in der Welt gibt, wurden irgendwo entwickelt und haben sich dann an anderen Orten verbreitet.
Sie hatten von den Demokratien gesprochen. Dieser Begriff der bürgerlichen Demokratie ist in Europa mit den französischen Enzyklopädisten entstanden und hat sich dann in der Welt ausgebreitet. Es waren nicht die Ideen der Azteken, der Inkas oder der Siboney in Kuba. Auch das Christentum war nicht die Religion der Azteken, der Inkas oder der Siboney,

und heute ist es die Religion vieler Menschen unserer Hemisphäre. Nicht einmal die Sprache, die wir sprechen, war unsere. Und es ist nur allzu berechtigt, daß wir den Verlust beinahe des gesamten Reichtums der Sprachen der Einheimischen beklagen. Eines der wenigen guten Dinge der Kolonisation war, daß sie uns eine einheitliche Sprache gegeben hat, mit der wir uns von Mexiko bis Patagonien verständigen können. Sogar Brasilianer, Kubaner, Argentinier und Venezolaner können sich verstehen. Ist denn etwa das Spanische autochthon, das Portugiesische oder das Englische, das auf den Karibischen Inseln gesprochen wird? Nein, diese Sprachen sind genauso importiert worden wie alle philosophischen, politischen, religiösen und literarischen Ideen, die sich in der Welt ausgebreitet haben. Und es sind nicht nur die Ideen, das geht bis hin zum Kaffee, der aus der anderen Hälfte der Welt kommt, oder zu den Produkten, die von hier stammen, wie der Kakao, die Tomate, der Mais und ein Gift, der Tabak – sie verbreiteten sich von hier aus in die Welt. Die Pferde, die es in Lateinamerika gibt, kamen wie die Kühe und die Schweine, die heute einen wichtigen Faktor in der Ernährung darstellen, aus anderen Kontinenten. – Ich gebe zu, daß Ideen sich ausbreiten, das ist eine geschichtliche Tatsache, und niemand kann sie leugnen. Aber es ist kindisch und lächerlich, von der Propagierung exotischer Ideen zu sprechen. Ich bin davon überzeugt, daß die Reaktionäre große Angst vor diesen Ideen haben. Wenn sie nicht einen solchen Horror davor hätten, würden sie nicht so viele antisozialistische, antimarxistische und antikommunistische Kampagnen veranstalten. Man kann Ideen verbreiten, aber man kann keine Revolutionen exportieren. Es sind die Krisen, die Ideen hervorbringen, und nicht die Ideen, die Krisen erzeugen. Es ist also ein Zeichen von Ignoranz, vom Export der Revolution zu sprechen.
Man kann Sympathie bekunden und Solidarität, man kann eine Revolution politisch und moralisch unterstützen. Man kann sogar wirtschaftliche Hilfestellung leisten, so wie sie Kuba nach dem Sieg der Revolution erfahren hat. Ob jedoch jemand die Revolution nach Kuba exportiert hat? Niemand! Zur Durchführung der Revolution hat uns niemand auch nur einen Centavo aus dem Ausland geschickt, auch nicht eine einzige Waffe, außer einigen wenigen Gewehren in der Endphase, die von einer erst kürzlich errichteten demokratischen Regierung Lateinamerikas stammten. Wir haben den Krieg allein geführt, und das beweist, daß man ihn nur auf autonome Weise führen kann, man kann ihn nicht exportieren. Was allerdings eintreten kann, das ist das Phänomen der Verbreitung und der Expansion revolutionärer Ideen, die nicht die Mütter von Krisen sind, sondern deren Töchter. So jedenfalls haben wir argumentiert. Und so lachen

wir darüber, wenn wir jemanden über die These vom Export der Revolution sprechen hören.

Die Auslandsverschuldung

Frei Betto: Kommandant, der erste Teil dieses Buches bezieht sich auf Ihre Gespräche mit Joelmir Beting über die Frage der Auslandsverschuldung der Dritten Welt. Ich bitte Sie um eine kurze Darlegung Ihrer Vorschläge zur Lösung dieses Problems.

Fidel Castro: Sie waren bei den Gesprächen mit Joelmir Beting anwesend, als wir Eindrücke und Standpunkte ausgetauscht haben. Ich habe ihn eingeladen, weil ich wußte, daß Joelmir einer der hervorragendsten Journalisten und Wirtschaftsanalytiker Brasiliens ist. Im allgemeinen mag ich es nicht, Stellungnahmen abzugeben, wenn ich nicht über die entsprechenden Informationen zu dem Problem verfüge. In diesen Dingen bin ich sehr vorsichtig. Die Zahlen, die ich hier anführe, sind die konservativsten. Wenn es verschiedene Zahlen gibt, gehe ich nämlich am liebsten von den bescheidensten aus. Das reicht schon aus, denn sie offenbaren, daß wir vor einer unglaublichen Katastrophe stehen.

Joelmir konnte nach der demokratischen Öffnung Brasiliens hierherkommen – ich glaube nicht, daß es für ihn jetzt noch ein Problem war –, und wir unterhielten uns über wirtschaftliche Fragen. Wir haben Brasilien eine große Bedeutung beigemessen, sein Gewicht auf dieser Hälfte des Kontinents ist erheblich: aufgrund seiner Produktion, seiner natürlichen Ressourcen, seiner wirtschaftlichen Entwicklung und aufgrund einer Reihe anderer Umstände. Wie ich schon in anderen Interviews gesagt habe, besaß ich nicht so viele Informationen über Brasilien. Aber ich hatte schon lange verstanden, daß die brasilianischen Militärs nicht so gehandelt hatten wie die chilenischen, argentinischen oder uruguayischen Militärs. Diese haben ihr Land tatsächlich ausgeliefert: Sie haben die Zollschranken aufgehoben, die Lehren der Chicagoer Schule angewandt, das Land in den Ruin getrieben und außerdem enorme Schulden gemacht. Die brasilianischen Militärs haben versucht, ihre Industrie vor ausländischer Konkurrenz zu schützen, auch wenn sie die Tore für Investitionen der großen multinationalen Konzerne geöffnet haben. Joelmir erklärte mir die Entwicklungskonzepte, die in Brasilien angewandt wurden und die die Verschuldung verursacht haben. In einer bestimmten Phase gab es große Investitionen in verschiedenen Bereichen, wie im Energiesektor. Viele dieser Investitionen erfolgten durch staatliche Unternehmen; nach dem, was er mir sagte, waren das 70 % der großen Investitionen, wenn ich ihn recht verstanden habe. Der größte Teil der Auslandsverschuldung wurde hervorgerufen durch die großen Wasserkraftwerke und die Expansion des Energiesystems. Weiter führte er aus, daß das Syndrom der Ölpreiserhöhung auf eine mittlere Marke von 80 Dollar pro Barrel die Verschuldung mit beeinflußt hat. Die Militärregierungen Brasiliens übernahmen eine Anzahl von Theorien des Pentagons und gewisser nordamerikanischer Spezialisten. Schließlich sprach er von den Faktoren, die eine Reihe von Investitionen förderten, die ungeheure Schulden zur Folge hatten. Er sagte, daß zu einem bestimmten Zeitpunkt bis zu 30 % des Bruttosozialproduktes investiert wurden, von denen 20 % aus dem nationalen Bruttosozialprodukt kamen und die restlichen 10 % aufgeteilt waren auf 5 % Auslandskredite und 5 % Ausgabe von Neugeld. Er erläuterte mir, daß diese Mechanismen die Ursache waren für die Inflation und für unzählige andere Probleme.

Dann analysierten wir die internationalen Faktoren, die diesen Prozeß beeinflußt hatten, vor allem den Verfall der Exportpreise, die ungleichen Handelsbedingungen, die protektionistischen Maßnahmen und das Dumping. Wir analysierten diese Probleme nicht so sehr als Kubaner und Brasilianer, sondern als Menschen der Dritten Welt, die ihre Situation kennen wollen, um dann nach möglichen Lösungen zu suchen. Das war für uns sehr interessant. Wie Sie wissen, habe ich eine Gruppe der wichtigsten Männer der Regierung zu einer Konferenz mit Joelmir versammelt, auf der wir alle diese Probleme ausführlich diskutiert haben.

Es handelt sich dabei um eine grundlegende Frage in der Gegenwart Lateinamerikas. Ich meine, daß wir tatsächlich vor einer tragischen und dramatischen Situation stehen. Wie ich schon sagte, ist diese Krise schlimmer als die von 1930. Trotz allem waren die Erlöse unserer Exporte 1930 höher, und es gab mehr Kaufkraft als jetzt. Die Bevölkerung betrug nur ein Viertel der heutigen Zahl. Die Probleme haben sich heute vervielfältigt, denken wir etwa an die großen Städte.

Mexico City mit seinen 18 Millionen Einwohnern steht vor unglaublichen Problemen, laut Informationen der mexikanischen Ökologen. Sie sagen beispielsweise, daß die Stadt 2 Millionen Arbeitslose hat, ½ Million Verbrecher und 600 bis 700 Menschen, die aus der ländlichen Zone abwandern und Tag für Tag in die Hauptstadt kommen. Die Wälder verschwinden, die Luft wird immer stärker verschmutzt; ungefähr 500 Tonnen chemischer Rückstände werden pro Stunde von den Autos, den Bussen und den Fabriken in die Luft abgegeben. In einer Höhe von 2 200 Metern gibt es sowieso schon wesentlich weniger Sauerstoff. Innerhalb von 14½ Jahren wird es 34 Millionen Einwohner in der Hauptstadt geben, und sie werden

keinen Sauerstoff zum Atmen haben. 6 Millionen der 18 Millionen Einwohner von Mexico City verrichten ihre Notdurft unter freiem Himmel. Das ergibt 20 000 Tonnen menschlicher Exkremente, deren Gestank im Sommer durch die Nord- und Nordostwinde über die Stadt verteilt wird und eine Reizung der Augen und der Atemwege verursacht. Detaillierte Studien wurden darüber verfaßt. Überall gibt es dieselben Probleme: in São Paulo, in Rio de Janeiro, in Bogotá und in Caracas. Dieser unhaltbare Wasserkopf wächst immer weiter. Das hat es in den 30er Jahren nicht gegeben, und wir hatten damals keine Schulden von über 360 Milliarden Dollar.
Aus Anlaß der «Allianz für den Fortschritt», deren Intention es war, einige Veränderungen in die Wege zu leiten und damit Revolutionen zu verhindern, schlug Kennedy ein Investitionsprogramm in einer Größenordnung von 20 Milliarden Dollar vor, für einen Zeitraum von 10 bis 15 Jahren. Jetzt allerdings haben wir die doppelte Bevölkerung und drei- oder viermal mehr soziale Probleme, als wir damals hatten, und jedes Jahr müssen wir größere Summen bezahlen. Allein an Zinsen müssen wir in den nächsten 10 Jahren 40 Milliarden Dollar pro Jahr bezahlen, mehr als 10 Milliarden haben wir durch Kapitalflucht verloren: Das macht 50 Milliarden insgesamt. Rechnet man dazu, was uns die Überbewertung des Dollars kostet, aus welcher der Verfall unserer Preise resultiert, und das Phänomen des ungleichen Handels – wir haben dadurch im Jahre 1984 mehr als 20 Milliarden Dollar verloren –, dann kann man sich ausrechnen, daß dieser unterentwickelte Kontinent mit seinen fast 400 Millionen Einwohnern und so vielen Problemen, die sich hier zusammenballen, etwa 70 Milliarden Dollar an die industrialisierten, reichen Länder zahlt, während er durch Investitionen und Kredite nur 10 Milliarden erhält. Es liegt auf der Hand, daß wir 60 Milliarden Dollar verlieren.
Dieser Zustand ist unhaltbar: Er ist sachlich, politisch und auch moralisch unhaltbar. Deshalb verteidigen und beweisen wir mathematisch, daß die Schulden absolut unbezahlbar sind. Ich bin ein Anhänger der vollständigen Streichung der Schulden – des Kapitals und der Zinsen. Ich betrachte dabei auch die historischen Ursachen, und auch der moralische Faktor spielt eine große Rolle, denn alles, was mit den Ländern der Dritten Welt jahrhundertelang gemacht wurde, ist moralisch nicht zu rechtfertigen. Sie haben uns ausgeplündert, und sie tun es immer noch. Hunderttausende von Menschen sind hier bei der Arbeit in den Minen gestorben, um die Entwicklung der industrialisierten Welt zu finanzieren, die uns insgesamt viel mehr geraubt hat, als wir ihr schulden. Es gibt also eine moralische Dimension. Wenn ich aber einmal nur die wirtschaftliche Ebene be-

trachte, dann ist es mathematisch unmöglich, die Schulden zu bezahlen. Und es ist auch unmöglich unter einem politischen Aspekt, denn das Heer und die Polizei wären gezwungen, gegen das Volk vorzugehen, es zu ermorden. Wie viele Ströme von Blut würden diese Schulden kosten! Schließlich ist es moralisch ebenfalls unhaltbar, das Volk zu töten und sein Blut zu vergießen, um den großen Ausbeutern ihre Schulden zurückzuzahlen.

Wie wurden diese Schulden gemacht? Wem sind sie zugute gekommen? Ein großer Teil dieses Geldes ist in die industrialisierten Länder zurückgeflossen, wurde in Waffen investiert oder vergeudet, fehlgeleitet oder gestohlen – wenn ich auch zugebe, daß einiges für bestimmte Entwicklungsprozesse oder Werke der Infrastruktur angelegt wurde. So glauben wir, daß jetzt der Augenblick gekommen ist, nicht nur für die Streichung der Schulden zu kämpfen, sondern auch alle Probleme zu lösen, die durch sie hervorgerufen wurden, und das ungerechte System der internationalen Wirtschaftsbeziehungen zu beseitigen, mit seinem ungleichen Handel, der protektionistischen Politik, dem Dumping, den hohen Zinsen, der Geldmanipulation und all diesen Dingen, die allen lateinamerikanischen Politikern, Staatsmännern und Wirtschaftlern wohl bekannt sind. Es muß für die Neue Weltwirtschaftsordnung gekämpft werden, die vor fast 10 Jahren von den Vereinten Nationen einmütig verabschiedet wurde. Dies ist die These, die wir vertreten.

Die Rechnungen beweisen, daß wir nicht zahlen können. Wir haben mit vielen Leuten gesprochen, und sie haben uns versichert, daß sie unbezahlbar sind. Ich kenne niemanden, der nicht davon überzeugt ist. Wie sollen wir das Problem angehen? Einige befürworten ein Moratorium für 10 Jahre, einschließlich der Zinsen. Die Form, in der das erreicht wird, ist nicht so entscheidend, ob sie nun mehr oder weniger diplomatisch, liebenswürdig und elegant ist oder nicht. Ich denke, wenn uns ein Moratorium für 10 Jahre einschließlich der Zinsen tatsächlich gelingt, dann kommt das einer Streichung der Schulden praktisch gleich. Die Verschuldungshöhe danach wäre noch astronomischer und erst recht unbezahlbar. Dies wäre der Weg, die Streichung der Schulden zu erreichen. Allerdings brauchen wir dafür die Einheit. Das ist sehr bedeutsam, wir haben ja bereits vom Klassenkampf gesprochen und von anderen Problemen. Wir betonen die Notwendigkeit der Einheit innerhalb der Länder und der Länder untereinander, um diesen Kampf voranzubringen.

Natürlich handelt es sich um ein allgemeines Prinzip, und man muß untersuchen, wie es in jedem konkreten Fall aussehen kann. – Chile ist ausgeschlossen, da es dort nicht möglich sein wird, eine interne Einigkeit herzustellen. Einige Länder sind nicht in der Lage, das Prinzip der Möglichkeit einer internen Einigung umzusetzen. Aber in diesen Fällen können die Oppositionsparteien und die verschiedenen Kräfte für das Ziel kämpfen, die Schulden zu streichen oder für null und nichtig zu erklären. Ich glaube, daß sich das Regime von Pinochet selbst bei einer Streichung der Schulden nicht retten kann, dafür ist es viel zu isoliert und hat sich zu starker Haß angestaut; das Regime von Pinochet ist in zu hohem Maß mitverantwortlich für dieses Problem, als daß es überleben könnte. Es wäre absolut unmöglich, wenn das Volk von Chile in einem späteren demokratischen Prozeß die enormen Schulden bezahlen müßte, die Pinochet verursacht hat. Aber als Regel schlagen wir die Einheit der Länder vor, um diesen Kampf voranzutreiben. Mir scheint, daß die Einheit unter den lateinamerikanischen Ländern und unter den Ländern der Dritten Welt allgemein die entscheidende Frage ist, denn alle Länder sind von demselben Problem stark betroffen.

Wir sind dabei, Einheitsformeln vorzuschlagen: Es ist eine innere Einheit unabdingbar, um die notwendigen Kräfte zu sammeln und diese Schlacht vorantreiben zu können. Es ist aber auch eine Einheit vonnöten, um die wirtschaftlichen Probleme korrekt angehen, ja sogar um Opfer fordern zu können für die Entwicklung des Landes und die Schaffung der notwendigen Reichtümer, mit denen wir das abgrundtiefe soziale Elend auf unserem Kontinent lösen wollen. Opfer sollen verlangt werden für die Entwicklung, nicht für die Unterentwicklung, für Investitionen innerhalb des Landes, nicht zur Tilgung der Schulden, die ohnehin nicht rückzahlbar sind. Alle Länder Lateinamerikas und der Dritten Welt müssen sich zusammenschließen, um diesen Kampf für die Streichung der Auslandsverschuldung und für die Neue Weltwirtschaftsordnung zu führen. Ohne die einfache Streichung der Auslandsverschuldung wäre letztere nur ein Trostpflaster, ohne daß die grundlegenden Ursachen des Problems gelöst würden.

Wir plädieren damit nicht für den Zusammenbruch der Gläubigerbanken oder des internationalen Finanzwesens. Ein wichtiger Teil unseres Vorschlags besteht darin, daß die reichen und mächtigen Gläubigerstaaten die Bürgschaft für die Verantwortung der Schulden bei ihren Banken übernehmen und dafür ungefähr 12 % ihrer Militärausgaben reservieren, die heute schon 1 Billion Dollar pro Jahr übersteigen. Mit diesem unbedeutenden Teil von 12 % könnte dem Problem der Auslandsverschuldung begegnet werden.

Ich glaube, daß wir die Schlacht gewinnen werden – wir müssen sie gewinnen, schon aus Gründen des Überlebens –, und wir werden die Neue

Weltwirtschaftsordnung durchsetzen. Vielleicht werden dann die Militärausgaben um 30 % reduziert werden müssen, um das Problem der Schulden zu lösen und die Neue Wirtschaftsordnung zu realisieren. Den reichen und mächtigen Ländern blieben dann immer noch 700 Milliarden Dollar, die sie in genügend Waffen investieren können und mit denen sie dann leider immer noch die Erdbevölkerung mehrmals vernichten können.

Das ist eine Form, diese ökonomischen Probleme zu lösen, ohne daß den Steuerzahlern der Gläubigerländer neue Steuern auferlegt und ohne daß den Bankkunden dieser Länder Verluste verursacht würden. Und mehr noch: die Welt würde aus der großen Wirtschaftskrise herausgeführt, die sie zur Zeit bedroht; denn die Dritte Welt würde nach einer Streichung der Auslandsschulden und angesichts neuer gerechter internationaler Wirtschaftsbeziehungen über eine zusätzliche Kaufkraft von 300 Milliarden Dollar verfügen. Dies würde den Arbeitsmarkt in den industrialisierten Ländern ankurbeln, die im wesentlichen nicht finanzielle Probleme haben, sondern Schwierigkeiten mit der Arbeitslosigkeit. Unser Vorschlag würde die Zahl der Arbeitslosen reduzieren, das industrielle Potential der entwickelten kapitalistischen Länder vergrößern, den Gewinn der Exporteure und der Industrien steigern, die für den Export produzieren, aber auch den Gewinn jener Industrien, die für den einheimischen Verbrauch produzieren – wenn es mehr Arbeitsplätze gibt, wird der interne Konsum ebenfalls steigen. Sogar die Gewinne der ausländischen Investoren würden anwachsen, die Banken und das Weltfinanzsystem würden nicht zusammenbrechen.

Ich analysierte dieses Problem von allen Seiten; ich habe unzählige Berechnungen angestellt und sehe keine andere Lösung. Ohne eine solche Lösung wird sich die Wirtschaftskrise verschärfen, die industrialisierte Welt wird aus ihren Krisen nicht herauskommen, und es wird unkontrollierbare soziale Explosionen in Lateinamerika geben, die auf die eine oder andere Weise durchaus revolutionären Charakter tragen können. Die Prozesse der demokratischen Öffnung, wie sie in Argentinien, Uruguay, Brasilien und in vielen anderen Ländern vor sich gehen, wären sofort beendet. Niemand kennt das Resultat derartiger revolutionärer gesellschaftlicher Prozesse, in die Militärs und Zivilisten verwickelt sein werden, denn das Problem der Verschuldung muß auf irgendeine Weise gelöst werden. Irgend jemand muß Geburtshelfer einer veränderten Situation sein. Die Geburt ist unvermeidlich; sie ist nicht abhängig von Interpretationen und kann auch nicht bloß durch technische Formeln gelöst werden, sondern einzig mit realen Maßnahmen.

Irgend jemand hat mich gefragt, welche Lösung ich als Revolutionär bevorzugen würde? Ich habe geantwortet, daß ich eine Lösung bevorzuge, die der Krise angepaßt ist, eine möglichst wenig traumatische Geburt. Ich ziehe es vor, daß diese Kettenreaktion in einer Situation, in der wir uns dem kritischen Punkt nähern, so abläuft wie in einem Atomreaktor, nämlich kontrolliert. Ich will keine unkontrollierbare Explosion. Wichtiger als eine, zwei, drei, vier oder fünf Revolutionen ist in diesem Augenblick ein Ausweg aus der Krise, die Errichtung der Neuen Weltwirtschaftsordnung und die Schaffung von Bedingungen für eine wirkliche Entwicklung. Dadurch stünden in Zukunft die Mittel zur Lösung der sozialen Probleme bereit, und es wäre die Unabhängigkeit gegeben, tiefgreifende soziale Veränderungen einzuleiten, die auf kurze und mittlere Sicht unvermeidlich sind. Jedes Land muß entscheiden, was es selbst für angebracht hält. Wir wollen uns hinsichtlich der internen Maßnahmen, die angewandt werden müssen, um die Krise zu lösen, nicht einmischen. Was wir vorschlagen, ist eine Strategie der Einheit. Sie ist das Gegenteil von dem, was man als Subversion betrachten könnte; Subversion ist das, was die Vereinigten Staaten und die Administration Reagan beschleunigt fördern mit ihrer egoistischen und absurden Wirtschaftspolitik, dem Internationalen Währungsfonds und der Ausplünderung, deren Opfer wir sind. Sie werden eine Kettenreaktion hervorrufen und eine mögliche, unorganisierte Explosion. Ich stelle die Zweckmäßigkeit einer geordneten Kettenreaktion dagegen. Ich glaube, die Verschuldungsfrage ist das Schlüsselproblem unserer Zeit, und niemand kann sich für politisch halten, der diese Situation versteht, die entsprechenden Daten nicht berücksichtigt und sich nicht im klaren darüber ist, daß an einer ernsthaften Lösung der Frage kein Weg vorbeiführt.
Wir sind ganz ruhig, denn unsere Position ist überdacht, bewußt und konstruktiv. Jetzt werden wir die Ereignisse abwarten. In diesem Augenblick obliegt die Option den politischen Führern. Wenn sie dem intelligentesten und vernünftigsten Weg zustimmen, dann kann man voranschreiten – das ist es, was ich bevorzugen würde. Andernfalls wird es Explosionen mit unvorhersehbaren Konsequenzen geben. Das Problem wird sich auf die eine oder andere Weise lösen. Niemand ist in der Lage zu beurteilen, welches die Konsequenzen eines unkontrollierbaren sozialen Konfliktes in den lateinamerikanischen Gesellschaften sein werden. Das kann ich Ihnen dazu sagen. Ich weiß nicht, ob Sie noch eine andere Frage haben.

Die Beziehungen zu Brasilien

Frei Betto: Kommandant, ich habe schon zuviel Ihrer wertvollen Zeit in Anspruch genommen, aber wenn Sie erlauben, stelle ich Ihnen noch zwei Fragen. Die erste Frage lautet: Hat die kubanische Regierung ein Interesse an Beziehungen zur brasilianischen Regierung?
Fidel Castro: Nun, nicht wir haben die Beziehungen zu Brasilien abgebrochen. Das geschah direkt nach dem Militärputsch. Trotz der Unterschiede im ökonomischen, politischen und gesellschaftlichen System zwischen Kuba und Brasilien wissen wir doch, daß wir vieles gemeinsam haben. Tatsächlich waren unsere Beziehungen zu den anderen Ländern in Lateinamerika bestimmt von der Politik, dem Einfluß und dem Druck der Vereinigten Staaten. Ich will sagen, auf die eine oder andere Weise haben die Vereinigten Staaten alle lateinamerikanischen Länder – mit Ausnahme Mexikos – gezwungen, die Beziehungen zu uns abzubrechen. Wir können stolz darauf sein, daß wir diese Prüfung bestanden und allein, isoliert auf diesem Teil des Kontinents, Widerstand geleistet haben. Ich glaube, wir haben eine unübertreffliche Lektion hinsichtlich der Einheit unseres Volkes, seiner Standhaftigkeit und seines Mutes erteilt. Wir haben die Prüfung überstanden und sind weiter vorangegangen, wir haben uns auf sicheren wirtschaftlichen und gesellschaftlichen Grundlagen weiterentwickelt. Das können die anderen lateinamerikanischen Länder von sich nicht sagen.
In unseren Beziehungen zu den sozialistischen Ländern ist uns das gelungen, was wir als die Neue Internationale Wirtschaftsordnung bezeichnen können. Wir legen den Ländern der Dritten Welt in ihren Beziehungen zu der industrialisierten Welt die gleichen Beziehungen nahe, wie wir sie zu den sozialistischen Ländern unterhalten: Kredite mit langen Laufzeiten, niedrige Zinssätze, Umschuldungen für zehn, fünfzehn oder zwanzig Jahre ohne Zinsen, außerdem gerechte Preise für unsere Produkte. Damit können wir möglicherweise wirtschaftliche und gesellschaftliche Alternativen erreichen.
Sie haben einiges erwähnt, und wir haben darüber auch in unserem Interview gesprochen. Ohne Diskussion sind wir in der ganzen Dritten Welt führend auf dem Gebiet der Gesundheit, wir liegen sogar besser als viele industrialisierte Länder. Ebenfalls führend sind wir innerhalb der Entwicklungsländer auf dem Gebiet der Erziehung, wir übertreffen auch hier einige industrialisierte Länder, darunter die Vereinigten Staaten. Dort gibt es 26 Millionen Analphabeten und 47 Millionen nur zum Teil Alphabetisierte, also Leute, die nur unter Schwierigkeiten lesen und schreiben

können. Im Bereich der Erziehung liegen die Vereinigten Staaten weltweit an 48. Stelle. Im Gesundheitswesen sind wir praktisch gleich, und wir haben dieselben Lebenserwartungen. Bezüglich der Kindersterblichkeit liegen wir drei Stufen hinter den Vereinigten Staaten. Bei uns sterben von 1 000 Lebendgeburten im Laufe des ersten Lebensjahres 15 Kinder, in den Vereinigten Staaten 12. Auch hier werden wir uns noch verbessern, dessen bin ich mir sicher, obwohl wir nicht über denselben Reichtum, dieselbe Produktivität und dasselbe Bruttosozialprodukt pro Einwohner verfügen wie die Vereinigten Staaten.

Wir haben viele Dinge mit den Ländern der Dritten Welt gemeinsam, auch mit Brasilien. In der Regel sind die lateinamerikanischen Regierungen daran gewöhnt, den Vereinigten Staaten unterworfen zu werden und ihren Befehlen zu gehorchen. Es gibt jedoch viele Länder in Asien und Afrika, die ausgezeichnete Beziehungen zu Kuba unterhalten und deren gesellschaftliche Ordnungen von der unseren sehr verschieden sind. So pflegen etwa Indonesien und Pakistan trotz der Unterschiede in den politischen und ideologischen Systemen normale Beziehungen zu Kuba. Das Problem des Unterschieds im gesellschaftlichen oder politischen System zwischen Brasilien und Kuba wäre kein Hindernis für geregelte Beziehungen, denn es gibt zwischen diesen beiden Ländern viele gemeinsame Interessen.

Ich glaube, die Zukunft Brasiliens liegt vor allem in den Beziehungen zu den Ländern der Dritten Welt. Real gesehen bedeutet die Nicht-Existenz von Beziehungen zu Kuba und diese distanzierte Haltung eine Politik, die den nationalen Interessen Brasiliens entgegenläuft. Kuba besitzt zwar nicht die Rohstoffe und auch nicht die Größe Brasiliens, aber es ist ein Land mit Erfahrungen in vielen Bereichen und mit einem aktiven internationalen Leben im Kampf um die Verteidigung der Interessen der Länder der Dritten Welt – Faktoren, die nicht unterschätzt werden dürfen.

Ich kann nicht gerade sagen, daß wir Sympathie empfanden für die Regierung, die es in Brasilien gab, auch wenn dies für die gegenseitigen Beziehungen kein unüberwindbares Hindernis wäre. Im Moment ist eine demokratische Öffnung im Gange, und es existieren vermehrt gemeinsame Interessen, denn wir stehen vor einer gigantischen Krise und müssen gemeinsam kämpfen auf der Suche nach einer Lösung. Wir werden solidarisch sein mit Brasilien und seinen Anstrengungen, die Schwierigkeiten zu überwinden. Ich denke, Brasilien braucht die Einheit mit dem übrigen Lateinamerika, und Lateinamerika braucht die Einheit mit Brasilien. Brasilien hat mehr als 100 Milliarden Dollar Schulden und kann sie nicht bezahlen. Es ist egal, was gesagt wird, es wird sie nicht bezahlen können. Es müßte allein 12 Milliarden Dollar pro Jahr an Zinsen bezahlen. Um die

Auslandsschuld von Brasilien Dollar für Dollar zu zählen, brauchte man ungefähr 3 343 Jahre, wenn man einen Dollar pro Sekunde zählt. Und man brauchte ungefähr 3 858 Jahre, um die Zinsen zu zählen, die in zehn Jahren zu bezahlen sind. Wenn weiter einhundert Personen die gleiche Menge zählten, 24 Stunden lang pro Tag, dann brauchten sie immer noch 38½ Jahre. Brasilien, das größte Land Lateinamerikas – mit seinen 8 512 000 Quadratkilometern eines der größten der Welt – hat 12 218 Dollar Schulden pro Quadratkilometer oder 122 Dollar und 18 Cent pro Hektar. Es müßte in zehn Jahren allein an Zinsen 14 098 Dollar pro Quadratkilometer oder 140 Dollar und 98 Cent pro Hektar bezahlen. Selbst wenn die Zinsen gesenkt würden und der Dollar abgewertet würde, könnte ein Entwicklungsland wie Brasilien diese Belastung nicht aushalten, wie auch der Rest Lateinamerikas nichts besitzt, womit er seine Schuld von 260 Milliarden Dollar bezahlen könnte. Es ist bekannt, daß die Handelsbilanz von Brasilien in diesem Jahr geringer sein wird als im vergangenen Jahr; der Überschuß, der im Jahr 1984 12 Milliarden betrug, wird dieses Jahr unter 10 Milliarden liegen. Das gleiche geschieht in Argentinien und in Mexiko, nach Brasilien die größten Schuldnerländer.

Man kann einem Volk nicht große Opfer abverlangen, bloß zur Zahlung der Zinsen. Tancredo hat mit Deutlichkeit und sehr mutig klargestellt, daß er nicht bereit wäre, dem Volk dazu Opfer aufzuerlegen, daß er die Entwicklung nicht beeinträchtigen und keine rezessiven politischen Maßnahmen ergreifen würde. Das ist von allen wiederholt worden, vom Präsidenten in Uruguay, vom Präsidenten von Argentinien und auch vom jetzigen Präsidenten Brasiliens. Ich sehe sehr klar, daß sich die Notwendigkeit nach einem Ausweg erhebt, und ich glaube, der vernünftigste, konsequenteste, gerechteste und moralischste Ausweg ist der unsrige: die völlige Tilgung der Schulden der Länder der Dritten Welt.

Wie kann diese Tilgung in Gang gesetzt werden? Indem wahrscheinlich die Zinsen für ein, zwei, drei, fünf, zehn Jahre nicht mehr bezahlt werden oder indem man in langen und geduldigen Verhandlungen um Kredite ersucht, mit denen die Zinsen bezahlt werden können. Das ist zu erreichen entweder durch Abkommen mit den Gläubigern oder durch Verpflichtung der Schuldner. Die lateinamerikanischen Länder könnten zu einem vorgängigen Konsens darüber gelangen, was jetzt zu tun ist, oder – was wahrscheinlicher ist – ein Land oder eine Gruppe von Ländern entscheidet sich angesichts der auswegslosen Situation einseitig für eine Aussetzung der Zahlungen, und die anderen schließen sich dann an.

Allerdings wird die bloße Tilgung der Schulden die Probleme der Dritten Welt nicht lösen. In der momentanen Situation sind schließlich nicht wir

die Bittenden, sondern die Gebenden, nicht wir haben unsere Hände ausgestreckt, um Geld zu erbitten, sondern wir entnehmen mit den Händen unseren Taschen Geld, um es an die industrialisierten Länder zu zahlen. Es ist eine Lage, in der wir wirklich die Initiative übernehmen sollten und in der wir die dringende Notwendigkeit spüren, uns zusammenzuschließen. Ausgehend von dieser Einheit sollten wir uns – so schiene es mir strategisch richtig zu sein – nicht nur um eine Lösung des Schuldenproblems bemühen, sondern auch die Probleme des Protektionismus, des Dumpings und der ungleichen Handelsbeziehungen sowie die Errichtung der Neuen Internationalen Wirtschaftsordnung angehen. Es handelt sich um eine einzigartige historische Gelegenheit. Die politischen Führer, die das nicht begreifen, sind vor der Geschichte dafür verantwortlich. Ich habe die Hoffnung, daß sie das Problem verstehen, die richtigen Maßnahmen finden und für Lösungen kämpfen. Auf diesem Weg der Agonie nach Golgatha müssen wir uns für konkrete, reale und endgültige Lösungen entscheiden.
Ich meine, daß wir schon lange den Berg hinaufsteigen und dabei nicht nur die Qualen von Golgatha erdulden, sondern auch die des Sisyphus, jenes Mannes, der immer wieder einen Stein den Berg hinaufschieben mußte; knapp unterhalb des Gipfels rollte dieser immer wieder hinunter. Immerhin ist Golgatha den Qualen des Sisyphus vorzuziehen. Wenn wir dann Golgatha hinter uns gebracht haben, können wir auch die Auferstehung erleben.
Wir wollen wirklich einen Ausweg aus diesem Problem finden. Ich weiß jedoch schon, was geschehen wird: Der Imperialismus und die industrialisierten Länder werden versuchen, das zu verhindern und uns zu spalten, so daß jeder für sich sein großes Golgatha übernimmt und enorme Qualen auszustehen hat bei dem Versuch, den Stein nach oben zu rollen, aber niemals dort ankommen wird. Natürlich werden die Völker eines Tages nachfragen: Wie lange wird das noch so weitergehen? Und sie werden den Ausweg suchen. Aber ich bevorzuge immer noch eine geordnete, reale und endgültige Lösung der Probleme der Abhängigkeit und der Unterentwicklung durch eine interne und externe Einheit.
Deshalb denke ich auch, daß es zwischen Brasilien und uns viele gemeinsame Interessen gibt. Allerdings werden wir nicht darauf drängen, daß die diplomatischen Beziehungen wiederaufgenommen werden. Was die formellen Beziehungen betrifft, so haben wir den Brasilianern dasselbe gesagt wie den Uruguayern und den anderen: Sie sollen tun, was ihren unmittelbaren wirtschaftlichen Interessen am zuträglichsten ist. Wir wissen, daß sie Verhandlungen über ihre Schulden führen, und die Yankees, welche die

Hauptgläubiger sind, werden verrückt, wenn sie an mögliche Beziehungen dieser Länder mit uns denken. Wir wollen nicht, daß sie wegen Kuba Schwierigkeiten erhalten. Wir haben dieses Problem nicht, und den Vereinigten Staaten ist es nicht gelungen, uns größere Schwierigkeiten zu bereiten. Wir können ohne Angst und Druck abwarten, bis die Länder einen günstigen Augenblick zur Wiederaufnahme der Beziehungen auswählen. Ich glaube, daß wir so bewiesen haben, wie ernsthaft und uneigennützig unsere Politik ist. Es schadet uns nicht zu warten. Sie müssen ihre Beziehungen zu Kuba auf eine Weise gestalten, die für die demokratischen Prozesse und die dringendsten wirtschaftlichen Probleme die vorteilhafteste ist. So lautet unsere Position.

Ernesto Che Guevara

Frei Betto: Meine letzte Frage stelle ich mit Blick auf die brasilianische Jugend. In Brasilien sind von den 133 Millionen Einwohnern ungefähr 80 Millionen jünger als 25 Jahre. Diese Jugendlichen hegen große Bewunderung für zwei von Ihren compañeros und Brüdern, für Camilo Cienfuegos und Ernesto Che Guevara. Ich bitte Sie um Ihre persönlichen Eindrücke zu diesen Revolutionären.

Fidel Castro: Das ist schwer zusammenzufassen, aber in wenigen Worten kann ich sagen, daß Che ein Mensch war von großer persönlicher, politischer und moralischer Integrität.

Frei Betto: Wie alt waren Sie, als Sie ihn kennenlernten?

Fidel Castro: Ich lernte Che 1955 kennen, als ich aus dem Gefängnis kam und nach Mexiko ging. Er hatte schon Kontakt aufgenommen zu unseren compañeros, die in Mexiko waren. Er kam aus Guatemala, wo er das Drama der Einmischung des CIA und der Vereinigten Staaten beim Sturz der Regierung Arbenz miterlebt und die Verbrechen gesehen hatte, die dort begangen wurden. Ich glaube über eine Botschaft war es ihm gelungen, das Land zu verlassen. Er hatte erst kurz zuvor sein Medizinstudium abgeschlossen und Argentinien erst ein oder zweimal verlassen, um in Bolivien und in anderen Ländern herumzureisen. Es lebte hier in Kuba sogar ein argentinischer Freund von ihm, Granado, der mit uns an wissenschaftlichen Untersuchungen arbeitet. Er hatte ihn auf einer der Reisen begleitet, als sie auf einer Leprastation im Amazonasgebiet waren, fast ein Missionarspaar. Damals waren sie schon Ärzte.

Frei Betto: War er jünger als Sie?

Fidel Castro: Ich glaube, Che ist 1928 geboren, er war vielleicht zwei Jahre jünger als ich. Er war ein Autodidakt, hatte sich viel mit dem Marxismus-

Leninismus beschäftigt und war davon überzeugt. Er lernte vom Leben, von der Erfahrung dessen, was er an vielen Orten gesehen hatte, und so war Che, als wir uns trafen, schon ein ausgebildeter Revolutionär. Er war sehr intelligent und besaß große theoretische Fähigkeiten. Es ist wirklich bedauernswert, daß er so jung gestorben ist, ohne daß er in Büchern sein revolutionäres Denken hat festhalten können. Er konnte sehr gut schreiben, hatte einen realistischen und ausdrucksvollen Stil, so wie Hemingway, knapp, aber in treffenden Worten. Dann kamen bei ihm noch außerordentliche menschliche Eigenschaften hinzu: Kameradschaft, Uneigennützigkeit, Selbstlosigkeit und persönlicher Mut. Natürlich haben wir das alles nicht gewußt, als wir ihn kennenlernten, aber dieser Argentinier – deshalb wurde er Che genannt –, der über die Ereignisse in Guatemala sprach, war uns sofort sympathisch. Wie er selbst ja oft erzählt hat, haben wir uns ein wenig unterhalten und waren uns sofort einig, daß er bei unserer Expedition dabeisein würde.

Frei Betto: Habt Ihr ihn erst Che genannt oder war er schon unter diesem Rufnamen bekannt?

Fidel Castro: Nun, es waren Kubaner, die ihn so gerufen haben, wie sie auch jeden anderen Argentinier so genannt hätten. Aber nachdem Che zu soviel Ruhm und Ansehen gekommen ist, hat er den Namen für sich in Besitz genommen. Die compañeros hatten ihn so genannt, und ich lernte ihn unter diesem Namen kennen.

Er war dann als Arzt bei unserer Expedition dabei, nicht als Kämpfer. Selbstverständlich hatte er ein entsprechendes Training und einige Anweisungen über den Guerillakampf erhalten, und er war diszipliniert, ein guter Schütze. Es gefiel ihm zu schießen, das war für ihn wie Sport. Fast jede Woche versuchte er, den Popocatépetl zu erklimmen, aber es ist ihm nie gelungen, den Gipfel zu erreichen. Er litt unter Asthma, das machte seine körperlichen Anstrengungen um so verdienstvoller.

Frei Betto: War er auch ein so guter Koch wie Sie?

Fidel Castro: Also ich glaube, ich bin ein besserer Koch, als er es war. Ich sage nicht, daß ich der bessere Revolutionär bin, aber kochen kann ich besser als Che.

Frei Betto: In Mexiko hat er gute Fleischgerichte gekocht.

Fidel Castro: Natürlich, er konnte Braten nach argentinischer Art zubereiten. Er hat ihn auf freiem Feld oder in den Gefängnissen in Mexiko zubereitet, wo wir wegen unserer revolutionären Aktivitäten gemeinsam einsitzen mußten. Aber schon Reis, Bohnen und Spaghettis, auf unterschiedlichste Weise zubereitet, waren wieder meine Sache. Wenn er auch etwas Ahnung vom Kochen hatte, ich war der Spezialist. Ich bin gezwungen, hier

meinen Berufsstolz zu verteidigen, so wie Sie es tun würden oder vor allem Ihre Mutter, die eine wahrhafte Wissenschaftlerin des Kochens ist.
Che offenbarte menschliche, intellektuelle und später im Krieg auch militärische Qualitäten. Er war mutig und besaß Führungsqualitäten. Manchmal war er geradezu tollkühn, und das zwang mich dazu, eine gewisse Kontrolle über ihn zu behalten und zu verhindern, daß er bestimmte Operationen durchführte. Ich mußte sie sogar teilweise verbieten, denn als die Kämpfe begannen, war er ungeheuer erregt. Ansonsten war er sehr zäh und ausdauernd. Als ich seinen Wert und seine Fähigkeiten erkannte, tat ich mit ihm dasselbe wie mit den anderen Kadern: In dem Maße, wie sie Erfahrung erwarben, wurden sie mit den strategischen Operationen betraut; die taktischen Aufgaben überließen sie den neuen Kämpfern.
Das heißt: Die neuen Kämpfer wurden für bestimmte einfache, wenn auch nicht ungefährliche Operationen abkommandiert, damit sie Erfahrungen sammeln konnten beim Befehligen kleiner Einheiten. Die Erfahreneren wurden für die strategischen Aufgaben zurückbehalten.
Che besaß vor allem eine hohe moralische Integrität. Er erwies sich als ein Mann mit profunden Ideen, als ein unermüdlicher Arbeiter, er erfüllte streng und zielstrebig seine Pflichten und, was besonders wichtig ist, er lebte das alles durch sein eigenes Vorbild vor. In allem war er immer der erste, paßte sich streng den Regeln an, die er lehrte, und hatte großes Ansehen und Einfluß unter den compañeros. Er ist eine der bedeutenden Figuren dieser Generation in Lateinamerika, und niemand weiß, was er noch alles verwirklicht hätte, wenn er noch am Leben wäre.
Schon in Mexiko, als er sich unserer Bewegung anschloß, mußte ich ihm versprechen, daß ich ihm nach dem Sieg der Revolution in Kuba erlauben würde, für sein Vaterland oder für Lateinamerika zu kämpfen. Während all der Jahre, in denen er hier wichtige Verantwortungen übernahm, stand das immer im Raum. Und schließlich erfüllten wir unser Versprechen, ihn nicht zurückzuhalten, seine Rückkehr nicht zu verhindern und ihm sogar dabei zu helfen, was er als seine Pflicht betrachtete. In diesem Augenblick haben wir nicht daran gedacht, daß uns seine Option vielleicht schaden könnte. Wir erfüllten treu das Versprechen, das wir ihm gegeben hatten. Als er sagte: «Ich will jetzt gehen, um eine revolutionäre Aufgabe zu erfüllen», antwortete ich ihm: «In Ordnung, wir werden das Versprechen halten.» Das geschah also in völliger Übereinstimmung mit uns. Alles, was danach an Vermutungen über Meinungsverschiedenheiten mit der Kubanischen Revolution geäußert wurde, waren infame Lügen.
Er hatte seine Persönlichkeit und seine Kriterien, wir diskutierten brüderlich untereinander verschiedene Themen, aber wir kamen immer zu einer

Übereinstimmung, einer einheitlichen Sicht in allen Dingen und hatten ausgezeichnete Beziehungen, denn er war ein Mensch mit einer großartigen Disziplin. Als er Kuba verließ, kursierten lange Zeit Gerüchte darüber, daß es Probleme mit Che gegeben habe und daß er deshalb verschwunden sei. In Wirklichkeit kämpfte er in Afrika, in Zaire, gemeinsam mit einer Gruppe kubanischer Internationalisten, welche die Anhänger Lumumbas unterstützen wollten, nach dem Tod dieses bedeutenden afrikanischen Führers. Che ist mehrere Monate dort gewesen. Er versuchte dort, so weit wie möglich zu helfen, denn er hatte viel Sympathie und Solidarität übrig für die afrikanischen Länder. Zusätzlich zu seinen früheren Kämpfen sammelte er noch eine Reihe Erfahrungen. Nach dieser internationalistischen Mission verbrachte er eine Zeit in Tansania und dann wieder in Kuba, während er abwartete, daß sich ein Minimum an Bedingungen auch in Südamerika entwickelte.

Bevor er fortging, schrieb er mir jenen berühmten Abschiedsbrief.[36] Monatelang wollte ich ihn nicht veröffentlichen, aus dem einfachen Grund, weil ich seine Rückkehr aus Afrika abwarten wollte. Er kehrte nach Kuba zurück und sammelte mit unserer Genehmigung eine Gruppe Freiwilliger aus den Kämpfern der Sierra Maestra; er ging dann mit ihnen nach einer harten Ausbildung nach Südamerika. Er hatte die Vorstellung, nicht nur in Bolivien zu kämpfen, sondern auch in anderen Ländern, sogar in seinem eigenen Land. Deswegen hatte er jenen Ort ausgesucht. Zu dieser Zeit wurden viele Kampagnen und Intrigen gegen Kuba geführt, aber wir hielten sie alle aus und gaben den Brief nicht heraus. Wir taten es erst, als sicher war, daß sich Che in der Region von Bolivien befand, die er sich ausgesucht hatte.

Zusammenfassend möchte ich sagen, wäre Che katholisch gewesen und hätte er der Kirche angehört, seine Tugenden hätten ausgereicht, um aus ihm einen Heiligen zu machen.

Camilo Cienfuegos

Sie wollten dann noch etwas wissen über einen anderen compañero, über Camilo. Camilo war ein Mann aus dem Volk, ein typischer Kubaner, intelligent, motiviert, mutig; er begann seine revolutionäre Aufgabe schon in sehr jungen Jahren. Während des ersten Jahres des Kampfes gegen Batista hatte er Kontakte zu den Universitätsstudenten und nahm an einigen Kundgebungen teil, bei denen er verletzt wurde. Als wir dann in Mexiko

---

[36] Der Brief ist abgedruckt bei: M. Franzbach, a. a. O., 82–84.

waren und die Expedition vorbereiteten, nahm er mit uns Kontakt auf, schloß sich unserer Bewegung an und kehrte als Kämpfer zurück. Er war einer der Überlebenden der Landung und zeichnete sich aus durch Mut und Initiative gleich von der ersten Schlacht an. Unsere erste siegreiche Schlacht ereignete sich am 17. Januar 1957, als wir mit 22 Männern eine Einheit angriffen, die aus Soldaten und Matrosen bestand. Diese leisteten tapfer Widerstand, bis sie entweder tot oder verwundet waren. Wir versorgten die Verwundeten, verabreichten ihnen unsere Medikamente und pflegten sie. In der Schlacht tat sich Camilo als ein wirklich großer Soldat hervor. Charaktermäßig war er von Che sehr verschieden; er war ein Mann der Tat, weniger intellektuell, fröhlicher, ungezwungener. Allerdings war er sehr intelligent und sehr politisch; wenn er auch nicht so streng asketisch war wie Che, so belehrte er die anderen doch durch sein eigenes Beispiel. Als Chef zeichnete er sich in vielen Schlachten aus durch seine Initiative, seine Fähigkeit und seinen Mut. In der Schlußphase des Kampfes kommandierten wir ihn ab für eine strategische Aufgabe, die Invasion der Provinz Las Villas. Camilo hatte ein ganz besonderes Charisma. Auch wenn er in der Lage war, sich jeder Herausforderung zu stellen, so wurde er dabei doch nicht tollkühn. Mag sein, daß Che sich stärker zum Tod bestimmt sah, ein gewisser Fatalismus war ihm eigen. Camilo war da anders, obwohl er keine Aufgabe fürchtete und dem Feind keinerlei Chance ließ. Er war ein geborener und ausgezeichneter Guerillero. Er war der erste, der mit einer kleinen Guerillagruppe in die Sierra Maestra ging.
In den ersten Monaten der Revolution verhielt sich Camilo so wie wir alle: Er fuhr in jedem Auto, reiste in irgendeinem Flugzeug oder Hubschrauber, ohne die geringste Sicherheit. Camilo reiste mit mir nach Camagüey, wo Hubert Matos den Verrat begangen hatte.[37] Er hatte sich dem Imperialismus angeschlossen und von den reaktionären Kräften einwickeln lassen. Dann löste er eine konterrevolutionäre Verschwörung aus, die wir dank der Hilfe des Volkes ohne Schußwechsel niederschlagen konnten. Ich ging die Straße entlang Richtung Kaserne von Camagüey, unbewaffnet und vom Volk begleitet, um die Verschwörer zu entwaffnen. Ohne mir etwas davon zu sagen und mit der Absicht, mich vor den Risiken zu bewahren – denn ich war mir sicher, daß die Verschwörer völlig entmutigt keinen einzigen Schuß abgeben würden –, ging Camilo mit seiner Begleitung voran, er-

---

[37] Die erste Agrarreform vom 3. Juni 1959 spaltete die Anti-Batista-Allianz. Tausende von Großgrundbesitzern flüchteten nach Miami, und der rechte Flügel der Bewegung des 26. Juli unter Hubert Matos u. a. mobilisierte antikommunistische Ressentiments gegen Fidel Castro. Als Matos, der Kommandant der Provinz Camagüey war, eine Verschwörung plante, wurde er im Oktober 1959 verhaftet.

reichte das Regiment, wo sich auch Hubert Matos aufhielt, entwaffnete die Anführer und übernahm das Kommando. Als ich ankam, war er schon da. Weil Camilo das Heer kommandierte, fuhr er später – angesichts der Lage, die durch den Verrat von Hubert Matos entstanden war – noch einmal nach Camagüey. Er flog mit einem kleinen Flugzeug und kehrte an einem Nachmittag zurück, gegen Ende des Sommers, eine Zeit, in der es hier viele Unwetter gibt. Er flog bei Wetterbedingungen, die selbst für bessere Flugzeuge unzulässig gewesen wären.
Frei Betto: In welchem Jahr?
Fidel Castro: Im ersten Jahr der Revolution, im Oktober 1959.
Frei Betto: Wie alt war er damals?
Fidel Castro: Er war jünger als ich. Er war 27 Jahre alt, als er starb.
Heute verfügen wir über andere Flugzeuge, über Radar, über eine wirksame Organisation, über Sicherheitsvorkehrungen für unsere Flüge; man kann die Bewegung der Wolken vorhersagen und alle Flüge vom Boden her begleiten. – In diesem kleinen Flugzeug kehrte Camilo beim Dunkelwerden in den Norden der Insel zurück. Am folgenden Tag wußte man, daß er gestartet war, aber er kam niemals an. Wir alle hatten in den ersten Jahren der Revolution Unfälle mit den Flugzeugen oder den Hubschraubern. Ich hatte welche, Raúl und viele andere Führer ebenfalls.
Als wir hörten, daß Camilo verschwunden war, wurden wir zusammen mit dem ganzen Volk von einer tiefen Bestürzung, von ungeheurem Schmerz und einer großen Traurigkeit ergriffen. Ich persönlich suchte mit dem Flugzeug alle kleinen Inseln rings um Kuba ab. Wir suchten ihn zu Land, zu Wasser und aus der Luft, er ist niemals wieder aufgetaucht. Danach kursierten infame Lügen und Intrigen gegen die Revolution, die besagten, wir hätten aus Rivalität und Eifersucht Camilo ermordet. Das Volk weiß Bescheid; es hat sich niemals täuschen lassen und kennt uns genau, es weiß um unsere Ethik, unsere Normen, unser Leben und unsere Prinzipien.
Ich hatte Ihnen gesagt, was Che gewesen wäre, hätte er der Kirche angehört, und ich kann Ihnen von Camilo das sagen, was ich aus Anlaß seines Todes gesagt habe, als ich seine einfache Herkunft erwähnte, seine starke Aktivität in den wenigen Jahren seines revolutionären Lebens, in dem sich das unendliche Potential des Volkes offenbarte. Als Botschaft des Trostes und der Ermutigung für das Volk sagte ich: «Es gibt viele Camilos im Volk.» Ich glaube, die Geschichte dieser Revolution und diese 26 Jahre haben gezeigt, daß es viele Camilos im Volk gibt, so wie es im argentinischen Volk viele Ches gibt und in ganz Lateinamerika Tausende von Menschen wie Camilo und Che.
Bei unserer Expedition konnten wir von den 82 Männern, die am 2. De-

zember 1956 in Kuba an Land gingen, nach den ersten Rückschlägen ungefähr 14, 15 oder 16 Männer neu zusammenstellen, unter ihnen brillante Führer, einschließlich Camilo und Che. Wo sich hundert oder tausend Menschen für eine edle und gerechte Sache zusammentun, kann man sicher sein, daß sich unter ihnen viele Ches und Camilos befinden.
Frei Betto: Bevor wir dieses Interview beschließen, möchte ich Ihnen danken für Ihre Großzügigkeit. Sie haben mir so viele Stunden Ihrer wertvollen Zeit gewährt, trotz all Ihrer anderen Aufgaben. Ich möchte Ihnen noch sagen, ich bin persönlich davon überzeugt, daß Ihre Worte, Ihre Meinungen, Ihre Ideen und Ihre Erfahrung vor allem den christlichen Lesern nicht nur als Ermutigung ihrer politischen Hoffnung dienen, sondern ihnen auch Kraft für ihr christliches Leben vermitteln werden.
Danke, Kommandant.
Fidel Castro: Vielen Dank.

Der nächste Tag ist schon angebrochen, als wir dieses Interview beenden. Die Gewißheit, Material in meinen Händen zu haben, das bisher noch unbenutzt, aber sicherlich von großem internationalem und historischem Interesse ist, hat zur Folge, daß ich mich ganz klein fühle, so, als trüge ich ein Gewicht in meinen Händen, das meine Kraft übersteigt. Mich durchströmen eine brüderliche Bewunderung für Fidel und ein stilles Lobgebet an den Vater.

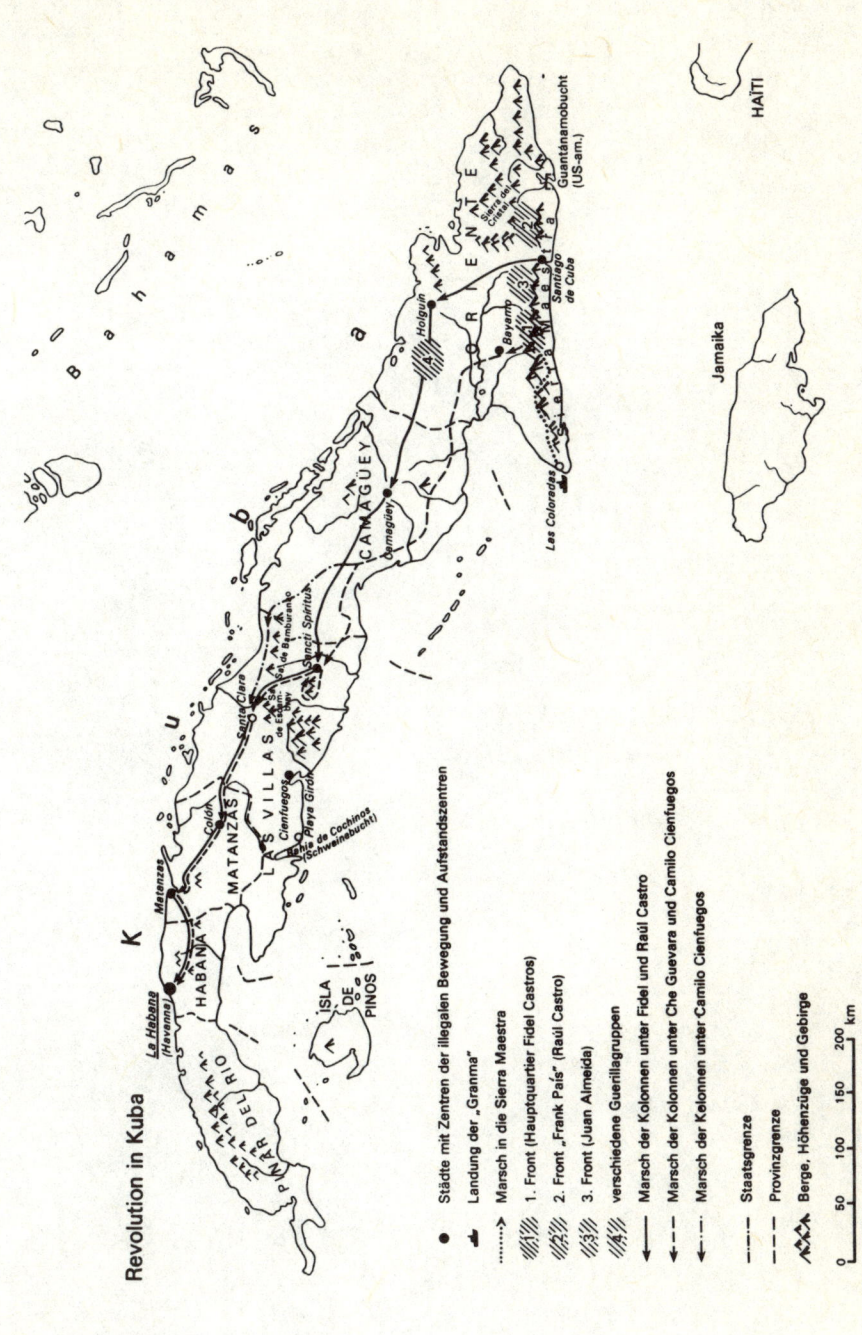

Lateinamerika

Im Verlag Klaus Dieter Vervuert

Bitte fordern Sie unser Gesamtverzeichnis an

SACHBUCH

Martin Franzbach (Hrsg.)

KUBA

Materialien zur Landeskunde.
114 Seiten. DM 14,80.

Martin Franzbach stellt in diesem Buch Texte zu Kuba vor, die Einblicke geben in Probleme der kubanischen Gesellschaft in Vergangenheit und Gegenwart. Karikaturen, Grafiken u. a. Abbildungen illustrieren und lockern das Buch auf. Weiterführende Literaturhinweise unter Texten bieten reiches Material zur selbständigen Vertiefung des Themas und geben eine Fülle praktischer Informationen für Lehrer, Schüler, Drittweltler und Touristen, Geschichts-, Kultur- und Politikinteressierte im weitesten Sinn.

Dieter Eich / Willi Germund (Hrsg.)

Vulkan der Träume

Nicaragua, Utopie und Alltag.
(Juni 1986) Ca. 280 Seiten. DM 29,80.

Mit Beiträgen von: Dieter Eich, Willi Germund, Michael Rediske, Robin Schneider, Xavier Gorostiaga u. a.

Das Buch geht auf die Aspekte der Entwicklung in Nicaragua seit 1979 ein. Es kommen Autoren zu Wort, die seit längerer Zeit Nicaragua aus eigener Anschauung kennen, Augenzeugen, die den Schritt wagen, die Entwicklung mit all ihren Facetten umfassend zu erklären, aber auch die Fehler aufzuzeigen, die gemacht wurden.

LYRIK

Manuel Bandeira

Der Weg nach Pasárgada.

Gedichte und Prosa.

Ausgewählt und aus dem brasilianischen Portugiesisch übertragen von Karin von Schweder-Schreiner und mit einem Nachwort von Bela Jozef.
Zweisprachige Ausgabe. 152 Seiten. DM 19,80.

Dieses schöne Büchlein ist nicht nur kompetent, sondern auch mit Liebe erstellt. Es übermittelt nicht allein Einblick in das Werk eines Dichters, sondern gibt auch eine Idee dessen, was brasilianische Lyrik, ja was die Wahrnehmung Brasiliens im Medium von Poesie in unserem Jahrhundert zu sein vermag.

(Frankfurter Allgemeine Zeitung, 6.1.1986)

Ferreira Gullar

Faule Bananen und andere Gedichte.

Ausgewählt, aus dem brasilianischen Portugiesisch übertragen und mit einem Nachwort von Curt Meyer-Clason.
Zweisprachige Ausgabe. 138 Seiten. DM 16,80.

Ferreira Gullar, geb. 1930, ist durch seine Biographie und sein Werk einer der repräsentativen Lyriker Brasiliens. Wie bei einer Vielzahl lateinamerikanischer Autoren sind auch bei ihm Biographie und Werk eng verflochten mit der politischen Wirklichkeit seines Landes als direkt erlebter Konfrontation: Diktatur und politische Unterdrückung, aus der schließlich nur ein Ausweg herausführte: das Exil.

Vinicius de Moraes

Saravá.

Gedichte und Lieder.

Ausgewählt und aus dem brasilianischen Portugiesisch übertragen von Kay-Michael Schreiner.
Zweisprachige Ausgabe. 125 Seiten. DM 16,80.

„Der schmale Band ist liebevoll gemacht. Neben den zweisprachigen Gedichten sind weitere Texte von Vinicius enthalten, ein Beitrag über seine Auffassungen von Poesie, ein langes Interview mit ihm, sowie Huldigungen an ihn … Diese Auswahl … bietet eine gute Möglichkeit, sich in dieses Werk einzufühlen, das eine Liebeserklärung an das Leben und an die Liebe ist."

(Ingrid Heinrich-Jost im Sender Freies Berlin am 27. 12. 1982).

Vinicius de Moraes, der 1980 starb, ist noch heute einer der populärsten Dichter Basiliens.

Wir verlegen Bücher zu Lateinamerika und Spanien.

Verlag Klaus Dieter Vervuert
Wielandstr. 40. 6000 Frankfurt 1. Telefon (0 69) 59 96 15

Otto Maduro

Religion und gesellschaftliche Auseinandersetzungen

Mit einer Einleitung von
François Houtart

EDITION EXODUS

Otto Maduro

Religion und gesellschaftliche Auseinandersetzungen

Edition Exodus 1986
Ca. 230 Seiten, kartoniert
Ca. DM 32,—/Sfr 29,—

Clodovis Boff
Die Befreiung der Armen
Reflexionen zum Grundanliegen der lateinamerikanischen Befreiungstheologie
Edition Exodus 1986
165 Seiten, kartoniert
DM 23,80/Sfr 20,80

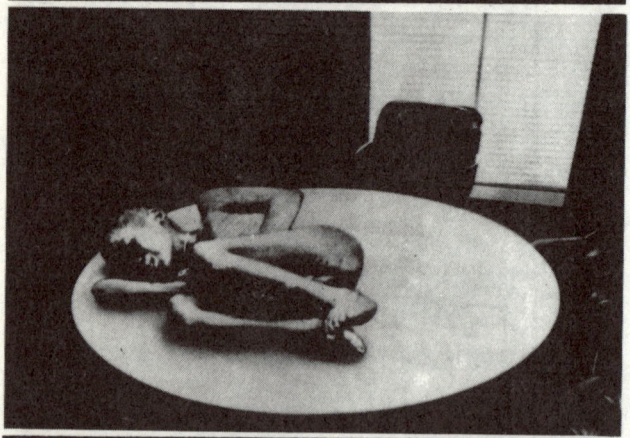

Franz J. Hinkelammert
Die ideologischen Waffen des Todes
Zur Metaphysik des Kapitalismus
Edition Exodus – edition liberación ²1986
330 Seiten, kartoniert
DM 42,80/Sfr 38,50

Enrique Dussel

HERRSCHAFT UND BEFREIUNG

Ansatz, Stationen und Themen
einer lateinamerikanischen Theologie
der Befreiung

EDITION EXODUS

Enrique Dussel
Herrschaft und Befreiung
*Ansatz, Stationen und Themen einer lateinamerikanischen
Theologie der Befreiung*
Edition Exodus 1985
267 Seiten, kartoniert
DM 34,70/Sfr 29,50